2025

- 실전과 동일한 형태의 문제 구성 및 유사한 난이도의 모의고사로 **약점체크 및 보완**
- 최근 3개년 기출 지문 O,X로 출제경향 파악
- 실무종합 체계적(총론 → 각론) **숫자정리**로 효율적 암기

실무종합 완벽 마무리 모의고사⁺

경찰실무종합 연구팀 편저

멘토링

실무종합 완벽 마무리 모의고사

머리말

POINT ❶ 전 범위 동형 모의고사를 통한 파이널 실전 대비 연습

- 완벽마무리 모의고사는 승진수험생들이 가장 선호하는 교재를 토대로 하여 군더더기 없는 효율적인 공부가 가능하도록 구성하였습니다.
- 실전과 가장 유사한 문제 형태(박스형 문제 회당 8개 내외)와 동급(실력체크를 위해 약간 상회하는 난이도 포함)의 난이도로 구성하였습니다.

POINT ❷ 최신 개정법령, 기출문제의 주요 논점들을 완벽하게 반영

기출문제와 최신개정법령을 반영하여 꼭 알아야 할 선지들을 놓치지 않도록 구성하였습니다.

POINT ❸ 주제별로 정리된 3개년 기출지문 OX 풀이를 통해 전 범위 내용 복습

- 기출문제를 공부할 때에는 단순히 답만 찾는 것이 아니라, 각각의 지문 모두를 정확히 아는 것이 중요합니다. 이에 따라 최신 3개년 기출 문제 지문들을 OX지문으로 구성하여 모든 지문을 완벽하게 이해하고 넘어갈 수 있도록 하였습니다.
- 기출문제 OX풀이는 출제경향 파악에도 도움이 될 것입니다.

POINT ❹ 혼동하기 쉬운 방대한 실무종합 숫자들만 따로 깔끔하게 정리

시험 직전까지 반복 학습이 필요한 숫자정리! 교재자료를 분리 또는 복사하여 휴대하고 다니면서 틈틈이 보시면 실무종합의 방대한 숫자 내용이 깔끔하게 정리됩니다.

본 모의고사가 승진시험을 준비하시는 직원분들께 도움이 되도록 팀원 모두 최선을 다하였으며, 기울인 노력만큼 그 효과가 독자들에게 전달되길 바랍니다.

독자 여러분들의 건승을 기원합니다.

2024년 10월
경찰실무종합 연구팀

목차

실무종합 완벽 마무리 모의고사

문제

제1회	10
제2회	24
제3회	38
제4회	53
제5회	68
제6회	84
제7회	100
제8회	114
제9회	129
제10회	143

정답·해설

제1회	160
제2회	174
제3회	189
제4회	202
제5회	214
제6회	226
제7회	238
제8회	251
제9회	261
제10회	272

부록

• 3개년(22년~24년) 기출지문 OX	287
• 출제예상 법률 OX	327
• 숫자정리	329

모의고사 정답 체크

1회

1	2	3	4	5	6	7	8	9	10
11	12	13	14	15	16	17	18	19	20
21	22	23	24	25	26	27	28	29	30
31	32	33	34	35	36	37	38	39	40

2회

1	2	3	4	5	6	7	8	9	10
11	12	13	14	15	16	17	18	19	20
21	22	23	24	25	26	27	28	29	30
31	32	33	34	35	36	37	38	39	40

3회

1	2	3	4	5	6	7	8	9	10
11	12	13	14	15	16	17	18	19	20
21	22	23	24	25	26	27	28	29	30
31	32	33	34	35	36	37	38	39	40

4회

1	2	3	4	5	6	7	8	9	10
11	12	13	14	15	16	17	18	19	20
21	22	23	24	25	26	27	28	29	30
31	32	33	34	35	36	37	38	39	40

5회

1	2	3	4	5	6	7	8	9	10
11	12	13	14	15	16	17	18	19	20
21	22	23	24	25	26	27	28	29	30
31	32	33	34	35	36	37	38	39	40

모의고사 정답 체크

6회

1	2	3	4	5	6	7	8	9	10
11	12	13	14	15	16	17	18	19	20
21	22	23	24	25	26	27	28	29	30
31	32	33	34	35	36	37	38	39	40

7회

1	2	3	4	5	6	7	8	9	10
11	12	13	14	15	16	17	18	19	20
21	22	23	24	25	26	27	28	29	30
31	32	33	34	35	36	37	38	39	40

8회

1	2	3	4	5	6	7	8	9	10
11	12	13	14	15	16	17	18	19	20
21	22	23	24	25	26	27	28	29	30
31	32	33	34	35	36	37	38	39	40

9회

1	2	3	4	5	6	7	8	9	10
11	12	13	14	15	16	17	18	19	20
21	22	23	24	25	26	27	28	29	30
31	32	33	34	35	36	37	38	39	40

10회

1	2	3	4	5	6	7	8	9	10
11	12	13	14	15	16	17	18	19	20
21	22	23	24	25	26	27	28	29	30
31	32	33	34	35	36	37	38	39	40

실무종합 완벽 마무리 모의고사

경찰실무종합

PART

문제 01

실무종합 모의고사 1회

1 다음 중 형식적 의미의 경찰에 대한 설명으로 옳은 것을 모두 고르면?

> ㉠ 실무상 보통경찰기관에 분배된 임무를 달성하기 위하여 행해지는 경찰활동이다.
> ㉡ 명령, 강제하는 작용이다.
> ㉢ 제도적·실정법상 정립된 경찰개념이다.
> ㉣ 국가별로 차이가 나는 유동적 개념이다.
> ㉤ 일반행정기관에서도 '경찰기능'을 담당한다고 할 때의 개념을 의미한다.

① ㉠㉡㉤ ② ㉠㉣㉤
③ ㉠㉢㉣ ④ ㉡㉢㉤

2 경찰의 임무를 공공의 안녕과 질서에 대한 위험의 방지라고 할 때, '위험의 인식'에 대한 설명으로 옳은 것은?

① 위험에 대한 인식에 따라 외관적 위험, 추상적 위험, 위험혐의로 구분되며, 이는 위험에 대한 인식과 사실이 불일치하거나 불확실한 경우이다.
② 경찰관이 의무에 합당한 사려 깊은 판단을 할 때 실제로 위험의 발생 가능성은 예측되나 위험의 실제 발생 여부가 불확실한 경우는 외관적 위험에 해당한다.
③ 객관적으로 위험의 외관 또는 혐의가 정당화되지 아니함에도 불구하고 경찰이 위험의 존재를 잘못 추정한 경우 위법한 경찰개입이므로 경찰관 개인에게 민·형사상 책임, 국가에게는 손해배상 책임이 발생할 수 있다.
④ 위험의 혐의만 존재하는 경우에 위험의 존재가 명백해지기 전까지는 예비적 조치로서 위험의 존재 여부를 조사할 권한은 없다.

3 자랑스러운 경찰의 표상에 대한 내용으로 옳지 <u>않은</u> 것은?

① 문형순 경감은 성산포 경찰서장 재직 시 계엄군의 예비검속자 총살 명령에 '부당함으로 불이행'한다고 거부하고 주민들을 방면하였다.
② 최규식 경무관은 5.18당시 목포서장으로 시민들과의 유혈충돌을 피하도록 조치하여 광주와 달리 목포에서 사상자가 거의 나오지 않게 한 민주·인권경찰의 표상이 되었다.
③ 차일혁 경무관은 빨치산 토벌 당시 남부군 사령관 이현상을 '적장의 예'로써 화장해주고, 생포한 공비들에 대하여 관용과 포용으로 귀순을 유도한 호국경찰·문화경찰·인권경찰의 표상이 되었다.
④ 김학재 경사는 1998년 5월 강도강간 신고출동 현장에서 피의자로부터 좌측 흉부를 칼로 피습당한 가운데에서도 끝까지 격투를 벌여 범인을 검거하고 순직하여 2018년 경찰영웅으로 선정되었다.

4 국가경찰위원회의 의결절차에 대한 설명으로 가장 적절한 것은?

① 국가경찰위원회는 국가경찰사무 외에 다른 국가기관으로부터의 업무협조 요청에 관한 사항, 행정안전부장관 및 경찰청장이 중요하다고 인정하여 국가경찰위원회의 회의에 부친 사항을 심의·의결한다.
② 경찰청장은 국가경찰위원회에서 심의·의결된 내용이 적정하지 아니하다고 판단할 때에는 재의를 요구할 수 있다.
③ ②에 따라 재의를 요구하는 경우에는 의결한 다음날부터 10일 이내에 재의요구서를 위원회에 제출하여야 한다.
④ 위원장은 재의요구가 있는 경우에는 그 요구를 받은 날부터 10일 이내에 회의를 소집하여 다시 의결하여야 한다.

5 다음은 「행정권한의 위임 및 위탁에 관한 규정」에 대한 설명이다. 옳은 것으로 바르게 연결된 것은?

> ㉠ "위임"이란 법률에 규정된 행정기관의 장의 권한 전부를 그 보조기관 또는 하급행정기관의 장이나 지방자치단체의 장에게 맡겨 그의 권한과 책임 아래 행사하도록 하는 것을 말한다.
> ㉡ 행정기관의 장은 행정권한을 위임 및 위탁할 때에는 위임 및 위탁하기 전에 수임기관의 수임 능력 여부를 점검하고, 필요한 인력 및 예산을 이관할 수 있다.
> ㉢ 행정기관의 장은 행정권한을 위임 및 위탁할 때에는 위임 및 위탁하기 전에 단순한 사무인 경우를 제외하고는 수임 및 수탁기관에 대하여 수임 및 수탁사무 처리에 필요한 교육을 하여야 하며, 수임 및 수탁사무의 처리지침을 통보하여야 한다.
> ㉣ 위임 및 위탁기관은 위임 및 위탁사무 처리의 적정성을 확보하기 위하여 필요한 경우에는 수임 및 수탁기관의 수임 및 수탁사무 처리 상황을 수시로 감사할 수 있다.

① ㉠㉢   ② ㉠㉡
③ ㉡㉢   ④ ㉢㉣

6 「경찰공무원 임용령」상 임용권 위임에 대한 설명으로 가장 적절한 것은?

① 경찰청장은 법 제7조 제3항 전단에 따라 경찰대학·경찰인재개발원·중앙경찰학교·경찰수사연수원·경찰병원 및 시·도경찰청(이하 "소속기관등"이라 한다)의 장에게 그 소속 경찰공무원 중 경정의 전보·파견·휴직·직위해제 및 복직에 관한 권한과 경감 이하의 임용권(신규채용 및 면직에 관한 권한은 제외한다)을 위임한다.
② 소속기관등의 장은 경감 또는 경위를 신규채용하거나 경위 또는 경사를 승진시키려면 미리 경찰청장의 승인을 받아야 한다
③ 시·도경찰청장은 소속 경정 이하 경찰공무원에 대한 해당 경찰서 안에서의 전보권을 경찰서장에게 다시 위임할 수 있다.
④ 시·도경찰청장 및 경찰서장은 지구대장 및 파출소장을 보직하는 경우에는 시·도지사의 의견을 사전에 들어야 한다.

7 경찰공무원의 승진에 관한 설명으로 옳은 것은?

① 승진후보자 명부에 등재된 사람이 승진임용 전에 전사하거나 순직한 경우에는 그 사망일 다음날을 승진일로 하여 승진 예정 계급으로 승진한 것으로 본다.
② 경사를 경위로 근속승진임용하려는 경우 해당 계급에서 5년 이상 근속자이어야 한다.
③ 국정과제 등 주요 업무의 추진실적이 우수한 경찰공무원이나 적극행정 수행 태도가 돋보인 경찰공무원을 근속승진임용하는 경우에는 해당 근속승진 기간에서 2년을 단축할 수 있다.
④ 임용권자는 경감으로의 근속승진임용을 위한 심사를 할 때에는 연도별로 합산하여 해당 기관의 근속승진 대상자의 100분의 50에 해당하는 인원수(소수점 이하가 있는 경우에는 1명을 가산한다)를 초과하여 근속승진임용할 수 없다.

8 다음은 경찰공무원의 정년에 대한 설명이다 아래 ㉠부터 ㉢까지의 설명 중 옳고 그름의 표시(O, X)가 바르게 된 것은?

> ㉠ 경찰공무원의 계급정년은 경정 14년, 총경 11년, 경무관 5년이다.
> ㉡ ㉠에도 불구하고 징계로 인하여 강등(경감으로 강등된 경우를 포함한다)된 경찰공무원의 계급정년은 강등되기 전의 계급 중 가장 높은 계급의 계급정년으로 하며, 계급정년을 산정할 때에는 강등되기 전 계급의 근무연수와 강등 이후의 근무연수를 합산한다.
> ㉢ 수사, 정보, 외사, 안보, 자치경찰사무 등 특수 부문에 근무하는 경찰공무원으로서 대통령령으로 정하는 바에 따라 지정을 받은 사람은 총경 및 경정의 경우에는 3년의 범위에서 대통령령으로 정하는 바에 따라 계급정년을 연장할 수 있다.
> ㉣ 경찰청장은 전시·사변이나 그 밖에 이에 준하는 비상사태에서는 2년의 범위에서 ㉠에 따른 계급정년을 연장할 수 있다.

① ㉠ (O) ㉡ (X) ㉢ (X) ㉣ (X)
② ㉠ (X) ㉡ (O) ㉢ (X) ㉣ (O)
③ ㉠ (X) ㉡ (O) ㉢ (X) ㉣ (X)
④ ㉠ (X) ㉡ (X) ㉢ (O) ㉣ (O)

9 「행정조사기본법」에 대한 설명으로 옳은 것은? (다툼이 있는 경우 판례에 의함)

① 조세·형사·행형 및 보안처분에 관한 행정조사에 관하여도 행정조사기본법을 적용한다.
② 행정조사절차에도 수사절차에서의 진술거부권 고지의무에 관한 형사소송법 규정이 준용된다.
③ 행정조사를 실시하고자 하는 행정기관의 장은 출석요구서등을 조사개시 7일 전까지 조사대상자에게 서면으로 통지하여야 한다. 다만, 조사대상자의 자발적인 협조를 얻어 실시하는 행정조사의 경우에는 행정조사의 개시와 동시에 출석요구서등을 조사대상자에게 제시하거나 행정조사의 목적 등을 조사대상자에게 구두로 통지할 수 있다.
④ 행정기관의 장은 법령등에 특별한 규정이 있는 경우를 제외하고는 행정조사의 결과를 확정한 날부터 10일 이내에 그 결과를 조사대상자에게 통지하여야 한다.

10 「질서위반행위규제법」에 대한 설명으로 옳은 것은?

① 행정청의 과태료 부과에 불복하는 당사자는 과태료 부과 통지를 받은 날부터 60일 이내에 상급 행정청에 서면으로 이의제기할 수 있다.
② 2인 이상이 질서위반행위에 가담한 때에는 각자가 질서위반행위를 한 것으로 보고, 신분에 의하여 과태료를 감경 또는 가중하거나 과태료를 부과하지 아니하는 때에 그 신분의 효과는 신분이 없는 자에게도 미친다.
③ 질서위반행위의 성립과 과태료 처분은 행위 시의 법률에 따르며, 질서위반행위 후 법률이 변경되어 그 행위가 질서위반행위에 해당하지 아니하게 되거나 과태료가 변경되기 전의 법률보다 가볍게 된 때에는 법률에 특별한 규정이 없는 한 변경된 법률을 적용한다.
④ 심신(心神)장애로 인하여 행위의 옳고 그름을 판단할 능력이 없거나 그 판단에 따른 행위를 할 능력이 없는 자의 질서위반행위는 과태료를 감경한다.

11 「경찰관 직무집행법」상 불심검문에 대한 설명으로 옳지 않은 것은?

① 경찰관은 수상한 행동이나 그 밖의 주위 사정을 합리적으로 판단하여 볼 때 경찰상 위험을 야기하려고 하고 있다고 의심할 만한 상당한 이유가 있는 자나, 이미 행하여진 범죄나 행하여지려고 하는 범죄행위에 관한 사실을 안다고 인정되는 사람을 정지시켜 질문할 수 있다.
② 경찰관은 ①에 해당하는 사람에게 질문을 할 때에 그 사람이 흉기를 가지고 있는지를 조사할 수 있다.
③ 경찰관은 ①에 따라 사람을 정지시킨 장소에서 질문을 하는 것이 그 사람에게 불리하거나 교통에 방해가 된다고 인정될 때에는 질문을 하기 위하여 가까운 경찰서·지구대·파출소 또는 출장소로 동행할 것을 요구할 수 있다. 이 경우 동행을 요구받은 사람은 그 요구를 거절할 수 있다.
④ 경찰관은 ③에 따라 동행한 사람을 6시간을 초과하여 경찰관서에 머물게 할 수 없다.

12 「위해성 경찰장비의 사용기준 등에 관한 규정」에 대한 내용에 대한 설명으로 옳은 것은?

① 경찰청장은 위해성 경찰장비를 새로 도입하려는 경우에는 안전성 검사를 실시하여 새로 도입하려는 장비(신규 도입 장비)가 사람의 생명이나 신체에 미치는 영향을 평가하여야 하며, 안전성 검사에 참여한 외부 전문가는 안전성 검사가 끝난 후 30일 이내에 신규 도입 장비의 안전성 여부에 대한 의견을 경찰청장에게 제출하여야 한다.
② 경찰청장은 신규 도입 장비에 대한 안전성 검사를 실시한 후 3개월 이내에 안전성 검사 결과보고서를 국가경찰위원회에 제출하여야 한다.
③ 국가경찰관서의 장은 폐기대상인 위해성 경찰장비 또는 성능이 저하된 위해성 경찰장비를 개조할 수 없다.
④ 위해성 경찰장비(무기, 분사기·최루탄등, 살수차)를 사용하는 경우 그 현장책임자 또는 사용자는 사용보고서를 작성하여 직근상급 감독자에게 보고하고, 직급상급 감독자는 이를 1년간 보관하여야 한다.

13 「경찰관 직무집행법」상 경찰착용기록장치를 사용할 수 있는 요건에 해당하는 것은 모두 몇 개인가?

> ⊙ 제3조에 따른 불심검문에 해당하는 직무 수행을 위하여 필요한 경우
> ⊙ 제4조 제1항 각 호(보호조치 등)에 해당하는 것이 명백하고 응급구호가 필요하다고 믿을 만한 상당한 이유가 있는 경우
> ⊙ 제5조 제1항(위험 발생의 방지 등)에 따른 인공구조물의 파손이나 붕괴 등의 위험한 사태가 발생한 경우
> ⊙ 제6조(범죄의 예방과 제지)에 따라 사람의 생명·신체에 위해를 끼치거나 재산에 중대한 손해를 끼칠 우려가 있는 범죄행위를 긴급하게 예방 및 제지하는 경우
> ⊙ 경찰관이 「형사소송법」 제200조의2(영장에 의한 체포), 제200조의3(긴급체포), 제201조(구속) 또는 제212조(현행범인 체포)에 따라 피의자를 체포 또는 구속하는 경우

① 2개 ② 3개
③ 4개 ④ 5개

14 계급제와 직위분류제를 비교한 것으로 가장 적절한 것은?
① 계급제는 동일직무·동일보수 원칙에 따라 보수체계의 합리적 기준을 제시한다.
② 직위분류제는 널리 일반적 교양·능력을 가진 사람을 채용하여 신분보장과 함께 장기간에 걸쳐 능력이 키워지므로 공무원이 보다 종합적·신축적인 능력을 가질 수 있다.
③ 계급제는 시험·채용·전직의 합리적 기준을 제공하여 인사행정의 합리화를 기할 수 있다.
④ 직위분류제는 조직 내에서 전직이 제한되지만, 행정의 전문화와 권한과 책임의 한계가 명확한 장점이 있다.

15 「국가재정법」상 예산의 편성과정에 대한 설명으로 옳은 것은 모두 몇 개인가?

> ⊙ 경찰청장은 매년 1월 31일까지 해당 회계연도부터 5회계연도 이상의 기간 동안의 신규사업 및 경찰청장이 정하는 주요 계속사업에 대한 중기사업계획서를 기획재정부장관에게 제출하여야 한다.
> ⊙ 기획재정부장관은 예산요구서에 따라 예산안을 편성하여 국무회의의 심의를 거친 후 대통령의 승인을 얻어야 한다.
> ⊙ 경찰청장은 예산안편성지침에 따라 그 소관에 속하는 다음 연도의 세입세출예산·계속비·명시이월비 및 국고채무부담행위 요구서(이하 예산요구서)를 작성하여 매년 5월 31일까지 기획재정부장관에게 제출하여야 한다.
> ⊙ 정부는 대통령의 승인을 얻은 예산안을 회계연도 개시 90일 전까지 국회에 제출하여야 한다.
> ⊙ 기획재정부장관은 경찰청장에게 통보한 예산안편성지침을 국회 예산결산특별위원회에 보고하여야 한다.
> ⊙ 예산의 편성과정은 ⊙⊙⊙⊙ 순이다.

① 1개 ② 2개
③ 3개 ④ 4개

16 「보안업무규정 시행규칙」상 비밀의 보관방법으로 가장 적절한 것은?

① Ⅱ급비밀 및 Ⅲ급비밀은 금고 또는 이중 철제캐비닛 등 잠금장치가 있는 안전한 용기에 보관하여야 하며, 다른 비밀과 혼합 보관하여서는 아니 된다.
② Ⅰ급 비밀은 반드시 금고에 보관하여야 하며, 타비밀과 혼합 보관하여서는 아니 된다.
③ 보관용기에 넣을 수 없는 비밀은 제한지역 또는 통제구역에 보관하는 등 그 내용이 노출되지 아니하도록 특별한 보호대책을 마련하여야 한다.
④ 비밀의 보관용기 외부에는 비밀의 보관을 알리거나 나타내는 표시를 하여야 한다.

17 「공공기관의 정보공개에 관한 법률」에 대한 설명으로 옳은 것은?

① 공공기관은 정보공개의 청구를 받으면 그 청구를 받은 날부터 10일 이내에 공개 여부를 결정하여야 하며, 부득이한 사유로 이 기간 이내에 공개 여부를 결정할 수 없을 때에는 그 기간이 끝나는 날부터 기산하여 10일의 범위에서 공개 여부 결정기간을 연장할 수 있다. 이 경우 공공기관은 연장된 사실과 연장 사유를 청구인에게 지체 없이 문서로 통지하여야 한다.
② 청구인이 정보공개와 관련한 공공기관의 비공개 결정 또는 부분 공개 결정에 대하여 불복이 있거나 정보공개 청구 후 20일이 경과하도록 정보공개 결정이 없는 때에는 공공기관으로부터 정보공개 여부의 결정 통지를 받은 날 또는 정보공개 청구 후 20일이 경과한 날부터 30일 이내에 해당 공공기관에 문서로 이의신청을 할 수 있다.
③ 공공기관은 이의신청을 받은 날부터 10일 이내에 그 이의신청에 대하여 결정하고 그 결과를 청구인에게 지체 없이 문서로 통지하여야 한다. 다만, 부득이한 사유로 정하여진 기간 이내에 결정할 수 없을 때에는 그 기간이 끝나는 날의 다음 날부터 기산하여 7일의 범위에서 연장할 수 있으며, 연장 사유를 청구인에게 통지하여야 한다.
④ 청구인은 ②에 따른 이의신청 절차를 거치지 아니하고 행정심판을 청구할 수 없다.

18 경찰일탈과 부패의 원인가설 중 '구조원인 가설'에 대한 설명으로 가장 적절한 것은?

① 시민사회의 부패가 경찰 부패의 주원인이라고 보는 이론이다.
② 구조화된 조직적 부패는 서로가 문제점을 알면서도 이를 묵인하는 'Moral hazard'을 형성하게 된다.
③ '법규와 현실의 괴리'가 부패의 원인이 되기도 한다
④ B지역은 과거부터 지역주민들이 관내 경찰관들과 어울려 도박을 일삼고, 부적절한 사건 청탁을 하는 경우가 종종 있었으나 아무도 이를 문제화하지 않던 곳인데, 동 지역에 새로 발령받은 신임 경찰관 A에게도 지역주민들이 접근하여 도박을 함께 하게 되는 경우를 예로 들 수 있다.

19 「부정청탁 및 금품등 수수의 금지에 관한 법률」에 대한 설명 중 가장 적절하지 <u>않은</u> 것은?

① 누구든지 이 법의 위반행위가 발생하였거나 발생하고 있다는 사실을 알게 된 경우에는 수사기관에 신고할 수 있다.
② 청탁금지법 위반사항을 신고하려는 자는 자신의 인적사항과 신고의 취지·이유·내용을 적고 서명한 문서와 함께 신고 대상 및 증거 등을 제출하여야 하며, 따라서 비실명 대리신고는 허용되지 않는다.
③ ①의 신고를 받은 수사기관은 그 내용에 관하여 필요한 수사를 하여야 하며, 수사를 마친 날부터 10일 이내에 그 결과를 신고자와 국민권익위원회에 통보(국민권익위원회로부터 이첩받은 경우만 해당한다)하고, 수사 결과에 따라 공소 제기등 필요한 조치를 하여야 한다.
④ ③에 따라 수사 결과를 통보받은 신고자는 수사기관에 이의신청을 할 수 있다.

20 「경찰청 공무원 행동강령」 제10조의2 '직위의 사적이용 금지' 위반에 해당하는 행위는?

① 업무관련 업소를 시찰한 뒤 바로 촬영한 방문기념 사진에 기관 명칭과 직위를 친필로 사인하고 게시토록 하는 행위
② 결혼식, 장례식 등에 기관 명칭과 직위를 명기한 화환을 보내 전시토록 하는 행위
③ 자신의 배우자가 운영하는 사업을 홍보하기 위해 인터넷 블로그에 자신의 기관 명칭과 직위를 표시하는 행위
④ 업무와 무관한 지인의 개업식에 기관 명칭과 직위를 기재한 축전을 보내는 행위

21 경찰청 자체 사전컨설팅 제도에 대한 설명으로 가장 적절하지 <u>않은</u> 것은?

① "사전컨설팅 감사"란 불합리한 제도 등으로 인해 적극적인 업무 수행이 어려운 경우, 해당 업무의 수행에 앞서 업무처리 방향 등에 대하여 미리 감사의견을 듣고 이를 업무처리에 반영하여 적극행정을 추진하는 것을 말한다.
② 감사관은 사전컨설팅 감사 접수일로부터 20일 이내에 사전컨설팅 감사 의견서를 작성하여 신청서를 제출한 기관의 장 등에게 통보한다.
③ 사전컨설팅 감사 의견서를 통보받은 사전컨설팅 대상 기관등의 장은 특별한 사정이 없으면 사전컨설팅 감사 의견을 반영하여 해당 업무를 처리하여야 한다.
④ 감사관은 사전컨설팅 감사 의견을 반영하여 적극행정을 추진한 결과에 대하여 자체감사규정에 따른 감사시 책임을 묻지 아니한다.

22 범죄예방환경설계(CPTED)의 기본원리에 대한 설명으로 가장 적절한 것은?

① 유지관리는 처음 설계된 대로 혹은 개선한 의도대로 기능을 지속적으로 유지하도록 관리함으로써 범죄예방을 위한 환경설계의 장기적이고 지속적 효과를 유지하는 원리로, 종류로는 파손의 즉시 수리, 잠금장치 등을 예로 들 수 있다.
② 자연적 접근통제는 일정한 지역에 접근하는 사람들을 정해진 공간으로 유도하거나 외부인의 출입을 통제하도록 설계함으로써 접근에 대한 심리적 부담을 증대시켜 범죄를 예방한다는 원리로 차단기, 통행로의 설계 등이 있다.
③ 자연적 감시는 건축물이나 시설물의 설계 시 가시권을 최대 확보, 외부침입에 대한 감시기능을 확대함으로써 범죄 발각 위험을 증가시키고, 기회를 감소시킬 수 있다는 원리로, 가시권 확대를 위한 건물의 배치, 조명·조경의 관리 등을 예로 들 수 있다.
④ 활동의 활성화는 주민들이 모여서 상호의견을 교환하고 유대감을 증대할 수 있는 공공장소를 설치하여 이를 이용하도록 함으로써, '거리의 눈'에 의한 자연적인 감시와 접근통제의 기능을 확대하는 것으로 벤치 정자의 위치 및 활용성에 대한 설계, 출입구의 최소화가 있다.

23 「112치안종합상황실 운영 및 신고처리 규칙」에 따른 112신고의 처리에 대한 내용으로 옳지 않은 것은?

① 112신고는 현장출동이 필요한 지역의 관할과 관계없이 신고를 받은 경찰관서에서 신속하게 접수한다.
② 112근무요원은 접수한 신고의 내용이 코드 4의 유형에 해당하는 경우에는 출동 경찰관에게 지령하지 않고 자체 종결하거나, 담당 부서 또는 112신고 관계 기관에 신고내용을 통보하여 처리하도록 조치해야 한다.
③ 112근무요원은 112신고가 완전하게 수신되지 않는 경우와 같이 정확한 신고내용을 파악하기 힘든 경우 임의의 112신고 대응 코드를 부여하여서는 안된다.
④ 112신고를 접수한 112근무요원은 다른 관할 지역에서의 출동조치가 필요한 때에는 지체 없이 관할 112치안종합상황실에 통보하여 그 112신고를 이첩한다.

24 다음은 「경비업법」에 대한 설명이다 아래 ㈀부터 ㈃까지의 설명 중 옳고 그름의 표시(O, X)가 바르게 된 것은?

> ㈀ 경비업의 업무에는 시설경비, 호위경비, 신변보호, 기계경비, 특수경비가 있다.
> ㈁ 신변보호업무란 사람의 생명·신체·재산에 대한 위해의 발생을 방지하고 그 신변을 보호하는 업무를 말한다.
> ㈂ 시설경비업무는 경비대상시설에 설치한 기기에 의하여 감지·송신된 정보를 그 경비 대상시설 외의 장소에 설치한 관제시설의 기기로 수신하여 도난·화재 등 위험발생을 방지하는 업무이다.
> ㈃ 「집회 및 시위에 관한 법률」에 따른 집회 또는 시위가 금지되는 장소와 100명 이상의 사람이 모이는 국제·문화·예술·체육 행사장은 경비업법에 규정된 집단민원현장에 해당한다.

① ㈀ (X) ㈁ (X) ㈂ (X) ㈃ (X)
② ㈀ (O) ㈁ (O) ㈂ (X) ㈃ (O)
③ ㈀ (X) ㈁ (O) ㈂ (X) ㈃ (X)
④ ㈀ (O) ㈁ (X) ㈂ (O) ㈃ (X)

25 「실종아동등 및 가출인 업무처리규칙」에 관한 내용으로 가장 적절한 것은?

① 경찰청장은 실종아동등 프로파일링시스템 및 실종아동찾기센터 홈페이지를 운영한다. 실종아동등 프로파일링시스템은 경찰관서 내에만 사용할 수 있도록 제한하고, 인터넷 안전드림은 누구든 사용할 수 있도록 공개하는 등 분리하여 운영한다.
② 실종아동등, 가출인, 보호시설 입소자 중 보호자가 확인되지 않는 사람, 수사기관으로부터 지명수배 또는 지명통보된 사람은 실종아동등 프로파일링시스템 입력 대상에 해당한다.
③ 실종아동등 프로파일링시스템에 등록되어 있는 자료 중 발견된 18세 미만 아동 및 가출인의 자료는 수배 해제 후로부터 10년간 보관하며, 발견된 지적·자폐성·정신장애인 등 및 치매환자의 자료는 수배 해제 후로부터 5년간 보관한다.
④ 경찰관서의 장은 실종아동등에 대하여 현장탐문 및 수색 후 그 결과를 즉시 보호자에게 통보하여야 하며, 이후에는 실종아동등 프로파일링시스템에 등록한 날부터 1개월까지는 15일에 1회, 1개월이 경과한 후부터는 분기별 1회 보호자에게 추적 진행사항을 통보한다.

26 「입건 전 조사 사건 처리에 관한 규칙」상 입건 전 조사에 대한 설명으로 옳지 않은 것은?

① 입건 전 조사는 임의수사만 가능하다.
② 조사사건은 진정사건, 신고사건, 첩보사건, 기타조사사건으로 분류되며 경찰관이 대상자, 범죄에 관한 정보·풍문 등 진상을 확인할 필요가 있는 사건은 첩보사건에 해당한다.
③ 경찰관은 첩보사건의 조사를 착수하고자 할 때에는 입건 전 조사 착수보고서를 작성하고, 소속 수사부서의 장에게 보고하고 지휘를 받아야 한다.
④ 경찰관은 조사 기간이 3개월을 초과하는 경우 입건 전 조사진행상황보고서를 작성하여 소속 수사부서의 장에게 보고하여야 한다

27 「특정중대범죄 피의자 등 신상정보 공개에 관한 법률」상 특정중대범죄 피의자의 신상정보공개에 대한 설명으로 옳은 것은?

① 사법경찰관은 피의자가 미성년자인 경우에도 ㉠ 범행수단이 잔인하고 중대한 피해가 발생하였을 것(제2조 제3호부터 제6호까지의 죄에 한정한다), ㉡ 피의자가 그 죄를 범하였다고 믿을 만한 충분한 증거가 있을 것, ㉢ 국민의 알권리 보장, 피의자의 재범 방지 및 범죄예방 등 오로지 공공의 이익을 위하여 필요할 것의 요건을 모두 갖춘 특정중대범죄사건의 피의자의 얼굴, 성명 및 나이("신상정보")를 공개할 수 있다.
② 「형법」상 내란의 죄, 범죄단체 등의 조직의 죄, 공연음란죄, 음행매개죄는 이 법의 특정중대범죄에 해당한다.
③ 공개하는 피의자의 얼굴은 특별한 사정이 없으면 공개 결정일 전후 30일 이내의 모습으로 하며(이 경우 사법경찰관은 다른 법령에 따라 적법하게 수집·보관하고 있는 사진, 영상물 등이 있는 때에는 이를 활용하여 공개할 수 있다), 사법경찰관은 정보통신망을 이용하여 그 신상정보를 15일간 공개한다.
④ 검찰총장 및 경찰청장은 신상정보 공개 여부에 관한 사항을 심의하기 위하여 신상정보공개심의위원회를 둘 수 있으며, 신상정보공개심의위원회는 위원장을 포함하여 15인 이내의 위원으로 구성한다.

28 다음은 「스토킹범죄의 처벌등에 관한 법률」상 잠정조치에 대한 내용이다. 이에 대한 설명으로 옳지 않은 것은?

> 제9조(스토킹행위자에 대한 잠정조치) ① 법원은 스토킹범죄의 원활한 조사·심리 또는 피해자 보호를 위하여 필요하다고 인정하는 경우에는 결정으로 스토킹행위자에게 다음 각 호의 어느 하나에 해당하는 조치(이하 "잠정조치"라 한다)를 할 수 있다.
> 1. ㉠ 피해자에 대한 스토킹범죄 중단에 관한 서면 경고
> 2. ㉡ 피해자 또는 그의 동거인, 가족이나 그 주거등으로부터 100미터 이내의 접근 금지
> 3. ㉢ 피해사 또는 그의 동거인, 가족에 대한 「전기통신기본법」 제2조 제1호의 전기통신을 이용한 접근 금지
> 3의2. ㉣ 「전자장치 부착 등에 관한 법률」 제2조 제4호의 위치추적 전자장치의 부착
> 4. ㉤ 국가경찰관서의 유치장 또는 구치소에의 유치

① ㉠~㉤까지의 잠정조치는 병과(倂科)할 수 있다.
② ㉡㉢㉣에 따른 잠정조치기간은 3개월을 초과할 수 없다. 단 법원은 피해자의 보호를 위하여 그 기간을 연장할 필요가 있다고 인정하는 경우에는 두 차례에 한정하여 각 3개월의 범위에서 연장할 수 있다.
③ ㉤에 따른 잠정조치 기간은 1개월을 초과할 수 없다. 단 법원은 피해자의 보호를 위하여 그 기간을 연장할 필요가 있다고 인정하는 경우에는 두 차례에 한정하여 1개월의 범위에서 연장할 수 있다.
④ ㉡ 또는 ㉢의 잠정조치를 이행하지 아니한 사람은 2년 이하의 징역 또는 2천만원 이하의 벌금에 처한다.

29 경비경찰의 특징에 대한 설명으로 가장 적절하지 <u>않은</u> 것은?

① 복합기능적 활동 – 경비경찰의 대상은 공공의 안녕과 질서를 유지하는 것을 목적으로 하므로 결과적으로 사회 전체의 질서를 파괴하는 범죄를 대상으로 작용한다.
② 현상유지적 활동 – 경비활동은 기본적으로 현재의 질서상태를 보존하는 것에 가치를 둔다고 할 수 있고, 이때 현상유지적 질서활동이란 정태적·소극적인 유지에 그치는 것이 아니라 질서유지를 통해 새로운 변화와 발전을 보장하기 위한 동태적·적극적인 유지의 성격을 갖는다.
③ 즉시적(즉응적) 활동 – 경비상황은 국가적으로나 사회적으로 중대한 영향을 미치므로 신속한 처리가 요구된다. 따라서 경비사태에 대한 기한을 정하여 진압할 수 없으며 즉시 출동하여 신속하게 조기에 제압한다.
④ 하향적 명령에 의한 활동 – 경비경찰은 지휘관의 하향적 명령에 의한 활동으로 부대원의 재량은 상대적으로 적고, 활동 결과에 대한 책임은 지휘관이 지는 경우가 많다는 것을 의미한다.

30 「집회등 채증활동규칙」에 대한 설명으로 가장 적절한 것은?

① "채증"이란 집회등 현장에서 범죄수사를 목적으로 촬영, 녹화 또는 녹음하는 것을 말하며, "채증요원"이란 채증 또는 이와 관련된 업무를 담당하는 경찰공무원(경찰공무원의 지시를 받는 의무경찰을 포함한다)을 말하고, "주관부서"란 채증요원을 관리·운용하는 수사 부서를 말한다.
② 주관부서의 장은 집회등에 대비하기 위해 채증요원을 두며, 채증요원은 사진 촬영담당, 동영상 촬영담당, 신변보호원 등 3명을 1개조로 편성하는 것을 원칙으로 하되, 현장 상황 등을 고려하여 증감 편성할 수 있다.
③ 채증은 반드시 폭력 등 범죄행위가 행하여지고 있거나 행하여진 직후에 하여야 한다.
④ 집회등 현장에서 채증을 할 때에는 사전에 채증 대상자에게 범죄사실의 요지, 채증요원의 소속, 채증 개시사실을 직접 고지하거나 방송 등으로 알려야 하며, 20분 이상 채증을 계속하는 경우에는 10분이 경과할 때마다 채증 중임을 고지하거나 알려야 한다.

31 「경찰 비상업무 규칙」에 대한 설명으로 가장 적절하지 <u>않은</u> 것은?

① 비상근무 대상은 경비·작전·재난·안보·수사·교통 업무와 관련한 비상상황에 국한한다. 다만, 두 종류 이상의 비상상황이 동시에 발생한 경우에는 긴급성 또는 중요도가 상대적으로 더 큰 비상상황의 비상근무로 통합·실시한다.
② 비상근무는 비상상황의 유형에 따라 경비·작전·재난비상(경비 소관), 안보비상(안보 소관), 수사비상(수사 소관), 교통비상(교통 소관)으로 구분하여 발령한다.
③ 시·도경찰청 또는 2개 이상 경찰서 비상근무 발령권자인 시·도경찰청장과 단일 경찰서 관할지역의 비상근무 발령권자인 경찰서장은 갑호·을호·병호비상 및 경계강화의 경우 비상구분, 실시목적 등을 바로 위 상급 기관의 장에게 보고하여 사전에 승인을 얻어야 한다(긴급시에는 사후 승인 가능).
④ 비상근무의 발령권자는 비상상황이 종료되는 즉시 비상근무를 해제하고, 비상근무 해제 시 ③의 발령권자는 6시간 이내에 해제일시, 사유 및 비상근무결과 등을 바로 위의 상급 기관의 장에게 보고한다.

32 개인형 이동장치(PM)에 대한 설명으로 가장 적절하지 <u>않은</u> 것은?

① 개인형 이동장치(PM)란 「도로교통법」상 원동기장치자전거 중 차체중량이 30kg 미만이고 시속 25km 이상으로 운행할 경우 원동기가 작동하지 아니하는 것 중 행정안전부령으로 정한 것을 말한다.
② 개인형 이동장치(PM)의 범위에는 「자전거이용 활성화에 관한 법률」상 전기자전거는 포함되지 않으나 행정안전부령에 적합한 페달이 없는 스로틀방식의 전기자전거는 개인형 이동장치(PM)에 해당한다.
③ 「특정범죄 가중처벌 등에 관한 법률」상 도주차량 가중처벌 규정은 개인형 이동장치(PM)에도 적용된다.
④ 개인형 이동장치(PM)는 음주운전에 해당하는 경우 범칙금 7만원, 측정거부의 경우 범칙금 13만원이 부과된다.

33 '음주운전'과 관련한 판례의 내용으로 가장 적절하지 <u>않은</u> 것은?

① 「도로교통법」에서 말하는 음주측정거부 행위에서 '경찰공무원의 측정에 응하지 아니한 경우'라 함은 전체적인 사건의 경과에 비추어 술에 취한 상태에 있다고 인정할 만한 상당한 이유가 있는 운전자가 음주측정에 응할 의사가 없음이 객관적으로 명백하다고 인정되는 때를 의미하므로, 경찰공무원의 1차 측정에만 불응하였을 뿐 곧이어 이어진 2차 측정에 응한 경우와 같이 측정거부가 일시적인 것에 불과한 경우까지 측정불응행위가 있었다고 볼 것은 아니므로 운전자의 측정불응 의사가 '부는 시늉만 하는' 소극적인 경우 소극적 거부행위가 일정 시간 계속적으로 반복되어 객관적으로 명백하다고 인정되는 때에 비로소 음주측정불응죄가 성립한다.
② 음주로 인한 특정범죄가중처벌등에관한법률위반(위험운전치사상)죄와 도로교통법위반(음주운전)죄는 상상적 경합관계에 있다.
③ 물로 입안을 헹굴 기회를 달라는 요구를 무시한 채 호흡측정기로 혈중알코올농도를 측정하여 음주운전 단속수치가 나왔다고 하더라도 음주운전을 하였다고 단정할 수 없다.
④ 음주감지기에서 음주반응이 나온 경우, 그것만으로 술에 취한 상태에 있다고 인정할 만한 상당한 이유가 있다고 볼 수 없다.

34 「경찰관의 정보수집 및 처리 등에 관한 규정」에 대한 설명으로 가장 적절한 것은?

① 경찰관이 「경찰관 직무집행법」 제8조의2 제1항에 따라 수집·작성·배포할 수 있는 정보의 범위에는 재난·안전사고 등으로부터 국민안전을 확보하기 위한 정보가 포함된다.
② 경찰관은 정보활동과 관련하여 직무와 연계되는 비공식적 직함을 사용하는 행위를 해서는 안 된다.
③ 경찰관은 언론·교육·종교·시민사회 단체 등 민간단체, 지방자치단체, 정당의 사무소에 상시적으로 출입해서는 안 되며 정보활동을 위해 필요한 경우에 한정하여 일시적으로만 출입해야 한다고 규정되어 있다.
④ 누구든지 정보활동과 관련하여 경찰관에게 이 영과 그 밖의 법령에 반하여 지시해서는 안 되며, 경찰관은 명백히 위법한 지시라고 판단되는 경우에는 그 집행을 거부하여야 한다.

35 집회 및 시위의 철회신고에 대한 설명으로 가장 적절하지 <u>않은</u> 것은?

① 주최자는 신고한 집회·시위를 개최하지 아니할 경우 집회일시 24시간 전에 관할경찰관서장에게 철회신고서를 제출하여야 한다.
② 관할경찰관서장은 집회 또는 시위의 시간과 장소가 중복되는 2개 이상의 신고가 있는 경우 그 목적으로 보아 서로 상반되거나 방해가 된다고 인정되면 각 옥외집회 또는 시위 간에 시간을 나누거나 장소를 분할하여 개최하도록 권유하는 등 각 옥외집회 또는 시위가 서로 방해되지 아니하고 평화적으로 개최·진행될 수 있도록 노력하여야 하며 관할경찰관서장은 권유가 받아들여지지 아니하면 뒤에 접수된 옥외집회 또는 시위에 대하여 금지를 통고할 수 있다.
③ ①의 철회신고서를 받은 관할경찰관서장은 ②에 따라 금지 통고를 한 집회나 시위가 있는 경우에는 그 금지 통고를 받은 주최자 또는 질서유지인에게 철회사실을 즉시 알려야 한다.
④ 중복된 2개 이상의 집회·시위 신고에서 먼저 신고된 옥외집회 또는 시위의 주최자가 정당한 사유 없이 철회신고서 제출하지 않은 경우 100만원 이하의 과태료를 부과한다

36 「집회 및 시위에 관한 법률 시행령」 제14조와 관련된 '확성기등의 소음기준(별표2)'에 대한 설명으로 가장 적절하지 <u>않은</u> 것은?

① 확성기 등의 소음은 관할 경찰서장(현장 경찰공무원)이 측정한다.
② 소음측정장소에서 주된 건물의 경비 등을 위하여 사용되는 부속 건물, 광장·공원이나 도로상의 영업시설물, 공원의 관리사무소 등은 제외한다.
③ 집회 장소가 상업지역인 경우 주거지역에서 신고가 있어도 소음발생지인 상업지역의 소음기준치를 적용한다.
④ 소음측정 장소에서 확성기등의 대상소음이 있을 때 측정한 소음도를 측정소음도로 하고, 같은 장소에서 확성기등의 대상소음이 없을 때 5분간 측정한 소음도를 배경소음도로 한다. 이 경우 배경소음도가 위 표의 등가소음도 기준보다 큰 경우에는 배경소음도의 소수점 첫째 자리에서 올림한 값을 등가소음도 기준으로 하고, 등가소음도 기준에서 20dB을 더한 값을 최고소음도 기준으로 한다.

37 「국가보안법」에 대한 설명으로 가장 적절한 것은?

① 「국가보안법」 제10조의 불고지죄는 반국가단체의 구성·가입·가입권유죄, 목적수행죄, 자진지원죄를 범한 자라는 정을 알면서 수사기관 또는 정보기관에 고지하지 아니함으로써 성립하는 죄이며, 본범과 친족관계가 있는 때에는 그 형을 감경 또는 면제한다.
② 불고지죄의 법정형은 3년 이하 징역 또는 300만 원 이하 벌금이다.
③ 「국가보안법」 제9조(편의제공죄)는 종범의 성격이므로 정범이 실행에 착수하여 범행이 종료될 때까지만 성립한다.
④ 편의제공죄에서 "제공"은 적극적인 행위뿐만 아니라 부작위로도 가능하다.

38 보안관찰처분의 집행 및 불복방법에 대한 설명으로 가장 적절하지 <u>않은</u> 것은?

① 보안관찰처분의 집행은 검사가 결정서 등본을 첨부한 서면으로 관할 경찰서장에게 지휘하여 실시한다.
② 검사는 피보안관찰자가 도주하거나 2월 이상 그 소재가 불명한 때에는 보안관찰처분의 집행중지 결정을 할 수 있으며, 그 사유가 소멸된 때에는 지체없이 그 결정을 취소하여야 한다.
③ 보안관찰처분 집행중지는 관할 경찰서장의 신청에 의한다. 검사는 집행중지결정을 한 때에는 관할경찰서장에게 보안관찰처분 집행중지결정의 집행지휘를 하고 지체없이 이를 법무부장관에게 보고하여야 한다.
④ 「보안관찰법」에 의한 법무부장관의 결정을 받은 자가 그 결정에 이의가 있을 때에는 행정소송법이 정하는 바에 따라 그 결정이 집행된 날부터 60일 이내에 서울고등법원에 소를 제기할 수 있다.

39 「출입국관리법」상 외국인의 입·출국에 대한 설명 중 옳지 <u>않은</u> 것은?

① 법무부장관은 사리 분별력이 없고 국내에서 체류활동을 보조할 사람이 없는 정신장애인, 국내 체류 비용을 부담할 능력이 없는 사람, 그 밖에 구호가 필요한 외국인은 입국을 금지할 수 있다.
② 법무부장관은 강제퇴거명령을 받고 출국한 후 5년이 지나지 아니한 외국인에 대하여 입국을 금지할 수 있다.
③ 법무부장관은 대통령령으로 정하는 금액 이상의 벌금이나 추징금을 내지 않은 외국인에 대하여 출국을 정지할 수 있다.
④ 법무부장관은 기획재정부령으로 정하는 금액 이상의 국세·관세·지방세를 정당한 사유 없이 그 납부기한까지 내지 아니한 외국인에 대하여 출국을 정지할 수 있다.

40 「범죄인 인도법」에 대한 설명 중 옳지 <u>않은</u> 것은?

① 대한민국과 청구국의 법률에 따라 인도범죄가 사형, 무기징역, 무기금고, 장기 1년 이상의 징역 또는 금고에 해당하는 경우에만 범죄인을 인도할 수 있다.
② 인도조약이 체결되어 있지 않아도 상호주의에 의해 인도할 수 있다.
③ 범죄인이 인도범죄에 관하여 제3국(청구국이 아닌 외국)에서 재판을 받고 처벌되었거나 처벌받지 아니하기로 확정된 경우는 청구국에 인도하지 아니할 수 있다.
④ 범죄인이 인종, 성별, 종교, 국적, 정치적 신념 또는 특정 사회단체에 속한 것 등을 이유로 처벌되거나 그 밖의 불리한 처분을 받을 염려가 있다고 인정되는 경우 인도하지 않을 수 있다.

실무종합 모의고사 2회

1 국가경찰제도과 자치경찰제도에 대한 설명으로 옳은 것을 모두 고르면?

> ㉠ 자치경찰제도는 정부의 특정정책 수행에 이용되어 본연의 임무를 벗어날 우려가 있다.
> ㉡ 국가경찰제도는 조직의 통일적 운영과 경찰활동의 능률성을 기할 수 있으며 민주성이 보장되어 주민들의 지지를 받기 쉽다.
> ㉢ 국가경찰은 자치경찰과 비교하여 타 행정부문과의 긴밀한 협조·조정이 원활하고 조직의 통일적 운영과 경찰활동의 능률성을 기할 수 있다.
> ㉣ 자치경찰제도는 각 지방특성에 적합한 경찰행정이 가능하지만, 국가경찰제도에 비해 전국적·광역적 활동에 부적합하다.

① ㉠㉢ ② ㉡㉣
③ ㉢㉣ ④ ㉠㉣

2 위험에 대한 설명으로 옳지 <u>않은</u> 것은? (다툼이 있으면 판례에 의함)

① 현재의 위험은 손해를 발생시키는 위험상황이 시작되었거나 바로 직전인 경우를 말하며. 이 개념은 경찰상 비책임자인 제3자에게 경찰권을 발동하기 위한 전제조건이 된다.
② 긴급한 위험은 다른 국가기관의 임무인 경우로서, 경찰이 즉시에 개입하지 않으면 손해가 발생할 수 있는 위험을 말한다.
③ 위해성 경찰장비인 살수차와 물포는 필요한 최소한의 범위에서만 사용되어야 하고, 특히 인명 또는 신체에 위해를 가할 가능성이 더욱 커지는 직사살수는 타인의 법익이나 공공의 안녕질서에 "직접적이고 명백한 위험이 현존하는 경우"에 한해서만 사용이 가능하다고 보아야 한다.
④ 우리 대법원 판례는 미신고 집회에 대한 해산명령의 적법요건으로 '공공의 안녕질서에 대한 직접적인 위험이 명백하게 초래된 경우'일 것을 요구하고 위험의 현존성은 요구하지 않는다.

3 상해시기(1919~1932) 임시정부 경찰조직에 대한 설명으로 옳지 <u>않은</u> 것은?

① 1919년 4월 25일 '대한민국 임시정부 장정' 공포로 임시정부 경찰조직인 경무국 직제와 분장사무가 처음으로 규정되었다.
② 상해시기에는 내무부 아래 경무국, 연통제(경무사), 의경대가 경찰기구로서 운영되었다.
③ 대한민국 임시정부장정에서 경무국의 소관 사무는 행정경찰에 관한 사항, 고등경찰에 관한 사항, 도서출판 및 저작권에 관한 사항, 일체 위생에 관한 사항 등으로 규정되었다.
④ 의경대는 기밀탐지 활동과 군자금(독립운동 자금) 모집활동을, 연통제(경무사)는 교민사회에 침투한 일제의 밀정을 색출하고 친일파를 처단하고 교민사회의 질서유지, 호구조사, 민단세 징수, 풍기단속 등의 업무를 수행하였다.

4 「국가경찰과 자치경찰의 조직 및 운영에 관한 법률」상 시·도자치경찰위원회 위원에 대한 설명으로 옳은 것은?

① 시·도자치경찰위원회는 위원장 1명을 포함한 7명의 위원으로 구성하되, 위원장과 1명의 위원은 상임으로 하고, 5명의 위원은 비상임으로 한다.
② 위원은 특정 성(性)이 10분의 6을 초과하지 아니하도록 노력하여야 하며, 위원 중 2명은 인권문제에 관하여 전문적인 지식이 있는 사람이 임명될 수 있도록 노력하여야 한다.
③ 시·도자치경찰위원회 위원장과 위원의 임기는 3년으로 하며, 연임할 수 있다.
④ 보궐위원의 임기는 전임자 임기의 남은 기간으로 하되, 전임자의 남은 임기가 6개월 미만인 경우 그 보궐위원은 한 차례만 연임할 수 있다.

5 행정권한의 위임과 내부위임에 대한 설명으로 가장 적절하지 <u>않은</u> 것은? (다툼이 있는 경우 판례에 의함)

① 행정권한의 위임은 행정관청이 법률에 따라 특정한 권한을 다른 행정관청에 이전하여 수임관청의 권한으로 행사하도록 하는 것이므로 법률이 위임을 허용하고 있는 경우에 한하여 인정된다.
② 권한위임과 내부위임의 경우 수임관청이 자기의 이름으로 그 권한행사를 할 수 있다.
③ 행정권한의 내부위임은 법률이 위임을 허용하고 있지 아니한 경우에도 행정관청의 내부적인 사무처리의 편의를 도모하기 위하여 그의 보조기관 또는 하급행정관청으로 하여금 그의 권한을 사실상 행사하게 하는 것이다.
④ 행정관청 내부의 사무처리규정에 불과한 전결규정(내부위임규정을 의미함)에 위반하여 원래의 전결권자 아닌 보조기관 등이 처분권자인 행정관청의 이름으로 행정처분을 하였다고 하더라도 그 처분이 권한 없는 자에 의하여 행하여진 무효의 처분이라고는 할 수 없다.

6 「경찰공무원법」 제7조의 임용권자에 대한 설명이다. ㉠~㉤의 내용 중 옳지 <u>않은</u> 것은 모두 몇 개인가?

> 제7조(임용권자) ① ㉠ <u>총경 이상 경찰공무원은 경찰청장의 추천을 받아</u> ㉡ <u>행정안전부장관의 제청으로 국무총리를 거쳐 대통령이 임용한다.</u> 다만, ㉢ <u>총경의 전보, 휴직, 직위해제, 강등, 정직 및 면직은 경찰청장이 한다.</u>
> ② 경정 이하의 경찰공무원은 경찰청장이 임용한다. 다만, 경정으로의 신규채용, 승진임용 및 면직은 ㉣ <u>경찰청장의 제청으로 국무총리를 거쳐 대통령이 한다.</u>
> ③ 경찰청장은 대통령령으로 정하는 바에 따라 경찰공무원의 임용에 관한 권한의 일부를 시·도지사, 국가수사본부장, 소속 기관의 장, 시·도경찰청장에게 ㉤ <u>위임할 수 있다.</u> 이 경우 시·도지사는 위임받은 권한의 일부를 대통령령으로 정하는 바에 따라 「국가경찰과 자치경찰의 조직 및 운영에 관한 법률」 제18조에 따른 시·도자치경찰위원회, 시·도경찰청장에게 다시 위임할 수 있다.

① 0개
② 1개
③ 2개
④ 3개

7 「공직자윤리법」 및 「동법 시행령」에 대한 설명으로 옳은 것은?

① 「공직자윤리법」에서는 경사 이상의 경찰공무원을 재산등록의무자로 규정하고 있고, 「동법 시행령」에서는 총경 이상을 재산등록의무자로 규정하고 있다.
② 공무원(지방의회의원을 포함) 또는 공직유관단체의 임직원은 외국으로부터 선물(대가 없이 제공되는 물품 및 그 밖에 이에 준하는 것을 말하되, 현금은 제외)을 받거나 그 직무와 관련하여 외국인(외국단체를 포함한다)에게 선물을 받으면 3일 이내 소속 기관·단체의 장에게 신고하고 그 선물을 인도하여야 한다.
③ 「공직자윤리법 시행령」상 ②에 따라 신고하여야 할 선물은 그 선물 수령 당시 증정한 국가 또는 외국인이 속한 국가의 시가로 미국화폐 100달러 이상이거나 국내 시가로 10만원 이상인 선물로 한다.
④ 취업심사대상자는 퇴직일부터 5년간 "취업심사대상기관"에 취업할 수 없다. 다만, 관할 공직자윤리위원회로부터 취업심사대상자가 퇴직 전 3년 동안 소속하였던 부서 또는 기관의 업무와 취업 심사대상기관 간에 밀접한 관련성이 없다는 확인을 받거나 취업승인을 받은 때에는 취업할 수 있다.

8 「경찰공무원 징계령」상 징계의 집행절차에 대한 설명으로 가장 적절하지 <u>않은</u> 것은?

① 징계위원회는 징계등 의결을 하였을 때에는 지체 없이 징계등 의결을 요구한 자에게 의결서 정본을 보내어 통지하여야 한다.
② 징계등 의결을 요구한 자는 경징계의 징계등 의결을 통지받았을 때에는 통지받은 날부터 15일 이내에 징계등을 집행하여야 하며, 징계등 의결을 집행할 때에는 의결서 사본에 징계등 처분 사유 설명서를 첨부하여 징계등 처분 대상자에게 보내야 한다.
③ 징계등 의결을 요구한 자는 중징계의 징계등 의결을 통지받았을 때에는 지체 없이 징계등 처분 대상자의 임용권자에게 의결서 정본을 보내어 해당 징계등 처분을 제청하여야 한다. 다만, 총경 이상의 강등 및 정직, 경정 이상의 파면 및 해임 처분의 제청, 총경 및 경정의 강등 및 정직의 집행은 경찰청장이 한다.
④ ③에 따라 중징계 처분의 제청을 받은 임용권자는 15일 이내에 의결서 사본에 징계등 처분 사유 설명서를 첨부하여 징계등 처분 대상자에게 보내야 한다.

9 다음은 법률과 법규명령의 효력발생시기에 대한 설명이다. (   )안에 들어갈 내용이 적절하게 연결된 것은?

> ㉠ 국회에서 의결된 법률안은 정부에 이송되어 (   )일 이내에 대통령이 공포한다.
> ㉡ 법률은 특별한 규정이 없는 한 공포한 날로부터 (   )일을 경과함으로써 효력을 발생한다.
> ㉢ 대통령령, 총리령 및 부령은 특별한 규정이 없으면 공포한 날부터 (   )일이 경과함으로써 효력을 발생한다.
> ㉣ 국민의 권리 제한 또는 의무 부과와 직접 관련되는 대통령령은 긴급히 시행하여야 할 특별한 사유가 있는 경우를 제외하고는 공포일부터 적어도 (   )일이 경과한 날부터 시행되도록 하여야 한다.

① ㉠ - 10
② ㉡ - 20
③ ㉢ - 15
④ ㉣ - 40

10 「행정기본법」상 부관에 대한 설명으로 옳지 <u>않은</u> 것은?

① 부관은 조건·기한·부담·철회권의 유보 등과 같이 주된 처분에 부가되는 종된 규율로서, 주된 처분의 효과를 제한하거나 의무를 부과함으로써 국민의 권리·의무에 영향을 미치는 효과가 있다.
② 행정청은 처분에 재량이 없는 경우에는 법률에 근거가 있는 경우에 부관을 붙일 수 있다.
③ 사후부관은 법률에 근거가 있는 경우, 당사자의 동의가 있는 경우, 사정이 변경되어 부관을 새로 붙이거나 종전의 부관을 변경하지 아니하면 해당 처분의 목적을 달성할 수 없다고 인정되는 경우 허용된다.
④ 부관은 해당 처분의 목적에 위배되지 아니하고, 해당 처분과 실질적인 관련이 없어야 하고, 해당 처분의 목적을 달성하기 위하여 필요한 최소한의 범위일 것이라는 요건 모두에 적합하여야 한다.

11 '경찰관의 보호조치'에 대한 내용으로 가장 적절한 것은?

① 경찰관은 자살을 시도하는 것이 명백하고 응급구호가 필요하다고 믿을 만한 상당한 이유가 있다면 본인 동의 여부와 관계없이 보호조치를 실시할 수 있다.
② ①에 따라 긴급구호를 요청받은 보건의료기관이나 공공구호기관은 정당한 이유 없이 긴급구호를 거절할 수 없고 정당한 사유 없이 응급의료를 거부할 경우 「경찰관직무집행법」 제4조 제2항에 의거하여 3년 이하의 징역 또는 3천만원 이하의 벌금에 처한다.
③ 경찰관이 보호조치를 하였을 때에는 24시간 이내에 구호대상자의 가족, 친지 또는 그 밖의 연고자에게 그 사실을 알려야 하며, 연고자가 발견되지 아니할 때에는 구호대상자를 적당한 공공보건의료기관이나 공공구호기관에 즉시 인계하여야 한다.
④ 경찰관은 보호조치를 하는 경우에 구호대상자가 휴대하고 있는 무기·흉기 등 위험을 일으킬 수 있는 것으로 인정되는 물건을 임시로 영치할 수 있다. 이 경우 임시영치 기간은 10일을 초과할 수 없으며, 법적 성질은 대인적 즉시강제이다.

12. 「위해성 경찰장비의 사용기준 등에 관한 규정」에 대한 내용으로 가장 적절한 것은?

① 권총·소총·기관총(기관단총을 포함한다.)·산탄총·석궁·박격포는 무기에 해당한다.
② 경찰관은 범인의 체포 또는 도주 방지, 타인 또는 경찰관의 생명·신체의 위해와 재산에 대한 방호, 공무집행에 대한 항거의 억제를 위하여 필요한 때 최소한의 범위 안에서 가스발사총 등을 사용할 수 있다.
③ ②의 경우 경찰관은 1미터 이내의 거리에서 상대방의 얼굴을 향하여 이를 발사하여서는 아니 된다.
④ 경찰관은 가스차·살수차 또는 특수진압차의 최루탄발사대로 최루탄을 발사하는 경우 30도 이상의 발사각을 유지하여야 하고, 최루탄발사기로 최루탄을 발사하는 경우에는 15도 이상의 발사각을 유지하여야 한다.

13. 「경찰 물리력 행사의 기준과 방법에 관한 규칙(경찰청예규)」에서 규정하고 있는 '중위험 물리력'의 종류에 해당하는 것은 모두 몇 개인가?

> ⊙ 팔·다리를 이용해 움직이지 못하도록 조르는 방법
> ⓒ 손바닥, 주먹, 발 등 신체부위를 이용한 가격
> ⓒ 경찰봉으로 중요 신체 부위를 찌르거나 가격
> ⓔ 전자충격기 사용
> ⓜ 권총 등 총기류 사용

① 1개 ② 2개
③ 3개 ④ 4개

14. 조직편성의 원리에 대한 설명으로 옳은 것은?

① 통솔범위의 원리란 1인의 상관 또는 감독자가 효과적으로 직접 통솔할 수 있는 부하의 수를 정하는 원리로 신설부서보다는 오래된 부서, 지리적으로 분산된 부서보다는 근접한 부서, 복잡한 업무보다는 단순한 업무의 경우에 넓어진다.
② '구조조정의 문제'와 관련성이 깊은 조직 편성의 원리는 명령통일의 원리이다.
③ 계층제는 권한과 책임을 계층에 따라 배분, 의사결정의 검토로 신중한 업무처리가 가능하지만, 관리자의 공백 등을 대비하여 대리, 위임, 유고관리자 사전지정 등이 필요하다.
④ 무니(Mooney)는 분업의 원리를 '제1의 원리'라고 하였다.

15 동기부여이론에 대한 설명으로 옳지 <u>않은</u> 것은?

① Maslow의 욕구단계이론에 의하면 '적정보수제도 → 연금제도 → 참여확대 → 고충처리 → 공무원단체 활용' 단계 순으로 인간의 욕구를 충족하고자 노력한다.
② McGregor의 Y이론에 의하면 인간은 조직 목적에 적극 참여하고, 자아실현을 추구, 자기 자신을 통제할 수 있는 능력을 지니고 있기 때문에 민주적인 조직관리 전략을 채택한다.
③ McGregor의 X이론에 따르면 인간은 본래 게으르고 일을 싫어하며, 야망과 책임감이 없고, 변화를 싫어하며 금전적 보상이나 제재 등 외재적 유인에 반응하므로 이러한 의욕을 강화시키기 위해 금전적 보상과 포상제도를 강화한다.
④ Herzberg의 동기위생요인이론에 따르면 사기진작을 위해서는 동기요인이 강화되어야 하므로 적성에 맞는 직무에 배정하고 책임감과 성취감을 느낄 수 있도록 배려한다.

16 「경찰장비관리규칙」에 대한 설명으로 옳지 <u>않은</u> 것은?

① 경찰관은 권총·소총 등 총기를 휴대·사용하는 경우 조준시 대퇴부 이하를 향한다.
② 경찰기관의 장은 무기를 휴대한 자 중에서 형사사건의 수사 대상이 된 자, 직무상의 비위 등으로 인하여 중징계 의결 요구된 자가 발생한 때에는 즉시 대여한 무기·탄약을 회수하여야 한다.
③ 경찰기관의 장은 무기를 휴대한 자 중에서 직무상의 비위 등으로 인하여 감찰조사의 대상이 되거나 경징계의결 요구 또는 경징계 처분 중인 자와 경찰공무원 직무적성 검사 결과 고위험군에 해당되는 자가 있을 때에는 무기 소지 적격 심의위원회의 심의를 거쳐 대여한 무기·탄약을 회수할 수 있다.
④ 경찰기관의 장은 무기를 휴대한 자 중에서 술자리 또는 연회장소에 출입할 경우에는 대여한 무기·탄약을 무기고에 보관하게 하여야 한다.

17 「언론중재 및 피해구제 등에 관한 법률」상 정정보도 청구권에 대한 설명으로 옳고 그름(O, X)의 표시가 바르게 연결된 것은?

> ㉠ 사실적 주장에 관한 언론보도등이 진실하지 아니함으로 인하여 피해를 입은 자는 해당 언론보도등이 있음을 안 날부터 3개월 이내에 언론사에게 그 언론보도등의 내용에 관한 정정보도를 청구할 수 있다. 다만, 해당 언론보도등이 있은 후 6개월이 지났을 때에는 그러하지 아니하다.
> ㉡ ㉠의 청구에는 언론사등의 고의·과실이나 위법성을 필요로 한다.
> ㉢ 정정보도 청구는 언론사등의 대표자에게 구두 또는 서면으로 하여야 한다.
> ㉣ 청구를 받은 언론사등의 대표자는 7일 이내에 그 수용 여부에 대한 통지를 청구인에게 발송하여야 한다.
> ㉤ 언론사등이 ㉠의 청구를 수용할 때에는 그 청구를 받은 날부터 3일 내에 정정보도문을 방송하거나 게재하여야 한다.

① ㉠ (O) ㉡ (X) ㉢ (X) ㉣ (X) ㉤ (X)
② ㉠ (O) ㉡ (X) ㉢ (O) ㉣ (X) ㉤ (O)
③ ㉠ (X) ㉡ (O) ㉢ (O) ㉣ (O) ㉤ (O)
④ ㉠ (O) ㉡ (X) ㉢ (X) ㉣ (O) ㉤ (X)

18 경찰 전문직업화의 문제점에 관한 설명으로 가장 적절하지 <u>않은</u> 것은?

① 전문가가 상대방의 입장을 고려하지 않고 일방적으로 결정하는 부권주의가 발생할 우려가 있다.
② 전문가가 자신의 국지적 분야만 보고 전체적인 맥락을 보지 못하는 소외의 문제가 발생할 수 있다.
③ 전문직들은 그들의 지식과 기술로 상당한 사회적 힘을 소유하지만, 이러한 힘을 공적 이익에만 이용하는 문제점이 있다.
④ 전문직업화를 위해 고학력을 요구할 경우, 경제적 약자 등은 교육기회를 갖지 못하게 되어 공직 진출이 제한되는 등 차별을 야기할 수 있다.

19 「부정청탁 및 금품 등 수수의 금지에 관한 법률」 및 동법 시행령상 '외부강의 등' 관련 내용 중 옳지 <u>않은</u> 것은?

① 사례금을 받지 않는 외부강의는 신고대상이 아니며, 사례금을 받더라도 외부강의등을 요청한 자가 국가나 지방자치단체인 경우는 신고대상에서 제외된다.
② 공직자등은 사례금을 받는 외부강의등을 할 때에는 대통령령으로 정하는 바에 따라 외부강의 등의 요청 명세 등을 소속기관장에게 그 외부강의등을 마친 날부터 10일 이내에 서면으로 신고하여야 한다
③ 외부강의를 신고할 때 사례금 등 일부 사항을 알 수 없는 경우에는 해당 사항을 제외한 사항을 먼저 신고한 후, 해당사항을 안 날부터 5일 이내에 신고를 보완하여야 한다.
④ 상한액을 초과하여 사례금을 받은 경우, 초과사례금을 받은 사실을 안 날부터 2일 이내에 서면 또는 구두로 신고하여야 하며, 초과사례금을 받고 신고하지 않으면 500만원 이하의 과태료를 부과받을 수 있다.

20 경찰의 적극행정에 관한 내용 중 가장 적절하지 <u>않은</u> 것은?

① 「경찰청 적극행정 면책제도 운영규정」상 자체감사를 받는 사람은 적극행정 면책요건에 해당된다 하더라도 자의적인 법 해석 및 집행으로 법령의 본질적인 사항을 위반한 경우 면책대상에서 제외된다.
② 「공공감사에 관한 법률」상 자체감사를 받는 사람이 불합리한 규제의 개선 등 공공의 이익을 위하여 업무를 적극적으로 처리한 결과에 대하여 그의 행위에 고의나 중대한 과실이 없는 경우에는 징계 요구 또는 문책 요구 등 책임을 묻지 아니한다.
③ 「공무원 징계령 시행규칙」상 징계위원회는 징계등 혐의자와 비위 관련 직무 사이에 사적인 이해관계가 없었고 대상 업무를 처리하면서 어떠한 절차상 하자가 없었을 경우 해당 비위가 고의 또는 중과실에 의하지 않은 것으로 추정한다.
④ 「적극행정 운영규정」상 공무원이 (적극행정)위원회가 제시한 의견대로 업무를 처리한 경우에는 징계의결등을 하지 않는다. 다만, 공무원과 대상 업무 사이에 사적인 이해관계가 있거나 위원회가 심의하는 데 필요한 정보를 충분히 제공하지 않은 경우에는 그렇지 않다.

21. 「공직자의 이해충돌방지법」상 공직자의 신고의무에 대한 설명으로 옳은 것은?

① 부동산을 직·간접적으로 취급하는 대통령령으로 정한 공공기관의 공직자가 소속 공공기관의 업무와 관련된 부동산을 보유하고 있거나 매수하는 경우, 소속기관장에게 그 사실을 서면으로 신고하여야 한다.
② ①에 따른 신고는 부동산을 보유한 사실을 알게 된 날부터 14일 이내, 매수 후 등기를 완료한 날부터 14일 이내에 하여야 한다.
③ 공직자는 배우자가 공직자 자신의 직무관련자(「민법」 제777조에 따른 친족 제외)와 토지 또는 건축물 등 부동산을 거래하는 행위(다만, 공개모집에 의하여 이루어지는 분양이나 공매·경매·입찰을 통한 재산상 거래 행위는 제외)를 한다는 것을 사전에 안 경우에는 안 날부터 14일 이내에 소속기관장에게 그 사실을 구두 또는 서면으로 신고하여야 한다.
④ 공직자는 직무관련자인 소속 기관의 퇴직자(공직자가 아니게 된 날부터 1년이 지나지 아니한 사람만 해당한다)와 사적 접촉(골프, 여행, 사행성 오락을 같이 하는 행위를 말한다)을 하는 경우 소속기관장에게 신고하여야 한다. 다만, 사회상규에 따라 허용되는 경우에는 그러하지 아니하다.

22. 상황적 범죄예방이론에 대한 설명으로 옳지 않은 것은?

① 범죄패턴이론은 범죄에는 일정한 시간적 패턴이 있으므로, 지리적 프로파일링을 통한 범행지역의 예측 활성화에 기여한다.
② 일상활동이론에서 범죄의 3가지 요인으로는 동기가 부여된 잠재적 범죄자, 보호자의 부재, 적절한 대상이 있다.
③ 합리적 선택이론은 클락, 코니쉬가 주장한 이론으로 인간이 자유의지를 가지고 있다고 가정하고 합리적인 인간관을 전제로 하므로 비결정론적 인간관이라 할 수 있다.
④ VIVA 모델은 범행피해 리스크 수준을 결정하는 것으로 가치(Value), 이동의 용이성(Inertia), 가시성(Visibility), 접근성(Access)의 영어 두문자를 써서 표시한 것이다.

23. 「112치안종합상황실 운영 및 신고처리 규칙」에 관한 설명 중 옳지 않은 것은?

① 112근무요원의 근무기간은 2년 이상으로 하며, 경찰청장은 112근무요원의 전문성 제고를 위해 112근무요원 전문인증제를 운영할 수 있다.
② 112신고 접수·처리자료 중 112신고 대응 코드 0·코드 1·코드 2로 분류한 112 시스템 입력자료는 3년간, 코드 3·코드 4로 분류한 112 시스템 입력자료는 1년간 보존한다.
③ 112신고 접수·처리자료 중 녹음·녹화자료의 경우 6개월간 보존한다.
④ 경찰청장등은 ② 및 ③에도 불구하고 112신고 접수·처리자료의 보존기간을 112신고 대응 코드 0·코드 1·코드 2로 분류한 자료는 2년, 코드 3·코드 4로 분류한 자료는 1년, 녹음·녹화자료의 경우 3개월의 범위에서 연장할 수 있다.

24 「아동학대범죄의 처벌 등에 관한 특례법」에 대한 설명으로 옳지 <u>않은</u> 것은?

① 아동학대범죄 신고를 접수한 사법경찰관리나 아동학대전담공무원은 아동학대범죄가 행하여지고 있는 것으로 신고된 현장 또는 피해아동을 보호하기 위하여 필요한 장소에 출입하여 아동 또는 아동학대행위자 등 관계인에 대하여 조사를 하거나 질문을 할 수 있다.
② 사법경찰관리와 아동학대전담공무원이 동행하여 현장에 출동하지 아니한 경우 수사기관의 장이나 시·도지사 또는 시장·군수·구청장은 현장출동에 따른 조사 등의 결과를 서로에게 통지할 수 있다.
③ 사법경찰관리는 아동학대범죄 행위의 제지를 위한 응급조치시 다른 사람의 토지·건물·배 또는 차에 출입할 수 있다.
④ 사법경찰관리가 아동학대범죄에 대한 응급조치를 한 경우 즉시 응급조치결과보고서를 작성하고, 관할 경찰관서의 장은 이 보고서를 지체없이 시·도지사 또는 시장·군수·구청장에게 송부하여야 한다.

25 「가정폭력범죄의 처벌 등에 관한 특례법」에 대한 설명으로 옳은 것은?

① 배우자(사실혼 포함), 동거하는 친족관계에 있었던 자는 가정폭력범죄의 처벌 등에 관한 특례법상 가정구성원에 해당한다.
② 약취·유인, 퇴거불응, 존속폭행의 상습범, 공갈의 미수범, 모욕, 체포의 상습범은 가정폭력범죄에 해당한다.
③ 丙과 따로 살고있는 사촌동생이 丙을 협박한 경우 「가정폭력 범죄의 처벌 등에 관한 특례법」상 가정폭력 사건으로 처리할 수 있다.
④ C의 시어머니가 C의 재물을 절도한 경우 「가정폭력 범죄의 처벌 등에 관한 특례법」상 가정폭력 사건으로 처리할 수 없다.

26 수사실행의 5대원칙에 대한 설명으로 가장 적절한 것은?

① 수사자료 감식·검토의 원칙: 수사관의 상식적 검토·판단에만 의할 것이 아니라 감식과학이나 과학적 지식 또는 시설장비를 최대한 활용하여 수사를 해야 한다는 원칙으로, 수사의 기본방법 중 제1조건이다.
② 적절한 추리의 원칙: 추측 시에 수집된 자료를 기초로 합리적인 판단을 하고, 추측은 수사결과에 대한 가상적인 판단(가설)이므로, 신뢰성이 검증된 증거를 바탕으로 추측을 하여야 한다.
③ 검증적 수사의 원칙: 여러 가지 추측 중에서 어떤 추측이 정당한 것인가를 가리기 위해서는 그들 추측 하나를 모든 각도에서 검토해야 한다는 원칙으로, 수사방법의 결정 → 수사사항의 결정 → 수사실행이라는 순서에 따라 검토한다.
④ 수사자료 완전수집의 원칙: 수사에 의해 획득한 확신 있는 판단은 모두에게 판단이 진실이라는 것을 객관적으로 증명할 수 있어야 한다는 원칙이다.

27 「통신비밀보호법」 및 「통신비밀보호법 시행령」에 대한 설명으로 옳지 <u>않은</u> 것은?

① 제6조 내지 제8조의 통신제한조치는 이를 청구 또는 신청한 검사·사법경찰관 또는 정보수사기관의 장이 집행한다. 이 경우 체신관서 기타 관련기관등("통신기관등")에 그 집행을 위탁하거나 집행에 관한 협조를 요청할 수 있다.

② 통신제한조치의 집행을 위탁하거나 집행에 관한 협조를 요청하는 자는 통신기관등에 통신제한조치허가서 또는 긴급감청서등의 표지의 사본을 교부하여야 하며, 이를 위탁받거나 이에 관한 협조요청을 받은 자는 통신제한조치허가서 또는 긴급감청서등의 표지 사본을 1년 동안 보존하여야 한다.

③ 통신제한조치허가서 또는 긴급감청서등의 표지의 사본을 교부하지 아니하고 통신제한조치의 집행을 위탁하거나 집행에 관한 협조를 요청한 자는 10년 이하의 징역에 처한다.

④ 통신제한조치의 집행으로 인하여 취득된 우편물 또는 그 내용과 전기통신의 내용은 통신제한조치 대상범죄로 인한 징계절차에 사용할 수 있다.

28 지명수배에 대한 설명으로 옳지 <u>않은</u> 것은?

① 사법경찰관리는 ㉠ 법정형이 사형, 무기 또는 장기 3년 이상의 징역이나 금고에 해당하는 죄를 범했다고 의심할 만한 상당한 이유가 있어 체포영장 또는 구속영장이 발부된 사람이나, ㉡ 지명통보의 대상인 사람 중 지명수배를 할 필요가 있어 체포영장 또는 구속영장이 발부된 사람의 소재를 알 수 없을 때에는 지명수배를 할 수 있다.

② 경찰관은 「경찰수사규칙」 제46조 제1항에 따라 지명수배자를 체포 또는 구속하고, 지명수배한 경찰관서("수배관서")에 인계하여야 하며, 도서지역에서 지명수배자가 발견된 경우에는 지명수배자 등이 발견된 관할 경찰관서("발견관서")의 경찰관은 지명수배자의 소재를 계속 확인하고, 수배관서와 협조하여 검거 시기를 정함으로써 검거 후 구속영장청구시한(체포한 때부터 48시간)이 경과되지 않도록 하여야 한다.

③ 검거된 지명수배자가 대상 범죄의 죄종 및 죄질과 비교하여 동등하거나 그 이상에 해당하는 다른 범죄를 검거관서의 관할구역 내에서 범한 경우 검거관서로 출장하여 조사한다.

④ 경찰관이 검거한 지명수배자에 대하여 지명수배가 여러 건인 경우에는 법정형이 중한 죄명으로 지명수배한 수배관서, 공소시효 만료 3개월 이내이거나 공범에 대한 수사 또는 재판이 진행 중인 수배관서, 검거관서와 동일한 지방검찰청 또는 지청의 관할구역에 있는 수배관서, 검거관서와 거리 또는 교통상 가장 인접한 수배관서 순위에 따라 검거된 지병수배자를 인계받아 조사하여야 한다.

29 다음은 송치서류 작성방법에 대한 설명이다. 옳은 것은 모두 몇 개인가?

> ㉠ 송치서류는 송치 결정서, 압수물총목록, 기록목록, 사건송치서, 그 밖의 서류의 순서로 편철한다.
> ㉡ 송치 결정서와 그 밖의 서류는 각 장마다 면수를 기입하며, 송치 결정서가 1장으로 이루어진 때에는 1로 표시하고, 2장 이상으로 이루어진 때에는 1-1, 1-2, 1-3의 방법으로 하여야 한다.
> ㉢ 피의자가 2인 이상인 경우 피의자를 가, 나, 다 순으로 표기하고, 죄명은 경합범인 경우에는 1, 2, 3 순으로 하되, 형이 중하거나 공소시효가 장기인 순서에 의한다.
> ㉣ 형법총칙 규정은 공범 → 상상적 경합범 → 경합범 → 누범 → 필요적 몰수의 순으로 기재한다.
> ㉤ 처벌규정과 금지규정이 따로 있는 경우에는 금지규정, 처벌규정 순으로 기재하며, 임의적 몰수, 임의적 감면·감경의 규정은 기재하지 않는다.

① 4개
② 3개
③ 2개
④ 1개

30 경비경찰의 조리상의 한계에 대한 설명 중 가장 적절한 것은?

① 경찰은 사회공공의 질서에 직접 영향을 미치지 아니하는 개인의 사생활에 관여할 수 없다는 것은 경찰소극목적의 원칙이다.
② 경찰권은 사회공공의 질서유지를 위해서만 발동할 수 있고, 적극적으로 복리증진 등을 위해서는 발동할 수 없다는 것은 경찰공공의 원칙이다.
③ 경찰권은 사회질서유지를 위하여 묵과할 수 없는 위해 또는 위험발생의 위험을 제거하기 위하여 필요한 최소한도의 범위 내에서만 발동할 수 있다는 경찰비례의 원칙은 조리상의 원칙으로 명문규정이 없다.
④ 경찰책임의 원칙이란 경찰권은 경찰상의 장해의 발생에 관하여 책임있는 자에 대하여만 발동할 수 있다는 원칙으로, 경찰책임은 민·형사상의 책임에 있어서와 같은 고의, 과실을 요건으로 하지 않는다.

31 「재난 및 안전관리 기본법」에 대한 설명으로 가장 적절한 것은?

① '재난'이란 국민의 생명·신체·재산과 국가에 피해를 주거나 줄 수 있는 것으로서 자연재난, 인적재난, 사회재난으로 구분된다.
② '안전관리'란 재난의 예방·대비·대응 및 복구를 위하여 하는 모든 활동을 말한다.
③ 대통령령으로 정하는 대규모 재난의 대응·복구등에 관한 사항을 총괄·조정하고 필요한 조치를 하기 위하여 행정안전부에 중앙재난안전대책본부("중앙대책본부")를 둔다.
④ 중앙대책본부의 본부장은 국무총리가 된다. 다만, 해외재난의 경우에는 외교부장관이, 방사능재난의 경우에는 중앙방사능방재대책본부의 장이 각각 중앙대책본부장의 권한을 행사한다.

32 「테러취약시설 안전활동에 관한 규칙」에 대한 설명으로 가장 적절하지 <u>않은</u> 것은?

① "테러취약시설"이란 테러 예방 및 대응을 위해 경찰이 관리하는 국가중요시설, 다중이용건축물 등, 공관지역, 미군 관련 시설, 그 밖에 특별한 관리가 필요하다고 제14조의 테러취약시설 심의위원회에서 결정한 시설 중 경찰청장이 지정하는 것을 말한다.
② "다중이용건축물등"이란 「재난 및 안전관리 기본법 시행령」 제43조의8 제1호·제2호에 따른 건축물 또는 시설로서 관계기관의 장이 소관업무와 관련하여 대테러센터장과 협의하여 지정한 것을 말한다.
③ 다중이용건축물등은 기능·역할의 중요성과 가치의 정도에 따라 "A급", "B급", "C급"으로 구분하며, A급은 테러에 의하여 파괴되거나 기능 마비시 일부 지역의 대테러진압작전이 요구되고, 국민생활에 중대한 영향을 미칠 수 있는 건축물 또는 시설을 말한다.
④ 경찰서장은 관할 내에 있는 다중이용건축물등 전체에 대해 해당 시설 관리자의 동의를 받아 A급은 분기 1회 이상, B급, C급은 반기 1회 이상 지도·점검을 실시하여야 한다.

33 「도로교통법 시행규칙」 '별표2'에서 규정하는 '차량신호등' 중, 원형등화의 신호의 종류와 그 신호의 뜻에 대한 설명으로 가장 적절하지 <u>않은</u> 것은?

① 녹색의 등화 : 비보호좌회전표지 또는 비보호좌회전표시가 있는 곳에서는 좌회전할 수 있다.
② 황색등화의 점멸 : 차마는 다른 교통 또는 안전표지의 표시에 주의하면서 진행할 수 있다.
③ 황색의 등화 : 차마는 정지선이 있거나 횡단보도가 있을 때에는 그 직전이나 교차로의 직전에 서행하여 다른 교통에 주의하면서 진행할 수 있으며, 이미 교차로에 차마의 일부라도 진입한 경우에는 신속히 교차로 밖으로 진행하여야 한다.
④ 적색등화의 점멸 : 차마는 정지선이나 횡단보도가 있을 때에는 그 직전이나 교차로의 직전에 일시정지한 후 다른 교통에 주의하면서 진행할 수 있다.

34 운전면허 취소처분 후 운전면허시험 응시제한(결격) 내용 중 연결이 옳은 것은 모두 몇 개인가?

> ㉠ 무면허+자동차 절·강도 → 위반한 날로부터 3년
> ㉡ 무면허운전 금지규정을 3회 이상 위반하여 운전 → 취소 또는 위반한 날로부터 2년
> ㉢ 2회 이상의 공동위험행위 → 취소된 날로부터 2년
> ㉣ 운전면허 대리응시 → 1년
> ㉤ 공동위험행위로 운전면허가 취소된 경우 원동기장치자전거면허 취득 결격기간 → 6월

① 2개　　　　　　　　　　② 3개
③ 4개　　　　　　　　　　④ 5개

35 긴급자동차에 대한 설명으로 가장 적절한 것은?

① 「도로교통법」상 긴급자동차는 긴급하고 부득이한 경우에는 도로의 중앙이나 우측 부분을 통행할 수 있으며, 이 법이나 이 법에 따른 명령에 따라 정지하여야 하는 경우에도 불구하고 긴급하고 부득이한 경우에는 정지하지 아니할 수 있다.
② 모든 긴급자동차에 대하여 속도제한, 앞지르기 금지, 끼어들기 금지 규정이 적용되지 않는다.
③ 긴급자동차 중 구급차, 소방차, 긴급 우편물 운송차량과 대통령령으로 정하는 경찰용 자동차에 대하여는 「도로교통법」 제30조에서 정한 긴급자동차에 대한 특례 사항이 모두 적용되지 않는다.
④ 긴급자동차(제2조 제22호 가목부터 다목까지의 자동차와 대통령령으로 정하는 경찰용 자동차만 해당한다)의 운전자가 교통사고를 일으킨 경우에는 그 긴급활동의 시급성과 불가피성 등 정상을 참작하여 「도로교통법」 제151조, 「교통사고처리 특례법」 제3조 제1항 또는 「특정범죄 가중처벌 등에 관한 법률」 제5조의13에 따른 형을 감경할 수 있다.

36 「보안업무규정」상 신원조사에 대한 설명으로 가장 적절한 것은?

① 신원조사는 국가 기밀(국가안전보장에 한정)을 취급하는 사람의 충성심·성실성 등을 확인하기 위하여 한다.
② 국가보안시설·보호장비를 관리하는 기관 등의 장(해당 국가보안시설 등의 관리업무를 수행하는 소속직원을 포함한다)은 신원조사의 대상이 된다.
③ 공무원 임용 예정자는 모두 신원조사의 대상이 된다.
④ 국가정보원장은 신원조사 결과 국가안전보장에 해를 끼칠 정보가 있음이 확인된 사람에 대해서는 관계기관의 장에게 통보할 수 있으며, 통보를 받은 관계 기관의 장은 신원조사 결과에 따라 필요한 보안대책을 마련하여야 한다.

37 「집회 및 시위에 관한 법률」의 '이의 신청'에 관한 설명으로 가장 적절하지 않은 것은?

① 집회 또는 시위의 주최자는 제8조에 따른 금지 통고를 받은 날부터 10일 이내에 해당 경찰관서의 장에게 이의를 신청할 수 있다.
② 이의 신청을 받은 경찰관서의 장은 접수 일시를 적은 접수증을 이의 신청인에게 즉시 내주고 접수한 때부터 24시간 이내에 재결을 하여야 한다.
③ 이의 신청을 접수한 때부터 24시간 이내에 재결서를 발송하지 아니하면 관할경찰관서장의 금지 통고는 소급하여 그 효력을 잃는다.
④ 이의 신청인은 금지 통고가 위법하거나 부당한 것으로 재결되거나 그 효력을 잃게 된 경우 처음 신고한 대로 집회 또는 시위를 개최할 수 있다. 다만, 금지 통고 등으로 시기를 놓친 경우에는 일시를 새로 정하여 집회 또는 시위를 시작하기 24시간 전에 관할경찰관서장에게 신고함으로써 집회 또는 시위를 개최할 수 있다.

38. 북한이탈주민의 보호에 대한 설명으로 가장 적절한 것은?

① "북한이탈주민"이란 군사분계선 이북지역(이하 "북한"이라 한다)에 주소, 직계가족, 배우자, 직장 등을 두고 있는 사람으로서 북한을 벗어난 후 외국 국적을 취득한 사람을 말한다.
② "보호대상자"란 대한민국의 보호를 받으려는 의사를 표시한 북한이탈주민을 말한다.
③ 북한국적 중국동포(조교)란 북한 정부의 해외공민증과 중국정부의 외국인 거류증을 소지한 채 중국에서 거주하는 북한 국적자를 말한다.
④ 대한민국은 보호대상자를 상호주의에 입각하여 특별히 보호한다.

39. 「출입국관리법 시행령」상 외국인의 장기체류자격과 그에 대한 예시이다. ㉠부터 ㉣까지 ( )안에 들어갈 숫자를 모두 합한 값으로 가장 적절한 것은?

- D-(㉠), 유학 – 학술연구기관에서 특정연구를 하려는 외국인
- E-(㉡), 회화지도 – 외국어 전문학원 혹은 초등학교에서 외국어 회화지도를 하는 외국인
- E-(㉢), 예술흥행 – 수익을 목적으로 광고·패션모델로 활동하려는 외국인
- F-(㉣), 결혼이민 – 한국인과 결혼하여 국내에 거주하고자 하는 외국인

① 16
② 18
③ 19
④ 20

40. 다음 설명 중 가장 적절한 것은?

① 「범죄수사규칙」에 따르면 경찰관은 피의자가 외교 특권을 가진 사람인지 여부가 의심스러운 경우에는 신속히 국가수사본부장에게 보고하여 그 지시를 받을 수 있다.
② 「범죄수사규칙」에 따르면 경찰관은 총영사, 영사 또는 부영사의 사택이나 명예영사의 사무소 혹은 사택에서 수사할 필요가 있다고 인정될 때에는 미리 국가수사본부장에게 보고하여 그 지시를 받아야 하며, 총영사, 영사 또는 부영사나 명예영사의 사무소 안에 있는 기록문서에 관하여는 이를 열람하거나 압수하여서는 아니 된다.
③ 「범죄수사규칙」에 따르면 경찰관은 대한민국의 영해에 있는 외국 선박 내에서 발생한 범죄가 승무원이나 대한민국의 국민에 관계가 있을 때에는 수사를 하여야 한다.
④ 「경찰수사규칙」에 따르면 사법경찰관리는 외국인 변사사건이 발생한 경우에는 영사기관 사망 통보서를 작성하여 지체 없이 검사에게 통보해야 한다.

실무종합 모의고사 3회

1 실질적 의미의 경찰개념은 비경찰화 과정을 거치면서 '협의의 행정경찰'과 '보안경찰'로 나뉘어진다. 이에 대한 설명으로 가장 적절한 것은?

① 보안경찰과 협의의 행정경찰은 3권분립 사상을 기준으로 구분한 것이다.
② 보안경찰은 사회공공의 안녕과 질서를 유지하기 위해 타 행정작용에 부수하여 그 행정작용과 관련해서 발생하는 위험을 방지하기 위해 행해지는 경찰작용이다.
③ 협의의 행정경찰에는 위생경찰, 보안경찰, 산업경찰, 철도경찰, 건축경찰, 경제경찰, 산림경찰 등이 있다.
④ 협의의 행정경찰은 비경찰화의 대상이 된다.

2 「자치경찰사무와 시·도자치경찰위원회의 조직 및 운영 등에 관한 규정」상 '수사 관련 자치경찰사무의 범위'에 대한 설명으로 가장 적절한 것은?

> 제3조(수사 관련 자치경찰사무의 범위 등) 법 제4조 제1항 제2호 라목에 따른 자치경찰사무에 관한 구체적인 사항 및 범위는 다음과 같다.
> 1. 학교폭력 등 ㉠ 소년범죄
> 2. 가정폭력 및 아동학대 범죄
> 3. ㉡ 교통사고 및 교통 관련 범죄
> 4. 「형법」 제245조의 범죄 및 「성폭력범죄의 처벌 등에 관한 특례법」 제12조의 범죄
> 5. 경범죄 및 기초질서 관련 범죄: 「경범죄처벌법」 제3조에 따른 경범죄
> 6. 가출인 및 「실종아동등의 보호 및 지원에 관한 법률」 제2조 제2호에 따른 ㉢ 실종아동등 관련 수색 및 범죄

① ㉠의 소년범죄에는 소년(19세 미만인 사람을 말한다)이 한 「형법」상 공문서 등의 위조·변조, 폭행, 통화의 위조 등, 살인·존속살해의 범죄가 자치경찰의 수사범위에 포함된다. 다만 그 소년이 해당 사건에서 19세 이상인 사람과 공범관계(공동정범, 교사범, 종범)에 있는 경우는 제외한다.
② ㉡의 교통사고 및 교통 관련 범죄 중 「도로교통법」 제2조 제3호의 고속도로에서 발생한 교통사고는 자치경찰사무에 포함하나, 교통 관련 범죄와 「특정범죄 가중처벌 등에 관한 법률」 제5조의3이 적용되는 죄를 범한 경우는 자치경찰의 수사범위에서 제외한다.
③ ㉢의 실종아동등 관련 수색 및 범죄에는 실종아동등의 위치 확인에 필요한 개인위치정보등을 실종아동등의 동의가 없음을 이유로 경찰관서의 장의 요청을 거부한 자에 대한 수사가 자치경찰의 수사범위에 포함된다.
④ ㉢의 실종아동등 관련 수색 및 범죄에서 제7조(미신고 보호행위 금지)를 위반하여 정당한 사유 없이 실종아동등을 보호한 자에 대한 수사는 자치경찰의 수사범위에서 제외된다.

3 일제강점기 경찰에 대한 설명으로 가장 적절한 것은?

① 1910년 '조선주차헌병조례'에 의해 헌병이 일반치안을 담당할 법적 근거를 마련하였으며, 헌병경찰은 주로 도시나 개항장 등에 배치되어 첩보수집·의병토벌뿐만 아니라 민사소송 조정·집달리 업무·국경세관 업무·일본어 보급·부업 장려 등 광범위한 업무를 수행하였다.
② 구한말 일본이 한국의 경찰권을 강탈해 가는 일련의 과정은 '경찰사무에 관한 취극서' → '한국 사법 및 감옥사무 위탁에 관한 각서' → '재한국 외국인민에 대한 경찰에 관한 한일협정' → '한국경찰사무 위탁에 관한 각서' 순으로 진행되었다.
③ 3.1운동을 계기로 헌병경찰제도가 보통경찰제도로 전환하면서, 총독부직속 경무총감부가 폐지되고 총독부에 경무국을 두어 전국 경찰사무와 위생사무를 관장하였다.
④ 3·1운동 이후 「치안유지법」을 제정하고, 일본에서 제정된 「정치범처벌법」을 국내에 적용하는 등 탄압의 지배체제를 더욱 강화하였다.

4 경찰청장의 개별 사건의 수사 지휘·감독에 대한 설명으로 가장 적절하지 않은 것은?

① 경찰청장은 경찰의 수사에 관한 사무의 경우에는 개별 사건의 수사에 대하여 구체적으로 지휘·감독할 수 없다. 다만, 국민의 생명·신체·재산 또는 공공의 안전 등에 중대한 위험을 초래하는 긴급하고 중요한 사건의 수사에 있어서 경찰의 자원을 대규모로 동원하는 등 통합적으로 현장 대응할 필요가 있다고 판단할 만한 상당한 이유가 있는 때에는 시·도경찰청장을 통하여 개별 사건의 수사에 대하여 구체적으로 지휘·감독할 수 있다.
② 경찰청장은 ①에 따라 개별 사건의 수사에 대한 구체적 지휘·감독을 개시한 때에는 이를 국가경찰위원회에 보고하여야 한다.
③ 경찰청장은 ①의 단서 사유가 해소된 경우에는 개별 사건의 수사에 대한 구체적 지휘·감독을 중단하여야 한다.
④ ①의 긴급하고 중요한 사건에는 '전국 또는 일부 지역에서 연쇄적·동시다발적으로 발생 하거나 광역화된 범죄에 대하여 경찰력의 집중적인 배치, 경찰 각 기능이 종합적 대응 또는 국가기관·지방자치단체·공공기관과의 공조가 필요한 사건에 해당하는 사건 및 이와 직접적인 관련이 있는 사건을 포함하고 있다.

5 시·도자치경찰위원회 회의에 대한 설명으로 옳지 않은 것은?

① 시·도자치경찰위원회의 회의는 정기적으로 개최하여야 한다. 다만 위원장이 필요하다고 인정하는 경우, 위원 3명 이상이 요구하는 경우 및 시·도지사가 필요하다고 인정하는 경우에는 임시회의를 개최할 수 있다.
② 정기회의는 특별한 사유가 있는 경우를 제외하고는 월 1회 이상 소집·개최한다.
③ 시·도자치경찰위원회 위원장은 회의를 소집하려면 회의 개최 3일 전까지 회의의 일시·장소 및 안건 등을 위원에게 알려야 한다. 다만, 긴급한 사정이나 그 밖의 부득이한 사유가 있는 경우에는 그렇지 않다.
④ 시·도자치경찰위원회는 회의의 효율적 운영을 위하여 필요한 경우 서면으로 심의·의결하거나 원격영상회의 방식으로 할 수 있고, 회의를 원격영상회의 방식으로 하는 경우 해당 회의에 참석한 위원은 동일한 회의장에 출석한 것으로 본다.

6 「경찰공무원법」에 규정된 임용결격사유에 해당하는 것으로 바르게 연결된 것은?

⊙ 파산선고를 받고 복권되지 아니한 사람
ⓒ 금고 이상의 형을 선고받은 사람
ⓒ 자격정지 이상의 형의 선고유예를 선고받고 그 유예기간 중에 있는 사람
② 공무원으로 재직기간 중 직무와 관련하여 「형법」 제355조 및 제356조(횡령과 배임)에 규정된 죄를 범한 자로서 300만원 이상의 벌금형을 선고받고 그 형이 확정된 후 2년이 지나지 아니한 사람
ⓜ 「성폭력범죄의 처벌 등에 관한 특례법」 제2조에 규정된 죄(성폭력범죄)를 범한 사람으로서 100만원 이상의 벌금형을 선고받고 그 형이 확정된 후 5년이 지나지 아니한 사람
ⓑ 미성년자에 대한 「성폭력범죄의 처벌 등에 관한 특례법」 제2조에 따른 성폭력범죄를 저질러 형 또는 치료감호가 확정된 사람(집행유예를 선고받은 후 그 집행유예기간이 경과한 사람을 제외한다)

① ㉠㉢㉣
② ㉠㉢㉤
③ ㉡㉢㉥
④ ㉣㉤㉥

7 직위해제에 대한 설명으로 옳은 것은?

① 임용권자는 직무수행 능력이 부족하거나 근무성적이 극히 나쁜 자에게는 직위를 부여하지 아니하여야 한다.
② 임용권자는 ①에 따라 직위해제된 자에게 3개월의 범위에서 대기를 명하며, 대기 명령을 받은 자에게 능력 회복이나 근무성적의 향상을 위한 교육훈련 또는 특별한 연구과제의 부여 등 필요한 조치를 할 수 있다.
③ ②에 따라 대기 명령을 받은 자가 그 기간에 능력 또는 근무성적의 향상을 기대하기 어렵다고 인정된 때에 해당될 때에는 직권으로 면직시킬 수 있다.
④ ①에 해당하여 직위해제된 사람에게는 봉급의 70퍼센트를 지급한다.

8 경찰공무원의 재산상 권리에 대한 설명으로 옳은 것은?

① 「국가공무원법」상 보수를 거짓이나 그 밖의 부정한 방법으로 수령한 경우에는 수령한 금액의 2배의 범위에서 가산하여 징수할 수 있다.
② 소속 장관은 경감이하 경찰공무원 중 근무성적, 업무실적 등이 우수한 사람에게는 예산의 범위에서 성과상여금을 지급하고, 성과상여금을 거짓이나 그 밖의 부정한 방법으로 지급(지급받은 성과상여금을 다시 배분하는 행위 포함)받은 때에는 그 지급받은 성과상여금에 해당하는 금액을 징수하고, 3년의 범위에서 성과상여금을 지급하지 아니한다.
③ 「공무원 재해보상법」상 급여는 요양급여, 재활급여, 장해급여, 간병급여, 재해유족급여, 부조급여로 구분하며, 이러한 급여를 받으려는 사람은 인사혁신처장에게 급여를 청구하여야 한다.
④ ③에 따른 급여를 받을 권리는 그 급여의 사유가 발생한 날부터 요양급여·재활급여·간병급여·부조급여는 5년간, 그 밖의 급여는 3년간 행사하지 아니하면 시효로 인하여 소멸한다.

9 「경찰공무원 징계령」상 징계위원회 회의에 대한 설명으로 옳지 <u>않은</u> 것은?

① 징계위원회의 회의는 위원장과 징계위원회가 설치된 경찰기관의 장이 회의마다 지정하는 11명 이상 51명 이하의 위원으로 성별을 고려하여 구성하되, 민간위원의 수는 위원장을 포함한 위원 수의 2분의 1 이상이어야 한다.
② 「성폭력범죄의 처벌 등에 관한 특례법」에 따른 성폭력범죄에 해당하는 징계 사건이 속한 징계위원회의 회의를 구성하는 경우에는 피해자와 같은 성별의 위원이 위원장을 제외한 위원 수의 3분의 1 이상 포함되어야 한다.
③ 징계위원회의 의결은 위원장을 포함한 위원 과반수의 출석과 출석위원 과반수의 찬성으로 의결하되, 의견이 나뉘어 출석위원 과반수의 찬성을 얻지 못한 경우에는 출석위원 과반수가 될 때까지 징계등 심의 대상자에게 가장 불리한 의견을 제시한 위원의 수를 그 다음으로 불리한 의견을 제시한 위원의 수에 차례로 더하여 그 의견을 합의된 의견으로 본다.
④ 징계위원회의 의결 내용은 공개하지 아니한다.

10 다음은 「행정기본법」상 "처분의 취소, 철회"에 대한 설명이다. 옳고 그름(O,X)의 표시가 바르게 된 것은?

> ㉠ 행정청은 위법 또는 부당한 처분의 전부나 일부를 소급하여 취소할 수 있다. 다만, 당사자의 신뢰를 보호할 가치가 있는 등 정당한 사유가 있는 경우에는 장래를 향하여 취소할 수 있다.
> ㉡ 당사자가 거짓이나 그 밖의 부정한 방법으로 처분을 받은 경우에도 행정청이 처분을 취소하고자 할 때에는 취소로 달성되는 공익과 당사자가 입게 될 불이익을 비교·형량하여야 한다.
> ㉢ 행정청은 적법한 처분이라도 사정변경으로 처분을 더이상 존속시킬 필요가 없게 된 경우에는 그 처분의 전부 또는 일부를 장래를 향하여 철회할 수 있다.
> ㉣ 행정청은 적법한 처분이 법률에서 정한 철회 사유에 해당하게 된 경우 그 처분의 전부 또는 일부를 장래를 향해 철회할 수 있는데, 처분을 철회하는 경우 철회로 인하여 당사자가 입게 될 불이익과 철회로 달성되는 공익과 비교·형량하여야 한다.

① ㉠ (X) ㉡ (O) ㉢ (X) ㉣ (O)
② ㉠ (X) ㉡ (O) ㉢ (O) ㉣ (X)
③ ㉠ (O) ㉡ (X) ㉢ (O) ㉣ (O)
④ ㉠ (O) ㉡ (X) ㉢ (X) ㉣ (O)

11 경찰하명에 대한 설명으로 옳은 것은?
① 하명은 내용을 기준으로 작위·부작위·급부·수인하명이 있으며, 부작위하명은 경찰금지라고 하며 가장 보편적인 경찰하명에 해당한다.
② 도로교통법 제43조 무면허운전 등의 금지 규정은 일정한 행위를 하지 않아야 할 의무를 부과하는 행위로 수인하명에 해당한다.
③ 경찰하명에 따른 의무를 하명의 상대방이 위반한 경우 통상 강제집행이 부과되고, 하명의 상대방이 불이행한 경우 통상 경찰벌이 과해진다.
④ 경찰하명의 상대방인 수명자는 수인의무를 지므로 경찰하명이 위법하더라도 손해배상을 청구할 수 없다.

12 「경찰관 직무집행법」상 위험 발생의 방지에 대한 설명으로 옳지 않은 것은?
① 경찰관은 사람의 생명 또는 신체에 위해를 끼치거나 재산에 중대한 손해를 끼칠 우려가 있는 천재, 사변, 인공구조물의 파손이나 붕괴, 교통사고, 위험물의 폭발, 위험한 동물 등의 출현, 극도의 혼잡, 그 밖의 위험한 사태가 있을 때에는 위험발생 방지 조치를 할 수 있다.
② ①의 조치로 경찰관은 매우 긴급한 경우에는 위해를 입을 우려가 있는 사람에게 위해를 방지하기 위하여 필요하다고 인정되는 조치를 하게 하거나 직접 그 조치를 할 수 있다.
③ ①의 조치로 경찰관은 그 장소에 모인 사람, 사물의 관리자, 그 밖의 관계인에게 필요한 경고를 할 수 있다.
④ 경찰관은 ②③의 조치를 하였을 때에는 지체 없이 그 사실을 소속 경찰관서의 장에게 보고하여야 한다.

13 「경찰관 직무집행법」 및 동법 시행령상 손실보상에 대한 설명으로 가장 적절한 것은?

① 국가는 경찰관의 위법한 직무집행으로 인하여 손실발생의 원인에 대하여 책임이 없는 자가 생명·신체 또는 재산상의 손실을 입은 경우 손실을 입은 자에 대하여 정당한 보상을 하여야 한다.
② 국가는 손실 발생의 원인에 대하여 책임이 없는 자가 생명·신체 또는 재산상의 손실을 입은 경우에 정당한 보상을 하여야 하지만, 손실 발생의 원인에 대하여 책임이 있는 자에 대하여는 그러하지 아니하다.
③ 손실을 보상받으려는 사람은 보상금 지급 청구서에 손실내용과 손실금액을 증명할 수 있는 서류를 첨부하여 손실보상청구 사건 발생지를 관할하는 국가경찰관서의 장에게 제출하여야 한다.
④ 손실보상을 청구할 수 있는 권리는 손실이 있음을 안 날로부터 5년, 손실이 발생한 날부터 3년간 행사하지 아니하면 시효의 완성으로 소멸한다.

14 「경찰관 직무집행법」 제11조의5에 규정된 '직무수행으로 인한 형의 감면'에 대한 설명으로 옳은 것은?

① 형의 감면 대상인 범죄에는 형법상 살인죄, 상해·폭행죄, 강간죄, 절·강도죄가 해당한다.
② 형의 감면대상 범죄가 행하여지려고 하거나 행하여지고 있어 타인의 생명·신체 및 재산에 대한 위해 발생의 우려가 명백하고 긴급한 상황에서, 경찰관이 그 위해를 예방하거나 진압하기 위한 행위 또는 범인의 검거 과정에서 경찰관을 향한 직접적인 유형력 행사에 대응하는 행위를 하여 그로 인하여 타인에게 피해가 발생한 경우, 그 경찰관의 직무수행이 불가피한 것이고 필요한 최소한의 범위에서 이루어져야 한다.
③ ②의 직무를 한 경찰관의 고의 또는 중대한 과실이 있는 경우도 가능하다.
④ 효과로서 그 정상을 참작하여 형을 감경하거나 면제할 수 있다.

15 다음은 엽관주의와 실적주의의 특징에 대한 설명이다. 그 연결이 바르게 된 것은?

> ㉠ 정당정치 발전과 책임행정이 실현되지만 인사기준의 비객관성에 기인한 부정부패가 만연하다.
> ㉡ 공무원의 정치적 중립이 확보되지만, 정당이념의 행정에의 반영이 곤란하고, 정책이 효율적 집행이 곤란하다.
> ㉢ 신분보장을 통해 행정의 능률성, 전문성, 안정성, 계속성이 확보되지만, 관료의 보수집단화, 특권주의가 형성되고, 인사행정이 소극화, 형식화, 집권화 된다.
> ㉣ 공직에 대한 국민통제가 강화되지만, 공무원이 국민이 아닌 정당에 충성하여 행정의 비능률성과 비전문적인 단점이 있다.
> ㉤ 관료의 특권화 및 공직침체를 방지하지만 신분보장 미흡으로 인한 사기저하, 행정의 계속성과 안정성이 저해되고, 불필요한 관직이 증설된다.
> ㉥ 공무원의 부패 방지가 되지만, 국민요구에 대한 반응성 저하가 우려된다.

① 엽관주의 – ㉠㉣㉤, 실적주의 – ㉡㉢㉥
② 엽관주의 – ㉠㉢㉣, 실적주의 – ㉡㉤㉥
③ 엽관주의 – ㉡㉣㉥, 실적주의 – ㉠㉢㉤
④ 엽관주의 – ㉡㉤㉥, 실적주의 – ㉠㉢㉣

16 경찰예산에 대한 설명으로 가장 적절한 것은?

① 예산의 성립과정을 기준으로 일반회계와 특별회계로 분류되고, 예산의 성질을 기준으로 본예산·수정예산·추가경정예산·준예산으로 분류된다.
② 정부가 예산안을 편성하여 국회에 제출한 이후 성립·확정되기 전에 국내외 사회경제적 여건의 변동으로 예산안의 일부 내용을 변경하여 국회에 제출하는 예산을 추가경정예산이라고 한다.
③ 준예산은 회계연도 개시 전까지 예산의 불성립시 전년도 예산에 준하여 지출하는 제도로 예산 확정 전에는 경찰공무원의 보수와 경찰관서의 유지·운영 등 기본경비에는 사용할 수 없다.
④ 경찰예산 대부분은 일반회계에 속하고, 경찰특별회계로는 책임운영기관 특별회계가 있다.

17 「공공기관의 정보공개에 관한 법률」에 관한 설명 중 가장 적절한 것은?

① 공공기관은 공개 청구된 공개 대상 정보의 전부 또는 일부가 제3자와 관련이 있다고 인정할 때에는 그 사실을 제3자에게 3일 이내 통지하여야 하며, 필요한 경우에는 그의 의견을 들을 수 있다.
② 공개 청구된 사실을 통지받은 제3자는 그 통지를 받은 날부터 7일 이내에 해당 공공기관에 대하여 자신과 관련된 정보를 공개하지 아니할 것을 요청할 수 있다.
③ ②의 비공개 요청에도 불구하고 공공기관이 공개 결정을 할 때에는 공개 결정 이유와 공개 실시일을 분명히 밝혀 지체 없이 문서로 통지하여야 하며, 제3자는 해당 공공기관에 문서로 이의신청을 하거나 행정심판 또는 행정소송을 제기할 수 있다. 이 경우 이의신청은 통지를 받은 날부터 7일 이내에 하여야 한다.
④ 공공기관은 ③에 따른 공개 결정일과 공개 실시일 사이에 최소한 20일의 간격을 두어야 한다.

18 다음 〈보기〉 현상에 대한 설명으로 가장 적절하지 <u>않은</u> 것은?

〈보기〉
경찰인이 되고자하는 지원자는 그가 경찰이 되기 전에 경찰에 대한 정보 등을 통해 경찰에 대한 사회화를 미리 할 수 있다는 것이다. 이것은 통상적으로 경찰에 대한 자신의 직접경험과 친구나 가족들을 통한 간접경험, 나아가 언론매체를 통한 경찰의 이미지 등을 통해서 이루어진다. 그래서 경찰예비자들은 "자기가 경찰인이 되면 어떻게 하겠다"라는 (　　　)을 거칠 수 있는 것이다.

① 경찰시험을 준비하는 甲이 언론에서 경찰공무원의 부정부패 기사를 보고 '나는 경찰이 되면 저런 행위를 하지 않겠다'는 생각을 가진 것은 〈보기〉와 관련이 있다.
② 경찰공무원의 사회화는 경찰이 되기 전의 가치관에 의해 영향을 받는다.
③ 경찰공무원은 비공식적 사회화 과정보다 공식적 사회화 과정의 영향을 더 많이 받는다.
④ 빈칸에 들어갈 말은 "예기적 사회화 과정"이다.

19 경찰 부패의 원인을 설명할 수 있는 학설에 관한 설명으로 가장 적절하지 <u>않은</u> 것은?

① '전체사회가설'은 윌슨(Wilson)이 주장한 이론으로, 사회 전체가 경찰의 부패를 묵인하거나 조장할 때 경찰관은 자연스럽게 부패행위를 하게 된다고 설명한다.
② '미끄러지기 쉬운 경사로 이론'은 셔먼(Sherman)이 주장한 이론으로, 부패에 해당하지 않는 작은 호의를 허용하면 나중에는 엄청난 부패로 이어진다는 이론이다.
③ '구조원인 가설'은 니더호퍼(Niederhoffer), 로벅(Roebuck), 바커(Barker) 등이 주장한 이론으로, 조직의 부패전통 내에서 청렴한 신임경찰이 선배경찰에 의해 사회화되어 신임경찰도 부패로 물들게 된다는 이론이다.
④ '썩은 사과 가설'은 일부 부패경찰이 조직 전체를 부패로 물들게 한다는 이론으로, 부패의 원인을 조직의 체계적 결함으로 보고 있으며, 신임경찰 채용단계의 중요성을 강조한다.

20 「부정청탁 및 금품등 수수의 금지에 관한 법률」에 위반되는 사례로 가장 적절한 것은?

① 경찰서장이 소속부서 직원들에게 위로 격려 포상의 목적으로 회식비를 제공한 경우
② 결혼식을 앞두고 있는 경찰관이 4촌 형으로부터 500만 원 상당의 냉장고를 선물 받은 경우
③ 예술의전당 소속 공연 관련 업무 담당공무원이 예술의전당 초청 공연작으로 결정된 뮤직드라마의 공연제작사 대표이사 甲 등과 저녁식사를 하고 30만 원 상당(1인당 6만 원)의 음식값을 甲이 지불한 경우
④ 경찰관이 휴일날 인근 대형마트 행사에서 추첨권이 뽑혀 2천만 원 상당의 승용차를 받은 경우

21 「공직자의 이해충돌방지법」상 공직자의 제한·금지의무에 대한 설명으로 적절하지 <u>않은</u> 것은?

① 공직자는 타 법령·기준에 따라 허용되는 경우에도 직무관련자에게 사적으로 노무 또는 조언·자문 등을 제공하고 대가를 받는 행위를 하여서는 아니 된다.
② 공공기관은 공공기관(산하기관, 자회사 포함) 소속 고위공직자, 채용업무 담당자, 감독기관의 고위공직자, 모회사의 고위공직자의 가족을 채용할 수 없다. 다만 공개경쟁채용시험 또는 경력 등 응시요건을 정하여 다수인을 대상으로 하는 채용시험에 합격한 경우는 가능하다.
③ 공직자(공직자가 아니게 된 날부터 3년이 경과하지 아니한 사람을 포함)는 직무수행 중 알게 된 비밀 또는 소속 공공기관의 미공개정보를 이용하여 재물 또는 재산상의 이익을 취득하거나 제3자로 하여금 재물 또는 재산상의 이익을 취득하게 하여서는 아니 된다.
④ 공직자는 공공기관이 소유하거나 임차한 물품·차량·선박·항공기·건물·토지·시설 등을 사적인 용도로 사용·수익하거나 제3자로 하여금 사용·수익하게 하여서는 아니 된다. 다만, 다른 법령·기준 또는 사회상규에 따라 허용되는 경우에는 그러하지 아니하다.

22 개인적 수준의 범죄원인이론에 대한 내용 중 고전주의와 실증주의에 대한 설명이 바르게 연결된 것은?

> ㉠ 범죄는 외적요소에 의해 강요되는 것이다.
> ㉡ 인간은 자유의지가 있다
> ㉢ 기존의 형벌과 제도는 한계가 있다.
> ㉣ 범죄는 형벌을 통해 통제되고, 형벌은 엄격, 신속, 확실해야 한다.
> ㉤ Beccaria는 '범죄와 형벌'의 저자로 형벌은 범죄에 비례하여 부과해야 한다고 주장하였다.
> ㉥ 인간의 행위가 생물학적·심리학적·사회적 성질에 의해 결정된다고 본다.

① 고전주의 - ㉡㉣㉤, 실증주의 - ㉠㉢㉥
② 고전주의 - ㉡㉣㉥, 실증주의 - ㉠㉢㉤
③ 고전주의 - ㉠㉣㉤, 실증주의 - ㉡㉢㉥
④ 고전주의 - ㉠㉢㉤, 실증주의 - ㉡㉣㉥

23 「112치안종합상황실 운영 및 신고처리 규칙」상 112신고의 대응체계에 대한 내용으로 옳지 <u>않은</u> 것은?

① 경찰청장은 112신고 내용의 긴급성과 출동필요성을 고려하여 112신고의 대응코드(code)를 분류한다.
② 신고의 내용이 생명·신체에 대한 위험 발생이 임박하거나 진행 중 또는 그 직후인 경우 및 현행범인인 경우 코드 1 신고로 분류한다.
③ 즉각적인 현장조치는 불필요하나 수사, 전문상담 등이 필요한 경우 코드 4 신고로 분류한다.
④ 112근무요원 및 출동 경찰관은 112신고 대응 코드를 변경할 만한 사실을 추가로 확인한 경우 이미 분류된 112신고 대응 코드를 다른 112신고 대응 코드로 변경할 수 있다.

24 「풍속영업의 규제에 관한 법률」에 관한 내용으로 옳지 <u>않은</u> 것은? (다툼이 있으면 판례에 의함)

① 노래연습장업, 단란주점영업 및 유흥주점영업, 게임제공업 및 복합유통게임제공업은 「풍속영업의 규제에 관한 법률」에 규정된 풍속영업의 범위에 해당한다.
② 「풍속영업의 규제에 관한 법률」상 풍속영업자 및 종사자의 준수사항으로는 성매매알선등 행위금지, 음란한 물건을 반포·판매·대여하는 행위금지, 도박 기타 사행행위를 하게 하는 행위금지 등이 있다.
③ 풍속영업소인 숙박업소에서 음란한 외국의 위성방송프로그램을 수신하여 투숙객 등으로 하여금 시청하게 하는 행위는 「풍속영업의 규제에 관한 법률」상 '음란한 물건'을 관람하게 하는 행위에 해당한다.
④ 나이트클럽 무용수인 피고인이 무대에서 공연하면서 겉옷을 모두 벗고 성행위와 유사한 동작을 연출하거나 속옷에 부착되어 있던 모조 성기를 수차례 노출한 경우, 「풍속영업의 규제에 관한 법률」상 음란행위에 해당하지 않는다.

25 「가정폭력범죄의 처벌 등에 관한 특례법」에 대한 설명으로 옳은 것은?

① "가정폭력행위자"란 가정폭력범죄를 범한 사람 및 가정구성원인 공범을 말하며, "피해자"란 가정폭력범죄로 인하여 직·간접적으로 피해를 입은 사람을 말한다.
② "아동"이란 「아동복지법」 제3조 제1호에 따른 13세 미만인 자를 말한다.
③ 아동, 60세 이상의 노인, 그 밖에 정상적인 판단 능력이 결여된 사람의 치료 등을 담당하는 의료인 및 의료기관의 장이 직무를 수행하면서 가정폭력범죄를 알게 된 경우에는 정당한 사유가 없으면 즉시 수사기관에 신고하여야 한다.
④ 피해자 또는 그 법정대리인은 가정폭력행위자를 고소할 수 있고, 피해자에게 고소할 법정대리인이나 친족이 없는 경우에 이해관계인이 신청하면 검사는 7일 이내에 고소할 수 있는 사람을 지정하여야 한다.

26 「검사와 사법경찰관의 상호협력과 일반적 수사준칙에 관한 규정」상 '재수사요청'에 대한 설명으로 옳은 것은?

① 검사는 사법경찰관에게 재수사를 요청하려는 경우에는 관계 서류와 증거물을 송부받은 날부터 30일 이내에 해야 한다. 다만, ㉠ 불송치 결정에 영향을 줄 수 있는 명백히 새로운 증거 또는 사실이 발견된 경우나, ㉡ 증거 등의 허위, 위조 또는 변조를 인정할 만한 상당한 정황이 있는 경우에는 관계 서류와 증거물을 송부받은 날부터 30일이 지난 후에도 재수사를 요청할 수 있다.
② 사법경찰관은 재수사의 요청이 접수된 날부터 1개월 이내에 재수사를 마쳐야 한다.
③ 재수사를 한 사법경찰관은 범죄의 혐의가 있다고 인정되는 경우에는 검사에게 사건을 송치하고 관계 서류와 증거물을 송부하고, 기존의 불송치 결정을 유지하는 경우에는 재수사 결과서에 그 내용과 이유를 구체적으로 적어 검사에게 통보한다.
④ 검사는 사법경찰관이 재수사 결과를 통보한 사건에 대해서는 언제나 다시 재수사를 요청을 하거나 송치 요구를 할 수 없다.

27 「통신비밀보호법」상 통신사실 확인자료에 대한 설명으로 옳은 것은?

① 가입자의 전기통신일시, 인터넷 로그기록 자료, 이용자의 가입일·해지일은 통신비밀보호법상 통신사실 확인자료에 해당한다.
② 검사 또는 사법경찰관은 수사 또는 형의 집행을 위하여 필요한 경우 전기통신사업법에 의한 전기통신사업자에게 통신사실 확인자료의 열람이나 제출(이하 "통신사실 확인자료제공"이라 한다)을 요청할 수 있다.
③ 검사 또는 사법경찰관은 ②에 따라 통신사실 확인자료제공을 받은 사건에 관하여 공소를 제기하거나, 공소제기·검찰송치를 하지 아니하는 처분(기소중지·참고인중지 또는 수사중지 결정 제외) 또는 입건을 하지 아니하는 처분을 한 경우에는 그 처분을 한 날부터 10일 이내에 통신사실 확인자료제공을 받은 사실과 제공요청기관 및 그 기간 등을 통신사실 확인자료제공의 대상이 된 당사자에게 서면으로 통지하여야 한다.
④ 기소중지·참고인중지 또는 수사중지 결정을 한 경우에는 그 결정을 한 날부터 1년(제6조 제8항 각 호의 어느 하나에 해당하는 범죄인 경우에는 3년)이 경과한 때부터 10일 이내에 통신사실 확인자료제공을 받은 사실과 제공요청기관 및 그 기간 등을 통신사실 확인자료제공의 대상이 된 당사자에게 서면으로 통지하여야 한다.

28 「피의자 유치 및 호송규칙」상 피호송자의 발병 및 도망사고 발생시의 조치 방법으로 옳지 <u>않은</u> 것은?

① 경증으로 호송에 큰 지장이 없고 당일로 호송을 마칠 수 있을 때에는 호송관이 적절한 응급조치를 취하고 호송을 계속하여야 하고, 중증으로 호송을 계속하기가 곤란하다고 인정될 때에 피호송자 및 그 서류와 금품을 발병지에서 가까운 경찰관서에 인도하여야 한다.
② ①에 따라 피호송자를 인수한 경찰관서는 즉시 질병을 치료하여야 하며, 질병의 상태를 호송관서 및 인수관서에 통지하고 질병이 치유된 때에는 호송관서에 통지함과 동시에 치료한 경찰관서에서 지체없이 호송하여야 한다. 다만, 진찰한 결과 24시간 이내에 치유될 수 있다고 진단되었을 때에는 치료 후 호송관서의 호송관이 호송을 계속하게 하여야 한다.
③ 호송관은 피호송자가 도망하였을 때 즉시 사고발생지 관할 경찰서에 신고하고 도주 피의자 수배 및 수사에 필요한 사항을 알려주어야 하며, 소속장에게 전화, 전보 기타 신속한 방법으로 보고하여 그 지휘를 받아야 한다.
④ 도주한 자에 관한 호송관계서류 및 금품은 인수관서에서 보관하여야 한다.

29 경비경찰의 경비수단에 대한 설명으로 가장 적절한 것은?

① 경비수단 중 경고는 간접적 실력행사이고, 제지와 체포는 직접적 실력행사이다.
② '경고'는 「경찰관직무집행법」에, '제지·체포'는 「형사소송법」에 근거한다.
③ 실력의 행사는 반드시 경고, 제지, 체포의 순서로 행사되어야 한다.
④ 제지행위를 할 때는 무기를 사용할 수 없다.

30. 「경찰 비상업무 규칙」상 '용어'에 대한 설명으로 적절한 것은 모두 몇 개인가?

> ㉠ "비상상황"이란 대간첩·테러, 대규모 재난 등의 긴급 상황이 발생하거나 발생할 우려가 있는 경우 또는 다수의 경력을 동원해야 할 치안수요가 발생하여 치안활동을 강화할 필요가 있는 때를 말한다.
> ㉡ "정위치 근무"란 비상연락체계를 유지하며 유사시 1시간 이내에 현장지휘 및 현장근무가 가능한 장소에 위치하는 것을 말한다.
> ㉢ "정착근무"란 사무실 또는 상황과 관련된 현장에 위치하는 것을 말한다.
> ㉣ "필수요원"이란 모든 경찰공무원 및 일반직공무원(이하 "경찰관 등"이라 한다) 중 경찰기관의 장이 지정한 자로 비상소집 시 1시간 이내에 응소하여야 할 사람을 말한다.
> ㉤ "일반요원"이란 필수요원을 제외한 경찰관 등으로 비상소집 시 3시간 이내에 응소하여야 할 사람을 말한다.
> ㉥ "가용경력"이란 총원에서 휴가·출장·교육·파견 등을 포함하여 실제 동원될 수 있는 모든 인원을 말한다.

① 3개 ② 4개
③ 5개 ④ 6개

31. 인질협상 및 기법과 관련한 설명으로 가장 적절한 것은?

① 협상은 항상 성공하는 것이 아니므로 다음 과정인 무력제압의 예비조치가 될 가능성이 있고, 인질협상 시에는 언론과 인질범의 부모, 여자친구 등을 최대한 활용하는 것이 바람직하다.
② 인질협상은 협상준비 → 논쟁개시 → 제안 → 신호 → 타결안제시 → 흥정 → 정리 → 타결의 8단계로 이루어진다.
③ 영국의 Scot Negotiation Institute에서 제시한 인질협상의 8단계 중 6단계는 '흥정'이고 이 단계에서는 우리 측에서 줄 수 있는 한계를 분명히 하는 식이 되어서는 안 되고, 상대로 하여금 떼를 쓰고 흥정을 걸어오도록 유도해야 한다.
④ 스톡홀름 증후군이란 인질사건 발생시 인질이 인질범에 동화되는 현상을 의미하며, 심리학에서 오귀인효과라고도 한다.

32. 「교통사고처리 특례법」 제3조 제2항(처벌의 특례) 단서 각 호(12개 항목)에 해당하지 않는 것은 모두 몇 개인가?

> ⊙ 「도로교통법」 제39조 제4항을 위반하여 자동차의 화물이 떨어지지 아니하도록 필요한 조치를 하지 아니하고 운전한 경우
> ⓒ 「도로교통법」 제17조 제1항 또는 제2항에 따른 제한속도를 시속 20킬로미터 초과하여 운전한 경우
> ⓒ 「도로교통법」 제13조 제3항을 위반하여 중앙선을 침범하거나 같은 법 제62조를 위반하여 횡단, 유턴 또는 후진한 경우
> ⓔ 「도로교통법」 제24조에 따른 철길건널목 통과방법을 위반하여 운전한 경우
> ⓜ 「도로교통법」 제19조에 따른 안전거리 확보를 위반하여 운전한 경우

① 0개 ② 1개
③ 2개 ④ 3개

33. 운전면허에 대한 설명으로 가장 적절한 것은?

① 외국 발행의 국제운전면허증(상호인정외국면허증)은 입국일로부터 1년간 유효하며, 국내에서 사업용 차량(대여용 포함)을 운전할 수 없다.
② 임시운전증명서의 유효기간은 20일 이내이며, 취소 또는 정지 대상자의 경우에는 40일 이내로 할 수 있다. 다만 경찰서장이 필요하다고 인정하는 경우 1회에 한하여 20일간의 범위 내에서 기간연장이 가능하다.
③ 연습운전면허 소지자는 운전면허를 받은 날부터 1년이 경과한 사람(운전면허 정지 기간 중인 사람을 제외, 연습하고자 하는 자동차를 운전할 수 있는 운전면허에 한함)과 함께 타서 그의 지도를 받아야 한다.
④ 연습운전면허 소지자는 준수사항 중 하나라도 위반하면 해당 연습운전면허는 정지된다.

34. 음주측정거부에 대한 설명으로 가장 적절하지 않은 것은? (다툼이 있는 경우 판례에 의함)

① 「교통단속처리지침」상 명시적인 의사표시를 하지 않으면서 경찰관이 음주측정 불응에 따른 불이익을 5분 간격으로 3회 이상 고지(최초 측정요구시로부터 15분 경과)했음에도 계속 음주측정에 응하지 않은 때에는 음주측정거부자로 처리한다.
② 음주측정거부 시(10년 내 최초의 경우) 1년 이상 5년 이하의 징역이나 5백만원 이상 2천만원 이하의 벌금에 처한다.
③ 경찰관이 술에 취한 상태에서 자동차를 운전한 것으로 보이는 피고인을 「경찰관 직무집행법」 제4조 제1항에 따른 보호조치 대상자로 보아 경찰관서로 데려온 직후 음주측정을 요구하였는데 피고인이 불응한 경우, 위법한 보호조치 상태를 이용하여 음주측정 요구가 이루어졌다는 등의 특별한 사정이 없는 한 피고인의 행위는 음주측정불응죄에 해당한다고 보아야 한다.
④ 여러차례에 걸쳐 호흡측정기의 빨대를 입에 물고 형식적으로 숨을 부는 시늉만 하였을 뿐 숨을 제대로 불지 아니하여 호흡측정기에 음주측정수치가 나타나지 아니하도록 한 행위는 음주측정불응죄에 해당하지 않는다.

35. 「집회 및 시위에 관한 법률」 제2조(정의) 제3호에 규정된 '주최자'에 대한 설명이다. 가장 적절하지 않은 것은?

① '주최자'란 자기 이름으로 자기 책임 아래 집회 또는 시위를 여는 사람이나 단체를 말한다.
② 주최자는 주관자를 따로 두어 집회 또는 시위의 실행을 맡아 관리하도록 위임할 수 있고, 주관자는 그 위임의 범위 안에서 주최자로 간주되므로 「집회 및 시위에 관한 법률」상 주최자에 관한 조항을 적용받게 된다.
③ 단체 또는 외국인은 주최자가 될 수 있으나, 범죄 수배자는 주최자가 될 수 없다.
④ 다수의 단체의 대표들이 공동대표를 겸하고 있는 연합단체가 개최한 집회에서 연합단체의 집행위원장을 대신하여 가장 많은 인원이 참가한 단체의 부위원장이 집회의 사회를 보았다면 그 사회자를 집회의 주최자로 볼 수 있다.

36. 집회·시위와 관련한 판례의 내용 중 옳지 않은 것은 모두 몇 개인가?

㉠ 기자회견을 표방한 경우 사전에 플래카드, 마이크 등을 준비하여 불특정 다수인이 보거나 들을 수 있는 상태로 연설을 하거나 구호를 제창하더라도 옥외집회라고 볼 수 없다.
㉡ 10인이, 1인은 피켓을 들고 다른 2~4인이 별도로 구호를 외치거나 전단을 배포하는 행위 없이 그 옆에 서 있는 방법으로 돌아가면서 시위를 한 경우 「집회 및 시위에 관한 법률」이 적용되는 집회·시위로 볼 수 있다.
㉢ 집회신고를 하지 아니하고 타워크레인을 무단으로 점거한 후 플래카드를 내걸고 부당해고 철회 등을 요구한 경우 미신고 옥외집회 개최에 해당한다.
㉣ 옥내집회는 신고의무가 없기 때문에 관공서 건물 내에 무단 집단 진입하여 로비에서 구호를 외치고 노래를 부르며 퇴거요구에 불응하는 경우라도 해산명령의 대상이 될 수 없다.
㉤ 미신고집회의 경우 타인의 법익이나 공공의 안녕질서에 직접적이고 명백한 위험을 초래한 경우에 한해 해산명령을 할 수 있다.

① 1개
② 2개
③ 3개
④ 4개

37. 「보안관찰법」상 보안관찰에 대한 설명으로 가장 적절하지 않은 것은?

① 보안관찰대상자 중 재범할 만한 충분한 이유가 있는 자에 대하여 실시한다.
② '보안관찰처분대상자'라 함은 보안관찰해당범죄 또는 이와 경합된 범죄로 징역 이상의 형의 선고를 받고 그 형기 합계가 3년 이상인 자로서 형의 전부 또는 일부의 집행을 받은 사실이 있는 자를 말한다.
③ 보안관찰처분에 관한 결정은 보안관찰처분심의위원회의 의결을 거쳐 법무부장관이 행한다.
④ 보안관찰처분의 기간은 2년으로 한다. 법무부장관은 검사의 청구가 있는 때에는 보안관찰처분심의위원회의 의결을 거쳐 그 기간을 갱신할 수 있으며, 갱신 횟수에는 제한이 없다.

38 남북교류협력 중 북한 방문에 대한 설명으로 가장 적절한 것은?

① 남한 주민이 북한을 방문하고자 하는 경우 방문 15일 전까지 남북교류협력시스템을 통해 '북한 방문승인 신청서'를 제출하여야 한다.
② 거짓이나 부정한 방법으로 방문승인을 받은 경우에는 승인을 취소할 수 있다.
③ 「남북교류협력에 관한 법률」상 '재외국민'이 외국에서 북한을 왕래할 때에는 통일부장관이나 재외공관의 장에게 신고하여야 하며, 단순히 신고하지 않고 북한을 왕래한 경우 「국가보안법」의 적용은 받지 않는다.
④ 「남북교류협력에 관한 법률」에 의해 남북을 왕래하면서 승인 없이 금품을 수수한 경우 그 목적이나 동기에 상관없이 「국가보안법」에 의해 처벌된다.

39 경찰관의 외국인 관련 사건처리 조치 중 가장 적절한 것은?

① 사법경찰관 甲은 「대한민국과 러시아 연방간의 영사협약」에 따라 체포된 러시아인 피의자 A의 요청이 없는 경우에도 4일이 넘지 아니하는 기간 내에 그 구속사실을 영사기관에 통보하였다.
② 사법경찰관 乙은 「대한민국과 중화인민공화국 간의 영사협정」에 따라 구속된 중국인 피의자 B의 요청이 없는 경우에도 4일이 넘지 아니하는 기간 내에 그 구속사실을 영사기관에 통보하였다.
③ 사법경찰관 丙은 「범죄수사규칙」에 따라 영사 C의 사무소 안에 있는 기록문서를 압수하지 않고 열람만 하였다.
④ 사법경찰관 丁은 「범죄수사규칙」에 따라 베트남인 피의자 D가 한국어에 능통하지 않자 통역인으로 하여금 통역하게 하여 한국어로 피의자신문조서를 작성한 후, 특히 필요하자 한국어의 진술서를 제출하게 하였다.

40 「국제형사사법 공조법」상 국제형사사법 공조에 대한 설명으로 옳지 <u>않은</u> 것은?

① 공조범죄가 대한민국의 법률에 의하여는 범죄를 구성하지 아니하거나 공소를 제기할 수 없는 범죄인 경우 공조를 하지 아니할 수 있다.
② 공조범죄가 정치적 성격을 지닌 범죄이거나, 공조요청이 정치적 성격을 지닌 다른 범죄에 대한 수사 또는 재판을 할 목적으로 한 것이라고 인정되는 경우 공조를 하지 아니할 수 있다.
③ 대한민국에서 수사가 진행 중이거나 재판에 계속된 범죄에 대하여 외국의 공조요청이 있는 경우에는 그 수사 또는 재판절차가 끝날 때까지 공조를 연기하여야 한다.
④ 검사는 요청국에 인도하여야 할 증거물 등이 법원에 제출되어 있는 경우에는 법원의 인도허가 결정을 받아야 한다.

문제 04 실무종합 모의고사 4회

1 형식적 의미의 경찰개념과 실질적 의미의 경찰개념에 대한 설명 중 옳지 <u>않은</u> 것은?

① 형식적 의미의 경찰은 작용을 중심으로 파악된 개념이고, 실질적 의미의 경찰은 조직을 기준으로 파악된 개념이다.
② 실질적 의미의 경찰은 장래를 향한 공공의 안녕·질서유지를 목적으로 하는 활동이므로, 과거의 범죄에 대한 증거확보·공소제기 및 유죄판결을 목적으로 하는 사법경찰활동은 실질적 의미의 경찰에 해당하지 않는다.
③ 경찰관이「경찰관 직무집행법」제5조 제1항 제2호에 근거하여 극도의 혼잡사태가 발생한 장소에서 위험발생방지를 위하여 매우 긴급한 경우에 위해를 입을 우려가 있는 사람을 필요한 한도에서 억류하는 조치는 실질적 의미의 경찰에도 해당한다고 볼 수 있다.
④ 형식적 의미의 경찰이 언제나 실질적 의미의 경찰이 되는 것은 아니고, 또한 실질적 의미의 경찰이 모두 형식적 의미의 경찰이 되는 것도 아니다.

2 다음 〈보기〉의 내용과 관련된 설명으로 가장 적절한 것은?

〈보기〉
경찰의 임무를 공공의 안녕과 질서에 대한 위험의 방지라고 할 때 '공공의 안녕'이란 개념은 다시 ㉠ 법질서의 불가침성과 ㉡ 국가의 존립과 국가기관의 기능성의 불가침성 및 ㉢ 개인의 권리와 법익의 불가침성으로 나눌 수 있다.

① ㉠과 관련하여 공법 및 사법규범에 대한 위반은 일반적으로 공공의 안녕에 대한 위험으로 취급된다.
② ㉡ 국가의 존립과 국가기관의 기능성의 불가침성은 공공의 안녕의 제1요소가 된다.
③ ㉡과 관련하여 공공의 안녕이라는 보호법익 범위에는 국가의 존립과 국가기관(국회, 정부, 법원, 자치단체 등)의 기능을 보호하는 것이 포함되기 때문에 위험으로부터 국가의 존립과 국가기관의 기능을 보호하기 위한 수사·정보·안보경찰의 첩보수집활동은 형법적 가벌성의 범위에 이르지 않았더라도 국민의 자유와 권리를 침해하지 않는 범위 내에서 가능하다.
④ ㉢과 관련하여 개인의 권리에는 재산권이 포함되나 사유재산적 가치 또는 지적재산권과 같은 무형의 권리에 대한 위험방지는 경찰의 임무에 해당하지 아니한다.

3 6·25전쟁 이후 1991년 경찰법 제정까지의 경찰에 대한 설명으로 옳지 <u>않은</u> 것은 모두 몇 개인가?

> ㉠ 1953년 12월 「경찰관 직무집행법」 제정으로 경찰작용에 관한 기본법을 마련하여 제1조 목적에 '국민의 생명, 신체, 재산의 보호'라는 영미법적 사고를 반영하였다.
> ㉡ 1969년 「경찰공무원법」이 제정되어, '경정과 경장' 계급이 신설되었으며, 치안감 이하 경감 이상에 계급정년제가 도입되었다.
> ㉢ 1974년 12월 24일 정부조직법 개정으로 종래 치안국장은 치안본부장으로 격상되었다.
> ㉣ 해양경찰업무, 전투경찰업무가 정식으로 경찰의 업무 범위에 추가되고 소방과를 내무부 소방국으로 이전함에 따라서 소방업무가 경찰업무에서 배제되었다.
> ㉤ 1991년 「경찰법」 제정 이전에는 중앙(경찰청장) 및 지방경찰(지방경찰청장, 경찰서장)은 내무부 및 시·도지사의 보조기관으로 관청으로서의 지위를 갖지 못하였다가 경찰법 제정으로 경찰청장과 지방경찰청장은 독립관청으로 승격되었다.

① 0개 ② 1개
③ 2개 ④ 3개

4 국가경찰위원회 회의에 대한 설명으로 가장 적절한 것은?

① 정기회의는 특별한 사유가 있는 경우를 제외하고는 매월 2회 경찰청장이 소집한다.
② 위원장은 필요한 경우 임시회의를 소집할 수 있으며, 위원 2인 이상과 행정안전부장관 또는 경찰청장은 위원장에게 임시회의의 소집을 요구할 수 있다.
③ ②의 규정에 의한 임시회의소집 요구가 있는 경우에는 위원장은 특별한 사유가 없는 한 회의를 소집하여야 한다.
④ 회의는 재적위원 2/3 이상 출석과 출석위원 과반수의 찬성으로 의결한다.

5 「행정권한의 위임 및 위탁에 관한 규정」에 대한 설명으로 옳지 <u>않은</u> 것은?

① "위탁"이란 법률에 규정된 행정기관의 장의 권한 중 일부를 다른 행정기관의 장에게 맡겨 그의 권한과 책임 아래 행사하도록 하는 것을 말한다.
② 수임 및 수탁사무의 처리에 관하여 위임 및 위탁기관은 수임 및 수탁기관에 대하여 사전승인을 받거나 협의를 할 것을 요구할 수 없다.
③ 위임 및 위탁기관은 수임 및 수탁기관의 수임 및 수탁사무 처리에 대하여 지휘·감독하고, 그 처리가 위법하거나 부당하다고 인정될 때에는 이를 취소하거나 정지시킬 수 있다.
④ 수임 및 수탁사무의 처리에 관한 책임은 수임 및 수탁기관에 있으며, 위임 및 위탁기관의 장은 그에 대한 감독책임을 지며, 수임 및 수탁사무에 관한 권한을 행사할 때에는 위임 및 위탁기관의 명의로 하여야 한다.

6 다음은 「경찰공무원 복무규정」의 내용이다. 옳지 <u>않은</u> 것을 모두 고른 것은?

> ㉠ 경찰공무원은 경찰관서의 장의 허가를 받거나 그 명령에 의한 경우를 제외하고는 직무와 관계없는 장소에서 직무수행을 하여서는 아니 된다.
> ㉡ 경찰공무원은 휴무일 또는 근무시간 외에 2시간 이내에 직무에 복귀하기 어려운 지역으로 여행하고자 할 때에는 소속 경찰기관의 장에게 신고하여야 한다. 다만, 치안상 특별한 사정이 있어 경찰청장 또는 경찰기관의 장이 지정하는 기간에는 소속 경찰 기관의 장의 허가를 받아야 한다.
> ㉢ 경찰공무원은 신규채용·승진·전보·파견·출장·연가·교육훈련기관에의 입교 기타 신분관계 또는 근무관계 또는 근무관계의 변동이 있는 때에는 소속 경찰기관의 장에게 신고를 하여야 한다.
> ㉣ 경찰기관의 장은 특별한 사정이 없는 한 연일근무자 및 공휴일근무자에 대하여는 그 다음날 1일의 휴무를 허가하여야 한다.
> ㉤ 경찰기관의 장은 근무성적이 탁월하거나 다른 경찰공무원의 모범이 될 공적이 있는 경찰공무원에 대하여 1회 10일 이내의 포상휴가를 허가할 수 있다.

① ㉠㉡   ② ㉢㉣
③ ㉠㉢   ④ ㉡㉤

7 「공직자윤리법」상 '재산등록'에 대한 설명으로 옳은 것은?

① 공직자는 등록의무자가 된 날부터 1개월이 되는 날이 속하는 달의 말일까지 등록의무자가 된 날 현재의 재산을 등록기관에 등록하여야 한다.
② 등록의무자가 등록할 재산은 ㉠ 본인, ㉡ 배우자(사실상의 혼인관계에 있는 사람을 제외한다), ㉢ 본인의 직계존속·직계비속(다만, 혼인한 직계비속인 여성과 외증조부모, 외조부모, 외손자녀 및 외증손자녀는 제외한다)의 재산(소유 명의와 관계없이 사실상 소유하는 재산, 비영리법인에 출연한 재산과 외국에 있는 재산을 포함한다)으로 한다.
③ 소유자별 합계액 500만원 이상의 골동품 및 예술품, 소유자별 연간 1천만원 이상의 소득이 있는 지식재산권은 등록의무자가 등록할 재산에 해당한다.
④ 「공직자윤리법」상 공직자윤리위원회는 관할 등록의무자중 치안감 이상의 경찰공무원 및 특별시·광역시·특별자치시·도·특별자치도의 시·도경찰청장인 본인과 배우자 및 직계존속·직계비속의 재산에 관한 등록사항과 변동사항 신고내용을 등록기간 또는 신고기간 만료 후 1개월 이내에 관보(공보를 포함한다) 및 인사혁신처장이 지정하는 정보통신망을 통하여 공개하여야 한다.

8 「국가공무원법」상 재징계의결 요구에 관한 설명으로 옳지 <u>않은</u> 것은?

① 처분권자는 ㉠ 법령의 적용, 증거 및 사실 조사에 명백한 흠이 있는 경우, ㉡ 징계위원회의 구성 또는 징계의결등, 그 밖에 절차상의 흠이 있는 경우, ㉢ 징계양정 및 징계부가금이 과다한 경우에 해당하는 사유로 소청심사위원회 또는 법원에서 징계처분등의 무효 또는 취소(취소명령 포함)의 결정이나 판결을 받은 경우에는 다시 징계 의결 또는 징계부가금 부과 의결을 요구하여야 한다.
② ①의 ㉢의 사유로 무효 또는 취소(취소명령 포함)의 결정이나 판결을 받은 감봉·견책처분에 대해서도 다시 징계의결을 요구하여야 한다.
③ 처분권자는 ①에 따른 징계의결등을 요구하는 경우에는 소청심사위원회의 결정 또는 법원의 판결이 확정된 날부터 3개월 이내에 관할 징계위원회에 징계의결등을 요구하여야 하며, 관할 징계위원회에서는 다른 징계사건에 우선하여 징계의결등을 하여야 한다.
④ 징계의결등을 요구한 기관의 장은 징계위원회의 의결이 가볍다고 인정하면 그 처분을 하기 전에 중앙행정기관에 설치된 징계위원회(중앙행정기관의 소속기관에 설치된징계위원회는 제외한다)의 의결인 경우에는 국무총리 소속으로 설치된 징계위원회에 심사를 청구할 수 있다.

9 법규명령과 행정규칙에 대한 설명으로 옳지 <u>않은</u> 것은? (다툼이 있으면 판례에 의함)

① 법규명령은 국민과 행정청을 동시에 구속하는 양면적 구속력을 가지므로 재판규범이 된다.
② 법규명령은 제정주체를 기준으로 시행령, 시행규칙으로 구분되며, 내용에 따라 위임명령과 집행명령으로 구분된다.
③ 위임명령은 법률이나 상위명령에서 구체적으로 범위를 정한 개별적인 위임이 있어야 제정할 수 있고, 집행명령은 법률을 집행하는데 필요한 부수적·세목적 규정을 정하는 것으로 새로운 법규사항을 정할 수 있다.
④ 법규명령의 형식(부령)을 취하고 있지만, 그 내용이 행정규칙의 실질을 가지는 경우 판례는 당해 규범을 행정규칙으로 보고 있다.

10 보기의 「행정기본법」상 '처분의 재심사'에 대한 설명으로 가장 적절하지 <u>않은</u> 것은?

> 당사자는 처분(제재처분 및 행정상 강제는 제외한다)이 행정심판, 행정소송 및 그 밖의 쟁송을 통하여 다툴 수 없게 된 경우(법원의 확정판결이 있는 경우는 제외한다)라도 처분의 ㉠ 재심사 사유에 해당하는 경우에는 해당 처분을 한 행정청에 처분을 취소·철회하거나 변경하여 줄 것을 ㉡ 신청할 수 있다.

① 처분의 근거가 된 사실관계 또는 법률관계가 추후에 당사자에게 유리하게 바뀐 경우, 당사자에게 유리한 결정을 가져다주었을 새로운 증거가 있는 경우는 ㉠의 재심사 사유에 해당한다.
② ㉡에 따른 신청은 해당 처분의 절차, 행정심판, 행정소송 및 그 밖의 쟁송에서 당사자가 중대한 과실 없이 ㉠의 사유를 주장하지 못한 경우에만 할 수 있다.
③ ㉡에 따른 신청은 당사자가 그 사유를 안 날부터 60일 이내에 하여야 한다.
④ ㉡에 따른 신청은 처분이 있은 날부터 3년이 지나면 신청할 수 없다.

11 다음 중 가장 적절하지 <u>않은</u> 것은? (다툼이 있는 경우 판례에 의함)

① 경찰관은 범죄행위가 목전(目前)에 행하여지려고 하고 있다고 인정될 때에는 이를 예방하기 위하여 관계인에게 필요한 경고를 하고, 그 행위로 인하여 사람의 생명·신체에 위해를 끼치거나 재산에 중대한 손해를 끼칠 우려가 있는 긴급한 경우에는 그 행위를 제지할 수 있다.
② ①의 경찰관의 제지 조치가 적법한지 여부는 제지 조치 당시의 상황을 기초로 판단하는 것 보다는 사후적으로 순수한 객관적 기준에서 판단하여야 한다.
③ ①의 경찰관의 경고나 제지는 범죄의 예방을 위하여 범죄행위에 관한 실행의 착수 전에 행하여질 수 있을 뿐만 아니라, 이후 범죄행위가 계속되는 중에 그 진압을 위하여도 당연히 행하여질 수 있다.
④ 경찰관 직무집행법 제6조 제1항에 따른 경찰관의 제지에 관한 부분은 범죄의 예방을 위한 경찰행정상 즉시강제, 즉 눈앞의 급박한 경찰상 장해를 제거하여야 할 필요가 있고 의무를 명할 시간적 여유가 없거나 의무를 명하는 방법으로는 그 목적을 달성하기 어려운 상황에서 의무불이행을 전제로 하지 않고 경찰이 직접 실력을 행사하여 경찰상 필요한 상태를 실현하는 권력적 사실행위에 관한 근거조항이다

12 「위해성 경찰장비의 사용기준 등에 관한 규정」에 대한 내용으로 옳지 <u>않은</u> 것은?

① 범인·술에 취한 사람 또는 정신착란자의 자살 또는 자해기도를 방지하기 위하여 필요한 때에는 최소한의 범위 안에서 수갑·포승 또는 호송용포승을 사용할 수 있다.
② 경찰관은 불법집회·시위로 인하여 발생할 수 있는 타인 또는 경찰관의 생명·신체의 위해와 재산·공공시설의 위험을 방지하기 위하여 필요한 때에는 최소한의 범위 안에서 경찰봉 또는 호신용경봉을 사용할 수 있다.
③ 경찰관은 총기 또는 폭발물을 가지고 대항하는 경우를 제외하고는 14세 미만의 자 또는 임산부에 대하여 전자충격기를 사용하여서는 아니된다.
④ 경찰관은 전극침 발사장치가 있는 전자충격기를 사용하는 경우 상대방의 얼굴을 향하여 전극침을 발사하여서는 아니된다.

13 「경찰관직무집행법」상 위해를 수반하여 무기를 사용할 수 있는 요건으로 옳은 것은 모두 몇 개인가?

> ㉠ 범인의 체포, 범인의 도주 방지
> ㉡ 자신이나 다른 사람의 생명·신체의 방어 및 보호
> ㉢ 정당행위와 긴급피난에 해당할 때
> ㉣ 사형·무기 또는 단기 3년 이상의 징역이나 금고에 해당하는 죄를 범하거나 범하였다고 의심할 만한 충분한 이유가 있는 사람이 경찰관의 직무집행에 항거하거나 도주 하려고 할 때
> ㉤ 범인이나 소요를 일으킨 사람이 무기·흉기 등 위험한 물건을 지니고 경찰관으로부터 3회 이상 물건을 버리라는 명령이나 항복하라는 명령을 받고도 따르지 아니하면서 계속 항거할 때
> ㉥ 대간첩 작전 수행 과정에서 무장간첩이 항복하라는 경찰관의 명령을 받고도 따르지 아니할 때

① 2개　　　　　　　　　　② 3개
③ 4개　　　　　　　　　　④ 5개

14 조직편성의 원리에 대한 설명으로 옳지 않은 것은?

① 명령통일의 원리란 한 사람의 상관으로부터 명령을 받고, 보고도 한 사람에게만 하여야 한다는 원리이다.
② 명령통일 원리를 철저히 지키지 않으면 업무수행에 혼란을 야기할 수도 있기 때문에 경찰업무 수행과정에서 관리자 유고시에는 복귀 시까지 업무결정을 보류하여야 한다.
③ 분업의 원리란 업무를 성질과 종류별로 구분하여 한 사람에게 한 가지의 동일한 업무만을 전담토록 하는 원리이며, 분업화의 정도가 높아질수록 조정과 통합이 어려워져 부처간의 할거주의가 초래될 수 있다.
④ 조정의 원리는 구성원이나 단위기관의 활동을 전체적인 관점에서 통일하여 조직의 목표달성도를 높이려는 원리이다.

15 예산의 집행에 대한 설명으로 옳지 않은 것은?

① 예산의 집행은 예산의 배정으로부터 시작되며, 예산의 배정은 기획재정부장관이 행한다.
② 각 중앙관서의 장(경찰청장)은 세출예산이 정한 목적 외에 경비를 사용할 수 없다.
③ 각 중앙관서의 장(경찰청장)은 예산이 정한 각 기관 간 또는 각 장·관항 간에 상호 이용할 수 있다.
④ 예산이 확정되었더라도 해당 예산이 배정되지 않은 상태에서는 지출원인행위를 할 수 없다.

16 「언론중재 및 피해구제 등에 관한 법률」상 정정보도청구를 거부할 수 있는 사유에 해당하는 것은 모두 몇 개인가?

> ㉠ 피해자가 정정보도청구권 행사할 정당한 이익이 없는 경우
> ㉡ 청구된 정정보도 내용이 명백히 사실과 다른 경우
> ㉢ 청구된 정정보도 내용이 명백히 위법한 내용인 경우
> ㉣ 정정보도의 청구가 상업적인 광고만 목적으로 하는 경우
> ㉤ 청구된 정정보도 내용이 국가·지방자치단체 또는 공공단체 비공개회의와 법원의 비공개재판 절차의 사실보도에 관한 것인 경우

① 2개 ② 3개
③ 4개 ④ 5개

17 「공공기관의 정보공개에 관한 법률」에 대한 설명으로 옳은 것은?

① 공공기관이 보유·관리하는 정보는 국민의 알권리 보장 등을 위하여 적극적으로 공개할 수 있다.
② 정보공개를 하여야 하는 공공기관의 범위에는 국가, 지방자치단체뿐만 아니라, 「공공기관의 운영에 관한 법률」 제2조에 따른 공공기관, 지방공사·지방공단, 그 밖에 대통령령으로 정하는 기관도 포함된다.
③ 진행 중인 재판에 관련된 정보와 범죄의 예방, 수사, 공소의 제기 및 유지, 형의 집행, 교정, 보안처분에 관한 사항으로서 공개될 경우 그 직무수행을 현저히 곤란하게 하거나 형사피고인의 공정한 재판을 받을 권리를 침해한다고 인정할 만한 상당한 이유가 있는 정보는 공개하지 아니하여야 한다.
④ 공공기관은 비공개정보가 기간의 경과 등으로 인하여 비공개의 필요성이 없어진 경우에는 그 정보를 공개 대상으로 할 수 있다.

18 하이덴하이머(Heidenheimer)는 부정부패를 '사회구성원의 용인도'에 따라 '백색부패', '회색부패', '흑색부패'로 구분한다. 다음 설명 중 가장 적절하지 <u>않은</u> 것은?

① 백색부패는 이론상 일탈행위로 규정될 수 있으나, 구성원의 다수가 어느 정도 용인하는 선의의 부패 또는 관례화된 부패를 의미한다.
② 백색부패에 해당하는 것으로는 정치권에 대한 후원금 등을 들 수 있다.
③ 회색부패는 사회구성원 가운데 특히 엘리트를 중심으로 일부집단은 처벌을 원하지만, 다른 일부 집단은 처벌을 원하지 않는 경우의 부패를 말하며, 이에 해당하는 것으로는 떡값 같은 적은 액수의 호의표시나 선물 또는 순찰 경찰관에게 주민들이 제공하는 음료수나 과일 등을 들 수 있다.
④ 흑색부패는 사회 전체에 심각한 해를 끼치는 부패로 구성원 모두가 인정하고 처벌을 원하는 부패를 말한다.

19 「부정청탁 및 금품등 수수의 금지에 관한 법률」에 대한 설명으로 가장 적절하지 <u>않은</u> 것은?

① 공직자등은 직무 관련 여부 및 기부·후원·증여 등 그 명목에 관계없이 동일인으로부터 1회에 100만원 또는 매 회계연도에 300만원을 초과하는 금품 등을 받거나 요구 또는 약속해서는 아니 된다.
② 특정 다수인에게 배포하기 위한 기념품 또는 홍보용품 등이나 경연·추첨을 통하여 받는 보상 또는 상품 등은 수수를 금지하는 금품 등에 해당하지 아니한다.
③ 공공기관이 소속 공직자 등이나 파견 공직자 등에게 지급하거나 상급 공직자 등이 위로·격려·포상 등의 목적으로 하급 공직자 등에게 제공하는 금품등은 수수를 금지하는 금품 등에 해당하지 아니한다.
④ 기관장이 소속 직원에게 업무추진비로 10만원 상당의 화환을 보내고, 별도 사비로 10만원의 경조사비를 주는 것은 이 법 위반이 아니다.

20. 「경찰청 공무원 행동강령」에서 규정하고 있는 '공정한 직무수행을 해치는 지시에 대한 처리'에 대한 설명으로 가장 적절하지 <u>않은</u> 것은?

① 공무원은 상급자가 자기 또는 타인의 부당한 이익을 위하여 공정한 직무수행을 현저하게 해치는 지시를 하였을 때에는 별지 제1호 서식 또는 전자우편 등의 방법으로 그 사유를 상급자에게 소명하고 지시에 따르지 아니하거나, 행동강령책임관과 상담할 수 있다.
② ①에 따라 지시를 이행하지 아니하였는데도 같은 지시가 반복될 때에는 즉시 행동강령책임관과 상담하여야 한다.
③ ①이나 ②에 따라 상담 요청을 받은 행동강령책임관은 지시 내용을 확인하여 지시를 취소하거나 변경할 필요가 있다고 인정되면 그 상급자에게 취소 또는 변경을 요구하여야 한다. 다만, 지시 내용을 확인하는 과정에서 부당한 지시를 한 상급자가 스스로 그 지시를 취소하거나 변경하였을 때에는 그러하지 아니하다.
④ 공무원은 「범죄수사규칙」 제30조에 따른 경찰관서 내 수사 지휘에 대한 이의제기와 관련하여 행동강령책임관에게 상담을 요청할 수 있다.

21. 「공직자의 이해충돌방지법」에 관한 내용 중 가장 적절하지 <u>않은</u> 것은?

① 이 법이 적용되는 공공기관에는 「초·중등교육법」, 「고등교육법」 또는 그 밖의 다른 법령에 따라 설치된 각급 국립·공립 학교 및 사립학교, 「언론중재 및 피해구제 등에 관한 법률」 제2조 제12호에 따른 언론사가 포함된다.
② 사건의 수사·재판·심판·결정·조정·중재·화해 또는 이에 준하는 직무에 해당하는 직무를 수행하는 공직자는 직무관련자(직무관련자의 대리인을 포함)가 사적이해관계자임을 안 경우 안 날부터 14일 이내에 소속기관장에게 그 사실을 서면(전자문서를 포함)으로 신고하고 회피를 신청하여야 한다.
③ ②의 사적이해관계자에는 공직자로 채용·임용되기 전 2년 이내에 공직자 자신이 대리하거나 고문·자문 등을 제공하였던 개인이나 법인 또는 단체도 포함된다.
④ 고위공직자는 그 직위에 임용되거나 임기를 개시하기 전 3년 이내에 민간 부문에서 업무활동을 한 경우, 그 활동 내역을 그 직위에 임용되거나 임기를 개시한 날부터 30일 이내에 소속기관장에게 제출하여야 한다.

22 범죄원인론에 대한 설명으로 옳지 않은 것은?

① 서덜랜드(Sutherland)는 차별적 접촉이론을 통해 범죄는 범죄적 전통을 가진 사회에서 많이 발생하며 이러한 사회에서 개인은 범죄에 접촉, 참가, 동조하면서 학습된다고 주장하였다.
② 범죄자를 범죄자로 만드는 것은 행위의 질적인 면이 아니라 사회인이 가지고 있는 그 행위에 대한 인식이라고 보는 범죄이론은 아노미이론이다.
③ '동조성전념이론'과 '낙인이론'은 범죄의 원인을 사회과정에서 찾는 사회적 수준의 범죄원인이론이다.
④ 중화기술이론 유형 중 편의점에서 물건을 훔치다가 주인에게 발각되자 어른들이 더 나쁜 사람이니 아이의 작은 잘못을 비난할 자격이 없다고 합리화하는 경우는 "비난자에 대한 비난"에 해당한다.

23 「지역경찰의 조직 및 운영에 관한 규칙」에 따른 지역관서장의 업무 내용을 바르게 고른 것은?

> ㉠ 관내 중요 사건 발생 시 현장 지휘
> ㉡ 소속 지역경찰의 근무와 관련된 제반사항에 대한 지휘 및 감독
> ㉢ 지역경찰관서의 시설·예산·장비의 관리
> ㉣ 경찰 중요 시책의 홍보 및 협력치안 활동
> ㉤ 순찰팀원의 업무역량 향상을 위한 교육

① ㉠㉢㉤
② ㉡㉢㉣
③ ㉠㉢㉣
④ ㉡㉣㉤

24 「경비업법」에 대한 설명으로 옳은 것은?

① 경비업 허가는 그 법인의 주사무소의 소재지를 관할하는 시·도경찰청장의 허가를 받아야 하며, 경비업 허가의 유효기간은 허가받은 다음날부터 5년이다.
② 경비업의 허가를 받은 법인이 법인의 주사무소나 출장소를 신설·이전 또는 폐지한 때에는 시·도경찰청장에게 신고하여야 한다.
③ 19세 미만인 사람 또는 피성년후견인은 경비지도사 또는 일반경비원이 될 수 없다.
④ 정당한 사유없이 허가를 받은 날부터 1년 이내에 경비 도급실적이 없거나 계속하여 1년 이상 휴업한 때에 허가관청은 경비업자의 허가를 취소하여야 한다.

25. 「실종아동 등의 보호 및 지원에 관한 법률」 및 「실종아동등 및 가출인 업무처리규칙」의 내용으로 옳은 것은 모두 몇 개인가?

> ㉠ "실종아동등"이란 보호자로부터 신고를 접수한지 48시간이 경과한 후에도 발견되지 않은 찾는 실종아동 등을 말한다.
> ㉡ "보호실종아동등"이란 보호자가 확인되어 경찰관이 보호하고 있는 실종아동등을 말한다.
> ㉢ "발생지"란 실종아동등 또는 가출인을 발견하여 보호 중인 장소를 말하며, 발견한 장소와 보호 중인 장소가 서로 다른 경우에는 보호 중인 장소를 말한다.
> ㉣ "보호자"란 친권자, 후견인이나 그 밖에 다른 법률에 따라 아동등을 보호하거나 부양할 의무가 있는 사람을 말한다. 다만, 보호시설의 장 또는 종사자는 제외한다.
> ㉤ "가출인"이란 신고 당시 보호자로부터 이탈된 18세 이상의 사람을 말한다.

① 1개 ② 2개
③ 3개 ④ 4개

26. 변사사건 처리에 관한 설명으로 옳지 않은 것은?

① 「범죄수사규칙」상 경찰관은 변사자 또는 변사로 의심되는 시체를 발견하거나 시체가 있다는 신고를 받았을 때에는 즉시 소속 경찰관서장에게 보고하여야 한다.
② 「경찰수사규칙」상 사법경찰관리는 검시에 특별한 지장이 없다고 인정하면 변사자의 가족·친족, 이웃사람·친구, 시·군·구·읍·면·동의 공무원이나 그 밖에 필요하다고 인정하는 사람을 검시에 참여시켜야 한다.
③ 「범죄수사규칙」상 경찰관은 변사자 검시를 한 때에는 의사의 검안서, 촬영한 사진 등을 검시조서에 첨부하여야 하며, 변사자의 가족, 친족, 이웃사람, 관계자 등의 진술조서를 작성한 때에는 그 조서도 첨부하여야 한다.
④ 「범죄수사규칙」상 경찰관은 검시를 한 경우 범죄로 인한 사망이라 인식한 때에는 신속하게 수사를 개시하고 검사에게 보고하여야 한다.

27. 「통신비밀보호법」에 대한 설명으로 옳지 않은 것은?

① 「형법」상 경매입찰방해죄, 미성년자 의제강간죄는 통신제한조치 대상범죄이나, 「형법」상 존속협박죄, 미성년자 간음죄는 통신제한조치 대상범죄가 아니다.
② 사법경찰관은 범죄수사를 위한 통신제한조치의 허가요건이 구비된 경우에는 검사에 대하여 사건별로 통신제한조치에 대한 허가를 신청하고, 검사는 법원에 대하여 그 허가를 청구할 수 있다.
③ 범죄수사를 위한 통신제한조치의 기간은 2개월을 초과하지 못하고, 그 기간 중 통신제한조치의 목적이 달성되었을 경우에는 즉시 종료하여야 한다.
④ 대통령령이 정하는 정보수사기관의 장은 국가안전보장에 상당한 위험이 예상되는 경우에 그 위해를 방지하기 위하여 이에 관한 정보수집이 특히 필요한 때에는 통신제한조치를 할 수 있고, 국가안보를 위한 통신제한조치의 기간은 4월을 초과하지 못하며, 그 기간중 통신제한조치의 목적이 달성되었을 경우에는 즉시 종료하여야 한다.

28 「범죄수법공조자료관리규칙」상 "수법원지"와 "피해통보표"의 삭제사유가 바르게 연결된 것은?

> ㉠ 피의자가 검거되었을 때
> ㉡ 피작성자가 80세 이상이 되었을 때
> ㉢ 전산입력후 10년이 경과하였을 때
> ㉣ 작성자의 수법분류번호가 동일한 원지가 2건 이상 중복될 때 1건을 제외한 자료

① 수법원지 – ㉡㉣, 피해통보표 – ㉠㉢
② 수법원지 – ㉠㉣, 피해통보표 – ㉡㉢
③ 수법원지 – ㉡㉢, 피해통보표 – ㉠㉣
④ 수법원지 – ㉠㉢, 피해통보표 – ㉡㉣

29 「피의자 유치 및 호송규칙」에 대한 설명으로 옳은 것은?

① 외표검사란 일반적으로 유치인에 대하여 탈의막 안에서 속옷은 벗지 않고 신체검사의를 착용(유치인의 의사에 따른다)하도록 한 상태에서 위험물 등의 은닉 여부를 검사하는 것을 말한다.
② 형사범과 구류 처분을 받은 자, 18세 이상의 사람과 18세 미만의 사람, 신체장애인 및 사건관련의 공범자 등은 유치실이 허용하는 범위 내에서 분리하여 유치하여야 하며, 신체장애인에 대하여는 신체장애를 고려한 처우를 하여야 한다.
③ 동시에 3명 이상의 피의자를 입감시킬 때에는 경위 이상의 경찰관이 입회하여 순차적으로 입감시켜야 한다.
④ 경찰서장은 유치인보호관에 대하여 피의자의 유치에 관한 관계법령 및 규정 등을 분기 1회 이상 정기적으로 교육하고 유치인보호관은 이를 숙지하여야 한다.

30 개표소 경비는 '제1선 개표소 내부, 제2선 울타리 내곽, 제3선 울타리 외곽'으로 구분하여 경비한다. 이에 대한 설명으로 옳지 않은 것은?

① 제1선 개표소 내부에서 질서문란행위가 발생한 경우 구·시·군선거관리위원회위원장이나 위원은 정복을 한 경찰공무원 또는 경찰관서장에게 원조를 요구할 수 있고 개표소안에 들어간 경찰공무원은 경찰관서장의 지시를 받아야 하며, 질서가 회복되거나 위원장의 요구가 있는 때에는 즉시 개표소에서 퇴거하여야 한다.
② ①의 경우를 제외하고는 누구든지 개표소 안에서 무기나 흉기 또는 폭발물을 지닐 수 없다.
③ 제2선 울타리 내곽은 선거관리위원회와 합동으로 출입자를 통제하고, 제2선의 출입문은 되도록 정문만 사용하고 기타 출입문은 시정한다.
④ 제3선 울타리 외곽은 경찰이 검문조, 순찰조를 운용하여 기도자의 접근을 차단한다.

31 「재난 및 안전관리 기본법」에 대한 설명으로 가장 적절하지 <u>않은</u> 것은?

① 재난관리주관기관의 장은 위기경보(관심·주의·경계·심각)를 발령할 수 있다(행정안전부장관이 위기경보를 발령할 수 있는 예외 상황 있음).
② 재난관리주관기관의 장은 심각 경보를 발령 또는 해제할 경우에는 행정안전부장관과 사전에 협의하여야 한다. 다만, 긴급한 경우에 재난관리주관기관의 장은 우선 조치한 후 지체 없이 행정안전부장관과 협의하여야 한다.
③ 시장·군수·구청장과 지역통제단장(대통령령으로 정하는 권한을 행사하는 경우에만 해당한다)은 재난이 발생하거나 발생할 우려가 있는 경우에 사람의 생명 또는 신체에 대한 위해 방지나 질서의 유지를 위하여 필요하면 위험구역을 설정하고, 응급조치에 종사하지 아니하는 사람에게 '위험구역에서의 퇴거 또는 대피조치'를 명할 수 있다.
④ 경찰서의 장은 ③에 따른 대피명령을 받은 사람이 그 명령을 이행하지 아니하여 위급하다고 판단되면 그 지역 또는 위험구역 안의 주민이나 그 안에 있는 사람을 강제로 대피 또는 퇴거시킬 수 있다.

32 「경찰 비상업무 규칙」상 '근무요령'에 대한 설명으로 가장 적절하지 <u>않은</u> 것은?

① 비상근무 갑호가 발령된 때에는 연가를 중지하고 가용경력 100%까지 동원할 수 있으며, 지휘관과 참모는 정착근무를 원칙으로 한다.
② 비상근무 을호가 발령된 때에는 부득이한 경우를 제외하고는 연가를 억제하고 가용경력 50%까지 동원할 수 있으며, 지휘관과 참모는 정위치 근무를 원칙으로 한다.
③ 작전준비태세(작전비상시 적용)가 발령된 때에는 별도의 경력동원 없이 경찰관서 지휘관 및 참모의 비상연락망을 구축하고 신속한 응소체제를 유지한다.
④ 비상등급별로 연가를 중지 또는 억제하되 경조사 휴가, 공가, 병가, 출산휴가 등 특별한 사유가 있는 경우에는 그러하지 아니하다.

33 어린이 보호구역 및 어린이 통학버스에 대한 설명으로 가장 적절하지 <u>않은</u> 것은?

① 「도로교통법」상 어린이통학버스가 도로에 정차하여 어린이나 영유아가 타고 내리는 중임을 표시하는 점멸등 등의 장치를 작동 중일 때에는 어린이통학버스가 정차한 차로와 그 차로의 바로 옆 차로로 통행하는 차의 운전자는 어린이통학버스에 이르기 전에 일시정지하여 안전을 확인한 후 서행하여야 한다.
② 「어린이·노인 및 장애인 보호구역의 지정 및 관리에 관한 규칙」상 시·도경찰청장이나 경찰서장은 「도로교통법」 제12조 제1항 또는 제12조의2 제1항에 따라 보호구역에서 구간별 시간대별로 도시 지역의 간선도로를 일방통행로로 지정·운영할 수 있다.
③ 「도로교통법 시행령」상 어린이 통학버스는 교통사고로 인한 피해를 전액 배상할 수 있도록 「보험업법」에 따른 보험 또는 「여객자동차 운수사업법」에 따른 공제조합에 가입되어 있어야 한다.
④ 「어린이 노인 및 장애인 보호구역의 지정 및 관리에 관한 규칙」상 시장등은 조사 결과 보호구역으로 지정 관리할 필요가 인정되는 경우에 관할 시·도경찰청장 또는 경찰서장과 협의하여 해당 보호구역 지정대상시설의 주(主) 출입문을 중심으로 반경 300미터 이내의 도로 중 일정구간을 보호구역으로 지정하나, 해당 지역의 교통여건 및 효과성 등을 면밀히 검토하여 필요한 경우에 보호구역 지정대상시설의 주 출입문을 중심으로 반경 500미터 이내의 도로에 대해서도 보호구역으로 지정할 수 있다.

34 음주운전 처벌기준에 대한 설명으로 가장 적절하지 <u>않은</u> 것은? (10년 내 최초 단속에 한함)

① 혈중알코올농도가 0.03% 이상 0.08% 미만인 경우 1년 이하 징역이나 5백만원 이상 1천만원 이하의 벌금에 처한다.
② 혈중알코올농도 0.08% 이상 0.2% 미만의 경우 1년 이상 2년 이하의 징역이나 5백만원 이상 1천만원 이하의 벌금에 처한다.
③ 혈중알코올농도가 0.2% 이상인 경우 2년 이상 5년 이하의 징역이나 1천만원 이상 2천만원 이하의 벌금에 처힌디.
④ 음주측정 거부 시 1년 이상 5년 이하의 징역이나 5백만원 이상 2천만원 이하의 벌금에 처한다.

35 「경찰관의 정보수집 및 처리 등에 관한 규정」에 대한 설명으로 가장 적절하지 <u>않은</u> 것은?

① 경찰관이 「경찰관 직무집행법」 제8조의2 제1항에 따라 수집·작성·배포할 수 있는 정보의 범위에는 도로 교통의 위해 방지·제거 및 원활한 소통 확보를 위한 정보가 포함된다.
② 경찰관은 정보를 수집하거나 정보의 수집·작성·배포에 수반되는 사실을 확인하려는 경우에는 상대방에게 자신의 신분을 밝히고 정보수집 또는 사실 확인의 목적을 설명해야 한다. 이 경우 강제적인 방법을 사용해서는 안 된다.
③ 범죄의 대응을 위한 정보활동에 현저한 지장을 초래할 우려가 있는 경우에는 ② 전단의 절차를 생략할 수 있다.
④ 경찰관은 정보활동과 관련하여 정당한 민원이나 청탁이라도 직무 관련자에게 전달하는 행위를 해서는 안 된다.

36 「집회 및 시위에 관한 법률」에 대한 설명으로 가장 적절한 것은? (다툼이 있으면 판례에 의함)

① 옥외집회 신고서를 제출받은 관할 경찰관서장은 신고서의 기재사항에 미비한 점이 있거나 내용상 문제점이 있으면 접수증을 교부한 때로부터 12시간 이내에 주최자에게 24시간을 기한으로 이를 보완할 것을 통고할 수 있다.
② 타인의 주거지역이나 이와 유사한 장소 또는 학교·군사시설, 상가밀집지역의 주변지역에서의 집회 또는 시위의 경우 그 거주자 또는 관리자가 시설이나 장소의 보호를 요청하는 때에는 집회 또는 시위의 금지 또는 제한을 통고할 수 있다.
③ 관할 경찰관서장은 집회 또는 시위의 시간과 장소가 중복되는 2개 이상의 신고가 있고 그 목적으로 보아 서로 상반되거나 방해가 된다고 인정되어 시간을 나누거나 장소를 분할하여 개최하도록 한 권유가 받아들여지지 아니한 경우 뒤에 접수된 옥외집회 또는 시위에 대하여 그 집회 또는 시위의 금지를 통고하여야 한다.
④ 집회 또는 시위의 주최자가 질서유지인을 두고 도로를 행진하는 경우에는 교통소통을 위한 금지를 할 수 없다. 다만, 해당 도로와 주변 도로의 교통 소통에 장애를 발생시켜 심각한 교통 불편을 줄 우려가 있으면 금지를 할 수 있다.

37 방첩활동에 관한 설명으로 가장 적절한 것은?

① 동일 지배계급 내의 일부 세력이 권력을 강화하거나 새로운 정권을 획득할 목적으로 타 계급을 공격하는 전복의 형태를 정부전복이라고 한다.
② 계속 접촉의 원칙이란 혐의자가 발견되더라도 즉시 검거하지 말고, 조직망 전체가 완전히 파악될 때까지 계속해서 유·무형의 접촉을 해야 한다는 방첩의 기본원칙을 말하며, 탐지 → 주시 → 판명 → 이용 → 검거 순서로 진행된다.
③ 방첩수단을 적극적·소극적·기만적 수단으로 분류할 때 허위정보의 유포, 양동간계시위, 역용공작은 기만적 방첩수단에 해당된다.
④ 방첩의 주요 대상은 간첩, 전복 그리고 테러이다.

38 첨단안보수사의 특징에 대한 설명 중 가장 적절하지 않은 것은?

① 첨단안보수사의 대상이 되는 안보사범은 자유민주주의체제를 부정하는 확신범이 대부분이며 상호 은밀하게 접촉하고 철저하게 신분을 위장하면서 활동하는 것이 특징이다.
② 안보사범은 북한 대남투쟁 실행 및 자유민주주의 체제 전복을 위한 수단으로 사이버 상 다양한 방법을 공개적으로 광범위하게 동원하여 활동하고 있으므로 첨단안보수사는 고도의 기밀성, 신속성, 전문성이 요구된다.
③ 범인을 추적하기 위해 IT 분야에 대한 사전 지식과 최신수사기법을 활용해야 하는 사건이 많으며, 디지털 증거의 증거능력을 부인하거나 증거물의 소유 관계를 부정하는 등 다양한 방식의 변론을 예상할 수 있어 무결점 수준의 수사과정 진행을 요한다.
④ 첨단안보수사 대상범죄는 온라인으로 연결된 모든 곳이 범죄지가 될 수 있어 관할 구분의 판단이 중요하다.

39 「출입국관리법」상 내국인에 대해 출국금지 조치를 할 경우에 관한 설명으로 옳지 <u>않은</u> 것은?

① 형사재판에 계속 중인 사람은 6개월 이내의 기간을 정하여 출국을 금지할 수 있다.
② 범죄 수사를 위하여 출국이 적당하지 아니하다고 인정되는 사람에 대해서는 3개월 이내의 기간을 정하여 출국을 금지할 수 있다.
③ 소재를 알 수 없어 기소중지 또는 수사중지(피의자 중지로 한정)된 사람 또는 도주 등 특별한 사유가 있어 수사진행이 어려운 사람은 3개월 이내 출국을 금지할 수 있다.
④ 기소중지 또는 수사중지(피의자중지로 한정한다)된 경우로서 체포영장 또는 구속영장이 발부된 사람은 영장 유효기간 이내 출국을 금지할 수 있다.

40 「출입국관리법」상 외국인의 강제퇴거에 대한 설명 중 옳지 <u>않은</u> 것은?

① 출입국관리공무원은 강제퇴거 대상자에 해당된다고 의심되는 외국인에 대하여는 그 사실을 조사할 수 있다.
② 강제퇴거 대상자에 해당된다고 의심할 만한 상당한 이유가 있고, 도주하거나 도주할 염려가 있으면 지방출입국·외국인관서의 장으로부터 보호명령서를 발급받아 최장 30일간 외국인을 보호할 수 있다.
③ 강제퇴거명령서는 출입국관리공무원이 집행한다. 지방출입국·외국인관서의 장은 사법경찰관리에게 강제퇴거명령서의 집행을 의뢰할 수 있다.
④ 지방출입국·외국인관서의 장은 강제퇴거명령을 받은 사람을 보호할 때 그 기간이 3개월을 넘는 경우에는 3개월마다 미리 법무부장관의 승인을 받아야 한다.

실무종합 모의고사 5회

1 다음은 「국회법」상 국회 내 경찰권에 대한 설명이다. 아래 ㉠부터 ㉣까지의 설명 중 옳고 그름의 표시(O, X)가 바르게 된 것은?

> ㉠ 국회의장은 회기 중 국회의 질서를 유지하기 위하여 국회 안에서 경호권을 행사한다.
> ㉡ 의장은 국회의 경호를 위하여 필요한 때에는 국가경찰위원회의 동의를 얻어 일정한 기간을 정하여 정부에 대하여 필요한 경찰공무원의 파견을 요구할 수 있다.
> ㉢ 경호업무는 의장의 지휘를 받아 수행하되, 경찰공무원은 회의장 건물 안에서, 경위는 회의장 건물 밖에서 경호한다.
> ㉣ 경위나 경찰공무원은 국회 안에 현행범인이 있을 때에는 의장의 명령 없이 의원을 체포할 수 없다.

① ㉠ (O) ㉡ (X) ㉢ (X) ㉣ (X)
② ㉠ (O) ㉡ (O) ㉢ (O) ㉣ (X)
③ ㉠ (X) ㉡ (O) ㉢ (X) ㉣ (X)
④ ㉠ (X) ㉡ (X) ㉢ (O) ㉣ (O)

2 경찰의 개념 분류에 대한 설명으로 옳지 <u>않은</u> 것은?

① '총포·화약류의 취급제한'과 '위해를 미칠 우려가 있는 정신착란자의 보호'는 예방경찰에 해당한다.
② 경찰활동의 질과 내용에 따라 질서경찰과 봉사경찰로 구분된다.
③ 평시경찰과 비상경찰은 경찰권 발동 시점에 따른 분류이다.
④ 국가경찰제도와 자치경찰제도는 권한과 책임의 소재에 따른 분류이다.

3 다음은 '미군정시기'의 경찰에 대한 설명이다. 옳은 내용으로 바르게 연결된 것은?

> ㉠ 비경찰화 작업이 행해져 경찰의 활동영역이 축소되고 위생사무를 위생국으로 이관하였다.
> ㉡ 미군정기에 정보과, 경제경찰, 고등경찰이 폐지되었다.
> ㉢ 1945년 강점기의 치안입법인 정치범처벌법·치안유지법·보안법이 폐지되었고, 1948년에 마지막으로 예비검속법을 폐지하였다.
> ㉣ 1946년 여자경찰제도를 도입하여 부녀자와 14세 미만 아동을 대상으로 하는 사건을 포함하여 주로 풍속, 소년, 여성보호 업무를 담당하였다.
> ㉤ 1947년 7인으로 구성된 중앙경찰위원회가 설치되어 '중앙경찰위원회'를 통한 경찰통제 제도를 도입함으로써 민주적 요소가 강화되었다.
> ㉥ 1945년 '수사는 경찰 – 기소는 검사' 체제가 도입되며 경찰의 독자적 수사권이 인정되었다.

① ㉠㉢㉤
② ㉠㉣㉥
③ ㉡㉣㉥
④ ㉢㉤㉥

4 국가경찰위원회 위원장과 시·도자치경찰위원회 위원장에 대한 설명으로 가장 적절한 것은?

① 국가경찰위원회 위원장은 상임위원 중에서 호선한다.
② 시·도자치경찰위원회 위원장은 위원 중에서 호선하며, 상임위원은 시·도자치경찰위원회의 의결을 거쳐 위원 중에서 위원장의 제청으로 시·도지사가 임명한다. 이 경우 위원장과 상임위원은 지방자치단체의 공무원으로 한다.
③ 시·도자치경찰위원회 위원장과 국가경찰위원회 위원장이 사고가 있을 때에는 위원중 연장자, 상임위원 순으로 위원장의 직무를 대행한다.
④ 시·도자치경찰위원회 위원장과 위원의 임기는 3년으로 하며, 연임할 수 없다.

5 「국가경찰과 자치경찰의 조직 및 운영에 관한 법률」상 '시·도경찰청장'에 대한 설명으로 옳지 <u>않은</u> 것은?

① 시·도경찰청에 시·도경찰청장을 두며, 시·도경찰청장은 치안정감·치안감 또는 경무관으로 보한다.
② 시·도경찰청장은 경찰청장이 시·도지사와 협의하여 추천한 사람 중에서 행정안전부장관의 제청으로 국무총리를 거쳐 대통령이 임용한다.
③ 시·도경찰청장은 국가경찰사무에 대해서는 경찰청장의 지휘·감독을, 자치경찰사무에 대해서는 시·도자치경찰위원회의 지휘·감독을 받아 관할구역의 소관 사무를 관장하고 소속 공무원 및 소속 경찰기관의 장을 지휘·감독한다. 다만, 수사에 관한 사무에 대해서는 국가수사본부장의 지휘·감독을 받아 관할구역의 소관 사무를 관장하고 소속 공무원 및 소속 경찰기관의 장을 지휘·감독한다.
④ 시·도자치경찰위원회는 자치경찰사무에 대해 심의·의결을 통하여 시·도경찰청장을 지휘·감독한다. 다만, 시·도자치경찰위원회가 심의·의결할 시간적 여유가 없거나 심의·의결이 곤란한 경우 대통령령으로 정하는 바에 따라 시·도자치경찰위원회의 지휘·감독권을 시·도경찰청장에게 위임한 것으로 본다.

6 「경찰공무원 임용령 시행규칙」상 '경과'에 대한 설명으로 옳지 <u>않은</u> 것은?

① 신규채용된 경찰공무원에게는 일반경과를 부여한다. 다만, 수사, 안보수사, 항공, 정보통신분야로 채용된 경찰공무원에게는 임용예정 직위의 업무와 관련된 경과를 부여한다.
② 전과는 일반경과에서 수사경과·안보수사경과 또는 특수경과로의 전과만 인정한다. 다만, 정원감축 등 경찰청장이 정하는 사유가 있는 경우 수사경과·안보수사경과 또는 정보통신경과에서 일반경과로의 전과를 인정할 수 있다.
③ 전과의 대상자에 해당하는 경우에도 현재 경과를 부여받고 2년이 지나지 아니한 사람은 ②에 따른 전과를 할 수 없다.
④ 전과의 대상자에 해당하는 경우에도 특정한 직무분야에 근무할 것을 조건으로 채용된 경찰공무원으로서 채용 후 5년이 지나지 아니한 사람은 ②에 따른 전과를 할 수 없다.

7 「경찰공무원법」에 규정된 '경찰공무원의 당연퇴직사유'에 해당하는 것으로 옳게 연결된 것은?

> ㉠ 「국적법」 제11조의2 제1항에 따른 복수국적자
> ㉡ 「성폭력범죄의 처벌 등에 관한 특례법」 제2조에 규정된 죄(성폭력범죄)를 범한 사람으로서 300만원 이상의 벌금형을 선고받고 그 형이 확정된 후 3년이 지나지 아니한 사람
> ㉢ 자격정지 이상의 형의 선고유예를 선고받고 그 유예기간 중에 있는 사람
> ㉣ 파산선고를 받은 사람으로서 「채무자 회생 및 파산에 관한 법률」에 따라 신청기한 내에 면책신청을 하지 아니하였거나 면책불허가 결정 또는 면책 취소가 확정된 경우
> ㉤ 공무원으로 재직기간 중 직무와 관련하여 「형법」 제355조 및 제356조(횡령과 배임)에 규정된 죄를 범한 자로서 100만원 이상의 벌금형을 선고받고 그 형이 확정된 후 2년이 지나지 아니한 사람
> ㉥ 「아동·청소년의 성보호에 관한 법률」 제2조 제2호에 따른 아동·청소년대상 성범죄를 저질러 형 또는 치료감호가 확정된 사람(집행유예를 선고받은 후 그 집행유예기간이 경과한 사람을 포함한다)

① ㉠㉡㉤
② ㉠㉣㉥
③ ㉠㉣㉤
④ ㉠㉢㉥

8 공무원의 휴직에 대한 설명으로 옳은 것은?

① 「국가공무원법」상 공무원이 신체·정신상의 장애로 장기요양이 필요할 때 해당하면 임용권자는 본인의 의사에도 불구하고 휴직을 명할 수 있다.
② ①의 휴직기간은 2년 이내로 하되, 부득이한 경우 1년의 범위에서 연장할 수 있다. 다만, 「공무원 재해보상법」 제22조 제1항에 따른 요양급여 지급 대상 부상 또는 질병으로 인한 휴직기간은 3년 이내로 하되, 의학적 소견 등을 고려하여 대통령령등으로 정하는 바에 따라 2년의 범위에서 연장할 수 있다.
③ ①에 따라 휴직한 공무원에게는 휴직 기간이 1년 이하인 경우 봉급의 70퍼센트를 지급한다. 다만, 공무상 질병 또는 부상으로 휴직한 경우에는 그 기간 중 봉급 전액을 지급한다.
④ 「공무원 재해보상법」에 따른 공무상 질병 또는 부상으로 인하여 휴직한 경우에 그 휴직 기간은 「경찰공무원 승진임용 규정」상 승진소요 최저근무연수에 포함되는 휴직사유에 해당하지 않는다.

9 다음 ( ) 안에 들어갈 내용으로 가장 적절하지 <u>않은</u> 것은?

> 임용권자는 경찰공무원이 ( )의 어느 하나에 해당될 때에는 직권으로 면직시킬 수 있으며, 이 사유로 면직시키는 경우에는 징계위원회의 동의를 받아야 한다.

① 직위해제로 인한 대기명령을 받은 자가 그 기간에 능력 또는 근무성적의 향상을 기대하기 어렵다고 인정된 때
② 해당 경과에서 직무를 수행하는 데 필요한 자격증의 효력이 상실되거나 면허가 취소되어 담당 직무를 수행할 수 없게 된 때
③ 경찰공무원으로는 부적합할 정도로 직무 수행능력이나 성실성이 현저하게 결여된 사람으로서 대통령령으로 정하는 사유에 해당된다고 인정될 때
④ 직무를 수행하는 데에 위험을 일으킬 우려가 있을 정도의 성격적 또는 도덕적 결함이 있는 사람으로서 대통령령으로 정하는 사유에 해당된다고 인정될 때

10 법규명령과 행정규칙에 대한 설명으로 옳지 <u>않은</u> 것은? (다툼이 있으면 판례에 의함)

① 법규명령과 행정규칙 모두 공포를 요한다.
② 재량권 행사의 준칙인 행정규칙이 그 정한 바에 따라 되풀이 시행되어 행정관행이 이루어지게 되면 평등의 원칙이나 신뢰보호의 원칙에 따라 행정기관은 그 상대방에 대한 관계에서 그 규칙에 따라야 할 자기구속을 받게 되므로, 이러한 경우에는 특별한 사정이 없는 한 그를 위반하는 처분은 평등의 원칙이나 신뢰보호의 원칙에 위배되어 재량권을 일탈·남용한 위법한 처분이 된다.
③ ②와 관련하여 자기구속의 원리는 적법한 국가작용에 대한 평등을 요구하는 것이기 때문에 행정규칙에 따른 종래의 관행이 위법한 경우에는 행정청은 자기구속을 당하지 않는다.
④ 일반적으로 대내적 구속력 유무에 있어서 행정규칙과 법규명령은 동일하다.

11 다음은 경찰상 즉시강제에 대한 설명이다. 옳지 <u>않은</u> 것은?

① 행정상 즉시강제는 의무의 존재 및 그 불이행을 전제로 하지 않기 때문에 이를 전제로 하는 행정상 강제집행과 구별된다.
② 감염병환자의 강제격리, 외국인의 강제퇴거, 무허가 영업소에 대한 폐쇄는 즉시강제 수단에 해당한다.
③ 즉시강제는 행정청이 미리 행정상 의무 이행을 명할 시간적 여유가 없는 경우 외에도 그 성질상 행정상 의무의 이행을 명하는 것만으로는 행정목적 달성이 곤란한 경우에도 인정된다.
④ 행정상 즉시강제는 이른바 권력적 사실행위로서 행정쟁송의 대상인 '처분 등'에 해당한다고 할 수 있다.

12 다음 내용 중 옳지 않은 것은 모두 몇 개인가? (다툼이 있으면 판례에 의함)

⊙ 경찰관이 '불심검문 대상자' 해당 여부를 판단할 때에는 불심검문 당시의 구체적 상황은 물론 사전에 얻은 정보나 전문적 지식 등에 기초하여 불심검문 대상자인지를 객관적·합리적인 기준에 따라 판단하여야 하며, 불심검문 대상자에게 형사소송법상 체포나 구속에 이를 정도의 혐의가 있을 것을 요한다.
ⓒ 임의동행은 상대방의 동의 또는 승낙을 그 요건으로 하는 것이므로 경찰관으로부터 임의동행 요구를 받은 경우 상대방은 이를 거절할 수 있을 뿐만 아니라 임의동행 후 언제든지 경찰관서에서 퇴거할 자유가 있다 할 것이고, 경찰관직무집행법 제3조 제6항이 임의동행한 경우 당해인을 6시간을 초과하여 경찰관서에 머물게 할 수 없다고 규정하고 있다고 하여 그 규정이 임의동행한 자를 6시간 동안 경찰관서에 구금하는 것을 허용하는 것은 아니다.
ⓒ 경찰관이 응급구호를 요하는 자를 보건의료기관에게 긴급구호요청을 하고, 보건의료기관이 치료행위를 하였다면 국가와 보건의료기관 사이에 국가가 치료행위를 보건의료기관에 위탁하고 보건의료기관이 이를 승낙하는 내용의 치료위임계약이 체결된 것으로 볼 수 있다.
ⓔ 경찰관이 범인을 제압하는 과정에서 총기를 사용하여 범인을 사망에 이르게 한 사안에서, 경찰관이 총기사용에 이르게 된 동기나 목적, 경위 등을 고려하여 형사사건에서 무죄판결이 확정되었더라도 민사상 불법행위를 구성하는지 여부는 형사책임과 별개의 관점에서 검토하여야 한다.

① 0개　　② 1개
③ 2개　　④ 3개

13 「경찰관 직무집행법」에 대한 설명으로 가장 적절한 것은?

① 경찰관은 직무 수행에 필요하다고 인정되는 상당한 이유가 있을 때에는 국가기관이나 공사(公私) 단체 등에 직무 수행에 관련된 사실을 조회할 수 있다.
② 경찰관은 형사처분을 위한 교통사고 조사에 필요한 사실 확인을 위하여 관계인에게 출석하여야 하는 사유·일시 및 장소를 명확히 적은 출석 요구서를 보내 경찰관서에 출석할 것을 요구할 수 있다.
③ 경찰서의 장은 작전의 수행이나 소요 사태의 진압을 위하여 필요하다고 인정되는 상당한 이유가 있을 때에는 대간첩 작전지역이나 경찰관서·무기고 및 다중이용시설에 대한 접근 또는 통행을 제한하거나 금지할 수 있다.
④ 경찰청장은 이 법에 따른 경찰관의 직무수행을 위하여 외국 정부기관, 국제기구 등과 자료 교환, 국제협력 활동 등을 할 수 있다.

14 「경찰 물리력 행사의 기준과 방법에 관한 규칙」 제2장에 따른 대상자 행위에 대한 설명이다. 각 단계와 내용의 연결이 가장 적절하지 <u>않은</u> 것은?

① 소극적 저항 – 대상자가 경찰관의 지시, 통제를 따르지 않고 비협조적이지만 경찰관 또는 제3자에 대해 직접적인 위해를 가하지 않는 상태
② 적극적 저항 – 대상자가 자신에 대한 경찰관의 체포·연행 등 정당한 공무집행을 방해하지만 경찰관 또는 제3자에 대해 위해 수준이 낮은 행위만을 하는 상태
③ 폭력적 공격 – 대상자가 경찰관 또는 제3자에 대해 신체적 위해를 가하는 상태
④ 치명적 공격 – 대상자가 경찰관에게 폭력을 행사하려는 자세를 취하여 그 행사가 임박한 상태. 주먹·발 등을 사용해서 경찰관에 대해 신체적 위해를 초래하고 있는 상태

15 조직 내부의 갈등은 업무의 효율성을 떨어뜨리는 요인이 된다. 다음 중 갈등의 원인과 그 해결방법의 연결이 바르게 된 것은?

〈갈등의 원인〉
㉠ 세분화된 업무처리가 갈등
㉡ 부서 간 갈등
㉢ 한정된 인력이나 예산이 갈등
㉣ 문제해결이 어려운 경우

〈해결방법〉
ⓐ 더 높은 상위목표를 제시하고, 상호 간 이해와 양보를 유도한다.
ⓑ 예산과 인력을 확보하고, 관리자가 업무추진의 우선순위를 지정한다.
ⓒ 업무처리과정을 통합한다든지 연결하는 장치나 대화채널을 확보한다.
ⓓ 관리자가 갈등을 초래할 수 있는 결정을 보류 또는 회피하는 방식을 사용한다.

① ㉠ – ⓐ
② ㉡ – ⓑ
③ ㉢ – ⓒ
④ ㉣ – ⓓ

16 「국가재정법」상 예산의 결산에 대한 내용에 대한 설명으로 옳지 <u>않은</u> 것은?

① 각 중앙관서의 장(경찰청장)은 「국가회계법」에서 정하는 바에 따라 회계연도마다 작성한 결산보고서("중앙관서결산보고서")를 다음 연도 2월 말일까지 기획재정부장관에게 제출하여야 한다.
② 기획재정부장관은 「국가회계법」에서 정하는 바에 따라 회계연도마다 작성하여 대통령의 승인을 받은 국가결산보고서를 다음 연도 4월 10일까지 감사원에 제출하여야 한다.
③ 감사원은 ②에 따라 제출된 국가결산보고서를 검사하고 그 보고서를 다음 연도 4월 30일까지 기획재정부장관에게 송부하여야 한다.
④ 정부는 ③에 따라 감사원의 검사를 거친 국가결산보고서를 다음 연도 5월 31일까지 국회에 제출하여야 한다.

17 「보안업무규정」 및 상 비밀에 대한 설명으로 가장 적절한 것은?

① 비밀은 그 중요성과 가치의 정도에 따라 Ⅰ급, Ⅱ급, Ⅲ급 비밀과 대외비로 구분한다.
② '누설될 경우 국가안전보장에 해를 끼칠 우려가 있는 비밀'은 Ⅱ급 비밀로 규정되어 있다.
③ 외국 정부나 국제기구로부터 접수한 비밀은 그 접수기관이 필요로 하는 정도로 보호할 수 있도록 분류하여야 한다.
④ 비밀은 적절히 보호할 수 있는 최저등급으로 분류하여야 하며 과도 또는 과소하게 분류 하여서는 아니 된다.

18 경찰의 부패원인 가설에 대한 설명으로 가장 적절한 것은?

① '구조원인 가설'은 부패에 해당하지 않는 작은 호의가 습관화될 경우 더 큰 부패와 범죄로 빠진다고 보는 이론이다.
② 셔먼의 '미끄러지기 쉬운 경사로 이론'에 대해 펠드버그는 작은 호의를 받았다고 해서 반드시 경찰이 큰 부패를 범하는 것은 아니라고 비판한다.
③ '형성재'이론은 작은 사례나 호의는 시민과의 부정적인 사회관계를 만들어주는 형성재라는 것으로, 작은 호의의 부정적인 효과를 강조하는 이론이다.
④ 정직하고 청렴하였던 신임형사 C가 자신의 조장인 D로부터 관내 유흥업소 업자들을 소개받고, 이후 D와 함께 활동을 해가면서 D가 유흥업소 업자들로부터 월정금을 받는 것을 보고 점점 그 방식 등을 답습하였다면 '전체사회 가설'로 설명할 수 있다.

19 '코헨과 펠드버그'는 사회계약설로부터 도출되는 경찰활동의 기준을 제시하였다. 이와 관련하여 다음 각 사례에 대한 설명으로 가장 적절한 것은?

① 甲 순경은 절도범을 추격하던 중 도주하는 범인의 등 뒤에서 권총을 쏘아 사망하게 하였다. - 공정한 접근의 보장에 위배
② 乙 경장은 순찰 근무 중 달동네는 가려고 하지 않고 부자 동네인 구역으로만 순찰을 다니려고 하였다. - 공공의 신뢰 확보에 위배
③ 丙 경사는 경찰 입직 전 집에 도둑을 맞은 경험이 있었다. 그런데 경찰이 되어 절도범을 검거하자, 과거 도둑맞은 경험이 생각나 피의자에게 욕설과 가혹행위를 하였다. - 냉정하고 객관적인 자세에 위배
④ 丁 경위는 강도범을 추격하다가 골목길에서 칼을 든 강도와 조우하였다. 丁 순경은 계속 추격하는 척하다가 강도가 도망가도록 내버려 두었다. - 공정한 접근의 보장에 위배

20 「부정청탁 및 금품등 수수의 금지에 관한 법률」에 대한 설명 중 가장 적절한 것은?

① 수수 금지 예외사유인 선물에는 금전과 유가증권(상품권 제외)은 포함되지 않는다. 여기서 선물이 가능한 상품권에는 물품상품권, 용역상품권, 금액상품권을 말한다.
② 월 정기 회비를 납부하는 같은 소속 직원들로 구성된 모임에서 회원의 경조사가 발생하여 회칙에 따라 50만원을 지급하는 것은 가능하다.
③ 청탁금지법에 따르면 경찰관 A가 모교에서 자신의 직무와 관련된 강의를 부탁받아 1시간 강의를 하고 50만원의 사례금을 받았다면, 대통령령이 정하는 바에 따라 소속기관장에게 신고하고 그 초과금액을 소속기관장에게 지체없이 반환하여야 한다
④ 국립대학교 교수는 국가공무원에 해당되므로 외부강의 사례금은 1시간 40만원이며, 1시간 초과 시 60만원을 상한액으로 준수하여야 한다.

21 「경찰청 공무원 행동강령」에서 규정하고 있는 '외부강의등의 제한 및 초과사례금의 신고등'에 대한 설명으로 가장 적절하지 <u>않은</u> 것은?

① 공무원은 자신의 직무와 관련되거나 그 지위·직책 등에서 유래되는 사실상의 영향력을 통하여 요청받은 교육·홍보·토론회·세미나·공청회 또는 그 밖의 회의 등에서 한 강의·강연·기고 등(이하 "외부강의등"이라 한다)의 대가로서 별표 2에서 정하는 금액(직급 구분없이 40만원)을 초과하는 사례금을 받아서는 아니 된다.
② 공무원은 ①에 따른 금액을 초과하는 사례금을 받은 경우에는 그 사실을 안 날로부터 3일 이내에 별지 제13호 서식으로 소속기관의 장에게 신고하여야 하며, 제공자에게 그 초과금액을 지체없이 반환하여야 한다.
③ ②에 따른 신고를 받은 소속 기관의 장은 초과사례금을 반환하지 아니한 공무원에 대하여 신고사항을 확인한 후 7일 이내에 반환하여야 할 초과사례금의 액수를 산정하여 해당 공무원에게 통지하여야 한다.
④ 공무원이 대가를 받고 수행하는 외부강의등은 월 3회를 초과할 수 없다. 국가나 지방자치단체에서 요청하거나 겸직 허가를 받고 수행하는 외부강의등은 그 횟수에 포함하지 아니한다.

22 범죄예방이론에 대한 설명으로 옳지 <u>않은</u> 것은?

① 방어공간이론은 오스카 뉴먼에 의해 정의된 개념으로 주거에 대한 영역성의 강화를 통해 주민들이 살고있는 지역이나 장소를 자신들의 영역이라 생각하고 감시를 게을리하지 않으면 어떤 지역이든 범죄로부터 안전할 수 있다고 주장하는 이론이다.
② 깨진유리창이론은 사소한 무질서행위를 방치하면 더 큰 범죄가 발생할 수 있다는 논리를 바탕으로, 경미한 범죄 및 무질서 행위에 대해 관용을 두어서는 안 된다는 무관용 원칙을 주장한다.
③ 일상활동이론은 시간과 공간적 변동에 따른 범죄발생양상·범죄기회·범죄조건 등에 대한 구체적이고 미시적인 분석을 토대로 구체적인 상황에 맞는 범죄예방활동을 하고자 한다.
④ 집합효율성 이론은 지역주민과 경찰관 상호간의 신뢰 또는 연대감과 범죄에 대한 적극적인 개입과 결합을 내용으로 한다.

23 다음 중 「경범죄 처벌법」에 관한 내용으로 옳지 않은 것은?

① 범칙행위를 상습적으로 하는 사람, 죄를 지은 동기나 수단 및 결과를 헤아려볼 때 구류처분을 하는 것이 적절하다고 인정되는 사람, 피해자가 있는 행위를 한 사람, 18세 미만인 사람은 범칙자에 해당하지 않는다.
② 광고물 무단부착, 행렬방해, 흉기의 은닉휴대는 10만원 이하의 벌금, 구류 또는 과료의 형으로 처벌한다.
③ 장난전화, 관공서에서의 주취소란 행위를 한 자는 주거가 일정한 경우라도 현행범 체포가 가능하다.
④ 업무방해, 거짓광고, 출판물의 부당게재, 암표매매의 법정형은 동일하다.

24 「아동·청소년의 성보호에 관한 법률」과 관련된 판례의 입장으로 옳지 않은 것은?

① 제작한 영상물이 객관적으로 아동·청소년이 등장하여 성적 행위를 하는 내용을 표현한 영상물에 해당하는 한 대상이 된 아동·청소년의 동의하에 촬영한 것이라거나 사적인 소지·보관을 1차적 목적으로 제작한 것이라고 하여 '아동·청소년성착취물'에 해당하지 아니한다거나 이를 '제작'한 것이 아니라고 할 수 없다.
② 성을 사는 행위를 알선하는 행위를 업으로 하는 자가 성매매알선을 위한 종업원을 고용하면서 고용대상자에 대하여 연령확인의무의 이행을 다하지 아니한 채 아동·청소년을 고용하였다면, 특별한 사정이 없는 한 적어도 아동·청소년의 성을 사는 행위의 알선에 관한 미필적 고의는 인정된다.
③ 불특정 또는 다수인에게 다른 웹사이트 등을 단순히 소개·연결하는 정도를 넘어 링크를 이용하여 별다른 제한 없이 아동·청소년성착취물에 바로 접할 수 있는 상태를 실제로 조성한다면, 이는 아동·청소년성착취물을 직접 '배포'하거나 '공연히 전시'한 것과 실질적으로 다를 바 없다고 평가할 수 있으므로 아동·청소년성착취물을 배포하거나 공연히 전시한다는 구성요건을 충족한다.
④ 성인 남성 B가 인터넷 채팅사이트를 통하여, 성매매 의사를 가지고 성매수자를 찾고 있던 청소년 갑과 성매매 장소, 대가 등에 관하여 구체적으로 정한 후 약속장소 인근에 도착하여 甲에게 전화로 요구 사항을 지시하였더라도 성관계에 이르지 못하였다면 '성을 팔도록 권유한 행위'에 해당하지 않는다.

25. 「가정폭력범죄의 처벌 등에 관한 특례법」상 임시조치의 내용이다. 관련 설명으로 옳은 것은?

> ㉠ 피해자 또는 가정구성원의 주거 또는 점유하는 방실로부터의 퇴거 등 격리
> ㉡ 의료기관이나 그 밖의 요양소에의 위탁
> ㉢ 상담소등에의 상담위탁
> ㉣ 피해자 또는 가정구성원이나 그 주거·직장 등에서 100미터 이내의 접근 금지
> ㉤ 국가경찰관서의 유치장 또는 구치소에의 유치
> ㉥ 피해자 또는 가정구성원에 대한 전기통신을 이용한 접근 금지

① 검사는 가정폭력범죄가 재발될 우려가 있다고 인정하는 경우에는 직권으로 또는 사법경찰관의 신청에 의하여 법원에 ㉠㉢㉣의 임시조치를 청구할 수 있다.
② 검사는 가정폭력행위자가 ①의 청구에 의하여 결정된 임시조치를 위반하여 가정폭력범죄가 재발될 우려가 있다고 인정하는 경우에는 직권으로 또는 사법경찰관의 신청에 의하여 법원에 ㉡의 임시조치를 청구할 수 있다.
③ 사법경찰관은 응급조치에도 불구하고 가정폭력범죄가 재발될 우려가 있고, 긴급을 요하여 법원의 임시조치 결정을 받을 수 없을 때에는 직권 또는 피해자나 그 법정대리인의 신청에 의하여 ㉠㉣㉥의 긴급임시조치를 할 수 있다.
④ 사법경찰관이 ③에 따라 긴급임시조치를 한 때에는 지체 없이 검사에게 임시조치를 신청하고, 신청받은 검사는 법원에 임시조치를 청구하여야 한다. 이 경우 임시조치의 청구는 긴급임시조치를 한 때부터 24시간 이내에 청구하여야 한다.

26. 「경찰수사규칙」상 '입건 전 조사한 사건에 대한 처리'에 대한 설명으로 옳지 않은 것은?

① 사법경찰관은 수사준칙 제16조 제3항에 따른 입건 전에 범죄를 의심할 만한 정황이 있어 수사 개시 여부를 결정하기 위한 사실관계의 확인 등 필요한 조사(이하 "입건 전 조사"라고 한다)에 착수하기 위해서는 해당 사법경찰관이 소속된 경찰관서의 수사부서의 장의 지휘를 받아야 한다.
② 진정·탄원·투서 등 서면으로 접수된 신고가 같은 내용으로 3회 이상 반복하여 접수되고 2회 이상 그 처리 결과를 통지한 신고와 같은 내용인 경우 공람 후 종결로 처리해야 한다.
③ 피혐의자 또는 참고인 등의 소재불명으로 입건전조사를 계속할 수 없는 경우 입건전조사 종결로 처리해야 한다.
④ 사법경찰관은 입건전조사한 사건이 관할이 없거나 범죄특성 및 병합처리 등을 고려하여 다른 경찰관서 또는 기관(해당 기관과 협의된 경우로 한정한다)에서 입건전조사할 필요가 있는 경우에는 이송으로 처리해야 한다.

27. 다음은 「디지털 증거의 처리 등에 관한 규칙」에 대한 설명이다. 아래 ㉠부터 ㉣까지의 설명 중 옳고 그름의 표시(O, X)가 바르게 된 것은?

> ㉠ 경찰관은 압수·수색·검증영장을 신청하는 때에는 전자정보와 정보저장매체등을 구분하여 판단하여야 한다.
> ㉡ 압수·수색·검증 현장에서 전자정보를 압수하는 경우에는 범죄 혐의사실과 관련된 전자정보에 한하여 문서로 출력하거나 휴대한 정보저장매체에 해당 전자정보만을 복제하는 방식(이하 "선별압수"라 한다)으로 하여야 한다. 이 경우 해시값 확인 등 디지털 증거의 동일성, 무결성을 담보할 수 있는 적절한 방법과 조치를 취하여야 한다.
> ㉢ 압수·수색·검증 현장에서 선별압수 하는 방법이 불가능하거나 압수의 목적을 달성하기에 현저히 곤란한 경우에는 복제본을 획득하여 외부로 반출한 후 전자정보의 압수·수색·검증을 진행할 수 있다.
> ㉣ ㉢에 따라 복제본을 획득·반출하는 방법이 불가능하거나 압수의 목적을 달성하기에 현저히 곤란한 경우에는 정보저장매체등 원본을 외부로 반출한 후 전자정보의 압수·수색·검증을 진행할 수 있다.

① ㉠(O) ㉡(O) ㉢(O) ㉣(X)
② ㉠(O) ㉡(O) ㉢(O) ㉣(O)
③ ㉠(X) ㉡(O) ㉢(X) ㉣(X)
④ ㉠(O) ㉡(X) ㉢(O) ㉣(X)

28. 지명통보에 관한 설명으로 옳지 않은 것은?

① 「경찰수사규칙」상 사법경찰관리는 ㉠ 법정형이 장기 3년 미만의 징역 또는 금고, 벌금에 해당하는 죄를 범했다고 의심할 만한 상당한 이유가 있고, 출석요구에 응하지 않은 사람이나, ㉡ 법정형이 장기 3년 이상의 징역이나 금고에 해당하는 죄를 범했다고 의심되더라도 사안이 경미하고, 출석요구에 응하지 않은 사람의 소재를 알 수 없을 때에는 지명통보를 할 수 있다.

② 「경찰수사규칙」상 ①에 따른 지명통보자를 발견한 때에는 지명통보자에게 지명통보된 사실, 범죄사실의 요지 및 지명통보한 경찰관서("통보관서")를 고지하고, 발견된 날부터 15일 이내에 통보관서에 출석해야 한다는 내용과 정당한 사유 없이 출석하지 않을 경우 지명수배되어 체포될 수 있다는 내용을 통지해야 한다.

③ 「범죄수사규칙」상 경찰관은 지명통보자를 발견한 때에는 ②에 따라 지명통보자에게 지명통보된 사실 등을 고지한 뒤 지명통보 사실 통지서를 교부하고, 지명통보자 소재발견 보고서를 작성한 후 사건이송서와 함께 통보관서에 인계하여야 한다. 다만, 지명통보된 사실 등을 고지받은 지명통보자가 지명통보사실통지서를 교부받기 거부하는 경우에는 그 취지를 지명통보자 소재발견 보고서에 기재하여야 한다.

④ ③에도 불구하고 행정기관 고발사건 중 법정형이 2년 이하의 징역에 해당하는 범죄로 수사중지된 자를 발견한 발견관서의 경찰관은 통보관서로부터 수사중지결정서를 팩스 등의 방법으로 송부받아 피의자를 조사한 후 조사서류만 통보관서로 보낼 수 있다. 다만, 피의자가 상습적인 법규위반자 또는 전과자이거나 위반사실을 부인하는 경우에는 그러하지 아니하다.

29 「주요 강력범죄 출소자등에 대한 정보수집에 관한 규칙」에 대한 설명으로 옳지 않은 것은?

> "주요 강력범죄"는 다음 각 호의 범죄를 말한다.(제2조 제1호)
> ㉠ 살인, 방화, 약취·유인
> ㉡ 강도, 절도, 마약류 범죄
> ㉢ 범죄단체의 조직원 또는 불시에 조직화가 우려되는 조직성 폭력배가 범한 범죄

① ㉠에 해당하는 범죄로 금고 이상의 실형을 받은 출소자, ㉢에 해당하는 범죄로 벌금형 이상의 실형을 받은 출소자는 이 규칙 정보수집의 대상자가 될 수 있다.
② ㉠㉢에 해당하는 출소자의 정보수집 기간은 2년이다.
③ ㉡에 해당하는 범죄로 3회 이상 금고형 이상의 실형을 받은 출소자는 정보수집의 대상자가 될 수 있고, 정보수집 기간은 3년이다.
④ 형사(수사)과 담당자는 대상자에 대해서 정보수집 기간의 개시 후 1년 동안 매 분기별 1회 이상 재범방지등을 위한 정보를 수집하여야 하고, 지구대(파출소) 담당자는 정보수집 기간 동안 대상자에 대해서 매 분기별 1회 이상 재범방지등을 위한 정보를 수집하여야 한다.

30 다중범죄에 대한 설명으로 가장 적절한 것은?

① 다중범죄의 특징으로 확신적 행동성, 조직적 연계성, 부화뇌동적 파급성, 비이성적 단순성 등을 들 수 있다.
② 시위군중은 행동에 대한 의혹이나 불안을 갖지 않고 과격·단순하게 행동하며 비이성적인 경우가 많아 주장내용이 편협하고 타협, 설득이 어렵다. 점거농성 때 투신이나 분신자살 등이 그 대표적인 예이다.
③ 다중범죄의 정책적 치료법 중 '전이법'은 불만집단과 이에 반대하는 대중의견을 크게 부각시켜 불만집단이 위압되어 자진해산 및 분산되도록 하는 방법이다.
④ 다중범죄 진압의 기본원칙 중 '세력분산'은 군중이 목적지에 집결하기 전에 중간에서 차단하여 집합을 못하게 하는 방법으로, 중요 목지점에 경력을 배치하고 검문검색을 실시하여 불법시위 가담자를 사전에 색출, 검거하거나 귀가시키는 것을 말한다.

31. 다음 보기의 「통합방위법」상 통합방위사태에 대한 설명으로 옳지 않은 것은?

> ㉠ 일부 또는 여러 지역에서 적이 침투·도발하여 단기간 내에 치안이 회복되기 어려워 지역군사령관의 지휘·통제 하에 통합방위작전을 수행하여야 할 사태
> ㉡ 일정한 조직체계를 갖춘 적의 대규모 병력 침투 또는 대량살상무기 공격 등의 도발로 발생한 비상사태로서 통합방위본부장 또는 지역군사령관의 지휘·통제 하에 통합방위작전을 수행하여야 할 사태
> ㉢ 적의 침투·도발 위협이 예상되거나 소규모의 적이 침투하였을 때에 시·도경찰청장, 지역군사령관 또는 함대사령관의 지휘·통제 하에 통합방위작전을 수행하여 단기간 내에 치안이 회복될 수 있는 사태

① ㉡에 해당하는 상황이 발생하였을 때 또는 둘 이상의 시·도에 걸쳐 ㉠에 해당하는 상황이 발생하였을 때 국방부장관은 즉시 국무총리를 거쳐 대통령에게 통합방위사태의 선포를 건의하여야 하며, 건의를 받은 대통령은 중앙협의회와 국무회의 심의를 거쳐 통합방위사태를 선포할 수 있다.
② 둘 이상의 시·도에 걸쳐 ㉢에 해당하는 상황이 발생 하였을 때에는 행정안전부장관 또는 국방부장관이 국무총리를 거쳐 대통령에게 통합방위사태의 선포를 건의하여야 하며, 건의를 받은 대통령은 중앙협의회와 국무회의 심의를 거쳐 통합방위사태를 선포할 수 있다.
③ 시·도경찰청장, 지역군사령관 또는 함대사령관은 ㉠이나 ㉢에 해당하는 상황이 발생한 때에는 즉시 시·도지사에게 통합방위사태의 선포를 건의하여야 하며, 건의를 받은 시·도지사는 시·도협의회의 심의를 거쳐 선포할 수 있다.
④ ㉡㉢이 선포된 경우 경찰관할지역은 통합방위본부장 또는 지역군사령관이 통합방위작전을 수행한다.

32. 「경찰 비상업무 규칙」의 [별표 1]에서 규정하고 있는 '비상근무의 종류별 정황'에 대한 설명으로 가장 적절하지 않은 것은?

① 경비비상 갑호 - 대규모 집단사태·테러 등의 발생으로 치안질서가 혼란하게 되었거나 그 징후가 예견되는 경우
② 작전비상 갑호 - 대규모 적정이 발생하였거나 발생 징후가 현저한 경우
③ 안보비상 갑호 - 간첩 또는 정보사범 색출을 위한 경계지역 내 검문검색 필요시
④ 수사비상 을호 - 중요범죄 사건발생시

33 「도로교통법」 및 「도로교통법 시행령」상 교통안전교육에 대한 설명으로 가장 적절하지 <u>않은</u> 것은?

① 교통안전교육은 운전면허를 받고자 하는 사람이 학과시험 응시 전 받아야 하는 1시간의 교통안전교육으로, 자동차운전 전문학원에서 학과교육을 수료한 사람은 제외된다.
② 특별교통안전교육 중 의무교육 대상은 음주운전, 공동위험행위, 난폭운전, 교통사고 또는 자동차이용범죄에 해당하여 운전면허효력 정지처분을 받게 되거나 받은 사람으로 그 정지기간이 끝나지 아니한 사람 등이다.
③ 특별교통안전교육 중 권장교육 대상은 운전면허를 받은 사람 중 교육을 받으려는 날에 65세 이상인 사람 등으로, 권장교육을 받기 전 1년 이내에 해당 교육을 받지 아니한 사람에 한정한다.
④ 긴급자동차 교통안전교육 중 신규 교통안전교육은 긴급자동차를 운전하는 사람을 대상으로 3년마다 정기적으로 실시하는 교육이다.

34 다음 설명 중 가장 적절한 것은? (다툼이 있는 경우 판례에 의함)

① 음주운전 신고를 받고 출동한 경찰관이 만취한 상태로 시동이 걸린 차량 운전석에 앉아 있는 甲을 발견하고 음주측정을 위해 하차를 요구하는 것만으로는 「도로교통법」 제44조 제2항이 정한 음주측정에 관한 직무에 착수하였다고 할 수 없다.
② 법무부장관이 발급한 사증없이 입국심사를 받지 않고 국내에 입국한 후 1년 이내에 자동차를 운전하였고, 운전을 하기 전에 외국에서 국제운전면허증(상호인정외국면허증)을 발급받았다면, 출입국관리법에 따른 정상적인 입국심사절차를 거치지 아니하고 불법으로 입국하였더라도 이는 무면허 운전에 해당하지 않는다.
③ 황색실선이나 황색점선으로 된 중앙선이 설치된 도로의 어느 구역에서 좌회전이나 유턴이 허용되어 중앙선이 백색 점선으로 표시되어 있는 경우, 그 지점에서 안전표지에 따라 좌회전이나 유턴을 하기 위하여 중앙선을 넘어 운행하다가 반대편 차로를 운행하는 차량과 충돌하는 교통사고를 낸 것이 교통사고처리 특례법에서 규정한 중앙선침범에 해당한다.
④ 차의 운전자가 횡단보도에서의 보행자 보호의무를 위반하여 운전하다가 횡단보도 보행자가 아닌 제3자를 다치게 한 경우, 횡단보도 보행자에 대한 운전자의 업무상 주의의무 위반행위와 상해의 결과 사이에 직접적인 원인관계가 존재하는 한 「교통사고처리 특례법」상 특례조항인 보행자 보호의무 위반에 해당한다.

35 집회·시위의 '보완 및 금지통고'에 대한 설명으로 가장 적절하지 <u>않은</u> 것은?

① 관할 경찰관서장은 신고서의 기재사항에 미비한 점을 발견하면 접수증을 교부한 때부터 12시간 이내에 주최자에게 24시간을 기한으로 그 기재사항을 보완할 것을 통고할 수 있다.
② 보완 통고는 보완할 사항을 분명히 밝혀 서면으로 주최자 또는 연락책임자에게 송달하여야 한다.
③ ①에 따른 신고서 기재 사항을 보완하지 아니한 때에는 신고한 집회·시위에 대해 금지통고 하여야 한다.
④ 집회·시위의 금지통고는 신고서를 접수한 때부터 48시간 이내에 할 수 있으나, 48시간이 경과한 이후에도 남은 기간의 집회시위에 대해 금지통고를 할 수 있는 경우가 있다.

36. 집회·시위의 해산에 대한 설명으로 가장 적절한 것은? (다툼이 있는 경우 판례에 의함)

① 관할 경찰관서장 또는 관할 경찰관서장으로부터 권한을 부여받은 경찰공무원이 집회 또는 시위를 해산시키려는 때에는 자진해산의 요청 → 종결선언의 요청 → 해산명령 → 직접해산의 순서를 따라야 한다.
② 주최자에게 집회 또는 시위의 종결 선언을 요청하되, 주최자의 소재를 알 수 없는 경우에는 주관자·연락책임자 또는 질서유지인을 통하여 종결 선언을 요청할 수 있으며, 주최자·주관자·연락책임자 및 질서유지인이 집회 또는 시위 장소에 없는 경우에는 종결 선언의 요청을 생략할 수 있다.
③ 해산명령은 1회로도 족하나, 자진해산 요청은 3회 이상 실시해야 한다.
④ 자진해산을 요청할 때는 반드시 '자진해산'이라는 용어를 사용하여 요청하여야 한다.

37. 심리전의 한 수단인 선전에 관한 다음 설명 중 옳지 않은 것은?

① 선전의 유형에는 백색선전, 회색선전, 흑색선전 등이 있다.
② 백색선전은 출처를 공개하고 행하는 선전으로, 주제의 선정과 용어 사용에 제한을 받지만 신뢰도가 높다.
③ 회색선전은 출처를 밝히지 않고 행하는 선전으로, 선전이라는 선입관을 주지 않고 효과를 얻을 수 있지만 출처를 은폐하면서 선전의 효과를 거두기가 곤란하다는 단점이 있다.
④ 흑색선전은 출처를 위장하고 행하는 선전으로, 적국내에서도 행할 수 있고 특정한 목표에 대해 즉각적이고 집중적인 선전을 할 수 있지만 적이 역선전을 할 경우 대항이 어렵다.

38. 보안관찰처분 사안의 조사 및 송치에 대한 설명으로 가장 적절하지 않은 것은?

① 사안조사 대상자는 형사법상의 피의자가 아니라 「보안관찰법」상의 '용의자'로 강제수사는 불가능하고, 대상자의 협조로 사안조사를 진행한다.
② 사안인지 시에는 사법경찰관은 검사의 지휘 또는 승인을 받아야 하며, 조사의 공정성을 잃거나 의심 받을 염려가 있다고 인정되는 사안에 대하여는 검사의 허가를 받아 그 조사를 회피해야 한다.
③ 송치서류는 형사사건기록과 같은 요령으로 작성하며, 의견서는 사법경찰관 명의로 작성한다.
④ 사법경찰관리는 사안송치 후 용의자에 대하여 다른 보안관찰해당범죄경력을 발견한 때에는 즉시 그 사안을 담당하는 검사에게 보고하여야 한다.

39 「방첩업무 규정」에 대한 설명으로 가장 적절한 것은?

① 방첩기관 간 또는 방첩기관과 관계기관 간 방첩 관련 정보의 원활한 공유와 방첩업무규정 제3조에 따른 방첩업무의 효율적인 수행을 위하여 국방부장관 소속으로 방첩정보공유센터를 둔다.
② 방첩기관등의 구성원(방첩기관등에 소속된 위원회의 민간위원은 제외한다)이 외국인을 접촉한 경우에 그 외국인이 방첩기관등의 구성원을 정보활동에 이용하려고 하는 경우 지체 없이 소속 방첩기관등의 장에게 신고하여야 한다.
③ 방첩기관등의 구성원이 법령에 따른 직무 수행의 목적으로 외국 정보기관의 구성원을 접촉하려는 경우 소속 방첩기관등의 장에게 미리 보고하여야 하며, 해당 방첩기관등의 장은 그 내용을 국가정보원장에게 통보하여야 한다.
④ 방첩기관등의 장은 이 영의 목적이 외국등의 정보활동으로부터 대한민국의 국가안보와 국익을 보호하기 위한 것임을 고려하여 소속 구성원의 외국인과의 접촉을 부당하게 제한해서는 안 된다.

40 「범죄인 인도법」에 대한 설명으로 가장 적절한 것은?

① 범죄인 인도심사 및 그 청구와 관련된 사건은 각 관할구역 고등법원과 고등검찰청의 전속관할로 한다.
② 서울고등법원장는 청구에 관계된 범죄가 인도거절사유 및 임의적 거절사유에 해당되는 경우 타당성 여부를 판단한다.
③ 범죄인 인도에 관하여 인도조약에 「범죄인 인도법」과 다른 규정이 있는 경우에는 「범죄인 인도법」을 우선한다.
④ 법원은 범죄인이 인도구속영장에 의하여 구속 중인 경우에는 구속된 날부터 2개월 이내에 인도심사에 관한 결정을 하여야 한다.

실무종합 모의고사 6회

1 경찰의 임무를 공공의 안녕과 질서에 대한 위험의 방지라고 할 때, '위험'에 대한 설명으로 가장 적절한 것은?

① 위험이란 보호법익의 정상적 상태의 객관적 감소를 뜻하며, 단순한 성가심·불편함은 경찰개입 대상이 아니고 현저한 침해가 있어야 된다.
② 경찰의 개입은 구체적 위험 내지 추상적 위험이 있을 때 가능하다.
③ 위험의 존재는 경찰개입의 최소요건으로 보호법익에 대한 위험은 인간의 행동에 의한 것일 때에만 해당하고 단순히 자연력의 결과에 의한 것일 때에는 해당하지 않는다.
④ 경찰에게 있어 위험의 개념은 일종의 예측, 즉 사실에 기인하여 향후 발생할 사건의 진행에 관한 주관적 추정을 포함하지만 일종의 객관화를 이루는 사후적 판단을 요한다.

2 경찰개입청구권에 대한 설명으로 옳지 않은 것은?

① 경찰개입청구권은 행정청의 위법한 부작위(不作爲) 등으로 권익을 침해당한 자가 해당 행정청에 대하여 제3자에 대하여 일정한 법에 규정된 행정권의 발동을 청구하는 권리를 의미한다.
② 경찰개입청구권은 독일에서 학설·판례를 통해 발전된 개념으로 Escobedo 판결은 경찰개입청구권을 최초로 인정한 판결이다
③ 경찰개입 여부는 원칙적으로 재량이므로 개인이 경찰권 발동을 청구할 수 있는 권리는 인정되지 않는다. 그러나 긴급한 상황에서는 재량권이 영으로 수축(기속행위로 전환되어 의무가 발생함)되는데, 이때 개인은 경찰당국에 대해 해당 조치를 취할 것을 청구할 수 있는 권리를 가진다.
④ 경찰개입청구권은 일반적으로 공권성립을 전제로 하는 것이므로 경찰권행사로 제3자가 받는 이익이 법률상 이익인 경우 경찰개입청구권이 인정되지만, 반사적 이익인 경우 인정되지 않는다.

3 한국경찰사에 길이 빛날 경찰의 표상에 대한 서술과 그 연결이 바르게 된 것은?

㉠ 호국경찰·인권경찰·문화경찰의 표상으로 1951년 공비들의 근거지가 될 수 있는 사찰들을 불태우라는 상부의 명령에 대하여 '절을 태우는 데는 한나절이면 족하지만, 세우는 데는 천 년 이상의 세월로도 부족하다.'며 사찰의 문짝만 태움으로써 화엄사(구례) 등 사찰과 문화재를 보호하였다.

㉡ 5·18 광주 민주화운동 당시 무장 강경진압 방침이 내려오자 전남경찰들에게 '분산되는 자는 너무 추적하지 말 것, 부상자가 발생하지 않도록 할 것' 등을 지시하고, '연행과정에서 학생의 피해가 없도록 유의하라'고 지시하여 비례의 원칙에 입각한 경찰권 행사 및 시위대 인권보호를 강조하였다.

㉢ 1.21사태 당시 종로경찰서 자하검문소에서 무장공비를 온몸으로 막아내고 순국함으로써 청와대를 사수하고 대한민국을 위기에서 건져 올린 호국경찰의 표상이 되었다.

㉣ 독립운동가 출신 여성경찰관으로 1946년 1기 여자경찰간부, 1952년 서울여자경찰서장을 역임하였고, 1957년 국립경찰전문학교 교수로 발령받아 후배 경찰교육에 힘쓰다 1961년 5·16 군사정변이 일어나자 군사정권에 협력할 수 없다며 사표를 제출하였다.

ⓐ 이준규　　　　　　　　ⓑ 문형순
ⓒ 안맥결　　　　　　　　ⓓ 차일혁
ⓔ 최규식　　　　　　　　ⓕ 안병하

① ㉠ – ⓕ　　　　　　　② ㉡ – ⓐ
③ ㉢ – ⓔ　　　　　　　④ ㉣ – ⓑ

4 시·도자치경찰위원회 위원에 대한 설명으로 옳지 <u>않은</u> 것은?

① 위원은 시·도의회가 추천하는 2명, 국가경찰위원회가 추천하는 1명, 해당 시·도 교육감이 추천하는 1명, 시·도자치경찰위원회 위원추천위원회가 추천하는 2명, 시·도지사가 지명하는 1명을 시·도지사가 임명한다.
② 판사·검사·변호사 또는 경찰의 직에 5년 이상 있었던 사람, 대학이나 공인된 연구기관에서 법률학·행정학 또는 경찰학 분야의 조교수 이상의 직이나 이에 상당하는 직에 5년 이상 있었던 사람은 시·도자치경찰위원회 위원에 임명될 수 있는 자격에 해당한다.
③ 공무원이 아닌 위원에 대해서는 「국가공무원법」 제60조(비밀 엄수의 의무) 및 제65조(정치운동의 금지)를 준용한다.
④ 경찰, 검찰, 국가정보원 직원 또는 군인의 직에 있거나 그 직에서 퇴직한 날부터 3년이 지나지 아니한 사람은 시·도자치경찰위원회 위원이 될 수 없다.

5 「경찰공무원 임용령」상 '경찰청장의 임용권의 위임'에 대한 설명으로 옳지 <u>않은</u> 것은?

① 경찰청장은 법 제7조 제3항 전단에 따라 시·도지사에게 해당 시·도의 자치경찰사무를 담당하는 경찰공무원[시·도자치경찰위원회, 시·도경찰청 및 경찰서(지구대 및 파출소는 제외한다)에서 근무하는 경찰공무원을 말한다] 중 경정의 전보·파견·휴직·직위해제 및 복직에 관한 권한과 경위 이하의 임용권(신규채용 및 면직에 관한 권한은 제외한다)을 위임한다.
② ①에 따라 임용권을 위임받은 시·도지사는 법 제7조 제3항 후단에 따라 경감 또는 경위로의 승진임용에 관한 권한을 제외한 임용권을 시·도자치경찰위원회에 다시 위임한다.
③ ②에 따라 임용권을 위임받은 시·도자치경찰위원회는 시·도지사와 시·도경찰청장의 의견을 들어 그 권한의 일부를 시·도경찰청장에게 다시 위임할 수 있다.
④ ①②③의 위임에도 불구하고 경찰청장은 경찰공무원의 정원 조정, 승진임용, 인사교류 또는 파견을 위하여 필요한 경우에는 임용권을 행사할 수 있다.

6 시보임용에 대한 설명으로 옳은 것은 모두 몇 개인가?

> ㉠ 경정 이하의 경찰공무원을 신규채용할 때에는 1년간 시보로 임용하고, 그 기간이 만료된 날에 정규 경찰공무원으로 임용한다.
> ㉡ 휴직기간, 직위해제기간 및 징계에 의한 정직처분 또는 감봉처분을 받은 기간은 ㉠에 따른 시보 임용기간에 산입하지 아니한다.
> ㉢ 임용권자 또는 임용제청권자는 시보임용경찰공무원이 제2평정 요소의 평정점이 만점의 50퍼센트 미만인 경우에 해당하거나, 교육훈련성적이 만점의 60퍼센트 미만이거나 생활기록이 극히 불량한 경우에 해당하여 정규경찰공무원으로 임용함이 부적당하다고 인정되는 경우 징계위원회의 심사를 거쳐 해당 시보임용경찰공무원을 면직시키거나 면직을 제청할 수 있다.
> ㉣ 자치경찰공무원을 그 계급에 상응하는 경찰공무원으로 임용하는 경우나 퇴직한 경찰공무원으로서 퇴직시에 재직하였던 계급의 채용시험에 합격한 사람을 재임용하는 경우 시보임용을 거치지 아니한다.
> ㉤ 시보임용예정자에게 교육훈련을 받는 기간 동안 예산의 범위에서 임용예정계급의 1호봉에 해당하는 봉급의 70퍼센트에 해당하는 금액 등을 지급할 수 있다.

① 1개 ② 2개
③ 3개 ④ 4개

7 "공무원의 집단 행위 금지"에 관한 설명으로 옳지 <u>않은</u> 것은? (다툼이 있으면 판례에 의함)

① 공무원(사실상 노무에 종사하는 공무원 포함)은 노동운동이나 그 밖에 공무 외의 일을 위한 집단 행위를 하여서는 아니 된다.
② 사실상 노무에 종사하는 공무원으로서 노동조합에 가입된 자가 조합 업무에 전임하려면 소속 장관의 허가를 받아야 한다.
③ 요인신변경호, 다중범죄진압등 특수임무를 수행하여야 하는 경찰기동대원 甲이 점심식사를 하기 위해 대기중 부식이 나쁘다는 이유로 동료 기동대원들의 점심식사를 거부한 행위는 국가공무원법 제66조 제1항이 금지하고 있는 집단적 행위에 해당한다.
④ ③의 경찰공무원 甲은 경찰공무원법에 의거 2년 이하의 징역 또는 200만원 이하의 벌금에 처한다.

8 다음은 징계절차에 대한 설명이다. 옳고 그름의 표시(O, X)가 바르게 된 것은?

> ㉠ 징계위원회가 징계등 심의 대상자의 출석을 요구할 때에는 징계위원회 개최일 10일 전까지 그 징계등 심의 대상자에게 출석통지서가 도달되도록 하여야 한다.
> ㉡ 징계등 심의대상자의 소재가 분명하지 아니할 때에는 출석통지를 관보에 게재하고 그 게재일부터 7일이 지나면 출석통지가 송달된 것으로 본다.
> ㉢ 징계위원회는 징계등 심의 대상자에게 진술할 수 있는 기회를 충분히 주어야 하며, 징계등 심의 대상자는 별지 제2호의2 서식의 의견서 또는 말로 자기에게 이익이 되는 사실을 진술하거나 증거를 제출할 수 있다.
> ㉣ 징계등 의결을 요구한 자 또는 징계등 의결의 요구를 신청한 자는 징계위원회에 출석하여 의견을 진술하거나 서면으로 의견을 진술할 수 있다. 다만, 중징계나 중징계 관련 징계부가금 요구사건의 경우에는 특별한 사유가 없는 한 징계위원회에 출석하여 의견을 진술해야 한다.
> ㉤ 징계등 심의 대상자는 진술하지 아니하거나 개개의 질문에 대하여 진술을 거부할 수 있으며, 징계위원회의 위원장은 징계등 심의 대상자에게 위와 같은 진술을 거부할 수 있음을 고지하여야 한다.

① ㉠ (O) ㉡ (O) ㉢ (X) ㉣ (O) ㉤ (O)
② ㉠ (X) ㉡ (O) ㉢ (X) ㉣ (X) ㉤ (O)
③ ㉠ (O) ㉡ (X) ㉢ (O) ㉣ (O) ㉤ (O)
④ ㉠ (X) ㉡ (X) ㉢ (O) ㉣ (O) ㉤ (O)

9 「경찰청 성희롱·성폭력·스토킹 예방 및 2차 피해 방지와 그 처리에 관한 규칙」에 대한 설명으로 가장 적절한 것은?

① "피해자"란 성희롱·성폭력·스토킹 및 2차 피해 행위로 피해를 입은 사람(피해를 입었다고 주장하는 사람은 제외한다)을 말한다.
② 조사관은 조사과정에서 피해자의 인격 또는 명예가 손상되거나 사적인 비밀이 침해되지 않도록 해야 하고, 피해자의 의사에 관계없이 행위자를 동석시키는 2차 피해 행위를 해서는 안 된다.
③ 경찰기관의 장은 특별한 사유가 없는 한 행위자가 견책 이상의 징계처분을 받은 때에는 2차 피해 방지를 위해 징계 처분일로부터 10년 동안 피해자와 동일한 관서에 근무하지 않도록 해야 하며, 피해자와 직무상 연관된 보직에 배치해서는 안 된다.
④ 경찰기관의 장은 조사 중인 성희롱·성폭력·스토킹 및 2차 피해 행위가 징계에 해당된다고 판단되는 경우에는 해당 행위자에게 의원면직을 허용해서는 안 된다.

10 행정법의 일반원칙에 대한 설명으로 옳지 않은 것은? (다툼이 있으면 판례에 의함)

① 운전면허 취소사유에 해당하는 음주운전을 적발한 경찰관의 소속 경찰서장이 사무착오로 위반자에게 운전면허정지처분을 한 상태에서 위반자의 주소지 관할 지방경찰청장이 위반자에게 운전면허취소처분을 한 것은 선행처분에 대한 당사자의 신뢰 및 법적 안정성을 저해하는 것으로서 허용될 수 없다.
② 행정청은 행정작용을 할 때 상대방에게 해당 행정작용과 실질적인 관련이 없는 의무를 부과해서는 아니 된다.
③ 경찰비례원칙의 내용으로서 적합성의 원칙, 필요성의 원칙, 그리고 상당성의 원칙이 인정되며 이 중 어느 하나만 위배해도 비례원칙에 위반이다.
④ 경찰비례의 원칙 중 상당성의 원칙은 최소침해원칙이라고도 불리며, 경찰은 대포로 참새를 쏘아서는 안된다는 법언은 이 원칙을 잘 표현한 것이다.

11 허가에 대한 설명으로 옳지 않은 것은?

① 허가는 법령에 의하여 일반적으로 부과된 행정상의 작위·급부·수인의무를 특정한 경우에 해제하여 주는 행정행위를 말한다.
② 허가는 상대방의 출원(신청)에 의하여 행하여지는 것이 보통이지만, 출원에 의하지 아니하는 경우도 있다.
③ 허가는 상대적인 것으로서 당해 허가가 정하고 있는 금지만을 해제하여 줄 뿐 다른 모든 금지를 해제하는 것은 아니다.
④ 허가는 행위의 '적법요건'이지만 '유효요건'은 아니므로, 무허가 행위는 강제집행 또는 행정벌의 대상은 되지만, 행위 자체의 법적 효력은 영향을 받지 않는 것이 원칙이다

12 다음 보기의 내용에 대한 설명으로 가장 적절하지 <u>않은</u> 것은? (다툼이 있으면 판례에 의함)

> 〈보기〉
> 경찰관 A는 시민 甲이 술에 취하여 자신 또는 다른 사람의 생명·신체·재산에 위해를 끼칠 우려가 있는 것이 명백하고 응급구호가 필요하다고 믿을 만한 상당한 이유가 있다고 생각하여 보건의료기관이나 공공구호기관에 긴급구호를 요청하거나 경찰관서에 보호하는 등 적절한 보호조치를 하였다.

① 경찰관 A의 보호조치는 경찰행정상 즉시강제에 해당하므로, 그 조치가 불가피한 최소한도 내에서만 행사되도록 발동·행사 요건을 신중하고 엄격하게 해석하여야 한다.
② 보기의 '술에 취한 상태'란 피구호자가 술에 만취하여 정상적인 판단능력이나 의사능력을 상실할 정도에 이른 것을 말하고, 보호조치를 필요로 하는 피구호자에 해당하는지는 구체적인 상황을 고려하여 경찰관 평균인을 기준으로 판단한다.
③ 경찰관 A는 피구호자의 가족 등에게 피구호자를 인계할 수 있더라도 경찰관서에서 피구호자를 보호하여야 한다.
④ 경찰관 A의 긴급구호권한과 같은 경찰관의 조치권한은 일반적으로 경찰관의 전문적 판단에 기한 합리적인 재량에 위임되어 있는 것이다.

13 「경찰관 직무집행법」상 "경찰장비"에 대한 설명 중 옳지 <u>않은</u> 것은?

① "경찰장비"란 무기, 경찰장구, 경찰착용기록장치, 최루제와 그 발사장치, 살수차, 감식기구, 해안 감시기구, 통신기기, 차량·선박·항공기 등 경찰이 직무를 수행할 때 필요한 장치와 기구를 말한다.
② 경찰관은 직무수행 중 경찰장비를 사용할 수 있다. 다만, 사람의 생명이나 신체에 위해를 끼칠 수 있는 경찰장비(이하 이 조에서 "위해성 경찰장비"라 한다)를 사용할 때에는 필요한 안전교육과 안전검사를 받은 후 사용하여야 한다.
③ 경찰청장은 위해성 경찰장비를 새로 도입하려는 경우에는 대통령령으로 정하는 바에 따라 안전성 검사를 실시하여 그 안전성 검사의 결과보고서를 국회 소관 상임위원회에 제출하여야 한다. 이 경우 안전성 검사에는 외부 전문가를 참여시킬 수 있다.
④ 경찰관은 경찰장비를 함부로 개조하거나 경찰장비에 임의의 장비를 부착하여 일반적인 사용법과 달리 사용함으로써 다른 사람의 생명·신체에 위해를 끼쳐서는 아니 되며, 위해성 경찰장비는 필요한 최소한도에서 사용하여야 한다.

14 범인검거 등 공로자 보상에 대한 설명으로 옳은 것은?

① 경찰청장, 시·도경찰청장 또는 경찰서장은 범인 또는 범인의 소재를 신고하여 검거하게 한 사람에게 보상금을 지급하여야 한다.
② 장기 10년 미만의 징역 또는 금고에 해당하는 범죄와 벌금형에 대한 보상금 지급기준 금액의 합은 100만원이다.
③ 경찰청장, 시·도경찰청장 또는 경찰서장은 보상금심사위원회의 심사·의결에 따라 보상금을 지급하고, 거짓 또는 부정한 방법으로 보상금을 받은 사람에 대하여는 해당 보상금을 환수할 수 있다.
④ 동일한 사람에게 지급결정일을 기준으로 연간(1월 1일부터 12월 31일까지를 말한다) 5회를 초과하여 보상금을 지급할 수 없고, 보상금 최고금액은 5억으로 한다.

15 관료제의 병리현상에 대한 설명으로 바르게 연결되지 않은 것은?

> ㉠ 관료제의 사무처리에 있어서 번거롭고 까다로운 규칙·양식·절차를 거치게 함으로써 나타나는 비능률 현상
> ㉡ 목표가 아닌 수단으로서의 규칙과 절차에 집착하는 현상
> ㉢ 소속 기관·부서에만 충성함으로써 타 조직·부서와의 조정·협조 곤란
> ㉣ 특정분야 전문성을 갖춘 관료의 편협한 시각으로 조정을 저해

> ⓐ 할거주의
> ⓑ 번문욕례(red-tape)
> ⓒ 목표의 전환(동조과잉)
> ⓓ 피터의 원리

① ㉠ - ⓑ
② ㉡ - ⓒ
③ ㉢ - ⓐ
④ ㉣ - ⓓ

16 Maslow의 인간욕구 단계 이론에 대한 설명으로 옳지 않은 것은?

① 인간의 5가지 욕구는 최하위 단계인 생리적 욕구부터 안전의 욕구, 사회적 욕구, 존경의 욕구, 자기실현의 욕구까지 단계를 이룬다.
② 인간의 욕구는 한 단계 욕구가 어느 정도 충족되어야 다음 단계 욕구를 충족하고자 노력하며, 이미 충족된 욕구는 더이상 동기부여 요인으로 의미가 없어진다.
③ 사회적 욕구의 충족방안으로 인간관계 개선, 고충처리 및 인사상담이 있다.
④ 존경의 욕구는 타인의 인정·존중·신망을 받으려는 욕구로 권한의 위임, 제안제도, 신분보장, 포상제도로 충족할 수 있다.

17. 「보안업무규정」 및 「보안업무규정 시행규칙」상 암호자재에 대한 설명으로 옳지 않은 것은?

① 암호자재란 비밀의 보호 및 정보통신 보안을 위하여 암호기술이 적용된 장치나 수단으로서 Ⅰ급, Ⅱ급 및 Ⅲ급비밀 소통용 암호자재로 구분되는 장치나 수단을 말한다.
② 국가정보원장은 암호자재를 제작하여 필요한 기관에 공급한다. 다만, 국가정보원장이 필요하다고 인정하는 암호자재의 경우 그 암호자재를 사용하는 기관은 국가정보원장이 인가하는 암호체계의 범위에서 암호자재를 제작할 수 있다.
③ 암호자재를 사용하는 기관의 장은 사용기간이 끝난 암호자재를 지체 없이 국가정보원장에게 반납하여야 한다.
④ 암호자재 증명서는 해당 암호자재를 반납하거나 파기한 후 5년간 보관해야 한다.

18. 코헨과 펠드버그가 제시한 사회계약설로부터 도출되는 경찰활동의 기준에 대한 위반사례 중 성격이 다른 하나는?

① 경찰관이 사익을 위해 공권력을 사용하거나 필요한 최소한의 강제력을 초과하여 사용하였다.
② 경찰관이 강도범을 추격 중 골목길에서 강도범과 마주쳤지만 추격하는 척하다가 도망가게 내버려 두었다.
③ 경찰관이 절도범을 추격 중 달아나는 범인의 등 뒤에서 권총을 쏘아 사망케 하였다.
④ 경찰관이 우범지역인 A지역과 B지역의 순찰업무를 맡았으나, A지역에 가족이 산다는 이유로 A지역에서 순찰 근무시간을 대부분 할애하였다.

19. 「부정청탁 및 금품등 수수의 금지에 관한 법률 시행령」 [별표 1] '음식물·경조사비·선물 등의 가액 범위'에 대한 설명으로 가장 적절한 것은? (원활한 직무수행, 사교, 의례, 부조 등의 목적이 충족되는 경우임)

① 음식물은 5만원까지 가능하므로 직무관련자가 식당에 미리 결제를 해 두고 공직자에게 연락하여 해당 식당에서 5만원 이하의 식사를 하게 하는 경우 가액범위 내이므로 법위반이 아니다.
② 직무관련자와 식사를 한 후 1인당 식사비가 6만원이 나온 경우 5만원은 제공자가 결제하고 1만원은 공직자등이 결제한 경우 가액범위 내이므로 법위반이 아니다.
③ 선물의 경우 5만원 이하이지만, 농수산물 또는 농수산물을 원료 또는 재료의 30퍼센트를 넘게 사용하여 가공한 제품은 15만원까지 가능하다.
④ 경조사비는 5만원 이하이지만, 화환이나 조화를 같이 보낼 경우 합산하여 10만원까지 가능하므로, 축의금 7만원과 화환 3만원짜리를 같이 보낼 경우 10만원 범위 내이므로 법위반이 아니다.

20 경찰과 윤리에 대한 설명으로 가장 적절한 것은?

① 1945년 국립경찰의 탄생 시 경찰의 이념적 좌표가 된 경찰정신은 대륙법계의 영향을 받은 '봉사와 질서'이다.
② 경찰헌장에서는 "우리는 화합과 단결 속에 항상 규율을 지키며 검소하게 생활하는 근면한 경찰이다"라는 목표를 제시하였다.
③ 우리나라의 경찰윤리강령은 경찰윤리헌장 → 새경찰신조 → 경찰헌장 → 경찰서비스헌장 순으로 제정되었다.
④ 경찰윤리강령의 문제점 중 '냉소주의의 문제'란, 경찰관의 도덕적 자각에 따른 자발적인 행동이 아니라 외부로부터 요구된 타율성으로 인해 진정한 봉사가 이루어지지 않을 수 있다는 것을 의미한다.

21 「공직자의 이해충돌방지법」상 위반행위와 그 위반에 따른 제재내용의 연결이 옳지 <u>않은</u> 것은?

> ㉠ 사적 이익을 위해 직무상 비밀 또는 미공개 정보를 이용하거나 제3자가 이용하도록 한 공직자
> ㉡ 공공기관(산하기관, 자회사)에 가족이 채용되도록 지시·유도 또는 묵인을 한 공직자
> ㉢ 부동산 보유·매수를 신고하지 않은 공직자
> ㉣ 사적 이해관계를 신고하지 않은 공직자

> ⓐ 3천만원 이하의 과태료
> ⓑ 3년 이하 징역 또는 3천만 원 이하 벌금
> ⓒ 2천만원 이하의 과태료
> ⓓ 1천만원 이하의 과태료

① ㉠ - ⓑ
② ㉡ - ⓐ
③ ㉢ - ⓒ
④ ㉣ - ⓓ

22 범죄원인이론에 대한 설명으로 옳지 <u>않은</u> 것은?

① 뒤르껭(Durkheim)의 아노미이론에 의하면 범죄는 정상적인 것이며 불가피한 사회적 행위라는 입장에서 사회 규범의 붕괴로 인해 범죄가 발생한다고 본다.
② Shaw & Mckay의 사회해체론에 의하면 도시의 특정지역에서 범죄가 일반화되는 이유는 인구의 유입보다는 지역사회의 내부에 있으며, 그 세가지 요소로 '낮은 경제적 지위', '민족적 이질성', '거주 불안정성'을 제시하였다.
③ 차별적 접촉이론은 범죄는 범죄적 전통을 가진 사회에서 많이 발생하며 이러한 사회에서 개인은 범죄에 접촉, 참가, 동조하면서 학습되는 것으로 본다.
④ 글레이저(Glaser)의 하위문화이론에 의하면 하류계층의 청소년들이 목표와 수단의 괴리로 인해 중류계층에 대한 저항으로 비행을 저지르며, 목표달성의 어려움을 극복하기 위해 자신들만의 하위문화를 만들게 되며 범죄는 이러한 하위문화에 의해 저질러진다고 본다.

23 다음 중 지역사회 경찰활동의 특징에 해당하는 것을 모두 고른 것은?

> ㉠ 경찰의 가장 중요한 정보란 범죄자 정보(개인 또는 집단의 활동사항 관련 정보)이다.
> ㉡ 경찰의 역할은 범죄해결이며, 업무 평가는 검거율에 의한다.
> ㉢ 업무의 효율성은 112신고와 이에 따른 반응시간이 얼마나 짧은가로 판단한다.
> ㉣ 경찰관 개개인의 능력을 강조한다.
> ㉤ 경찰은 지역의 특성에 맞는 조직을 구성하고 이에 따라 활동이 이루어진다.
> ㉥ 경찰의 책임은 법과 규범에 의해 규제하고 법을 엄격히 준수하는 책임을 강조한다.

① ㉠㉡㉥
② ㉡㉢㉥
③ ㉠㉣㉤
④ ㉡㉣㉥

24 「지역경찰의 조직 및 운영에 관한 규칙」에 대한 설명으로 옳은 것은?

① 순찰팀장 및 순찰팀원은 상시·교대근무를 원칙으로 하며, 근무교대 시간 및 휴게시간, 휴무횟수 등 구체적인 사항은 「국가공무원 복무규정」 및 「경찰기관 상시근무 공무원의 근무시간 등에 관한 규칙」이 규정한 범위 안에서 경찰서장이 정한다.
② 지역경찰은 근무 중 주요사항을 근무일지(을지)에 기재하여야 하며, 근무일지는 1년간 보관한다.
③ 지역경찰 동원은 근무자 동원을 원칙으로 하되, 불가피한 경우에 한하여 휴무자, 비번자 순으로 동원할 수 있다.
④ 시·도경찰청장은 소속 지방경찰청의 지역경찰 정원 충원 현황을 연 2회 이상 점검하고 현원이 정원에 미달할 경우, 지역경찰 정원 충원 대책을 수립·시행하여야 한다.

25 다음 중 「경범죄 처벌법」에 관한 내용으로 옳지 않은 것은? (다툼이 있으면 판례에 의함)

① 「경범죄 처벌법」 위반의 교사범과 방조범은 정범에 준하여 벌한다.
② 주거지에서 음악 소리를 크게 내거나 큰 소리로 떠들어 이웃을 시끄럽게 하는 행위는 「경범죄 처벌법」상 '인근소란 등'에 해당한다.
③ 버스정류장 등지에서 소매치기할 생각으로 은밀히 성명불상자들의 뒤를 따라다닌 경우 「경범죄 처벌법」상 '불안감조성'에 해당한다.
④ 「경범죄 처벌법」 제7조 제1항에 따라 범칙자로 인정되는 사람일지라도 통고처분서 받기를 거부한 사람, 주거 또는 신원이 확실하지 아니한 사람, 그 밖에 통고처분을 하기가 매우 어려운 사람에 대하여는 통고처분하지 않는다.

26. 「검사와 사법경찰관의 상호협력과 일반적 수사준칙에 관한 규정」상 "보완수사 요구"에 대한 설명으로 옳지 않은 것은?

① 검사는 사법경찰관으로부터 송치받은 사건에 대해 보완수사가 필요하다고 인정하는 경우에는 직접 보완수사를 하거나 법 제197조의2 제1항 제1호에 따라 사법경찰관에게 보완수사를 요구할 수 있다. 다만, 송치사건의 공소제기 여부 결정에 필요한 경우로서 일정한 경우에는 특별히 사법경찰관에게 보완수사를 요구할 필요가 있다고 인정되는 경우를 제외하고는 검사가 직접 보완수사를 하는 것을 원칙한다.
② 검사는 보완수사를 요구할 때에는 그 이유와 내용 등을 구체적으로 적은 서면과 관계 서류 및 증거물을 사법경찰관에게 함께 송부해야 한다. 다만, 보완수사 대상의 성질, 사안의 긴급성 등을 고려하여 관계 서류와 증거물을 송부할 필요가 없거나 송부하는 것이 적절하지 않다고 판단하는 경우에는 해당 관계 서류와 증거물을 송부하지 않을 수 있다.
③ 보완수사를 요구받은 사법경찰관은 ②에 따라 송부받지 못한 관계 서류와 증거물이 보완수사를 위해 필요하다고 판단하면 해당 서류와 증거물을 대출하거나 그 전부 또는 일부를 등사할 수 있다.
④ 사법경찰관은 보완수사요구가 접수된 날부터 2개월 이내에 보완수사를 마쳐야 한다.

27. 변사사건 처리 요령으로 옳지 않은 것은?

① 사법경찰관은 검시를 하는 경우에는 의사를 참여시켜야 하며, 그 의사로 하여금 검안서를 작성하게 해야 한다. 이 경우 사법경찰관은 검시 조사관을 참여시킬 수 있다.
② 사법경찰관은 법 제222조 제1항 및 제3항에 따라 검시를 했을 경우에는 검시조서를, 검증영장이나 같은 조 제2항 및 제3항에 따라 검증을 했을 경우에는 검증조서를 각각 작성하여 검사에게 송부해야 한다.
③ 사법경찰관은 변사자에 대한 검시 또는 검증이 종료된 때에는 사체를 소지품 등과 함께 신속히 유족 등에게 인도한다. 다만, 사체를 인수할 사람이 없거나 변사자의 신원이 판명되지 않은 경우에는 사체 발견 지역의 특별자치시장·특별자치도지사·시장·군수 또는 자치구의 구청장에게 인도해야 한다.
④ 변사체는 후일을 위하여 매장함을 원칙으로 한다.

28. 리드(REID) 테크닉을 활용한 신문기법에 대한 설명으로 옳은 것은?

① 리드(REID) 테크닉은 혐의가 불확실한 용의자의 심리변화를 유도하여 자백을 얻는 수사기법이다.
② 범행으로 인한 후회, 정신적 고통, 양심의 가책을 경험하는 감정적 범죄자에게는 상식과 이성에 호소하는 사실 분석적 신문기법을 활용한다.
③ 리드(REID) 테크닉을 활용한 신문기법은 "㉠ 직접적 대면 → ㉡ 신문화제의 전개 → ㉢ 부인(否認) 다루기 → ㉣ 관심 이끌어내기 → ㉤ 반대논리 격파 → ㉥ 우울한 기분 달래주기 → ㉦ 양자택일적 질문하기 → ㉧ 세부사항 질문 → ㉨ 구두자백의 서면화" 순으로 진행한다.
④ 리드(REID) 테크닉을 활용한 신문기법 중 수사관이 주도하는 신문의 화제를 흐리는 용의자의 진술을 압도하는 단계는 ㉢ 부인(否認) 다루기이다.

29. 다음은 시체 초기, 후기 현상에 대한 설명이다. 옳은 것으로 연결된 것은?

㉠ 각막은 사후 12시간 전후 흐려져서 24시간이 되면 현저하게 흐려지고 48시간이 되면 불투명해 진다.
㉡ 시체 굳음은 일반적으로 턱관절 → 어깨관절 → 팔다리 → 손가락, 발가락 순서로 진행된다.
㉢ 시체의 얼룩은 주위의 온도가 높을수록 빠르게 나타나며, 익사나 저체온사, 일산화탄소 중독, 청산가리(사이안화칼륨) 중독의 시체얼룩은 선홍색을 나타낸다.
㉣ 시체밀랍은 화학적 분해에 의해 고체 형태의 지방산 혹은 그 화합물로 변화한 상태로, 비정형적 부패형태로 수중 또는 수분이 많은 지중(地中)에서 형성된다.
㉤ 자가용해는 부패균의 작용에 의해 일어나는 질소화합물의 분해로 온도가 20~30도 사이, 습도가 60~66% 사이일 때 빠르게 진행된다.
㉥ 체온의 냉각, 시체건조, 각막의 혼탁, 자가용해, 시체굳음은 시체 초기현상, 시체얼룩, 부패, 미라화, 시체밀랍, 백골화는 시체후기현상에 해당한다.

① ㉠㉡㉢㉥
② ㉠㉡㉢㉣
③ ㉡㉢㉤㉥
④ ㉡㉢㉣㉥

30. 행사안전경비에 대한 설명으로 가장 적절하지 않은 것은?

① 행사안전경비는 공연, 경기대회 등 미조직된 군중에 의하여 발생되는 자연적인 혼란상태를 사전에 예방·경계·진압하는 경비경찰활동으로 개인이나 단체의 불법행위를 전제로 한다.
② 행사안전경비의 법적 근거에는 「국가경찰과 자치경찰의 조직 및 운영에 관한 법률」 제3조(경찰의 임무)와 「경찰관 직무집행법」 제5조(위험발생의 방지), 제6조(범죄의 예방과 제지), 제7조(위험방지를 위한 출입), 「경비업법 시행령」 제30조(경비가 필요한 시설 등에 대한 경비의 요청) 등이 있다.
③ 「경찰관 직무집행법」 제5조(위험 발생의 방지 등)에 따라 경찰관은 행사경비를 실시함에 있어 매우 긴급한 경우 위해를 입을 우려가 있는 사람을 필요한 한도 내에서 억류할 수 있다.
④ 행사안전경비 중 예비대의 운용여부는 경찰판단 하에 실시하며, 예비대가 관중석에 배치될 경우 단시간 내에 혼란예상지역에 도달할 수 있도록 예비대를 통로 주변 등에 배치하는 것이 효과적이다.

31 「경찰 재난관리 규칙」에 대한 설명으로 가장 적절하지 않은 것은?

① 경찰청장은 인명 또는 재산의 피해정도가 매우 큰 재난 또는 사회적, 경제적으로 광범위한 영향이 있는 재난이 발생하였거나 발생할 우려가 있어 이에 대한 전국적인 관리가 필요하다고 인정하는 경우 경찰청에 재난대책본부를 설치할 수 있다.
② 시·도경찰청등의 장은 경찰청에 재난대책본부가 설치되었거나, 관할 지역 내 재난이 발생하였거나 발생할 우려가 있는 경우 시·도경찰청등에 재난대책본부를 설치할 수 있으며, 시·도경찰청의 재난대책본부장은 재난업무를 주관하는 부서의 장으로 한다.
③ 재난상황실에는 재난상황실장 1명을 두며 상황실장은 위기관리센터장으로 하며, 재난상황실에 총괄반, 분석반, 상황반을 둔다.
④ 현장지휘본부의 전담반은 현장지휘본부 운영 총괄·조정과 재난안전상황실 업무협조 및 현장상황 등 보고·전파 임무를 수행하고, 교통 지원팀은 비상출동로 지정·운용과 현장주변에 대한 교통통제 및 우회로 확보 등 교통관리 임무를 담당한다.

32 「국민보호와 공공안전을 위한 테러방지법」에서 규정하는 내용 중 적절하지 않은 것은 모두 몇 개인가?

> ㉠ '테러단체'란 국가정보원이 지정한 테러단체를 말한다.
> ㉡ "테러위험인물"이란 테러를 실행·계획·준비하거나 테러에 참가할 목적으로 국적국이 아닌 국가의 테러단체에 가입하거나 가입하기 위하여 이동 또는 이동을 시도하는 내국인·외국인을 말한다.
> ㉢ 대테러활동에 관한 정책의 중요사항을 심의·의결하기 위하여 국가테러대책위원회를 두고 위원장은 국가정보원장으로 한다.
> ㉣ 관계기관의 장은 테러의 계획 또는 실행에 관한 사실을 관계기관에 신고하여 테러를 사전에 예방할 수 있게 하였거나, 테러에 가담 또는 지원한 사람을 신고하거나 체포한 사람에 대하여 대통령령으로 정하는 바에 따라 포상금을 지급하여야 한다.
> ㉤ 국가정보원장은 대테러활동에 필요한 정보나 자료를 수집하기 위하여 대테러조사 및 테러위험인물에 대한 추적을 할 수 있다. 이 경우 사전 또는 사후에 대책위원회 위원장에게 보고하여야 한다.
> ㉥ 관계기관의 장은 외국인테러전투원으로 출국하려 한다고 의심할 만한 상당한 이유가 있는 내국인·외국인에 대하여 일시 출국금지를 법무부장관에게 요청할 수 있다. 일시 출국금지 기간은 60일로 한다.

① 2개　　② 3개
③ 4개　　④ 5개

33. 「도로교통법」상 '주·정차 금지장소'에 대한 설명으로 가장 적절하지 <u>않은</u> 것은?

① 교차로의 가장자리나 도로의 모퉁이로부터 5미터 이내인 곳
② 「소방기본법」 제10조에 따른 소방용수시설 또는 비상소화장치가 설치된 곳으로부터 5m 이내인 곳
③ 시장등이 제12조 제1항에 따라 지정한 어린이 보호구역
④ 「다중이용업소의 안전관리에 관한 특별법」에 따른 다중이용업소의 영업장이 속한 건축물로 소방본부장의 요청에 의하여 시·도경찰청장이 지정한 곳으로부터 5m 이내인 곳

34. 음주운전 단속과 처벌에 대한 설명이다. 가장 적절한 것은?

① 음주측정 시에 사용하는 불대는 1인 1개 사용함을 원칙으로 한다.
② 교통사고로 의식을 잃은 채 병원에 호송된 운전자에 대해 영장없이 채혈한 경우 적법절차에 의해 수집한 증거가 아니므로 유죄의 증거로 사용할 수 없다.
③ 혈중알코올농도가 0.1%로 10년 내 2회 위반인 경우 처벌기준은 1년 이상 3년 이하의 징역이나 500만원 이상 1천만원 이하의 벌금이다.
④ 주차장, 학교 경내 등 「도로교통법」상 도로가 아닌 곳에서도 음주운전에 대해 「도로교통법」 적용이 가능하나, 운전면허 행정처분만 가능하고 형사처벌은 할 수 없다.

35. 질서유지선에 관한 설명으로 가장 적절한 것은?

① 질서유지선이란 집회·시위의 보호와 공공의 질서유지를 위한 띠·방책·차선 등의 경계표지를 말하며, 모든 집회·시위 시에는 반드시 설정하여야 한다.
② 관할 경찰관서장은 집회 및 시위의 보호와 공공의 질서유지를 위하여 필요하다고 인정되는 최대한의 범위를 정하여 질서유지선을 설정하여야 한다.
③ 설정 시에는 주최자·연락책임자에게 서면 또는 구두로 사전 고지하여야 하며, 상황에 따라 새로 설정하거나 변경할 때에는 서면으로 통지해야 한다.
④ 질서유지선을 손괴하는 등의 방법으로 효용을 해친 자는 6개월 이하의 징역 또는 50만 원 이하의 벌금·구류 또는 과료에 처한다.

36 「집회 및 시위에 관한 법률 시행령」 제14조와 관련된 '확성기등의 소음기준(별표2)'에 대한 설명으로 가장 적절하지 않은 것은?

① 주거지역, 학교, 종합병원의 등가소음 기준은 주간 60dB 이하, 야간 50dB 이하, 심야 45dB 이하이다.
② 중앙행정기관이 개최하는 국경일 행사의 경우 행사 개최시간에 한정하여 행사 진행에 영향을 미치는 소음에 대해서는, 「집회 및시위에 관한 법률 시행령」 별표2에 따른 확성기등의 소음기준을 '그 밖의 지역'의 소음기준으로 적용한다.
③ 등가소음도는 10분간(소음 발생 시간이 10분 이내인 경우에는 그 발생 시간 동안을 말한다) 측정하며, 대상지역이 주거지역, 학교, 종합병원, 공공도서관인 경우에는 등가소음도를 5분간(소음 발생 시간이 5분 이내인 경우에는 그 발생 시간 동안을 말한다) 측정한다.
④ 최고소음도는 확성기등의 대상소음에 대해 매 측정 시 발생된 소음도 중 가장 높은 소음도를 측정하며, 동일한 집회·시위에서 측정된 최고소음도가 1시간 내에 3회 이상 위 표 및 제3호 후단에 따른 최고소음도 기준을 초과한 경우 소음기준을 위반한 것으로 본다. 다만 대상지역이 주거지역, 학교, 종합병원, 공공도서관인 경우에는 1시간 내에 2회 이상 위 표 및 제3호 후단에 따른 최고소음도 기준을 초과한 경우 소음기준을 위반한 것으로 본다.

37 「국가보안법」에 대한 설명으로 가장 적절한 것은?

① 국가보안법의 죄를 범하고 그 보수를 받은 때에는 이를 몰수할 수 있다.
② 국가보안법은 군사기밀보호법과 마찬가지로 과실범 처벌 규정을 두고 있다.
③ 국가보안법 위반의 죄를 범한 자가 자수하거나, 위반한 다른 타인을 고발한 경우에는 그 형을 감경 또는 면제할 수 있다.
④ 반국가단체의 구성원 또는 그 지령을 받은 자는 자진지원죄의 주체가 될 수 없다.

38 「보안관찰법」상 보안관찰처분 대상자 및 피보안관찰자의 신고의무에 대한 설명으로 가장 적절한 것은?

① 보안관찰처분대상자는 교도소 등의 출소 후 10일 이내에 관할 경찰서장에게 출소사실을 신고해야 한다.
② 피보안관찰자는 주거지를 이전하거나 국외여행 또는 15일 이상 주거를 이탈하여 여행하고자 할 때에는 미리 지구대장·파출소장을 거쳐 관할경찰서장에게 신고하여야 한다.
③ 피보안관찰자는 보안관찰처분결정고지를 받은 날부터 10일 이내에 지구대장·파출소장을 거쳐 관할경찰서장에게 신고하여야 한다.
④ 피보안관찰자는 보안관찰처분결정고지를 받은 날이 속한 달부터 매 3월이 되는 달의 말일까지 3월간의 주요활동사항 등 소정사항을 지구대장·파출소장을 거쳐 관할경찰서장에게 신고하여야 한다.

39 「여권법」상 여권의 발급 또는 재발급 거부 사유에 대한 설명으로 가장 적절한 것은?

① 장기 2년 이상의 형에 해당하는 죄로 인하여 기소중지 또는 수사중지(피의자 중지로 한정)되거나 체포영장·구속영장이 발부된 사람 중 국외에 있는 사람
② 「여권법」 제24조부터 제26조까지의 죄를 범하여 실형을 선고받고 그 집행이 끝나거나(집행이 끝난 것으로 보는 경우를 포함한다) 집행이 면제되지 아니한 사람
③ 「여권법」 제24조부터 제26조까지 외의 죄를 범하여 형의 집행유예를 선고받고 그 유예기간 중에 있는 사람
④ 국외에서 대한민국의 안전보장·질서유지나 통일·외교정책에 중대한 침해를 일으킬 우려가 있는 경우로서 출국할 경우 테러 등으로 생명이나 재산이 침해될 위험이 큰 사람

40 국제형사경찰기구(인터폴)에 관한 설명으로 옳지 않은 것은?

① 인터폴 국가중앙사무국은 인터폴 사무총국 및 회원국들과의 신속한 협력을 위하여 각 국가 중앙경찰 산하에 설치되어 있는 상설기구를 말하며, '인터폴 대한민국 국가중앙사무국'은 경찰청 국제협력관 산하에 설치되어 있다.
② 한국은 1964년(제33차 총회, 베네수엘라)에 가입하였다.
③ 인터폴 수배서(Notice)는 각 인터폴 국가중앙사무국의 요청에 따라 사무총국에서 발부한다.
④ 범죄관련인 소재확인 목적 발부하는 수배서는 황색수배서(Yellow Notice)이다.

실무종합 모의고사 7회

1. 경찰의 임무를 공공의 안녕과 질서에 대한 위험의 방지라고 할 때, '공공의 질서'와 관련된 설명으로 가장 적절한 것은?

① '공공질서'란 원만한 공동체생활을 영위하기 위한 불가결적 전제조건이 되는 각 개인의 행동에 대한 불문규범의 총체로서 절대적 개념이다.
② 공공질서는 공동체를 유지하기 위한 개념이므로 완화된 합헌성의 요구를 받는다.
③ 공공의 질서 개념에 근거하여 경찰권을 발동할 경우, 그 발동여부에 대한 판단은 경찰의 재량적 결정에 맡겨지나, 이 경우에도 경찰은 의무에 합당한 재량행사에 따라야 한다.
④ 오늘날 거의 모든 생활영역에 대한 법적 규범화 추세에 따라 공공질서 개념의 사용 가능 분야는 점점 증가하고 있다.

2. 다음 〈보기〉에 해당하는 위험에 대한 설명으로 가장 적절한 것은?

> 〈보기〉
> 경찰관 A는 야간 도보 순찰 중 사람을 살려달라는 외침소리를 듣고 상황을 합리적으로 사려 깊게 판단하여 출입문을 부수고 들어갔는데, 실제로는 노인이 크게 켜놓은 TV 형사극 소리였다.

① 〈보기〉는 의무에 합당한 사려 깊은 판단을 할 때 실제로 위험의 가능성은 예측되나 불확실한 경우에 해당한다.
② 경찰관 A가 문을 부수고 들어간 행위는 적법한 경찰개입이므로 경찰관 A에게 민·형사상 책임을 물을 수 없다.
③ 경찰관 A가 문을 부수고 들어간 행위는 위법한 경찰개입이므로 경찰관 A에게 민·형사상 책임이 있다.
④ 경찰관 A가 문을 부수고 들어간 행위로 인한 손해에 대해 국가는 손해배상책임이 발생할 수 있다.

3. 임시정부 경찰에 대한 설명으로 옳지 않은 것은?

① 임시정부경찰은 임시정부의 법령에 의하여 설치된 정식 치안조직이다.
② 임시정부경찰은 임시정부를 수호하고 일제의 밀정을 방지하는 임무를 통해서, 임시정부의 항일투쟁을 수행하는데 핵심적 역할을 수행하였다.
③ 임시정부경찰 운영을 위해 정식 예산이 편성되었고, 규정에 의해 소정의 월급이 지급되었다.
④ 김용원 열사는 임시정부 경무국 경호원 및 의경대원으로 활동하면서 1926년 12월 식민수탈의 심장인 식산은행과 동양척식회사에 폭탄을 투척하였다.

4 '국가경찰위원회 위원'에 대한 설명으로 가장 적절하지 <u>않은</u> 것은?

① 경찰, 검찰, 국가정보원 직원 또는 군인의 직에 있거나 그 직에서 퇴직한 날부터 3년이 지난 사람은 위원으로 선임될 수 없다.
② 위원 중 2명은 법관의 자격이 있는 사람이어야 하며, 위원은 특정 성(性)이 10분의 6을 초과하지 아니하도록 노력하여야 한다.
③ 위원은 중대한 신체상 또는 정신상의 장애로 직무를 수행할 수 없게 된 경우를 제외하고는 그 의사에 반하여 면직되지 아니한다.
④ ③에 따라 위원이 중대한 심신상의 장애로 직무를 수행할 수 없게 되어 면직하는 경우에는 위원회의 의결이 있어야 하며, 의결요구는 위원장 또는 행정안전부장관이 한다.

5 「국가경찰과 자치경찰의 조직 및 운영에 관한 법률」상 시·도자치경찰위원회에 대한 설명으로 옳지 <u>않은</u> 것은 모두 몇 개인가?

> ㉠ 시·도자치경찰위원회는 자치경찰사무 담당 공무원의 임용, 평가 및 인사위원회 운영사무, 그 밖에 시·도지사, 시·도경찰청장이 중요하다고 인정하여 시·도자치경찰위원회의 회의에 부친 사항 등에 대한 심의·의결을 한다.
> ㉡ 시·도자치경찰위원회의 회의는 재적위원 과반수의 출석과 출석위원 3분의 2 이상의 찬성으로 의결한다.
> ㉢ 시·도지사는 시·도자치경찰위원회의 의결이 적정하지 아니하다고 판단할 때에는 재의를 요구할 수 있다.
> ㉣ 시·도자치경찰위원회의 위원장은 재의요구를 받은 날부터 7일 이내에 회의를 소집하여 재의결하여야 한다.
> ㉤ ㉣의 경우 재적위원 과반수의 출석과 출석위원 과반수의 찬성으로 전과 같은 의결을 하면 그 의결사항은 확정된다.

① 0개 ② 1개
③ 2개 ④ 3개

6. 직위해제에 대한 설명으로 옳지 않은 것은?

① 직위해제는 일정한 사유로 직위를 부여하지 아니하는 제재적 성격의 조치로서, 복직이 보장되지 않는 점에서 휴직과 구별된다.
② 직위해제는 징벌적 제재인 징계와는 그 성질을 달리하는 것이어서, 동일한 사유를 이유로 직위해제 후 징계 또는 징계 후 직위해제를 하더라도 일사부재리의 원칙이나 이중처벌금지의 원칙에 위배되는 것이 아니다.
③ 임용권자는 파면·해임·정직 또는 감봉에 해당하는 징계 의결이 요구 중인 자, 형사사건으로 기소된 자(약식명령이 청구된 자는 제외한다), 직무수행 능력이 부족하거나 근무성적이 극히 나쁜 자에게는 직위를 부여하지 아니할 수 있다.
④ 직위해제기간은 원칙적으로 승진소요최저근무연수에 산입하지 않지만, 중징계 의결이 요구 중인 자가 직위해제된 경우로서 그 징계 의결 요구에 대하여 관할 징계위원회가 징계하지 아니하기로 의결한 경우와 해당 직위해제처분 사유가 된 징계처분이 소청심사위원회 결정 또는 법원판결에 따라 무효 또는 취소로 확정된 경우 그 직위해제 기간은 승진소요 최저근무연수에 포함된다.

7. 「경찰공무원법」상 경찰공무원의 의무에 해당하는 것으로 옳게 연결된 것은?

가. 정치관여금지 의무	나. 영리업무종사금지 의무
다. 품위유지 의무	라. 법령준수의 의무
마. 지휘권 남용 등의 금지 의무	바. 집단행위금지 의무
사. 비밀엄수 의무	아. 거짓 보고 등의 금지 의무

① 가, 마, 아
② 다, 나, 라
③ 가, 바, 사
④ 나, 마, 아

8. 「경찰공무원 징계령」상 경찰공무원 중앙징계위원회와 보통징계위원회에 대한 설명으로 옳지 않은 것은?

① 경찰공무원 중앙징계위원회와 보통징계위원회는 위원장 1명을 포함하여 11명 이상 51명 이하의 공무원위원과 민간위원으로 구성한다.
② 법관·검사 또는 변호사로 10년 이상 근무한 사람과 총경 또는 4급 이상의 공무원으로 근무하고 퇴직한 사람[퇴직 전 5년부터 퇴직할 때까지 근무했던 적이 있는 경찰기관(해당 경찰기관이 소속된 중앙행정기관 및 그 중앙행정기관의 다른 소속기관에서 근무했던 경우를 포함한다)의 경우에는 퇴직일부터 3년이 경과한 사람을 말한다]은 중앙징계위원회 민간위원이 될 수 있다.
③ 위촉되는 민간위원의 임기는 2년으로 하며, 연임할 수 없다.
④ 징계위원회가 설치된 경찰기관의 장은 징계등 심의 대상자보다 상위 계급인 경위 이상의 소속 경찰공무원 또는 상위 직급에 있는 6급 이상의 소속 공무원 중에서 징계위원회의 공무원위원을 임명한다(단, 보통징계위원회는 예외적으로 경사 이하 또는 7급이하가 가능한 경우 있음).

9 「국가공무원법」상 '인사혁신처 소속 소청심사위원회'에 대한 설명으로 옳지 <u>않은</u> 것은?

① 소청심사위원회는 이 법에 따른 소청을 접수하면 10일 이내에 심사하여야 한다.
② 소청심사위원회는 ①에 따른 심사를 할 때 필요하면 검증·감정, 그 밖의 사실조사를 하거나 증인을 소환하여 질문하거나 관계 서류를 제출하도록 명할 수 있다.
③ 소청심사위원회가 소청 사건을 심사하기 위하여 징계 요구 기관이나 관계 기관의 소속 공무원을 증인으로 소환하면 해당 기관의 장은 이에 따라야 한다
④ 소청심사위원회가 소청 사건을 심사할 때에는 대통령령으로 정하는 바에 따라 소청인 또는 소청인이 대리인으로 선임한 변호사에게 진술 기회를 주어야 하며, 진술 기회를 주지 아니한 결정은 무효로 한다.

10 법규명령의 한계에 대한 설명으로 옳지 <u>않은</u> 것은 모두 몇 개인가?

> ㉠ 국회 전속적 법률사항의 위임은 원칙적으로 가능하다.
> ㉡ 법률에 의하여 위임된 사항을 전부 하위명령에 재위임 할 수 있다.
> ㉢ 행정권에 대한 입법권의 일반적·포괄적 위임도 가능하다.
> ㉣ 위임입법의 구체성·명확성의 요구 정도는 각종 법률이 규제하고자 하는 대상의 종류와 성질에 따라 달라질 것이지만, 특히 처벌법규나 조세법규와 같이 국민의 기본권을 직접적으로 제한하거나 침해할 소지가 있는 법규에서는 구체성·명확성의 요구가 강화되어 그 위임의 요건과 범위가 일반적인 급부행정법규의 경우보다 더 엄격하게 제한적으로 규정되어야 하는 반면에, 규율대상이 지극히 다양하거나 수시로 변화하는 성질의 것일 때에는 위임의 구체성·명확성의 요건이 완화된다.

① 0개 ② 1개
③ 2개 ④ 3개

11 「행정기본법」상 이행강제금에 대한 설명으로 옳지 <u>않은</u> 것은?

① 의무자가 행정상 의무 중 금전급부의무를 이행하지 아니하는 경우 행정청이 의무자의 재산에 실력을 행사하여 그 행정상 의무가 실현된 것과 같은 상태를 실현하는 것을 말한다.
② 행정청은 이행강제금을 부과하기 전에 미리 의무자에게 적절한 이행기간을 정하여 그 기한까지 행정상 의무를 이행하지 아니하면 이행강제금을 부과한다는 뜻을 문서로 계고하여야 한다.
③ 행정청은 의무자가 계고에서 정한 기한까지 행정상 의무를 이행하지 아니한 경우 이행강제금의 부과 금액·사유·시기를 문서로 명확하게 적어 의무자에게 통지하여야 한다.
④ 행정청은 의무자가 행정상 의무를 이행할 때까지 이행강제금을 반복하여 부과할 수 있다. 다만, 의무자가 의무를 이행하면 새로운 이행강제금의 부과를 즉시 중지하되, 이미 부과한 이행강제금은 징수하여야 한다.

12. 「경찰관 직무집행법」 제7조 '위험방지를 위한 출입'에 대한 설명으로 가장 적절하지 <u>않은</u> 것은?

① 경찰관은 제5조 제1항·제2항 및 제6조에 따른 위험한 사태가 발생하여 사람의 생명·신체 또는 재산에 대한 위해가 임박한 때에 그 위해를 방지하거나 피해자를 구조하기 위하여 부득이하다고 인정하면 합리적으로 판단하여 필요한 한도에서 다른 사람의 토지·건물·배 또는 차에 출입할 수 있다.
② 흥행장, 여관, 음식점, 역, 그 밖에 많은 사람이 출입하는 장소의 관리자나 그에 준하는 관계인은 경찰관이 범죄나 사람의 생명·신체·재산에 대한 위해를 예방하기 위하여 해당 장소의 영업시간이나 해당 장소가 일반인에게 공개된 시간에 그 장소에 출입하겠다고 요구하면 정당한 이유 없이 그 요구를 거절할 수 없다.
③ 무장공비가 도심에 출현하여 이들을 검거하기 위해 작전을 수행할 경우에 경찰관은 건물주의 허락이 없다면 해당 작전 구역 안에 있는 영화관을 검색할 수 없다.
④ 경찰관은 ①②③의 경우 그 장소에 출입할 때에는 그 신분을 표시하는 증표를 제시하여야 하며, 함부로 관계인이 하는 정당한 업무를 방해해서는 아니 된다.

13. 「경찰관 직무집행법」상 경찰관이 수갑, 포승, 경찰봉, 방패를 사용할 수 있는 경우에 해당하는 것을 모두 고른 것은?

㉠ 현행범
㉡ 사형·무기 또는 장기 1년 이상의 징역이나 금고에 해당하는 죄를 범한 범인의 체포 또는 도주 방지
㉢ 자신이나 다른 사람의 생명·신체 및 재산의 보호
㉣ 공무집행에 대한 항거 제지
㉤ 불법집회·시위로 인한 자신이나 다른 사람의 생명·신체와 재산 및 공공시설 안전에 대한 현저한 위해의 발생 억제

① ㉠㉢
② ㉠㉣
③ ㉡㉢
④ ㉢㉤

14. 「경찰관 직무집행법 시행령」상 손실보상에 대한 설명으로 옳지 <u>않은</u> 것은?

① 손실보상을 할 때 손실을 입은 물건을 수리할 수 있는 경우에는 수리비에 상당한 금액을, 손실을 입은 물건을 수리할 수 없는 경우에는 보상 당시 해당 물건 교환가액으로 보상한다.
② 물건의 멸실·훼손으로 인한 손실 외의 재산상 손실에 대해서는 직무집행과 상당한 인과관계가 있는 범위에서 보상한다.
③ 보상금 지급 청구서를 받은 경찰청장, 해양경찰청장, 시·도경찰청장 또는 지방해양경찰청장은 손실보상심의위원회의 심의·의결에 따라 보상 여부 및 보상금액을 결정하되 손실보상 청구가 요건과 절차를 갖추지 못한 경우 그 청구를 각하하는 결정을 하여야 한다.
④ 보상금은 일시불로 지급하되, 예산 부족 등의 사유로 일시금으로 지급할 수 없는 특별한 사정이 있는 경우에는 청구인의 동의를 받아 분할하여 지급할 수 있다.

15 다음 중 예산제도에 대한 설명으로 가장 적절한 것은?

① 품목별 예산제도는 정부 정책이나 계획 수립을 용이하게 하며, 국민의 입장에서 경찰활동을 이해하기 용이하다는 장점이 있다.
② 계획예산제도는 예산을 품목별로 분류하는 방식으로 행정책임의 소재와 회계책임에 대한 감독부서 및 국회의 통제가 용이하도록 하기 위한 제도이다.
③ 영기준 예산제도는 매년 사업의 우선순위를 새로이 결정하고 그에 따라 예산 책정하는 제도이다.
④ 일몰법은 특정의 행정기관이나 사업이 일정 기간이 지나면 의무적·자동적으로 폐지되게 하는 법률로 예산편성 시 전년도 예산을 기준으로 점증적으로 예산액을 책정하는 폐단을 시정하려는 목적에서 유래되었다.

16 동기부여 내용이론과 과정이론의 연결이 옳은 것은?

| ㉠ 브룸(Vroom)의 기대이론 |
| ㉡ 매슬로우(Maslow)의 욕구단계이론 |
| ㉢ 허즈버그(Herzberg)의 2요인론(동기요인·위생요인) |
| ㉣ 맥그리거(McGregor)의 X이론·Y이론 |
| ㉤ 포터&롤러(Porter & Lawler)의 업적만족이론 |
| ㉥ 아담스(Adams)의 공정성이론 |

① 내용이론 – ㉡㉢㉣, 과정이론 – ㉠㉤㉥
② 내용이론 – ㉠㉡㉢, 과정이론 – ㉤㉥㉣
③ 내용이론 – ㉡㉢㉥, 과정이론 – ㉠㉣㉤
④ 내용이론 – ㉡㉣㉥, 과정이론 – ㉠㉤㉢

17 「경찰 감찰 규칙」상 감찰활동에 대한 설명으로 옳은 것은?

① 감찰부서장은 소속 상급경찰기관의 장의 지시에 따라 소속 감찰관으로 하여금 일정기간 동안 다른 경찰기관 소속 직원의 복무실태, 업무추진 실태 등을 점검하게 할 수 있다.
② 감찰관은 소속공무원의 의무위반행위에 관한 단서(현장인지, 진정·탄원 등을 포함한다)를 수집·접수한 경우 소속 경찰기관의 감찰부서장에게 보고하여야 한다.
③ 감찰관은 감찰조사를 위해서 의무위반행위와 관련된 경찰공무원등의 출석을 요구할 때에는 조사기일 2일 전까지 출석요구서 또는 구두로 조사일시, 의무위반행위사실 요지 등을 통지하여야 하나, 사안이 급박한 경우 또는 조사대상자의 요청이 있는 경우에는 즉시 조사에 착수할 수 있다.
④ 감찰관은 심야(오후 10시부터 오전 6시까지를 말한다)에 조사를 하여서는 아니 된다. 다만 감찰관은 조사대상자 또는 그 변호인의 심야조사 요청이 있는 경우에는 예외적으로 심야조사를 할 수 있다. 이 경우 심야조사의 사유를 조서에 명확히 기재하여야 한다.

18. 경찰활동의 윤리적 표준에 대한 설명으로 가장 적절하지 않은 것은?

① 부친의 가정폭력 경험자인 박경장은 사건을 처리하며 남편이 잘못이라고 단정짓는 경우, 이런 행위는 객관성을 저해하는 원인이다.
② 음주단속을 하던 A경찰서 직원이 김경위를 적발하고도 동료경찰관이라는 이유로 눈감아 주었다면, 이런 태도는 공공의 신뢰를 저해하는 불공정한 행위 중 편들기에 해당한다.
③ 지구대 강순경이 순찰근무 중 달동네에는 가려지 않고 부자동네만 순찰을 하는 경우, 이런 행위는 공정한 접근을 저해하는 행위 중 해태와 무시에 해당한다.
④ 불법오토바이를 단속하던 최순경은 정지명령에 불응하는 오토바이를 향하여 과도하게 추적한 결과 운전자가 전신주를 들이받고 사망하였다면, 이런 행위는 시민의 생명과 재산의 안전에 위배된다.

19. 「경찰헌장」의 내용 중 괄호 안에 들어갈 가장 적절한 표현은?

> 우리는 조국 광복과 함께 태어나 나라와 겨레를 위하여 충성을 다하며 오늘의 자유민주사회를 지켜온 대한민국 경찰이다. (중략)
> 1. 우리는 정의의 이름으로 진실을 추구하며 어떠한 불의나 불법과 타협하지 않는 (㉠) 경찰이다.
> 1. 우리는 국민의 신뢰를 바탕으로 오직 양심에 따라 법을 집행하는 (㉡) 경찰이다.
> 1. 우리는 건전한 상식 위에 전문지식을 갈고 닦아 맡은 일을 성실하게 수행하는 (㉢) 경찰이다.

① ㉠ 의로운 – ㉡ 깨끗한 – ㉢ 친절한
② ㉠ 의로운 – ㉡ 공정한 – ㉢ 근면한
③ ㉠ 공정한 – ㉡ 깨끗한 – ㉢ 근면한
④ ㉠ 공정한 – ㉡ 의로운 – ㉢ 깨끗한

20. 소극행정에 대한 설명으로 가장 적절하지 않은 것은?

① 소극행정이란 공무원이 부작위 또는 직무태만 등 소극적 업무행태로 국민의 권익을 침해하거나 국가재정상 손실을 발생하게 하는 행위를 의미한다.
② 여기에서 부작위는 공무원이 상당한 기간 내에 이행해야 할 직무상 의무가 있는데도 이를 이행하지 아니하는 것을 의미한다.
③ 소극행정의 유형 중 '적당편의'는 법령이나 지침 등의 변화에도 불구하고 과거 규정에 따라 업무를 처리하거나, 기존의 불합리한 업무관행을 그대로 답습하는 행태를 말한다.
④ 소극행정의 유형 중 '업무해태'는 합리적인 이유없이 주어진 업무를 게을리 하여 불이행하는 행태를 말한다.

21 「공직자의 이해충돌 방지법」에 관한 설명으로 가장 적절하지 <u>않은</u> 것은?

① 누구든지 신고자등에게 신고등을 이유로 불이익조치(「공익신고자 보호법」 제2조 제6호에 따른 불이익조치를 말한다)를 하여서는 아니 된다.
② 이 법의 위반행위를 한 자가 위반사실을 자진하여 신고하거나 신고자등이 신고등을 함으로 인하여 자신이 한 이 법의 위반 행위가 발견된 경우에는 그 위반행위에 대한 형사처벌, 과태료부과, 징계처분, 그 밖의 행정처분 등을 감경하거나 면제할 수 있다.
③ 국민권익위원회는 이 법의 위반행위에 대한 신고로 인하여 공공기관에 직접적인 수입의 회복·증대 또는 비용의 절감을 가져온 경우에는 그 신고자의 신청에 의하여 보상금을 지급할 수 있다.
④ 국민권익위원회는 이 법의 위반행위에 대한 신고로 인하여 공공기관에 재산상 이익을 가져오거나 손실을 방지한 경우 또는 공익을 증진시킨 경우에는 그 신고자에게 포상금을 지급할 수 있다.

22 범죄의 개념에 대한 설명으로 옳지 <u>않은</u> 것은?

① 범죄는 각 시대의 사회적, 문화적, 역사적 상황과 환경에 따라 다른 모습을 하게 되는 상대적 개념이다.
② Michalowski는 범죄는 불법과 유사하나 일부는 법적으로 용인되어지기도 한다고 주장하였다.
③ Suthurland는 범죄는 인간의 기초적 인권을 침해하는 행위라고 주장하였다.
④ 낙인이론적 개념에 따르면 범죄란 이를 정의할 권한이나 힘을 가진 자들에 의해 규정되며, 일탈이라는 낙인이 부착된 사람을 일탈자라 하고, 사람들에 의해 일탈한 것이라고 낙인찍힌 행위를 일탈행위라고 규정한다.

23 112신고 접수 지령과 관련한 위치정보조회에 대한 내용으로 옳은 것은?

① 112신고 접수 지령과 관련한 위치정보조회는 통신비밀보호법 제13조에 의거하여 실시한다.
② 위치정보조회는 112 또는 119를 통해 긴급구조 요청 접수된 경우에 대상자가 현재 위치한 기지국 주소 또는 GPS 등 위치정보를 대상으로 한다
③ 자살을 암시하는 유서 또는 음성, 문자 등을 타인에게 전송한 자살기도자나, 생명·신체에 대한 위험이 예상되는 징후가 없다 하더라도 갑자기 연락두절 된 가출인은 112신고 접수시 위치정보조회가 가능하다.
④ Cell 방식은 휴대전화가 접속한 기지국의 위치를 기반으로 위치를 판단하는 것이고, Wi-Fi방식은 휴대전화의 Wi-Fi가 연결된 무선AP의 위치를 통한 측위를 나타내는 것으로 Cell방식과 비교하여 위치가 현격히 다른 경우 Wi-Fi값 위치를 신고자의 위치로 추정한다.

24 「청소년 보호법」에 대한 설명으로 가장 옳은 것은? (다툼이 있으면 판례에 의함)

① 비디오물 소극장업, 유흥주점, 사행행위영업장은 「청소년 보호법」상 청소년 출입·고용이 금지되는 업소이다.
② 주로 차 종류를 조리·판매하는 업소에서 청소년으로 하여금 영업장을 벗어나 차 종류를 배달하는 행위를 하게 하거나 이를 조장하거나 묵인하는 행위는 「청소년 보호법」에 규정된 청소년유해행위에 해당하지 않는다.
③ 일반음식점이 주간에는 주로 음식류를, 야간에는 주로 주류를 조리·판매하는 형태의 영업행위를 한 경우, 야간 영업형태의 청소년보호를 위한 분리의 필요성으로 인하여 야간의 영업형태에 있어서의 업소는 한정적으로 「청소년 보호법」상의 청소년 고용금지 업소에 해당한다.
④ 「청소년 보호법」상의 '청소년'에 해당하는지의 판단 기준은 실제의 나이가 아니라 호적 등 공부상의 나이를 기준으로 하여야 할 것이다.

25 「아동학대범죄의 처벌 등에 관한 특례법」에 대한 설명으로 가장 적절하지 <u>않은</u> 것은?

① 아동이란 18세 미만의 사람을 말한다.
② 아동학대범죄 현장을 발견한 경우 또는 학대현장 이외의 장소에서 학대피해가 확인되고 재학대의 위험이 급박한 경우, 사법경찰관리 또는 아동학대전담공무원은 피해아동등의 보호를 위하여 즉시 응급조치를 하여야 하며, 응급조치에는 아동학대범죄 행위의 제지, 아동학대행위자를 피해아동등으로부터 격리, 피해아동등을 아동학대 관련 보호시설로 인도, 피해아동등 또는 가정구성원에 대한 전기통신을 이용한 접근 금지 등의 조치가 있다.
③ 응급조치 중 아동학대행위자를 피해아동등으로부터 격리하는 경우, 72시간을 넘을 수 없다. 다만, 본문의 기간에 공휴일이나 토요일이 포함되는 경우로서 피해아동등의 보호를 위하여 필요하다고 인정되는 경우에는 48시간의 범위에서 그 기간을 연장할 수 있다.
④ 응급조치에도 불구하고 아동학대범죄의 재발이 우려되고, 긴급을 요하여 법원의 임시조치 결정을 받을 수 없을 때에는 사법경찰관의 직권으로 긴급임시조치를 할 수 있다.

26 「범죄수법공조자료관리규칙」상 '수법원지'에 대한 설명으로 가장 적절하지 <u>않은</u> 것은?

① 수법원지는 수법원지 작성 대상 범죄에 해당하는 피의자를 검거하였거나 인도받아 조사하여 구속 송치할 때 작성하는 것으로 불구속된 피의자는 작성하지 않는다.
② 수법원지의 전산입력 대상 피의자가 여죄가 있고 그것이 범죄수법 소분류가 각각 상이한 유형의 수법일 때에는 그 수법마다 수법원지를 전산입력하여야 한다.
③ 수법원지는 해당 범인을 수사하거나 조사 송치하는 경찰공무원이 직접 전산입력하여야 한다.
④ 수법원지는 성별, 수법 소분류별, 생년월일 순으로 보관하여야 한다.

27 「피의자 유치 및 호송규칙」에 대한 설명으로 옳지 않은 것은?

① 호송관은 호송주무관의 허가를 받아 「경찰관 직무집행법」 제10조의2 제1항 및 「위해성 경찰장비의 사용기준 등에 관한 규정」 제4조에 따라 필요한 한도에서 호송대상자에 대하여 수갑 또는 수갑·포승을 사용할 수 있다. 다만, 구류 선고 및 감치명령을 받은 자와 미성년자, 고령자, 장애인, 임산부 및 환자 중 주거와 신분이 확실하고 도주의 우려가 없는 자에 대하여는 수갑 또는 수갑·포승을 채우지 아니한다.
② 호송 출발 전 반드시 호송주무관의 지휘에 따라 포박하기 전 신체검색을 하여야 하며, 여자인 피호송자의 신체검색은 여자경찰관이 행하거나 성년의 여자를 참여시켜야 한다.
③ 호송관은 수갑 또는 수갑·포승을 사용하는 피호송자가 2인 이상일 때에는 호송수단에 따라 2인 내지 5인을 1조로 하여 상호 연결시켜 포승으로 포박한다.
④ 호송관서의 장은 호송관이 3인 이상이 되는 호송일 때에는 경위 이상 계급의 1인을 지휘감독관으로 지정해야 한다.

28 다음은 「성폭력범죄의 처벌 등에 관한 특례법」에 대한 설명이다. 괄호 안에 들어갈 내용이 다른 하나는?

- 사법경찰관은 (㉠)의 진술 내용과 조사 과정을 영상녹화장치로 녹화하고, 그 영상녹화물을 보존하여야 하나, (㉠) 또는 그 법정대리인(법정대리인이 가해자이거나 가해자의 배우자인 경우는 제외한다)이 이를 원하지 아니하는 의사를 표시하는 경우에는 영상녹화를 하여서는 아니 된다.
- 사법경찰관은 성폭력범죄의 피해자가 (㉡)(인) 경우 형사사법절차에서의 조력과 원활한 조사를 위하여 직권이나 피해자, 그 법정대리인 또는 변호사의 신청에 따라 진술조력인으로 하여금 조사과정에 참여하여 의사소통을 중개하거나 보조하게 할 수 있다. 다만, 피해자 또는 그 법정대리인이 이를 원하지 아니하는 의사를 표시한 경우에는 그러하지 아니하다.
- 피해자나 그 법정대리인 또는 사법경찰관은 피해자가 공판기일에 출석하여 증언하는 것에 현저히 곤란한 사정이 있을 때에는 그 사유를 소명하여 영상녹화된 영상녹화물 또는 그 밖의 다른 증거에 대하여 해당 성폭력범죄를 수사하는 검사에게 증거보전의 청구를 할 것을 요청할 수 있다. 이 경우 피해자가 (㉢)(인) 경우에는 공판기일에 출석하여 증언하는 것에 현저히 곤란한 사정이 있는 것으로 본다.
- 수사기관이 성폭력범죄를 수사하는 경우에 피해자가 (㉣)(인) 경우에는 관련전문가에게 피해자의 정신·심리 상태에 대한 진단 소견 및 진술 내용에 관한 의견을 조회하여야 한다.

① ㉠ ② ㉡
③ ㉢ ④ ㉣

29 「스토킹범죄의 처벌등에 관한 법률」상 긴급응급조치에 대한 설명으로 옳은 것은?

① 사법경찰관은 스토킹행위 신고와 관련하여 스토킹행위가 지속적 또는 반복적으로 행하여질 우려가 있고 스토킹범죄의 예방을 위하여 긴급을 요하는 경우 스토킹행위자에게 직권으로 또는 스토킹행위의 상대방이나 그 법정대리인 또는 스토킹행위를 신고한 사람의 요청에 의하여 스토킹행위의 상대방등이나 그 주거등으로부터 100미터 이내의 접근 금지, 스토킹행위의 상대방등에 대한 「전기통신기본법」 제2조제1호의 전기통신을 이용한 접근 금지 조치, 국가경찰관서의 유치장 또는 구치소에의 유치를 할 수 있다.
② 사법경찰관은 긴급응급조치를 하였을 때에는 지체 없이 검사에게 해당 긴급응급조치에 대한 사후승인을 지방법원 판사에게 청구하여 줄 것을 신청하여야 하고, 신청을 받은 검사는 긴급응급조치가 있었던 때부터 72시간 이내에 지방법원 판사에게 해당 긴급응급조치에 대한 사후승인을 청구한다.
③ 사법경찰관은 정당한 이유가 있다고 인정하는 경우에는 직권으로 또는 신청에 의하여 해당 긴급응급조치를 취소할 수 있고, 지방법원 판사의 승인을 받아 긴급응급조치의 종류를 변경할 수 있다.
④ 긴급응급조치기간은 3개월을 초과할 수 없다.

30 '경비수단의 원칙'에 대한 설명으로 가장 적절하지 않은 것은?

① '균형의 원칙'이란 균형있는 경력운용으로 상황에 따라 주력부대와 예비대를 적절하게 활용하여 한정된 경력으로 최대의 효과를 올린다는 원칙을 말한다.
② '위치의 원칙'이란 실력행사시 상대 군중보다 유리한 지점과 위치를 선점한다는 원칙을 말한다.
③ '안전의 원칙'이란 작전 때의 변수발생은 사회적으로 큰 파장을 미칠 수 있으므로 사고 없는 안전한 진압을 실시해야 한다는 원칙을 말한다.
④ '적시의 원칙'이란 가장 적절한 시기에 실력행사를 하는 것으로 상대의 허약한 시점을 포착하여 실력행사를 한다는 것으로 한정된 경력으로 최대의 성과를 거양하는 원칙을 말한다.

31 「재난 및 안전관리 기본법」 상 재난관리 단계와 그 활동에 대한 연결이 옳지 않은 것은?

> ㉠ 재난분야 위기관리 매뉴얼 작성
> ㉡ 특별재난지역 선포
> ㉢ 재난관리체계 등의 평가
> ㉣ 응급조치, 긴급구조
> ㉤ 정부합동안전 점검
> ㉥ 재난피해조사

① 예방단계 - ㉢㉤
② 대비단계 - ㉠
③ 대응단계 - ㉡㉣
④ 복구단계 - ㉥

32 경호경비 중 행사장 경호에 대한 설명으로 가장 적절한 것은?

① 제1선을 제외한 행사장 중심으로 소총유효사거리 내외의 취약개소는 절대안전확보구역으로 경호처가 경호책임을 진다.
② 주경비지역은 통상 경찰이 경호책임을 지고 바리케이트 등 장애물을 설치하고, 감시조를 운영한다.
③ 출입자 통제관리, MD 설치운용, 비표확인은 경비구역에서 실시한다.
④ 제3선 경계구역에서는 도보 등 원거리 기동순찰조를 운영한다.

33 「교통사고조사규칙」에 대한 설명으로 가장 적절하지 않은 것은?

① 교통조사관은 교통사고 현장도면을 작성할 때에는 사실인정에 중요하다고 인정되는 부분은 정밀하게, 그렇지 않은 부분은 비교적 간단명료하게 작성한다.
② 거리를 측정하거나 지점을 확정하는 경우에는 각각의 지점의 명칭을 붙여 특정지어야 한다.
③ 교통사고의 발생지점과 사고차량의 정차지점을 표시하는 때에는 사고발생 지점을 도면의 중앙에 배치하고 가해차량의 진행방향이 위로 향하도록 하여 이동지점을 점선으로 표시하고 정차지점은 실선으로 표시한다.
④ 차대차 사고로서 당사자 간의 과실이 차이가 있는 경우 과실이 경한 당사자를 선순위로 지정한다.

34 「도로교통법 시행규칙」 별표 18에 따른 각종 운전면허와 운전할 수 있는 차에 대한 설명으로 가장 적절하지 않은 것은?

① 제1종 대형면허로 승차정원 45인의 승합자동차는 운전할 수 있으나 대형견인차는 운전할 수 없다.
② 제1종 보통면허로 승차정원 15인의 승합자동차는 운전할 수 있으나 적재중량 12톤의 화물자동차는 운전할 수 없다.
③ 제1종 특수면허 중 소형견인차 면허를 가지고 3.5톤 견인형 특수자동차를 운전할 수 있다.
④ 제2종 보통면허로 승차정원 10인의 승합자동차는 운전할 수 있으나 적재중량 4톤의 화물자동차는 운전할 수 없다.

35 다음 설명 중 가장 적절하지 않은 것은? (다툼이 있는 경우 판례에 의함)

① 편도 1차로 도로에서 정차한 버스를 앞서가기 위하여 황색실선의 중앙선을 넘어가는 행위는 허용되지 않는 것이므로 중앙선침범이 적용된다.
② '앞지르기가 금지되는 도로의 구부러진 곳'을 명확한 입법 없이 앞지르기로 인하여 위험을 초래하고 교통안전에 지장을 줄 수 있는 정도의 구부러진 도로로 한정 해석하는 것은 입법목적, 다른 조항과 비교하여 합리적인 해석의 가능성, 입법 기술상의 한계 등을 고려할 때 불명확한 개념으로 볼 것이므로 죄형법정주의의 원칙에 반한다.
③ 「도로교통법」에서 말하는 '측정'이란 경찰공무원이 운전자가 술에 취하였는지의 여부를 알아보기 위하여 실시하는 호흡측정기에 의한 측정으로 이해하여야 한다.
④ 무면허에 음주를 하고 운전을 하였다면 이는 상상적 경합관계에 있다고 할 수 있다.

36. 집회 및 시위에 대한 설명 중 가장 옳지 않은 것은? (다툼이 있는 경우 판례에 의함)

① '집회'란 '특정 또는 불특정 다수인이 공동의 의견을 형성하여 이를 대외적으로 표명할 목적 아래 일시적으로 일정한 장소에 모이는 것'을 말한다.
② '시위'란 여러 사람이 공동의 목적을 가지고 도로, 광장, 공원 등 일반인이 자유로이 통행할 수 있는 장소를 행진하거나 위력 또는 기세를 보여, 불특정한 여러 사람의 의견에 영향을 주거나 제압을 가하는 행위를 말한다.
③ 「집회 및 시위에 관한 법률」 제2조 제2호가 규정한 '시위'에 해당하려면 '공중이 자유로이 통행할 수 있는 장소'라는 요건을 충족하여야 한다.
④ 집회 예정 장소가 사전 봉쇄되어 일시적으로 대기하는 모임은 집회 참가를 위한 준비 단계에 불과할 뿐 「집회 및 시위에 관한 법률」상의 집회라고 할 수 없다

37. 집회·시위현장에서의 해산명령과 관련한 판례의 내용 중 가장 적절하지 않은 것은?

① 「집회 및 시위에 관한 법률」 제20조 제1항과 「집회 및 시위에 관한 법률 시행령」이 해산명령을 할 때 그 사유를 구체적으로 고지하도록 명시적으로 규정하고 있지 않으므로, 해산 사유가 「집회 및 시위에 관한 법률」 제20조 제1항 각 호 중 어느 사유에 해당하는지에 관하여 구체적으로 고지할 필요는 없다.
② 옥내집회의 경우 「집회 및 시위에 관한 법률」상 신고대상이 아니지만 타인의 법익 침해나 기타 공공의 안녕질서에 대하여 직접적이고 명백한 위험을 초래하는 경우에는 해산명령의 대상이 된다.
③ 사전 신고를 하지 아니한 옥외집회 참가자들에게 해산명령불응죄를 적용하려면 해산명령의 절차와 방식을 준수하였음을 입증해야 한다.
④ 사전 금지 또는 제한된 집회라 하더라도 실제 이루어진 집회가 당초 신고 내용과 달리 평화롭게 개최되거나 집회 규모를 축소하여 이루어지는 등 타인의 법익 침해나 기타 공공의 안녕질서에 대하여 직접적이고 명백한 위험을 초래하지 않은 경우에는 해산을 명하고 이에 불응하였다고 처벌할 수 없다.

38. 아래 보기들 중에서 보안관찰 해당범죄는 모두 몇 개인가?

㉠ 「국가보안법」상 금품수수죄	㉡ 「형법」상 일반이적죄
㉢ 「국가보안법」상 자진지원죄	㉣ 「형법」상 외환유치죄
㉤ 「국가보안법」상 찬양고무죄	㉥ 「형법」상 전시군수계약불이행죄
㉦ 「군형법」상 일반이적죄	

① 3개
② 4개
③ 5개
④ 6개

39 「출입국관리법」에 규정된 '상륙의 종류'와 '내용'에 대한 설명으로 가장 적절한 것은? (단, 기간연장은 없음)

① 관광상륙 – 관광을 목적으로 대한민국과 외국 해상을 국제적으로 순회하여 운항하는 여객운송 선박 중 법무부령으로 정하는 선박에 승선한 외국인 승객에 대하여 3일의 범위에서 상륙을 허가할 수 있다.
② 난민임시상륙 – 지방출입국·외국인관서의 장은 선박등에 타고 있던 외국인이 생명·신체 또는 신체의 자유를 침해받을 공포가 있는 영역에서 도피하여 곧바로 대한민국에 비호를 신청하는 경우 외교부장관의 승인을 받아 90일의 범위에서 허가할 수 있다. 이 경우 외교부장관은 법무부장관과 협의하여야 한다.
③ 승무원상륙 – 승선 중인 선박등이 대한민국의 출입국항에 정박하고 있는 동안 휴양 등의 목적으로 상륙하려는 외국인승무원은 10일 범위에서 허가할 수 있다.
④ 재난상륙 – 선박등에 타고 있는 외국인(승무원을 포함한다)이 질병이나 그 밖의 사고로 긴급히 상륙할 필요가 있다고 인정될 때 상륙하는 것으로 30일 범위에서 허가할 수 있다.

40 경찰청에 근무하는 경찰관 A는 체포영장이 발부된 중요 국외도피사범 C에 대하여 인터폴 사무총국에 적색수배를 요청하고자 한다. 인터폴 적색수배의 요청기준으로 적절하지 <u>않은</u> 것은?

① 강간, 강제추행 등 성범죄
② 전화금융사기 또는 범죄 금액 3억원 이상 경제범죄
③ 산업기술 유출 등 지식재산 범죄
④ 범죄금액 100억 원 이상의 사이버도박 운영

실무종합 모의고사 8회

1 경찰의 관할에 대한 설명으로 옳은 것은?

① 경찰의 지역관할은 경찰이 처리할 수 있고 또 처리해야 하는 사무내용의 범위를 말한다.
② 인적관할이란 협의의 경찰권이 발동될 수 있는 인적 범위를 말하며, 경찰권은 원칙적으로 모든 사람에게 적용되나, 대통령과 국회의원, 외교사절과 주한 미군에 대해서 일정한 제한이 있다.
③ 재판장은 법정에서의 질서유지를 위해 필요하다고 인정할 때에는 개정 전후를 불문하고 관할 경찰서장에게 경찰공무원의 파견을 요구할 수 있으며, 파견된 경찰공무원은 법정 내에서만 질서유지에 관하여 재판장의 지휘를 받는다.
④ 외교공관과 외교관의 개인주택(외교사절의 승용차, 보트, 비행기 등 포함)은 국제법상 치외법권 지역으로 외교사절의 동의가 없는 한 경찰은 직무수행을 위해 출입할 수 없다. 다만, 화재나 감염병의 발생 등과 같이 공안을 유지하기 위하여 긴급을 요하는 경우에는 외교사절의 동의가 있는 것으로 추정될 수 있다.

2 「경찰관 직무집행법」 제2조와 경찰의 임무 등에 대한 설명으로 가장 적절하지 <u>않은</u> 것은? (다툼이 있는 경우 판례에 의함)

① 「경찰관 직무집행법」 제2조에서는 범죄피의자 보호, 공공안녕에 대한 위험의 예방과 대응을 위한 정보의 수집·작성 및 배포를 경찰의 직무로 규정하고 있다.
② 「경찰관 직무집행법」 제2조의 직무행위의 구체적 내용이나 방법 등은 경찰관의 전문적 판단에 기한 합리적인 재량에 위임되어 있다.
③ 공무원에 대하여 작위의무를 명하는 법령의 규정이 없다면 공무원의 부작위로 인하여 침해된 국민의 법익 또는 국민에게 발생한 손해가 어느 정도 심각하고 절박한 것인지, 관련 공무원이 그와 같은 결과를 예견하여 그 결과를 회피하기 위한 조치를 취할 수 있는 가능성이 있는지 등을 종합적으로 고려하여 판단하여야 한다.
④ 국민의 생명, 신체, 재산 등에 대하여 절박하고 중대한 위험상태가 발생하였거나 발생할 우려가 있어서 국민의 생명, 신체, 재산 등을 보호하는 것을 본래적 사명으로 하는 국가가 일차적으로 그 위험 배제에 나서지 아니하면 국민의 생명, 신체, 재산 등을 보호할 수 없는 경우에 형식적 의미의 법령에 근거가 없더라도 국가나 관련 공무원에 대하여 그러한 위험을 배제할 작위의무를 인정할 수 있을 것이다.

3 국가수사본부장에 대한 설명으로 옳지 <u>않은</u> 것은 모두 몇 개인가?

> ㉠ 경찰청에 국가수사본부를 두며, 국가수사본부장은 치안정감으로 보한다.
> ㉡ 국가수사본부장은 「형사소송법」에 따른 경찰의 수사에 관하여 각 시·도경찰청장과 경찰서장 및 수사부서 소속 공무원을 지휘·감독한다.
> ㉢ 국가수사본부장의 임기는 2년으로 하며, 중임할 수 없고 임기가 끝나면 당연히 퇴직한다.
> ㉣ 국가수사본부장이 직무를 집행하면서 헌법이나 법률을 위배하였을 때에는 국회는 탄핵 소추를 의결할 수 있다.

① 0개
② 1개
③ 2개
④ 3개

4 지구대, 파출소, 출장소에 대한 설명으로 옳지 <u>않은</u> 것은?

① 시·도경찰청장은 경찰서장의 소관사무를 분장하기 위하여 행정안전부령으로 정하는 바에 따라 경찰청장의 승인을 받아 지구대 또는 파출소를 둘 수 있다.
② 시·도경찰청장은 임시로 필요한 때에는 출장소를 둘 수 있으며, 출장소를 설치한 때에는 경찰청장에게 보고하여야 한다.
③ 지구대·파출소 및 출장소의 명칭·위치 및 관할구역과 그 밖에 필요한 사항은 경찰서장이 정한다.
④ 시·도경찰청장이 지구대 또는 파출소를 폐지하거나 명칭·위치 및 관할구역을 변경하였을 때에는 경찰청장에게 보고하여야 한다.

5 다음은 「경찰공무원 임용령」상 임용권의 위임에 대한 설명이다. (   )안에 들어갈 내용으로 바르게 연결된 것은?

> • 경찰청장은 국가수사본부장에게 국가수사본부 안에서의 (㉠) 이하에 대한 전보권을 위임한다.
> • 경찰청장은 수사부서에서 (㉡)을 보직하는 경우에는 국가수사본부장의 (㉢)을 받아야 한다.

① ㉠ 경감 ㉡ 경정 ㉢ 승인
② ㉠ 경감 ㉡ 총경 ㉢ 추천
③ ㉠ 경정 ㉡ 경정 ㉢ 승인
④ ㉠ 경정 ㉡ 총경 ㉢ 추천

6 경찰공무원의 '경력경쟁채용'에 대한 설명으로 가장 적절한 것은?

① 「국가공무원법」 제71조 제1항 제1호(장기요양)의 휴직기간 만료로 퇴직한 경찰공무원을 퇴직한 날부터 5년(「공무원 재해보상법」에 따른 공무상 질병 또는 부상으로 인한 휴직의 경우에는 3년) 이내에 퇴직 시에 재직한 계급의 경찰공무원으로 재임용하는 경우에 "경력경쟁채용시험"으로 경찰공무원을 신규채용할 수 있다.
② ①에 따라 재임용된 경찰공무원의 계급정년 연한은 재임용 전에 해당 계급의 경찰공무원으로 근무한 연수를 합하여 계산한다.
③ 제주특별자치도의 자치경찰공무원(이하 자치경찰공무원"이라 한다)은 그 계급에 상응하는 경찰공무원으로 임용하는 경우에 "경력경쟁채용시험"으로 신규채용할 수 없다.
④ 「경찰공무원 임용령」상 종전의 재직기관에서 정직 이상의 징계처분을 받은 사람은 경력경쟁채용 등의 대상이 될 수 없다.

7 「경찰공무원법」상 경찰공무원의 승진에 대한 설명으로 가장 적절한 것은?

① 경정 이하의 경찰공무원에 대하여는 대통령령으로 정하는 바에 따라 계급별로 승진대상자 명부를 작성하여야 한다.
② 경감 이하의 경찰공무원으로서 모든 경찰공무원의 귀감이 되는 공을 세우고 전사하거나 순직한 사람에 대하여는 2계급 특별승진시킬 수 있다.
③ 경무관 이하 계급으로의 승진은 승진심사에 의하여 한다. 다만, 경정 이하 계급으로의 승진은 대통령령으로 정하는 비율에 따라 승진시험과 승진심사를 병행할 수 있다.
④ 승진심사위원회는 승진대상자 명부의 선순위자(승진시험에 합격된 승진후보자는 제외한다) 순으로 승진시키려는 결원의 2배수의 범위에 있는 사람 중에서 승진후보자를 심사·선발한다.

8 다음 괄호 안에 들어갈 숫자의 연결이 바르게 된 것은?

> • 공무원이 국외 유학을 하게 된 때에 휴직을 원하면 임용권자는 휴직을 명할 수 있으며, 휴직 기간은 (㉠) 이내로 하되, 부득이한 경우에는 2년의 범위에서 연장할 수 있다.
> • 공무원이 중앙인사관장기관의 장(경찰청장을 의미함)이 지정하는 연구기관이나 교육기관 등에서 연수하게 된 때에 휴직을 원하면 임용권자는 휴직을 명할 수 있으며, 휴직 기간은 (㉡) 이내로 한다.
> • 외국에서 근무·유학 또는 연수하게 되는 배우자를 동반하게 된 때에 휴직을 원하면 임용권자는 휴직을 명할 수 있으며, 휴직 기간은 (㉢) 이내로 하되, 부득이한 경우에는 2년의 범위에서 연장 가능하다.
> • 공무원이 조부모나 손자녀의 돌봄을 위하여 본인 외에 돌볼 사람이 없는 등 대통령령등으로 정하는 요건을 갖춘 경우에 휴직을 원하면 임용권자는 휴직을 명할 수 있으며, 휴직 기간은 (㉣) 이내로 하되, 재직기간 중 총 3년을 넘을 수 없다.
> • 대통령령 등으로 정하는 기간 동안 재직한 공무원이 직무 관련 연구과제 수행 또는 자기개발을 위하여 학습·연구 등을 하게 된 때에 해당하는 사유로 휴직을 원하면 휴직을 명할 수 있으며, 이에 따른 휴직 기간은 (㉤) 이내로 한다.

① ㉠ 2년 ㉡ 1년 ㉢ 2년 ㉣ 1년 ㉤ 2년
② ㉠ 2년 ㉡ 2년 ㉢ 2년 ㉣ 3년 ㉤ 1년
③ ㉠ 3년 ㉡ 1년 ㉢ 3년 ㉣ 3년 ㉤ 2년
④ ㉠ 3년 ㉡ 2년 ㉢ 3년 ㉣ 1년 ㉤ 1년

9 징계 종류와 효과에 대한 설명으로 가장 적절한 것은?

① 강등은 1계급 아래로 직급을 내리고 공무원 신분은 보유하나 1개월 이상 3개월 이하의 기간 직무에 종사하지 못하며 그 기간 중 보수는 전액을 감한다.
② 정직은 1개월 이상 3개월 이하의 기간으로 하고, 정직 처분을 받은 자는 그 기간 중 공무원의 신분은 보유하나 직무에 종사하지 못하며 보수는 1/3을 감한다.
③ 감봉은 1월 이상 3개월 이하의 기간 동안 보수의 1/3을 감액한다.
④ 견책은 과실에 대하여 훈계하고 회개하는 처분으로 보수를 전액 지급하며, 승진·승급의 제한을 받지 않는다.

10 경찰법의 법원에 대한 설명으로 옳은 것은?

① 경찰법의 법원은 일반적으로 성문법원과 불문법원으로 나눌 수 있으며, 조리와 규칙은 성문법원의 일종이다.
② 법규명령이란 국회의 의결을 거치지 않고 행정권(행정기관)이 정립하는 일반·추상적인 규정으로서 법규성을 지닌 것을 말하며, 법규명령의 종류에는 위임명령과 행정규칙이 있다.
③ 국무총리 또는 행정각부의 장은 소관사무에 관하여 법률이나 대통령령의 위임 또는 직권으로 총리령 또는 부령을 발할 수 있다.
④ 규칙은 지방자치단체가 그 사무에 관하여 법령의 범위 내에서 지방 의회의 의결을 거쳐 제정하며, 조례는 지방자치단체의 장이 법령 또는 조례의 범위에서 그 권한에 속하는 사무에 관하여 제정한다.

11 다음은 「경찰관 직무집행법」 제10조의3 '분사기 등의 사용'에 대한 설명이다. 괄호 안에 들어갈 내용으로 가장 적절하지 않은 것은?

> 경찰관은 다음 ( )의 직무를 수행하기 위하여 부득이 한 경우에는 현장책임자가 판단하여 필요한 최소한의 범위에서 분사기(「총포·도검·화약류 등 단속법」에 따른 분사기를 말하며, 그에 사용하는 최루 등의 작용제를 포함한다) 또는 최루탄을 사용할 수 있다.

① 범인의 체포
② 불법집회·시위로 인한 자신이나 다른 사람의 생명·신체와 재산 및 공공시설 안전에 대한 현저한 위해의 발생 억제
③ 공무집행에 대한 항거의 제지
④ 범인의 도주 방지

12 「위해성 경찰장비의 사용기준 등에 관한 규정」상 '기타 장비의 사용'에 대한 설명으로 가장 적절하지 않은 것은?

① 경찰관은 불법집회·시위 또는 소요사태로 인하여 발생할 수 있는 타인 또는 경찰관의 생명·신체의 위해와 재산·공공시설의 위험을 억제하기 위하여 부득이한 경우에는 현장책임자의 판단에 의하여 필요한 최소한의 범위에서 가스차를 사용할 수 있다.
② 경찰관은 소요사태의 진압, 대간첩·대테러작전의 수행을 위하여 부득이한 경우에는 필요한 최소한의 범위안에서 특수진압차를 사용할 수 있다.
③ 경찰관은 불법해상시위를 해산시키거나 선박운항정지(정선)명령에 불응하고 도주하는 선박을 정지시키기 위하여 부득이한 경우에는 현장책임자의 판단에 의하여 필요한 최소한의 범위안에서 경비함정의 물포를 사용할 수 있다. 다만, 사람을 향하여 직접 물포를 발사해서는 안 된다.
④ 경찰관은 소요사태로 인해 타인의 법익이나 공공의 안녕질서에 대한 직접적인 위험이 명백하게 초래되는 경우와, 「통합방위법」 제21조 제4항에 따라 지정된 국가중요시설에 대한 직접적인 공격행위로 인해 해당 시설이 파괴되거나 기능이 정지되는 등 급박한 위험이 발생하는 경우 살수차 외의 경찰장비로는 그 위험을 제거·완화시키는 것이 현저히 곤란한 경우에는 경찰청장의 명령에 따라 살수차를 배치·사용할 수 있다.

13 보상금심사위원회에 대한 설명으로 옳지 <u>않은</u> 것은?

① 경찰청장, 해양경찰청장, 시·도경찰청장, 지방해양경찰청장, 경찰서장 또는 해양경찰서장(이하 이 조에서 "경찰청장등"이라 한다)은 보상금 지급의 심사를 위하여 대통령령으로 정하는 바에 따라 각각 보상금심사위원회를 설치·운영하여야 한다.
② 보상금심사위원회는 위원장 1명을 포함한 5명 이상 7명 이내의 위원으로 구성한다.
③ 보상금심사위원회의 위원은 소속 경찰공무원 중에서 경찰청장등이 임명하고, 경찰청에 두는 보상금심사위원회 위원장은 경찰청 소속 과장급 이상의 공무원 중에서 경찰청장이 임명하는 사람으로 한다.
④ 보상금심사위원회의 회의는 재적위원 과반수의 찬성으로 의결한다.

14 조직편성의 원리 중 계층제의 원리에 관한 내용으로 옳지 <u>않은</u> 것은?

① 조직목적 수행을 위한 구성원의 임무를 책임과 난이도에 따라 상위로 갈수록 권한과 책임이 무거운 임무를 수행하도록 편성하는 원리를 말한다.
② 조직 내의 갈등이나 분쟁이 계층구조 속에서 용해되지만 계층이 많아지면서 오히려 갈등을 증폭시키고 관리비용을 증가시키는 역기능이 존재한다.
③ 환경변화에 대한 조직의 신축적 대응으로 새로운 지식·기술 등 도입이 용이하다.
④ 권한과 책임의 배분을 통하여 업무의 신중을 기할 수 있다.

15 품목별 예산제도에 관한 설명으로 적절하지 <u>않은</u> 것은?

① 품목별 예산제도는 지출품목마다 그 비용이 얼마인가에 따라 예산을 배정하는 제도이다.
② 품목별 예산제도는 관리지향적이라 볼 수 있으며 예산담당 공무원들에게 필요한 핵심적 기술은 회계기술이다.
③ 운영하기 쉬운 점과 회계책임이 명확한 점은 품목별 예산제도의 큰 장점이라 볼 수 있다.
④ 품목별 예산제도는 기능의 중복을 피하기 곤란하고, 의사결정을 위한 충분한 자료제시가 부족하다는 단점이 있다.

16 보호지역에 대한 설명으로 옳지 <u>않은</u> 것은?

① 각급기관의 장과 관리기관 등의 장은 국가안전보장에 관련되는 인원·문서·자재·시설의 보호를 위하여 필요한 장소에 일정한 범위의 보호지역을 설정할 수 있고 보호지역은 그 중요도에 따라 제한지역, 제한구역 및 통제구역으로 나눈다.
② 보호지역에 접근하거나 출입하려는 사람은 각급기관의 장 또는 관리기관 등의 장의 승인을 받아야 한다.
③ 통제구역은 보안상 매우 중요한 구역으로서 비인가자의 출입이 금지되는 구역이다.
④ 과학수사센터, 비밀발간실, 암호취급소는 제한구역에 해당한다.

17 「행정업무의 운영 및 혁신에 관한 규정」에 대한 설명으로 적절하지 <u>않은</u> 것은?

① 공문서란 행정기관에서 공무상 작성하거나 시행하는 문서와 행정기관이 접수한 모든 문서를 말한다.
② 전자문서는 컴퓨터 등 정보처리능력을 가진 장치에 의하여 전자적인 형태로 작성, 송수신 또는 저장된 문서이다.
③ 공문서의 종류에는 법규문서, 지시문서, 공고문서, 대내문서, 민원문서, 일반문서가 있다.
④ 행정정보시스템이란 행정기관이 행정정보를 생산·수집·가공·저장·검색·제공·송신·수신 및 활용하기 위한 하드웨어·소프트웨어·데이터베이스와 처리절차 등을 통합한 시스템을 말한다.

18 「부패방지 및 국민권익위원회의 설치와 운영에 관한 법률」에 대한 설명으로 옳은 것을 모두 고르면?

> ㉠ 누구든지 부패행위를 알게 된 때에는 이를 위원회에 신고할 수 있다.
> ㉡ 공직자는 그 직무를 행함에 있어 다른 공직자가 부패행위를 한 사실을 알게 되었거나 부패행위를 강요 또는 제의받은 경우에는 지체 없이 이를 수사기관·감사원 또는 국민권익위원회에 신고할 수 있다.
> ㉢ 신고를 하려는 자는 본인의 인적사항과 신고취지 및 이유를 기재한 기명의 문서로써 하여야 하며, 신고대상과 부패행위의 증거 등을 함께 제시하여야 한다.
> ㉣ 19세 이상의 국민은 공공기관의 사무처리가 법령위반 또는 부패행위로 인하여 공익을 현저히 해하는 경우 대통령령으로 정하는 일정한 수 이상의 국민의 연서로 감사원에 감사를 청구할 수 있다.

① ㉠㉡　　　　　　　　　　　　② ㉠㉢
③ ㉡㉣　　　　　　　　　　　　④ ㉢㉣

19 냉소주의에 대한 설명으로 가장 적절하지 <u>않은</u> 것은?

① 냉소주의는 경찰 생활에서 얻은 부정적 인간관이나 부조리 등이 그 원인이 된다.
② 니더호퍼는 냉소주의가 자신의 신념체계가 붕괴되었지만 새로운 것에 의해 대체되지 않을 때 나타나는 아노미 현상이라고 보았다.
③ 맥그리거의 인간관 중 Y이론에 의한 관리가 냉소주의를 극복하는 방안이 된다.
④ 냉소주의의 극복 방안으로 상의하달의 의사전달 방법을 주로 활용하기, 중요 의사결정 때 부하의 의견을 청취하는 방법이 있다.

20 「경찰청 공무원 행동강령」 제14조의2(감독기관의 부당한 요구 금지)에 대한 설명으로 가장 적절하지 <u>않은</u> 것은?

① 감독기관은 피감기관에 법령에 근거가 없거나 예산의 목적·용도에 부합하지 않는 금품 등의 제공 요구가 금지된다.
② 감독기관은 피감기관에 관행에 따른 예우나 의전의 요구가 금지된다.
③ 부당한 요구를 받은 피감기관 소속 공직자는 이행을 거부해야 한다.
④ 거부했음에도 불구하고 감독기관 소속 공무원으로부터 같은 요구를 다시 받은 때에는 피감기관 소속 공무원은 그 사실을 서면으로 피감기관의 행동강령책임관에게 알려야 한다.

21 「경찰청 적극행정 면책제도 운영규정」에 대한 설명으로 가장 적절하지 <u>않은</u> 것은?

① 면책이란 적극행정 과정에서 발생한 부분적인 절차상 하자 또는 비효율, 손실 등과 관련하여 그 업무를 처리한 경찰청 소속 공무원 등에 대하여 「경찰청 감사규칙」 제10조 제1호부터 제3호까지 및 제6호와 「경찰공무원 징계령」에 따른 징계 및 징계부가금의 어느 하나에 해당하는 책임을 묻지 않거나 감면하는 것을 말한다.
② 면책요건 중에 고의 또는 중과실이 없음을 추정하는 요건에는 징계 등 혐의자와 비위 관련 직무 사이에 사적인 이해관계가 없을 것, 대상 업무를 처리하면서 중대한 절차상의 하자가 없었을 것으로 규정하고 있다.
③ 면책신청권자는 감사 대상자 본인 또는 감사 대상자의 소속 관서장만이 가능하다.
④ 적극행정 면책심사위원회의 회의는 재적위원 과반수의 찬성으로 개의하고, 출석위원 과반수의 찬성으로 의결한다.

22 범죄원인론에 대한 설명으로 옳은 것은?

① Burgess & Akers의 자별석 동일시 이론은 청소년의 비행행위는 처벌이 없거나 칭찬받게 되면 반복적으로 저질러진다는 이론이다.
② 청소년인 甲은 영화 'OOO 습격사건'을 보고 "영화 속 주인공이 멋있다"며 닮고 싶다는 생각에 주인공의 행동을 그대로 따라 하다가 절도까지 저지르게 된 것은 차별적 강화이론과 관련이 깊다.
③ Reckless의 견제이론에 의하면 좋은 자아관념은 주변의 범죄적 환경에도 불구하고 비행행위에 가담하지 않도록 하는 중요한 요소가 된다.
④ Hirschi는 범죄의 원인은 사회적인 유대가 약화되어 통제되지 않기 때문이라고 보고, 비행을 통제할 수 있는 사회적 결속 요소로 애착, 전념, 참여, 기회 등을 제시하였다.

23 「지역경찰의 조직 및 운영에 관한 규칙」에 대한 설명으로 옳은 것은?

① '지역경찰의 근무'는 행정근무, 상황근무, 순찰근무, 경계근무, 대기근무, 기타근무로 구분하며, 112 순찰근무 및 야간순찰근무, 경계근무는 2인 이상 합동으로 지정할 수 있다.
② 행정근무를 지정받은 지역경찰은 지역경찰관서 내에서 시설·장비의 관리 및 예산의 집행, 방문 민원 및 각종 신고사건의 접수 및 처리, 각종 현황·통계·자료·부책 관리, 기타 행정업무 및 지역경찰관서장이 지시한 업무를 수행한다.
③ 지정된 장소에서 휴식을 취하되, 무전기를 청취하며 10분 이내 출동이 가능한 상태를 유지하여야 하는 근무는 기타근무이다.
④ 범법자 등을 단속·검거하기 위한 통행인 및 차량, 선박 등에 대한 검문검색 및 후속 조치와 비상 및 작전사태 등 발생 시 차량, 선박 등의 통행 통제는 경계근무에 해당한다.

24 「실종아동등의 보호 및 지원에 관한 법률」의 내용으로 옳지 <u>않은</u> 것은?

① 경찰관서의 장은 실종아동등의 발생 신고를 접수하면 지체 없이 수색 또는 수사의 실시 여부를 결정하여야 한다.
② 경찰관서의 장은 실종아동등의 조속한 발견을 위하여 실종아동등의 위치 확인에 필요한 「위치정보의 보호 및 이용 등에 관한 법률」 제2조 제2호에 따른 개인위치정보, 「인터넷주소자원에 관한 법률」 제2조 제1호에 따른 인터넷주소 및 「통신비밀보호법」 제2조 제11호 마목·사목에 따른 통신사실확인자료(이하 "개인위치정보등"이라 한다)의 제공을 요청할 수 있다.
③ ②에 따라 요청이 받은 자는 실종아동등의 동의가 없음을 이유로 경찰관서의 장의 요청을 거부할 수 있다.
④ 경찰관서의 장과 경찰관서에 종사하거나 종사하였던 자는 실종아동등을 찾기 위한 목적으로 제공받은 개인위치정보등을 실종아동등을 찾기 위한 목적 외의 용도로 이용하여서는 아니 되며, 경찰관서의 장은 목적을 달성하였을 때에는 지체 없이 파기하여야 한다.

25 「유실물법」에 대한 설명으로 옳지 <u>않은</u> 것은?

① 타인이 유실한 물건을 습득한 자가 습득일부터 7일 이내에 습득물을 유실자 또는 소유자 등에게 반환하거나 경찰서에 제출하지 않은 경우 보상금을 받을 권리를 상실한다.
② 경찰서장은 보관한 물건이 멸실되거나 훼손될 우려가 있을 때 또는 보관에 과다한 비용이나 불편이 수반될 때에는 경찰서 인터넷 홈페이지에 유실물에 관한 정보를 게시하는 방법으로 매각할 수 있다.
③ 물건을 반환받는 자는 물건가액의 100분의 5 이상 100분의 20 이하의 범위에서 보상금을 습득자에게 지급할 수 있다. 다만, 국가·지방자치단체와 그 밖에 대통령령으로 정하는 공공기관은 보상금을 청구할 수 없다.
④ 유실물은 법률에 정한 바에 의하여 공고한 후 6개월 내에 그 소유자가 권리를 주장하지 아니하면 습득자가 그 소유권을 취득하고, 소유권 습득자가 그 취득한 날부터 3개월 이내에 해당 습득물을 받아가지 않으면 소유권이 상실되고 국고로 귀속된다.

26 범죄첩보의 특징 및 「수사첩보 수집 및 처리 규칙」에 대한 설명으로 옳은 것은?

① 범죄첩보의 특징 중 "범죄첩보는 단순한 사실의 나열이 아니라 그 속에 하나의 원인과 결과를 내포하고 있다는 것"은 결과지향성에 대한 설명이다.
② 수집된 수사첩보는 수집관서에서 처리하는 것을 원칙으로 한다. 다만, 평가 책임자는 수사첩보에 대해 범죄지, 피조사자의 주소·거소 또는 현재지 중 어느 1개의 관할권도 없는 경우 이송할 수 있으며, 이와 같이 이송을 하는 수사첩보의 평가 및 처리는 이송 받은 관서의 평가 책임자가 담당한다.
③ 평가 책임자는 제출된 수사첩보를 공개하여야 한다.
④ 2개 이상의 시·도경찰청과 연관된 중요 사건 첩보 등 경찰청에서 처리해야 할 범죄첩보는 중보로 평가하며, 2개 이상 경찰서와 연관된 중요 사건 첩보 등 시·도경찰청 단위에서 처리해야 할 범죄첩보는 통보로 평가한다.

27 현장수사활동에 대한 설명으로 옳은 것은?

① 현장관찰 순서는 부근 상황 관찰 → 현장 위치 파악 → 현장 외부 관찰 → 현장 내부 관찰 순서로 행한다.
② 현장 관찰기록을 작성하는 경우 물체의 크기나 거리는 목측(目測)하는 것이 원칙이고 부득이 목측할 수 없을 때는 실측임을 명백히 해둔다.
③ 현장 관찰기록을 작성하는 경우 수사의 단서가 되는 적극적인 요소 뿐만 아니라 수사의 방향을 정하는 데에 도움이 되는 소극적인 요소도 기록한다.
④ 탐문수사를 할 때 대상을 가리지 않고 가능한 많은 사람을 대상으로 탐문하며, 가능한 한 상대방에게 편리한 시간과 장소를 선정한다.

28 다음 중 장물수배서와 관련된 내용으로 옳지 않은 것은?

① 특별중요장물수배서는 수사본부를 설치하고 수사하고 있는 사건에 관하여 발하는 경우이고, 중요장물수배서는 수사본부를 설치하고 있는 사건 이외의 중요한 사건에 관하여 발하는 장물수배서이다.
② 외교사절 등에 관련된 사건의 피해품, 기타 사회적 영향이 큰 사건의 피해품, 살인·강도 등의 중요사건에 관한 피해품은 특별중요장물수배서의 피해품에 해당한다.
③ 특별중요장물수배서는 홍색용지, 중요장물수배서는 청색용지를 사용한다.
④ 보통장물수배서는 기타 사건에 관하여 발하는 경우의 장물수배서로서 백색용지를 사용한다.

29. 「피의자 유치 및 호송규칙」에 대한 설명으로 옳지 않은 것은?

① 피호송자를 유숙시켜야 할 사유가 발생했을 때는 체류지 관할 경찰서 유치장 또는 교도소를 이용하여야 한다.
② 피호송자가 사망하였거나 발병하였을 때의 비용은 교부받은 관서가 부담하여야 한다.
③ 호송관은 호송근무를 할 때 총기를 휴대하여야 한다.
④ 금전·유가증권은 호송관서에서 인수관서에 직접 송부하고, 물품은 호송관에게 탁송한다.

30. 다음은 「재난 및 안전관리 기본법」상 재난사태 및 특별재난지역 선포에 대한 설명이다. ( )안에 들어갈 내용으로 옳지 않은 것은?

- (㉠)은(는) 대통령령으로 정하는 재난이 발생하거나 발생할 우려가 있는 경우 사람의 생명·신체 및 재산에 미치는 중대한 영향이나 피해를 줄이기 위하여 긴급한 조치가 필요하다고 인정하면 (㉡)의 심의를 거쳐 재난사태를 선포할 수 있다.
- (㉢)은(는) 대통령령으로 정하는 규모의 재난이 발생하여 국가의 안녕 및 사회질서의 유지에 중대한 영향을 미치거나 피해를 효과적으로 수습하기 위하여 특별한 조치가 필요하다고 인정하거나 지역대책본부장의 요청이 타당하다고 인정하는 경우에는 (㉡)의 심의를 거쳐 해당 지역을 특별재난지역으로 선포할 것을 (㉣)에게 건의할 수 있다. 선포를 건의받은 (㉣)은 해당 지역을 특별재난지역으로 선포할 수 있다.

① ㉠ – 행정안전부장관
② ㉡ – 중앙위원회
③ ㉢ – 중앙대책본부장
④ ㉣ – 국무총리

31. 국가중요시설 경비에 대한 설명으로 가장 적절하지 않은 것은?

① 국가중요시설은 국방부장관이 관계 행정기관의 장 및 국가정보원장과 협의하여 지정한다.
② 시·도경찰청장 또는 지역군사령관은 통합방위사태에 대비하여 국가중요시설에 대한 방호지원계획을 수립·시행하여야 한다.
③ 국가중요시설의 평시 경비·보안활동에 대한 지도·감독은 관계 행정기관의 장과 국가정보원장이 수행한다.
④ 시·도경찰청장 또는 지역군사령관은 경비·보안 및 방호책임을 지며, 통합방위사태에 대비하여 자체방호계획을 수립해야 한다.

32 경호의 4대 원칙에 대한 설명 중 가장 적절하지 <u>않은</u> 것은?

① 자기희생의 원칙 – 어떠한 희생을 치르더라도 피경호자의 신변의 안전이 보호·유지되어야 한다는 것으로서 육탄방어의 정신으로 피경호자를 보호하여야 한다는 원칙이다.
② 자기 담당구역 책임의 원칙 – 경호원은 각자 자기 담당구역 내에서 일어나는 어떠한 사태에 대해서도 책임을 지고 해결하여야 한다는 원칙이다.
③ 하나의 통제지점을 통한 접근의 원칙 – 피경호자와 접근할 수 있는 통로는 통제된 유일한 통로여야 한다는 원칙으로서 행차 코스, 행사할 예정인 장소 등은 비공개되어야 하는 것이 좋다.
④ 목표물 보존의 원칙 – 암살 기도자나 위해를 가할 가능성이 있는 자들로부터 분리시켜야 한다는 원칙으로 보안의 원칙이라고도 한다.

33 '무면허운전'과 관련된 판례의 내용으로 적절한 것은 모두 몇 개인가?

> ㉠ 운전면허증 소지자가 운전면허증만 꺼내 보아도 쉽게 알 수 있는 정도의 노력조차 기울이지 않고, 적성검사 기간 도래 여부에 관한 확인을 게을리하여 기간이 도래하였음을 알지 못하였다면 적성검사 기간 내에 적성검사를 받지 않는 것에 대한 미필적 고의가 있다 볼 수 있다.
> ㉡ 연습운전면허를 받은 사람이 도로에서 주행연습을 하는 때에 운전면허를 받은 날부터 2년이 경과한 사람과 함께 타서 그의 지도를 받아야 한다고 규정하고 있는바, 연습운전면허를 받은 사람이 도로에서 주행연습을 함에 있어서 위와 같은 준수사항을 지키지 않았다면 무면허운전에 해당한다.
> ㉢ 특정범죄 가중처벌 등에 관한 법률 위반(도주차량)으로 운전면허취소처분을 받은 자가 자동차를 운전하였다고 하더라도 그 후 피의사실에 대하여 무혐의 처분을 받고 이를 근거로 행정청이 운전면허 취소처분을 철회하였다면, 위 운전행위는 무면허운전에 해당하지 않는다.
> ㉣ 여러 날에 걸쳐 무면허운전을 한 경우 특별한 경우를 제외하고는 사회통념상 운전한 날을 기준으로 운전한 날마다 1개의 운전행위가 있다고 보는 것이 타당하다.
> ㉤ 도로교통법 위반(무면허운전)죄는 도로교통법 제43조를 위반하여 운전면허를 받지 아니하고 자동차를 운전하는 경우에 성립하는 범죄로, 유효한 운전면허가 없음을 알면서도 자동차를 운전하는 경우에만 성립하는 고의범이다. 교통사고처리 특례법 제3조 제2항 단서 제7호는 도로교통법 위반(무면허운전)죄와 동일하게 도로교통법 제43조를 위반하여 운전면허를 받지 아니하고 자동차를 운전하는 행위를 대상으로 교통사고 처벌 특례를 적용하지 않도록 하고 있다. 따라서 위 단서 제7호에서 말하는 '도로교통법 제43조를 위반'한 행위는 도로교통법 위반(무면허운전)죄와 마찬가지로 유효한 운전면허가 없음을 알면서도 자동차를 운전하는 경우만을 의미한다고 보아야 한다.

① 2개　　② 3개
③ 4개　　④ 5개

34 「도로교통법 시행규칙」상 자동차등을 이용하여 범죄시 '행정처분 기준'에 대한 설명으로 옳은 것은?

① 행정처분 대상이 되는 범죄행위가 2개 이상의 죄에 해당하는 경우 실체적 경합관계에 있으면 가장 중한 죄에서 정한 법정형 상한을 기준으로 행정처분을 한다.
② 범죄행위가 예비·음모에 그치거나 과실로 인한 경우에는 감경하여 행정처분을 한다.
③ 범죄행위가 미수에 그친 경우 위반행위에 대한 처분기준이 운전면허의 취소처분에 해당하면 해당 위반행위에 대한 처분벌점을 100점으로 한다.
④ 범죄행위가 미수에 그친 경우 위반행위에 대한 처분기준이 운전면허의 정지처분에 해당하면 처분 집행일수의 2분의 1로 감경한다.

35 경찰정보활동에 대한 설명으로 가장 적절하지 않은 것은?

① '정보상황보고서'란 일반적으로 '상황속보' 또는 '속보'로 불리며, 집회·시위 등 공공의 갈등 상황 및 갈등이 우려되는 사안에 대해 경찰 내부 또는 필요 시 경찰 외부에까지 전파하는 보고서를 말한다.
② '정책정보보고서'란 주로 정부 정책의 문제점을 파악하고 그 개선책을 보고하는 데 주안점을 두는 정보보고서를 말한다.
③ 정보보고서의 작성 방법은 일반적인 보고서 작성 방법과 대체로 유사하나 중요한 판단이나 경찰 조치를 나타내는 등의 특수한 용어를 사용하고, 함축적이고 매우 정제된 용어를 사용한다는 등의 차이점을 갖고 있다.
④ 정보보고서를 작성할 때 판단을 나타내는 용어 중 '예상됨'은 과거의 움직임이나 현재의 동향, 미래의 계획 등으로 미루어 장기적으로 활동의 윤곽이 어떠하리라는 예측을 할 경우를 말한다.

36 「집회 및 시위에 관한 법률」 제3조(집회 및 시위의 방해 금지)에 대한 설명이다. 가장 옳지 않은 것은?

① 현행 「집회 및 시위에 관한 법률」은 폭행, 협박, 그 밖의 방법으로 평화적인 집회 또는 시위를 방해하거나 질서를 문란하게 하는 것과 집회 또는 시위의 주최자나 질서유지인의 임무 수행을 방해하는 것을 금지하고 있다.
② 집회 또는 시위의 주최자는 평화적인 집회 또는 시위가 방해될 염려가 있다고 인정되면 관할 경찰관서에 보호를 요청할 수 있으며, 이 경우 관할 경찰관서의 장은 정당한 사유 없이 보호 요청을 거절하여서는 아니 된다.
③ 주최자의 평화적 집회·시위 보호요청에 대해 관할 경찰관서장이 정당한 사유 없이 거절한 경우, 「집회 및 시위에 관한 법률」에 처벌규정을 두고 있다.
④ 현행 「집회 및 시위에 관한 법률」은 군인·검사 또는 경찰관이 평화적인 집회 또는 시위를 방해하는 경우 가중처벌 하도록 규정하고 있다.

37 집회 및 시위에 대한 설명으로 가장 적절하지 <u>않은</u> 것은? (다툼이 있는 경우 판례에 의함)

① 집회참가자들이 망인에 대한 추모의 목적과 그 범위 내에서 이루어지는 노제 등을 위한 이동·행진의 수준을 넘어서 그 기회를 이용하여 다른 공동의 목적을 가지고 일반인이 자유로이 통행할 수 있는 장소를 행진하거나 위력 또는 기세를 보여, 불특정한 여러 사람의 의견에 영향을 주거나 제압을 하는 행위에까지 나아가는 경우에는, 이미 「집회 및 시위에 관한 법률」이 정한 시위에 해당하므로 「집회 및 시위에 관한 법률」 제6조에 따라 사전에 신고서를 관할 경찰서장에게 제출할 것이 요구된다.
② 우리 「집회 및 시위에 관한 법률」은 집회·시위의 사전허가제를 채택하고 있다.
③ 집회가 성립하기 위해서는 최소한 2인 이상이 모여야 한다.
④ 옥외집회 또는 시위 당시의 구체적인 상황에 비추어 볼 때 옥외집회 또는 시위의 신고사항 미비점이나 신고범위 일탈로 인하여 타인의 법익 기타 공공의 안녕질서에 대하여 직접적인 위험이 초래된 경우에 비로소 그 위험의 방지·제거에 적합한 제한조치를 취할 수 있되, 그 조치는 법령에 의하여 허용되는 범위 내에서 필요한 최소한도에 그쳐야 한다.

38 「경찰청과 그 소속기관 직제」에 의할 때 경찰청 안보수사국장의 분장사항으로 옳은 것은 모두 몇 개인가?

> ㉠ 보안관찰 및 경호안전대책 업무에 관한 사항
> ㉡ 외사보안업무의 지도·조정
> ㉢ 대테러 예방 및 진압대책의 수립·지도
> ㉣ 공항 및 항만의 안보활동에 관한 계획 및 지도
> ㉤ 북한이탈주민 신변보호
> ㉥ 국가안보와 국익에 반하는 중요 범죄에 대한 수사
> ㉦ 국민안전과 국가안보를 저해하는 위험 요인에 관한 정보활동
> ㉧ 경호 및 요인보호계획의 수립·지도

① 4개　　　　　　　　② 5개
③ 6개　　　　　　　　④ 7개

39 「경찰청 공무국외출장 업무처리규칙」에 대한 설명으로 가장 적절한 것은?

① 허가권을 보유한 경찰청장 또는 소속기관의 장은 경찰기관이 주관하는 7명 이상의 단체 공무국외출장의 경우 그 타당성을 심사하기 위해서 '공무국외출장 심사위원회'를 설치·운영하여야 한다.
② 공무국외출장 심사위원회는 위원장이 소집하며, 출석위원 과반수의 찬성으로 의결한다.
③ 금품·향응수수·공금횡령·유용으로 징계처분을 받은 사람 중 처분일로부터 3년이 경과하지 아니한 사람은 공무국외출장을 제한할 수 있다.
④ 공무국외출장 시 그 직무와 관련하여 외국정부 또는 외국인사 및 단체로부터 미화 100달러 또는 10만원 가액 상당 이상의 선물을 받은 때에는 귀국 후 지체 없이 인사혁신처에 신고하여야 한다.

40 「여권법」 및 「출입국관리법」상 "여권" 관련 설명으로 가장 적절한 것은?

① 여권은 외교부장관이 발급하며, 여권의 종류별 유효기간의 설정 등에 필요한 사항은 외교부령으로 정한다.
② 일반여권, 관용여권, 외교관 여권의 유효기간은 각각 10년, 5년, 5년 이내이다.
③ 대한민국에 체류하는 외국인은 항상 여권등을 지니고 있어야 한다. 다만, 18세 미만인 외국인의 경우에는 그러하지 아니하다.
④ 대한민국에 체류하는 외국인은 출입국관리공무원이나 권한 있는 공무원이 그 직무수행과 관련하여 여권 등의 제시를 요구하면 여권 등을 제시하여야 하며, 여권등의 휴대 또는 제시 의무를 위반한 사람은 200만원 이하의 벌금에 처한다.

실무종합 모의고사 9회

1. 실질적 의미의 경찰개념에 대한 설명 중 옳은 것은?

① 실질적 의미의 경찰개념은 특별통치권에 근거하여 국민에게 명령·강제하는 권력적 작용이다.
② 실질적 의미의 경찰은 사회공공의 안녕과 질서유지와 같은 적극적 목적을 위한 작용이다.
③ 실질적 의미의 경찰개념은 이론상·학문상 정립된 개념된 개념이며, 독일 행정법학에서 유래하였다.
④ 실질적 의미의 경찰개념은 사회 질서유지와 봉사활동과 같은 현대 경찰의 핵심적인 기능을 수행하는 경찰을 의미한다.

2. 경찰의 임무 중 범죄수사에 대한 설명으로 옳지 않은 것은?

① 연혁적으로 대륙법계 국가에서는 범죄수사를 경찰의 임무로 당연히 인정하고 있다.
② 사법경찰작용인 수사는 「국가경찰과 자치경찰의 조직 및 운영에 관한 법률」 제3조 제2호에서 경찰의 임무로 규정하고 있다.
③ 오늘날 과범죄화(경범죄처벌법), 신범죄화(보이스피싱, 스토킹범죄 등)에 따라 경찰의 수사활동 분야가 증가하고 있다.
④ 오늘날 사회적 법치국가 아래서 적극적인 수사권 발동(범죄와 관련된 피해자 보호를 위한 응급조치)을 인정하는 입법례가 증가하고 있는 현실이다.

3. 다음은 「국가경찰과 자치경찰의 조직 및 운영에 관한 법률」상 국가경찰위원회에 대한 설명이다. 옳은 것으로 바르게 연결된 것은?

> ㉠ 국가경찰행정에 관하여 국가경찰과 자치경찰의 조직 및 운영에 관한 법률 제10조 제1항 각 호의 사항을 심의·의결하기 위하여 경찰청에 국가경찰위원회를 두며, 사무도 경찰청에서 수행한다.
> ㉡ 국가경찰위원회는 위원장 1명을 포함한 7명의 위원으로 구성하되, 위원장 및 5명의 위원은 비상임으로 하고, 1명의 위원은 상임으로 한다.
> ㉢ 위원 중 상임위원은 정무직으로 한다
> ㉣ 위원의 임기는 2년으로 하며, 연임할 수 없다. 이 경우 보궐위원의 임기는 전임자 임기의 남은 기간으로 한다.

① ㉠㉡
② ㉠㉢
③ ㉡㉢
④ ㉢㉣

4 「경찰청 직무대리 운영규칙」 및 「직무대리규정」에 대한 설명으로 옳지 <u>않은</u> 것은?

① 직무대리란 기관장, 부기관장이나 그 밖의 공무원에게 사고가 발생한 경우에 직무상 공백이 생기지 아니하도록 해당 공무원의 직무를 대신 수행하는 것을 말한다.
② 직무를 대리하는 경우 한 사람은 하나의 직위에 대해서만 직무대리를 할 수 있고, 직무대리자는 사고가 발생한 공무원의 모든 권한을 가지며, 그 권한에 상응하는 책임을 진다.
③ 직무대리를 지정할 때에는 직무대리 명령서를 직무대리자에게 발급하여야 함이 원칙이나, 사고기간이 30일 이하인 경우에는 직무대리 명령서의 발급을 생략할 수 있다.
④ 직무대리자는 직무대리하여야 할 업무를 다른 공무원에게 다시 직무대리하게 할 수 없다.

5 「수사경찰 인사운영규칙」상 수사경과에 대한 설명으로 적절한 것은?

① 수사경과 유효기간은 수사경과 부여일 또는 갱신일로부터 3년으로 한다.
② 수사업무 능력·의욕이 현저하게 부족한 경우에는 수사경과를 해제하여야 한다.
③ 5년간 연속으로 수사경찰 근무부서 외의 부서에서 근무하는 경우에는 수사경과를 해제할 수 있다.
④ 인권침해, 편파수사를 이유로 다수의 진정을 받는 등 공정한 수사업무 수행을 기대하기 곤란한 경우 수사경과를 해제할 수 있다.

6 경찰공무원의 임용에 대한 설명으로 옳은 것은? (다툼이 있으면 판례에 의함)

① 경찰청장은 경찰공무원의 신규채용시험(경위공개경쟁채용시험을 포함한다), 승진시험 또는 그 밖의 시험에서 다른 사람에게 대신하여 응시하게 하는 행위 등 대통령령으로 정하는 부정행위를 한 사람에 대하여 대통령령으로 정하는 바에 따라 해당 시험의 정지·무효 또는 합격 취소 처분을 할 수 있으며, 처분이 있은 날부터 3년의 범위에서 대통령령으로 정하는 기간 동안 신규채용시험, 승진시험 또는 그 밖의 시험의 응시자격을 정지한다.
② 경찰공무원은 임용장이나 임용통지서에 적힌 날짜에 임용된 것으로 보며, 사망으로 인한 면직은 사망한 날에 면직된 것으로 본다.
③ 임용권자 또는 임용제청권자는 채용후보자 명부에 등재된 채용후보자가 학업을 계속하는 경우나 6개월 이상의 장기요양이 필요한 질병이 있는 경우에는 채용후보자 명부의 유효기간의 범위에서 기간을 정하여 임용 또는 임용제청을 유예할 수 있다. 다만, 유예기간 중이라도 그 사유가 소멸한 경우에는 임용 또는 임용제청을 할 수 있다.
④ 당연무효인 임용결격자에 대한 임용행위에 의하여 공무원의 신분을 취득할 수는 없지만, 임용결격자가 공무원으로 임용되어 사실상 근무하여 왔다면 공무원연금법 소정의 퇴직급여 등을 청구할 수 있다.

7 채용후보자명부에 대한 설명으로 옳은 것은?

① 경찰청장 또는 해양경찰청장(임용권을 위임받은 자를 포함한다)은 신규채용시험에 합격한 사람(경찰대학을 졸업한 사람과 경위공개경쟁채용시험합격자를 포함한다)을 대통령령으로 정하는 바에 따라 성적 순위에 따라 채용 후보자 명부에 등재할 수 있다.
② ①에 따른 채용후보자 명부의 유효기간은 1년의 범위에서 대통령령으로 정한다. 다만, 경찰청장 또는 해양경찰청장은 필요에 따라 1년의 범위에서 그 기간을 연장할 수 있다.
③ 채용후보자로서 질병 등 교육훈련을 계속할 수 없는 불가피한 사정으로 인한 퇴학처분은 채용후보자 자격 상실사유에 해당한다.
④ 경찰청장 또는 해양경찰청장은 채용후보자 명부의 유효기간을 연장하기로 결정한 경우에는 그 사실을 공고하여야 한다.

8 「경찰공무원 승진임용규정」 제5조에 규정된 경찰공무원 승진소요최저근무연수에 대한 설명으로 옳지 <u>않은</u> 것은?

> 제5조(승진소요 최저근무연수) ① 경찰공무원이 승진하려면 다음 각 호의 구분에 따른 기간 동안 해당 계급에 재직해야 한다.
> 1. 총경: (㉠)년 이상
> 2. 경정 및 경감: (㉡)년 이상
> 3. 경위, 경사, 경장 및 순경: (㉢)년 이상

① 괄호 안에 들어갈 내용은 ㉠ - 4, ㉡ - 3, ㉢ - 2이다.
② 휴직 기간, 직위해제 기간, 징계처분 기간은 보기의 승진소요최저근무연수 기간에 포함하지 않는다. 다만, 휴직 기간과 직위해제 기간은 포함하는 예외사유가 있다.
③ 강등되었던 사람이 강등되기 직전의 계급으로 승진한 경우 강등되기 직전의 계급에서 재직한 기간은 ①의 기간에 포함한다.
④ 해당 계급에서 시간선택제전환경찰공무원으로 근무한 1년 이하의 기간은 그 기간 전부를 ①의 기간에 포함한다.

9 징계에 대한 설명으로 옳은 것은? (다툼이 있으면 판례에 의함)

① 징계권자는 경찰관에 대하여 징계요구를 하였다가 이를 철회하고 다시 징계요구를 할 수 없다.
② 「경찰공무원 징계령」상 징계위원회는 징계등 사건을 의결할 때에는 징계등 심의 대상자의 비위행위 당시 계급 및 직위, 비위행위가 공직 내외에 미치는 영향, 평소 행실, 공적, 뉘우치는 정도나 그 밖의 정상과 징계등 의결을 요구한 자의 의견을 고려할 수 있다.
③ 감사원과 검찰·경찰, 그 밖의 수사기관은 조사나 수사를 시작한 때와 이를 마친 때에는 10일 내에 소속 기관의 장에게 그 사실을 통보하여야 하며, 감사원, 검찰·경찰, 그 밖의 수사기관에서 수사 중인 사건에 대하여는 수사개시 통보를 받은 날부터 징계의결의 요구나 그 밖의 징계절차를 진행하지 못한다.
④ 징계처분의 취소를 구하는 소에서 징계사유가 될 수 없다고 판결한 사유와 동일한 사유를 내세워 행정청이 다시 징계처분을 한 것은 확정판결에 저촉되는 행정처분을 한 것으로서, 위 취소판결의 기속력이나 확정판결의 기판력에 저촉되어 허용될 수 없다.

10 경찰행정의 의무이행 확보수단에 대한 설명으로 옳은 것은?

① 대집행, 직접강제, 이행강제금은 전통적 의무이행 확보수단이면서, 직접적 이행확보수단에 해당한다.
② 즉시강제, 경찰벌은 간접적 이행확보수단에 해당한다.
③ 취업제한, 관허사업의 제한, 공급거부는 새로운 의무이행 확보수단에 해당한다.
④ 과징금, 위반사실 등의 공표는 직접적 의무이행 확보수단에 해당한다.

11 ( )에 들어갈 수 있는 것으로 옳은 것을 모두 고른 것은?

> 「경찰관 직무집행법」제4조(보호조치 등)에 따르면 경찰관은 주위 사정을 합리적으로 판단해 볼 때 ( )에 해당하는 것이 명백하고 응급구호가 필요하다고 믿을만한 상당한 이유가 있는 사람을 발견하였을 때에는 보건의료기관에 긴급구호를 요청하거나 경찰관서에 보호하는 등 적절한 조치를 할 수 있다.

> ㉠ 자살을 시도하는 사람
> ㉡ 정신착란을 일으켜 타인의 신체에 위해를 끼칠 우려가 있는 사람
> ㉢ 술에 취하여 자신의 재산에 위해를 끼칠 우려가 있는 사람
> ㉣ 부상자로서 적당한 보호자가 없음에도 구호를 거절하는 사람

① ㉠㉡
② ㉢㉣
③ ㉠㉡㉢
④ ㉡㉢㉣

12 「경찰관 직무집행법 시행령」상 '손실보상심의위원회'에 대한 설명으로 가장 적절한 것은?

① 소속 경찰공무원의 직무집행으로 인하여 발생한 손실보상청구 사건을 심의하기 위하여 경찰청, 해양경찰청, 시·도경찰청 및 지방해양경찰청, 경찰서 및 해양경찰서에 손실보상심의위원회를 설치한다.
② 위원회는 위원장 1명을 포함한 5명 이내의 위원으로 구성하며, 위원장은 위원 중에서 호선한다.
③ 위원회의 회의는 재적위원 과반수의 출석으로 개의하고, 출석위원 과반수의 찬성으로 의결한다.
④ 위촉위원 임기는 3년으로 한다.

13 「경찰관 직무집행법」에 대한 설명으로 옳은 것은?

① 경찰청장은 경찰관이 제2조 각 호에 따른 직무의 수행으로 인하여 민·형사상 책임과 관련된 소송을 수행할 경우 변호인 선임 등 소송 수행에 필요한 지원을 하여야 한다.
② 법률에서 정한 절차에 따라 체포·구속된 사람 또는 신체의 자유를 제한하는 판결이나 처분을 받은 사람을 수용하기 위하여 시·도경찰청과 경찰서에 유치장을 둔다.
③ 살수차, 분사기, 최루탄 또는 무기를 사용하는 경우 그 사용자는 사용 일시·장소·대상, 현장책임자, 종류, 수량 등을 기록하여 보관하여야 한다.
④ 이 법에 규정된 경찰관의 의무를 위반하거나 직권을 남용하여 다른 사람에게 해를 끼친 사람은 1년 이하의 징역이나 금고 또는 300만원 이하의 벌금에 처한다.

14 '공직 분류방식'에 대한 설명 중 옳고 그름의 표시(O, X)가 바르게 연결된 것은?

> ㉠ 계급제는 1909년 미국의 시카고시에서 처음 실시되었다.
> ㉡ 직위분류제는 유능한 일반행정가의 확보 곤란하고, 인사배치의 비융통성, 신분보장의 미흡 등의 단점이 있다.
> ㉢ 계급제는 보통 계급의 수가 적고 계급간의 차별이 심해질 수 있다.
> ㉣ 계급제는 기관 간에 횡적인 협조가 용이하다.
> ㉤ 우리나라의 공직분류체계는 직위분류제 요소에 계급제적 요소를 가미한 혼합적 형태이다.

① ㉠ (X) ㉡ (O) ㉢ (O) ㉣ (X) ㉤ (X)
② ㉠ (X) ㉡ (X) ㉢ (O) ㉣ (X) ㉤ (O)
③ ㉠ (O) ㉡ (X) ㉢ (X) ㉣ (O) ㉤ (O)
④ ㉠ (X) ㉡ (O) ㉢ (O) ㉣ (O) ㉤ (X)

15 「경찰장비관리규칙」상 차량관리에 대한 설명으로 옳은 것은?

① 차량은 용도별로 전용·지휘용·업무용·순찰용·특수용 차량으로 구분한다.
② 경찰기관의 장은 차량이 책임있게 관리되도록 관리책임자를 지정하여야 하며 차량운행시 책임자는 1차 선임탑승자(사용자), 2차 운전자, 3차 경찰기관의 장으로 한다.
③ 의경 신임운전요원은 2주 이상 운전교육을 실시한 후에 운행하도록 하여야 한다.
④ 차량교체를 위한 불용 대상차량은 부속기관 및 시·도경찰청에 배정되는 수량의 범위 내에서 내용연수 경과 여부 등 주행거리를 최우선적으로 고려하여 선정하여야 한다.

16 비밀의 인가권자에 대한 설명으로 옳지 않은 것은?

① 경찰청장은 I급 비밀, 시·도경찰청장은 Ⅱ급 및 Ⅲ급비밀 취급 인가권자이다.
② 각 시·도경찰청장은 경찰서장, 기동대장에게 Ⅱ·Ⅲ급 비밀취급인가권을 위임한다.
③ Ⅱ·Ⅲ급 비밀취급인가권을 위임받은 기관장은 다시 위임할 수 없다
④ 모든 경찰공무원은 임명과 동시에 Ⅲ급 비밀취급권을 가진다. 다만, 경비, 정보, 안보부서 등에 근무하는 자는 보직발령과 동시에 Ⅱ급 비밀취급권을 인가받은 것으로 한다.

17 「언론중재 및 피해구제 등에 관한 법률」상 조정에 대한 설명으로 옳은 것을 모두 고르면?

> ㉠ 정정보도청구등과 관련하여 분쟁이 있는 경우 피해자 또는 언론사등은 중재위원회에 조정을 신청할 수 있다.
> ㉡ 조정은 신청 접수일부터 7일 이내에 하여야 하며, 중재부의 장은 조정신청을 접수하였을 때에는 지체 없이 조정기일을 정하여 당사자에게 출석을 요구하여야 한다.
> ㉢ ㉡의 출석요구를 받은 신청인이 2회에 걸쳐 출석하지 아니한 경우에는 조정신청 취지에 따라 정정보도등을 이행하기로 합의한 것으로 보며, 피신청 언론사등이 2회에 걸쳐 출석하지 아니한 경우에는 조정신청을 취하한 것으로 본다.
> ㉣ 조정기일에 중재위원은 조정 대상인 분쟁에 관한 사실관계와 법률관계를 당사자들에게 설명·조언하거나 절충안을 제시하는 등 합의를 권유할 수 있다.

① ㉠㉡　　② ㉠㉣
③ ㉡㉢　　④ ㉢㉣

18 「경찰 감찰 규칙」상 감찰관에 대한 설명으로 가장 적절한 것은?

① 경찰기관의 장은 감찰관이 결격사유에 해당하는 것으로 밝혀졌을 경우와 제7조 제1항의 어느 하나에 해당하는 경우를 제외하고는 1년 이내에 본인의 의사에 반하여 전보하여서는 아니 된다.
② 경찰기관의 장은 1년 이상 성실히 근무한 감찰관에 대해서는 희망부서를 고려하여 전보한다.
③ 감찰관은 소속공무원의 의무위반 사실에 대한 민원을 접수한 경우 접수일로부터 1개월 내에 신속히 처리하여야 하고, 다른 경찰기관 또는 검찰, 감사원 등 다른 행정기관으로부터 통보받은 소속공무원의 의무위반행위에 대해서는 통보받은 날로부터 2개월 이내에 신속히 처리하여야 한다.
④ 감찰관은 검찰·경찰, 그 밖의 수사기관으로부터 수사개시 통보를 받은 경우에는 징계의결요구권자의 결재를 받아 해당 기관으로부터 수사결과의 통보를 받을 때까지 감찰조사, 징계의결요구 등의 절차를 진행하지 아니하여야 한다.

19 최근 강조되고 있는 치안서비스 제공자 모델(the service worker)에 대한 설명으로 가장 적절하지 않은 것은?

① 이 모델은 범죄와의 싸움도 치안서비스의 한 부분이라고 보며, 특히 시민에 대한 서비스와 사회봉사활동이 강조된다.
② 이 모델에서 대역적 권위에 의한 경찰활동은 법적 근거를 가진 사회봉사활동기관의 활동을 넘어서서 행해질 수는 없다.
③ 이 모델은 지역사회 경찰활동(community policing)과 일맥상통한다.
④ 이 모델의 장점은 경찰역할을 명확히 인식시켜 경찰의 전문직화에 기여한다.

20 「부정청탁 및 금품등 수수의 금지에 관한 법률」에 대한 설명 중 가장 적절한 것은?

① 공직자등이 8촌 이내의 혈족, 4촌 이내의 인척, 배우자로부터 제공받는 금품등은 제8조 '수수를 금지하는 금품등'에 해당하지 아니한다.
② 이 법의 위반행위가 발생하였거나 발생하고 있다는 사실을 알게 된 경우에는 이해관계인만 수사기관에 신고할 수 있다.
③ 선출직공직자가 제3자의 고충민원을 전달하였다면 목적에 상관없이 예외사유로 인정된다.
④ 부정청탁을 받은 공직자등은 부정청탁을 한 자에게 부정청탁임을 알렸다면 이와 별도로 거절하는 의사는 명확하지 않아도 된다.

21 경찰의 적극행정에 관한 내용 중 가장 적절하지 <u>않은</u> 것은?

① 국민권익위원회는 중앙행정기관 소속 공무원의 소극행정 예방 및 근절을 위해 소극행정 신고센터를 운영하고, 중앙행정기관의 장에게 신고사항에 대해 적절한 조치를 하도록 권고할 수 있다.
② 「경찰청 적극행정 면책제도 운영규정」상 '적극행정'이란 경찰청 및 그 소속기관의 공무원 또는 산하단체의 임·직원이 국가 또는 공공의 이익을 증진하기 위해 성실하고 능동적으로 업무를 처리하는 행위를 말한다.
③ 「적극행정 운영규정」상 '적극행정'이란, 공무원이 불합리한 규제를 개선하는 등 공공의 이익을 위해 창의성과 신뢰성을 바탕으로 적극적으로 업무를 처리하는 행위를 말한다.
④ 「적극행정 운영규정」상 '소극행정'이란 공무원이 부작위 또는 직무태만 등 소극적 업무행태로 국민의 권익을 침해하거나 국가 재정상 손실을 발생하게 하는 행위를 말한다.

22 멘델존(Mendelsohn)의 피해자 유형 분류 중 가해자와 같은 정도의 책임이 있는 피해자에 해당하는 사례로 가장 적절하지 <u>않은</u> 것은?

① 동반자살 피해자
② 부모에게 살해된 패륜아
③ 자살미수 피해자
④ 촉탁살인에 의한 피살자

23 「성매매알선 등 행위의 처벌에 관한 법률」에 대한 설명으로 옳지 <u>않은</u> 것은? (다툼이 있으면 판례에 의함)

① "성매매"란 불특정인을 상대로 금품 그 밖의 재산상의 이익을 수수·약속하고 성교행위, 구강·항문 등 신체의 일부 또는 도구를 이용한 유사성교행위를 하거나 그 상대방이 되는 것을 말한다.
② 성매매의 상대방에 대해 '불특정인을 상대로'라는 것은 행위 당시에 상대방이 특정되지 않았다는 의미가 아니라, 그 행위의 대가인 금품 기타 재산상의 이익에 주목적을 두고 상대방의 특정성을 중시하지 않는다는 의미라고 보아야 한다
③ "성매매알선 등 행위"란 성매매를 알선·권유·유인 또는 강요하는 행위, 성매매의 장소를 제공하는 행위, 성매매에 제공되는 사실을 알면서 자금·토지 또는 건물을 제공하는 행위를 말한다.
④ 성매매업소 업주 A가 성매매를 알선하고, 손님이 성매매 여성과 만났으나 마음에 들지 않는다며 거절하여 성교에 이르지 못하였다면 '알선'행위의 기수로 볼 수 없다.

24 「아동·청소년의 성보호에 관한 법률」상 미수범 처벌규정이 있는 것으로 옳게 연결된 것은?

㉠ 폭행 또는 협박으로 아동·청소년을 강간한 사람
㉡ 위계(僞計) 또는 위력으로써 아동·청소년을 간음하거나 아동·청소년을 추행한 자
㉢ 아동·청소년성착취물을 제작·수입 또는 수출한 자
㉣ 아동·청소년의 성을 사는 행위 또는 아동·청소년성착취물을 제작하는 행위의 대상이 될 것을 알면서 아동·청소년을 매매 또는 국외에 이송하거나 국외에 거주하는 아동·청소년을 국내에 이송한 자
㉤ 영업으로 아동·청소년을 아동·청소년의 성을 사는 행위의 상대방이 되도록 유인·권유한 자

① ㉠㉡㉢
② ㉠㉢㉣
③ ㉡㉢㉣㉤
④ ㉠㉡㉢㉣

25 「즉결심판에 관한 절차법」에 대한 설명으로 옳은 것은?

① 지방법원, 지원 또는 시·군법원의 판사는 즉결심판절차에 의하여 피고인에게 10만 원 이하의 벌금, 구류 또는 과료에 처할 수 있다.
② 정식재판을 청구하고자 하는 피고인은 즉결심판의 선고·고지를 받은 날부터 10일 이내에 정식재판청구서를 경찰서장에게 제출하여야 한다.
③ 경찰서장은 판사가 무죄·면소 또는 공소기각을 선고하였을 때에는 7일 이내에 정식재판을 청구할 수 있다.
④ 즉결심판절차에 의한 심리와 재판의 선고는 비공개된 법정에서 행하되, 그 법정은 경찰관서 외의 장소에 설치되어야 한다.

26 고소·고발에 대한 설명으로 옳지 않은 것은?

① 「수사준칙」상 사법경찰관은 고소 또는 고발을 받은 경우에는 이를 수리해야 하며, 고소 또는 고발에 따라 범죄를 수사하는 경우에는 고소 또는 고발을 수리한 날부터 2개월 이내에 수사를 마쳐야 한다.
② 「범죄수사규칙」상 고소·고발을 수리한 경찰관은 지체 없이 고소·고발 내용이 「경찰수사규칙」 제108조 제1항 제4호의 각하사유에 해당하는지 검토한다.
③ 「경찰수사규칙」상 고소·고발로 수리한 사건에서 고소인 또는 고발인이 고소·고발장을 제출한 후 혐의 확인을 위한 수사기관의 출석요구, 자료제출 요청 등에 불응하거나 고소인·고발인의 소재가 확인되지 않는 등 고소·고발사실에 대한 수사를 개시·진행할 구체적인 근거가 없는 경우에는 각하 결정을 한다.
④ 「범죄수사규칙」상 경찰관은 「경찰수사규칙」 제108조 제1항 제4호(각하사유)에 해당한다고 판단하는 경우 사건 수리일로부터 3개월 이내(필요한 경우 소속수사부서장의 결재 후 연장 가능)에 고소·고발인을 상대로 증거, 정황자료 등 근거자료 제출 요구 등을 통하여 계속 수사를 진행할 필요가 있는지 조사한다.

27. 「범죄수법공조자료관리규칙」상 피해통보표에 대한 설명으로 옳지 않은 것은?

① 경찰서장은 수법원지 작성대상 범죄의 신고를 받았거나 또는 인지하였을 때에는(당해 범죄의 피의자가 즉시 검거되었거나 피의자의 성명·생년월일·소재 등 정확한 신원이 판명된 경우도 포함) 지체없이 제2조제3호의 "수법·수배·피해통보 전산자료 입력코드번호부"에 수록된 내용에 따라 경찰시스템을 활용하여 피해통보표를 전산입력하여 경찰청장에게 전산송부하여야 한다.
② 피해통보표는 반드시 당해 사건을 담당하는 수사경찰관이 전산 입력하여야 한다.
③ 피해통보표는 동일한 수법범죄의 발생여부, 검거피의자의 여죄와 중요장물의 수배, 통보, 조회 등 수사자료로 활용한다.
④ 재산범죄 사건의 피해품은 경찰시스템 피해통보표의 피해품란에 각각 전산입력하여 장물조회 등의 수사자료로 활용하고, 피해통보표에 전산입력한 피해품은 장물수배로 본다.

28. 지문에 대한 설명으로 옳지 않은 것은?

① 현장지문이란 범죄현장에서 채취한 지문을 말하고, 준현장지문이란 범죄현장 이외의 장소에서 채취한 지문을 말한다.
② 관계자지문이란 현장지문 또는 현장지문 중에서 피의자지문이 아닌 지문을 말하고, 유류지문이란 현장지문 또는 준현장지문 중에서 피의자가 유류하였다고 인정되는 지문을 말한다.
③ 잠재지문이란 인상된 그대로의 상태로는 육안으로 식별되지 않고 이화학적 가공을 하여야 비로소 가시(可視)상태로 되는 지문을 말하며, 고체법, 액체법, 기체법의 방법으로 채취한다.
④ 활 모양의 궁상선으로 형성된 지문을 궁상문(弓狀紋)이라 하고, 말발굽 모양의 제상선으로 형성되고 융선이 흐르는 반대측에 삼각도가 2개 있는 지문을 제상문(蹄狀紋)이라고 한다.

29. 손상사체에 대한 설명으로 옳지 않은 것은?

① 모든 사물은 접촉할 때 반드시 흔적을 남긴다는 원리는 Locard의 원리라 한다.
② 총기에서 발사된 탄환에 의하여 생긴 손상을 총알상처라 하고, 탄환이 피부를 뚫고 들어간 부위를 총알입구, 뚫고 나온 부위를 사출구, 체내로 지나간 길을 사창관이라 한다.
③ 총알상처 중 총알입구, 사출구, 사창관이 모두 있는 경우는 관통총창이고, 총알입구와 사창관만 있고 탄환이 체내에 남아있을 경우는 반도총창이다.
④ 자살할 때의 망설임 때문에 자살한 자의 가슴, 배꼽, 목 등에는 비교적 경상에 가까운 흔적이 나타나게 되는데 이를 주저흔이라고 하고, 사람이 흉기로 가격을 당할 때 본능적으로 막아서 생기는 상처를 방어흔이라고 한다.

30 「공연법 및 동법 시행령」에 대한 설명으로 옳지 <u>않은</u> 것은 모두 몇 개인가?

⊙ 공연장운영자는 화재나 그 밖의 재해를 예방하기 위하여 그 공연장 종업원의 임무·배치 등 재해대처계획을 수립하여 매년 관할 특별자치시장·특별자치도지사·시장·군수·구청장에게 신고하여야 한다. 이 경우 특별자치시장·특별자치도지사·시장·군수·구청장은 신고받은 재해대처계획을 관할 경찰서장에게 통보하여야 한다.

ⓒ ⊙의 신고의무를 위반하여 재해대처계획을 신고하지 아니한 자에게는 2천만원 이하의 과태료를 부과한다.

ⓒ 공연장운영자는 공연법 제11조 제1항에 따라 다음 연도의 재해대처계획을 수립하여 매년 12월 31일까지 관할 특별자치시장·특별자치도지사·시장·군수·구청장에게 신고하여야 하며, 신고한 재해대처계획을 변경하려는 경우에는 그 계획을 적용하기 전에 변경신고를 하여야 한다(다만, 공연장운영자가 공연장을 등록하는 경우에는 공연장 등록 신청과 함께 해당 연도의 재해대처계획을 신고하여야 한다).

ⓔ 공연장 외의 시설이나 장소에서 1천명 이상의 관람이 예상되는 공연을 하려는 자는 해당 시설이나 장소 운영자와 공동으로 공연 개시 14일 전까지 안전관리인력의 확보·배치계획 및 공연계획서 등이 포함된 재해대처계획을 관할 특별자치시장·특별자치도지사·시장·군수 또는 구청장에게 신고하여야 한다.

ⓜ ⓔ에 따라 신고한 사항을 변경하려는 경우에는 해당 공연 14일 전까지 변경신고를 하여야 한다.

① 0개 ② 1개
③ 2개 ④ 3개

31 「테러취약시설 안전활동에 관한 규칙」에 대한 설명으로 가장 적절하지 <u>않은</u> 것은?

① 시·도경찰청장과 경찰서장(이하 "경찰관서장"이라고 한다)은 테러취약시설에 대한 경력을 평시, 테러징후시, 테러발생시, 그 밖에 국제행사 등 필요시 상황에 대응하여 별표2의 기준에 따라 1단계(테러경보 관심→주의), 2단계(테러경보 주의→경계), 3단계(테러경보 경계→심각)의 단계별로 배치한다.
② 경찰서장은 관할 테러취약시설 중 선정하여 분기 1회 이상 대테러 훈련(FTX)을 실시해야 한다. 이 경우 연 1회 이상은 관계기관 합동으로 실시한다.
③ 시·도경찰청장은 반기 1회 이상 권역별로 대테러 훈련을 실시하여야 한다.
④ 테러취약시설 심의위원회는 위기관리센터에 비상설로 두며, 위원장은 경찰청 위기관리센터장이다.

32 다음 설명 중 가장 적절한 것은? (다툼이 있는 경우 판례에 의함)

① 교차로에 교통섬이 설치되고 그 오른쪽으로 직진 차로에서 분리된 우회전차로가 설치된 경우, 우회전 차로가 아닌 직진 차로를 따라 우회전하는 행위는 교차로 통행방법 위반이다.
② 교차로 직전의 횡단보도에 따로 차량보조등이 설치되어 있지 아니한 경우, 교차로 차량신호등이 적색이고 횡단보도 보행등이 녹색인 상태에서 횡단보도를 지나 우회전하다가 사람을 다치게 한 경우 「교통사고처리 특례법」상 특례조항인 신호위반에 해당하지 않는다.
③ 신호위반으로 교통사고를 야기한 자가 신호위반의 범칙금을 납부하였다면, 「교통사고처리 특례법」상 신호위반으로 인한 업무상과실치상죄의 죄책을 물을 수 없다.
④ 사고 후 자신의 명함을 주고 택시에게 피해자 이송의뢰를 하였으나 경찰이 도착하기 전에는 병원에 가지 않겠다고 하여 이송을 못하고 있는 사이 현장을 이탈한 경우는 특정범죄가중처벌등에관한법률위반(도주차량)에 해당되지 않는다.

33 「도로교통법 시행규칙」상 아래 설명에 해당하는 안전표지는?

> 도로상태가 위험하거나 도로 또는 그 부근에 위험물이 있는 경우에 필요한 안전조치를 할 수 있도록 이를 도로사용자에게 알리는 표지

① 규제표지
② 지시표지
③ 주의표지
④ 보조표지

34 음주운전으로 운전면허 취소처분 또는 정지처분을 받았을 때 일정 요건을 갖춘 경우 면허행정처분을 감경하는 경우가 있다. 이때 감경 제외사유로 규정된 것이 아닌 것은?

① 혈중알콜농도가 0.08퍼센트를 초과하여 운전한 경우
② 음주운전 중 인적피해 교통사고를 일으킨 경우
③ 과거 5년 이내에 3회 이상의 인적피해 교통사고 전력이 있는 경우
④ 과거 5년 이내에 음주운전 전력이 있는 경우

35 정보의 분류에 관한 설명으로 적절하지 않은 것은 모두 몇 개인가?

> ㉠ 사용수준에 의한 분류 - 적극정보, 소극(보안)정보
> ㉡ 사용목적에 의한 분류 - 전략정보(국가정보), 전술정보(부문정보)
> ㉢ 정보요소에 의한 분류 - 정치, 경제, 사회, 군사 등
> ㉣ 수집활동에 의한 분류 - 인간정보, 기술정보
> ㉤ 분석형태에 의한 분류 - 기본정보, 현용정보, 판단정보

① 0개
② 1개
③ 2개
④ 3개

36 집회·시위에 대한 다음 설명 중 '판례'의 태도와 일치하는 것은?

① 비록 미군의 환경파괴행위를 규탄하는 주장을 전달하는 행사였다 해도 '열린음악회'라는 명칭을 사용하고 음악회의 형식을 빌려 개최되었다면 예술에 관한 집회에 해당하여 사전 집회신고가 필요 없다.
② 시민들의 왕래가 많은 명동에서 개최된 플래시몹(flash mob)은 비록 정부의 청년실업 문제 정책을 규탄하려는 의도로 개최되었다 해도 공공질서를 해할 위험성이 없는 퍼포먼스에 지나지 않아 집회 및 시위에 관한 법률에서 말하는 집회에 해당하지 않는다.
③ 옥외집회 또는 시위 참가자들이 교통혼잡이 야기되었다고 볼 만한 사정은 없으나 이미 신고한 행진 경로를 따라 행진로인 하위 1개 차로에서 약 3시간 30분 동안 이루어진 집회시간 동안 2회에 걸쳐 약 15분 동안 연좌하였다는 사실만으로도 주최행위가 신고한 목적, 일시, 방법 등의 범위를 뚜렷이 벗어나는 경우에 해당한다고 볼 수 있다.
④ 신고내용에 포함되지 않은 삼보일배 행진은 사회상규에 반하지 아니한다.

37 아래 방첩수단 중 소극적 방첩수단에 해당하는 것으로 묶인 것은?

㉠ 보안업무 규정화	㉡ 허위정보의 유포
㉢ 입법사항 건의	㉣ 양동간계 시위
㉤ 첩보공작 분석	㉥ 역용공작

① ㉠㉤
② ㉡㉢
③ ㉠㉢
④ ㉡㉤

38 「보안관찰법」상 보안관찰처분심의위원회에 대한 설명 중 가장 적절하지 않은 것은?

① 보안관찰처분에 관한 사안을 심의·의결하기 위하여 법무부에 보안관찰처분심의위원회(이하 "위원회"라 한다)를 둔다.
② 위원회는 위원장 1인(법무부차관)과 6인의 위원으로 구성되고, 위원은 법무부장관의 제청으로 대통령이 임명 또는 위촉한다.
③ 위원회는 보안관찰처분 또는 그 기각의 결정, 면제 또는 그 취소결정 그리고 보안관찰처분의 취소 또는 기간의 갱신결정을 심의·의결한다.
④ 위원회의 회의는 위원장을 포함한 재적위원 과반수의 출석으로 개의하고 출석위원 3분의 2 이상의 찬성으로 의결한다.

39 「국적법」상 일반귀화의 요건에 대한 설명으로 옳지 않은 것은 모두 몇 개인가?

㉠ 3년 이상 계속하여 대한민국에 주소가 있을 것
㉡ 대한민국에서 체류할 수 있는 장기체류자격을 가지고 있을 것
㉢ 대한민국의 「민법」상 성년일 것
㉣ 법령을 준수하는 등 대통령령으로 정하는 품행 단정의 요건을 갖출 것
㉤ 자신의 자산(資産)이나 기능(技能)에 의하거나 생계를 따로하는 가족에 의존하여 생계를 유지할 능력이 있을 것
㉥ 국어능력과 대한민국의 풍습에 대한 이해 등 대한민국 국민으로서의 기본 소양을 갖추고 있을 것
㉦ 귀화를 허가하는 것이 국가안전보장·질서유지 또는 공공복리를 해치지 아니한다고 법무부장관이 인정할 것

① 1개
② 2개
③ 3개
④ 4개

40 「출입국관리법 및 시행령, 시행규칙」상 사증(Visa)에 대한 설명으로 가장 적절하지 않은 것은?

① 관광통과(B-2)의 체류자격을 가진 자는 30일의 범위 내에서 체류기간을 부여받아 사증 없이 입국할 수 있다.
② 법무부장관은 사증발급에 관한 권한을 대통령령으로 정하는 바에 따라 재외공관의 장에게 위임할 수 있다.
③ 사증은 1회만 입국할 수 있는 단수사증과 2회 이상 입국할 수 있는 복수사증으로 구분하며, 단수사증의 유효기간은 발급일부터 6개월로 한다.
④ 국제친선, 관광 또는 대한민국의 이익 등을 위하여 입국하는 사람으로서 대통령령으로 정하는 바에 따라 따로 입국허가를 받은 사람은 사증 없이 입국할 수 있다.

문제 10 실무종합 모의고사 10회

1 행정경찰과 사법경찰에 대한 설명으로 옳은 것은?

① 행정경찰과 사법경찰은 3권분립 사상을 기준으로 구분한 것으로서, 프로이센 일반란트법 제18조에서 행정경찰과 사법경찰의 구별하였다.
② 행정경찰은 경찰행정법규에 의거하여 발동하지만, 사법경찰은 「형사소송법」에 의하므로 행정경찰의 업무는 해당 주무부서의 장의 지휘 아래 수행되고 사법경찰업무는 수사부서의 장의 지휘 아래 수행됨이 원칙이다.
③ 행정경찰은 형식적 의미의 경찰에 해당하고, 사법경찰은 실질적 의미의 경찰에 해당한다.
④ 행정경찰은 주로 과거의 상황에 대하여 발동되는 반면, 사법경찰은 주로 현재 또는 장래의 상황에 대하여 발동하게 된다.

2 다음은 「국가경찰과 자치경찰의 조직 및 운영에 관한 법률」상 자치경찰사무에 대한 설명이다. 아래 ㈀부터 ㈃까지의 설명 중 옳고 그름의 표시(O, X)가 바르게 된 것은?

> ㈀ 관할지역 내 주민의 생활안전 활동에 관한 사무, 지역 내 교통활동에 관한 사무, 지역 내 다중운집행사 관련 혼잡 교통 및 안전 관리는 자치경찰사무에 해당한다.
> ㈁ ㈀의 자치경찰사무에 관한 구체적인 사항 및 범위 등은 대통령령으로 정한다.
> ㈂ 관할지역의 학교폭력 등 소년범죄, 가정폭력·아동학대범죄, 「형법」 제245조에 따른 공연음란 및 「성폭력범죄의 처벌 등에 관한 특례법」 제12조에 따른 성적목적을 위한 다중이용장소 침입행위에 관한 범죄의 수사사무는 자치경찰사무에 해당한다.
> ㈃ ㈂의 자치경찰사무에 관한 구체적인 사항 및 범위 등은 시·도조례로 정한다.

① ㈀ (O) ㈁ (X) ㈂ (X) ㈃ (X)
② ㈀ (O) ㈁ (O) ㈂ (O) ㈃ (O)
③ ㈀ (X) ㈁ (O) ㈂ (X) ㈃ (X)
④ ㈀ (O) ㈁ (X) ㈂ (O) ㈃ (X)

3 갑오개혁 당시 한국경찰에 대한 설명으로 옳지 않은 것은?

① 조선의 김홍집 내각은 '각아문관제'에서 처음으로 경찰이라는 용어를 사용하고, 경찰을 법무아문 아래에 창설하였으나, 곧 내무아문으로 소속을 변경하였다.
② 1894년 7월 14일(음력)에는 최초의 경찰작용법인 경무청관제직장과 최초의 경찰조직법인 행정경찰장정이 제정되었다.
③ '경무청관제직장'에 의해 당시의 좌우포도청을 합하여 경무청(장으로 경무사를 둠)을 신설하였고, 경무청은 내무아문에 예속되어 한성부내 일체의 경찰사무를 관장하였다.
④ '행정경찰장정'에서는 영업·시장·회사 및 소방·위생, 결사·집회, 신문잡지·도서 등 광범위한 영역의 사무를 경찰이 담당하도록 규정하였다.

4 경찰청장에 대한 설명으로 옳지 않은 것은?

① 경찰청에 경찰청장을 두며, 경찰청장은 치안총감(治安總監)으로 보한다.
② 경찰청장은 행정안전부장관의 동의를 받아 국무총리를 거쳐 대통령이 임명한다. 이 경우 국회의 인사청문을 거쳐야 한다.
③ 경찰청장의 임기는 2년으로 하고 중임할 수 없다.
④ 경찰청장이 직무를 집행하면서 헌법이나 법률을 위배하였을 때에는 국회는 탄핵 소추를 의결할 수 있다.

5 「국가경찰과 자치경찰의 조직 및 운영에 관한 법률」상 시·도자치경찰위원회에 대한 설명으로 옳은 것은?

① 자치경찰사무를 관장하게 하기 위하여 시·도경찰청장 소속으로 시·도자치경찰위원회를 둔다. 다만, 시·도에 2개의 시·도경찰청을 두는 경우 시·도경찰청장 소속으로 2개의 시·도자치경찰위원회를 둘 수 있다.
② 시·도자치경찰위원회는 합의제 심의·의결기관으로서 그 권한에 속하는 업무를 독립적으로 수행한다.
③ 시·도자치경찰위원회의 사무를 처리하기 위하여 시·도자치경찰위원회에 필요한 사무기구를 둔다.
④ 시·도자치경찰위원회는 정기적으로 경찰서장의 자치경찰사무 수행에 관한 평가결과를 시·도경찰청장에게 통보하여야 하며 시·도경찰청장은 이를 반영하여야 한다.

6 '퇴직급여 및 퇴직수당의 감액'에 대한 설명으로 가장 적절한 것은?

① 파면된 자의 퇴직급여는 재직기간이 5년 미만인 경우 1/2을 감액한 후 지급한다.
② 금품 및 향응 수수로 징계 해임된 자의 퇴직급여는 재직기간이 5년 이상인 경우 퇴직급여는 1/4을 감액한 후 3/4을 지급한다
③ 파면된 자의 퇴직수당은 재직기간 상관없이 1/2을 감액 하고, 해임된 자의 퇴직수당은 재직기간 상관없이 1/4을 감액한다.
④ 재직중의 사유로 금고 이상의 형에 처할 범죄행위로 인하여 수사가 진행 중이거나 형사재판이 계속 중일 때에는 퇴직급여(연금인 급여를 제외한다) 및 퇴직수당의 일부를 대통령령으로 정하는 바에 따라 지급 정지하여야 한다.

7 「국가공무원법」상 '소청심사위원회의 심사절차'에 대한 설명으로 가장 적절한 것은?

① 소청 사건의 결정은 재적 위원 과반수 출석과 출석 위원 과반수의 합의에 따르되, 의견이 나뉘어 출석 위원 과반수의 합의에 이르지 못하였을 때에는 과반수에 이를 때까지 소청인에게 가장 불리한 의견에 차례로 유리한 의견을 더하여 그 중 가장 유리한 의견을 합의된 의견으로 본다.
② ①에도 불구하고 파면·해임·강등 또는 정직에 해당하는 징계처분을 취소 또는 변경하려는 경우와 효력 유무 또는 존재 여부에 대한 확인을 하려는 경우에는 재적 위원 3분의 2 이상의 출석과 출석 위원 과반수의 합의가 있어야 한다. 이 경우 구체적인 결정의 내용은 출석 위원 과반수의 합의에 따르되, 의견이 나뉘어 출석위원 과반수의 합의에 이르지 못하였을 때에는 과반수에 이를 때까지 소청인에게 가장 불리한 의견에 차례로 유리한 의견을 더하여 그 중 가장 유리한 의견을 합의된 의견으로 본다.
③ 소청심사위원회의 취소명령 또는 변경명령 결정은 그에 따른 징계나 그 밖의 처분이 있을 때까지는 종전에 행한 징계처분 또는 징계부가금 부과처분에 영향을 미치지 아니한다.
④ 소청심사위원회가 징계처분 또는 징계부가금 부과처분을 받은 자의 청구에 따라 소청을 심사할 경우에는 원징계처분보다 무거운 징계 또는 원징계부가금 부과처분보다 무거운 징계부가금을 부과하는 결정이 가능하다.

8 다음은 고충심사위원회에 대한 내용이다. 아래 ㉠부터 ㉥까지의 설명 중 옳고 그름의 표시(O, X)가 바르게 된 것은?

> ㉠ 경찰공무원의 인사상담 및 고충을 심사하기 위하여 경찰청, 시·도 자치경찰위원회, 시·도경찰청, 대통령령으로 정하는 경찰기관에 경찰공무원 고충심사위원회를 두며, 경찰공무원 고충심사위원회의 심사를 거친 재심청구와 경정 이상의 경찰공무원의 인사상담 및 고충심사는 「국가공무원법」에 따라 설치된 중앙고충심사위원회에서 한다.
> ㉡ 고충심사위원회가 청구서를 접수한 때에는 30일 이내에 고충심사에 대한 결정을 해야 한다. 다만, 부득이하다고 인정되는 경우에는 고충심사위원회의 의결로 30일의 범위에서 그 기한을 연기할 수 있다.
> ㉢ 고충심사위원회는 심사일 5일 전까지 청구인 및 처분청에 심사일시 및 장소를 알려야 한다.
> ㉣ 경찰공무원 고충심사위원회는 위원장 1명을 포함하여 7명 이상 17명 이내의 공무원위원과 민간위원으로 구성한다. 이 경우 민간 위원의 수는 위원장을 제외한 위원 수의 2분의 1 이상이어야 한다.
> ㉤ 경찰공무원고충심사위원회의 회의는 위원장과 위원장이 회의마다 지정하는 3명 이상 7명 이내의 위원으로 성별을 고려하여 구성한다. 이 경우 민간위원이 3분의 1 이상 포함되어야 한다.
> ㉥ 경찰공무원고충심사위원회 민간위원의 임기는 3년으로 하며, 한 번만 연임할 수 있다.

① ㉠ (O) ㉡ (X) ㉢ (X) ㉣ (O) ㉤ (O) ㉥ (X)
② ㉠ (X) ㉡ (O) ㉢ (X) ㉣ (X) ㉤ (O) ㉥ (O)
③ ㉠ (O) ㉡ (O) ㉢ (O) ㉣ (X) ㉤ (X) ㉥ (X)
④ ㉠ (X) ㉡ (O) ㉢ (O) ㉣ (X) ㉤ (X) ㉥ (O)

9 「행정기본법」상 법 적용기준에 대한 설명으로 옳지 <u>않은</u> 것은?

① 새로운 법령등은 법령등에 특별한 규정이 있는 경우를 제외하고는 그 법령등의 효력 발생 전에 완성되거나 종결된 사실관계 또는 법률관계에 대해서는 적용되지 아니한다.
② 당사자의 신청에 따른 처분은 법령등에 특별한 규정이 있거나 처분 당시의 법령등을 적용하기 곤란한 특별한 사정이 있는 경우를 제외하고는 처분 당시의 법령등에 따른다.
③ 법령등을 위반한 행위의 성립과 이에 대한 제재처분은 법령등에 특별한 규정이 있는 경우를 제외하고는 처분 당시의 법령등에 따른다.
④ ③의 예외로서, 법령등을 위반한 행위 후 법령등의 변경에 의하여 그 행위가 법령등을 위반한 행위에 해당하지 아니하거나 제재처분 기준이 가벼워진 경우로서 해당 법령등에 특별한 규정이 없는 경우에는 변경된 법령등을 적용한다.

10 다음은 「질서위반행위규제법」에 대한 내용이다. (   ) 안에 들어갈 숫자의 합으로 옳은 것은?

> ㉠ ( )세가 되지 아니한 자의 질서위반행위는 과태료를 부과하지 아니한다. 다만, 다른 법률에 특별한 규정이 있는 경우에는 그러하지 아니하다.
> ㉡ 과태료는 행정청의 과태료 부과처분이나 법원의 과태료 재판이 확정된 후 ( )년간 징수하지 아니하거나 집행하지 아니하면 시효로 인하여 소멸한다.
> ㉢ 행정청이 질서위반행위에 대하여 과태료를 부과하고자 하는 때에는 미리 당사자에게 대통령령으로 정하는 사항을 통지하고, ( )일 이상의 기간을 정하여 의견을 제출할 기회를 주어야 한다. 이 경우 지정된 기일까지 의견 제출이 없는 경우에는 의견이 없는 것으로 본다.
> ㉣ 행정청은 질서위반행위가 종료된 날(다수인이 질서위반행위에 가담한 경우에는 최종행위가 종료된 날)부터 ( )년이 경과한 경우에는 해당 질서위반행위에 대하여 과태료를 부과할 수 없다.
> ㉤ 과태료 부과 통지를 받은 날부터 ( )일 이내에 해당 행정청에 서면으로 이의제기를 할 수 있고, 이의제기를 받은 행정청은 이의제기를 받은 날부터 ( )일 이내에 이에 대한 의견 및 증빙서류를 첨부하여 관할 법원에 통보하여야 한다
> ㉥ 행정청은 당사자가 과태료를 납부하기가 곤란하다고 인정되면 ( )년의 범위에서 과태료의 분할납부나 납부기일의 연기를 결정할 수 있다
> ㉦ 행정청은 ㉥에 따라 과태료의 분할납부나 납부기일의 연기를 결정하는 경우 그 기간을 그 징수유예등을 결정한 날의 다음 날부터 ( )개월 이내로 하여야 한다

① 88 ② 118
③ 119 ④ 120

11 「경찰관 직무집행법」 제3조 불심검문에 대한 설명으로 옳은 것은? (다툼이 있으면 판례에 의함)

① 검문 중이던 경찰관들이, 자전거를 이용한 날치기 사건 범인과 흡사한 인상착의의 피고인이 자전거를 타고 다가오는 것을 발견하고 정지를 요구하였으나 멈추지 않아, 앞을 가로막고 소속과 성명을 고지한 후 검문에 협조해 달라는 취지로 말하였음에도 불응하고 그대로 전진하자, 따라가서 재차 앞을 막고 검문에 응하라고 요구한 불심검문은 위법하다.
② 경찰관은 동행한 사람의 가족이나 친지 등에게 동행한 경찰관의 신분, 동행 장소, 동행 목적과 이유를 알리거나 본인으로 하여금 즉시 연락할 수 있는 기회를 주어야 하지만, 변호인의 도움을 받을 권리가 있음을 알릴 필요는 없다.
③ 형사소송법 제199조 제1항은 임의수사의 원칙을 명시하고 있는바, 수사관이 동행에 앞서 피의자에게 동행을 거부할 수 있음을 알려 주었거나 동행한 피의자가 언제든지 자유로이 동행과정에서 이탈 또는 동행장소로부터 퇴거할 수 있었음이 인정되는 등 오로지 피의자의 자발적인 의사에 의하여 수사관서 등에의 동행이 이루어졌음이 객관적인 사정에 의하여 명백하게 입증된 경우에 한하여, 그 적법성이 인정되는 것으로 봄이 상당하다.
④ 불심검문을 하게 된 경위, 불심검문 당시의 현장상황과 검문을 하는 경찰관들의 복장, 피고인이 공무원증 제시나 신분 확인을 요구하였는지 여부 등을 종합적으로 고려하여, 검문하는 사람이 경찰관이고 검문하는 이유가 범죄행위에 관한 것임을 피고인이 충분히 알고 있었다고 보이는 경우에도 신분증을 제시하지 않았다면 그 불심검문은 위법한 공무집행이다.

12 '범죄의 예방과 제지'에 대한 설명으로 옳지 <u>않은</u> 것은? (다툼이 있으면 판례에 의함)

① 경찰관은 범죄행위가 목전(目前)에 행하여지려고 하고 있다고 인정될 때에는 이를 예방하기 위하여 관계인에게 필요한 제지를 하고, 그 행위로 인하여 사람의 생명·신체에 위해를 끼치거나 재산에 중대한 손해를 끼칠 우려가 있는 긴급한 경우에는 그 행위를 경고할 수 있다.
② 어떠한 범죄행위를 목전에서 저지르려고 하거나 이들의 행위로 인하여 인명·신체에 위해를 미치거나 재산에 중대한 손해를 끼칠 우려 등 긴급한 사정이 있는 경우가 아닌데도 빙패를 든 전무경찰대원들이 조합원들을 둘러싸고 이동하지 못하게 가둔 행위(고착관리)는 경찰관 직무집행법 제6조 제1항에 근거한 제지 조치라고 볼 수 없고, 형사소송법상 체포에 해당한다.
③ 경찰관은 형사처벌의 대상이 되는 행위가 눈앞에서 막 이루어지려고 하는 것이 객관적으로 인정될 수 있는 상황이고 그 행위를 당장 제지하지 않으면 곧 인명·신체에 위해를 미치거나 재산에 중대한 손해를 끼칠 우려가 있는 상황이어서, 직접 제지하는 방법 외에는 위와 같은 결과를 막을 수 없는 급박한 상태일 때에만 경찰관 직무집행법 제6조에 의하여 적법하게 그 행위를 제지할 수 있고, 그 범위 내에서만 경찰관의 제지 조치가 적법하다고 평가될 수 있다.
④ 특정 지역에서의 불법집회에 참가하려는 것을 막기 위하여 시간적·장소적으로 근접하지 않은 다른 지역에서 집회예정장소로 이동하는 것을 제지하는 것은 제6조의 행정상 즉시강제인 경찰관의 제지의 범위를 명백히 넘어 허용될 수 없다.

13. 「경찰관 직무집행법」상 경찰착용기록장치에 대한 설명으로 옳지 않은 것은 모두 몇 개인가?

㉠ "경찰착용기록장치"란 경찰관이 신체에 착용 또는 휴대하여 직무수행 과정을 근거리에서 영상·음성으로 기록할 수 있는 기록장치 또는 그 밖에 이와 유사한 기능을 갖춘 기계장치를 말한다.
㉡ 경찰관은 범행 중이거나 범행 직전 또는 직후이고, 증거보전의 필요성 및 긴급성이 있을 때 범죄 수사를 위하여 필요한 경우 직무 수행을 위하여 필요한 최소한의 범위에서 경찰착용기록장치를 사용하여야 한다.
㉢ 시·도경찰청장은 경찰착용기록장치로 기록한 영상·음성을 저장하고 데이터베이스로 관리하는 영상음성기록정보 관리체계를 구축·운영하여야 한다.
㉣ 경찰착용기록장치로 기록을 마친 영상음성기록은 지체없이 ㉢에 따른 영상음성기록정보 관리체계를 이용하여 영상음성기록정보 데이터베이스에 전송·저장하도록 하여야 하며, 영상음성기록을 임의로 편집·복사하거나 삭제하여서는 아니 된다.
㉤ 경찰관이 경찰착용기록장치를 사용하여 기록하는 경우로서 이동형 영상정보처리기기로 사람 또는 그 사람과 관련된 사물의 영상을 촬영하는 때에는 불빛, 소리, 안내판 등 대통령령으로 정하는 바에 따라 촬영 사실을 표시하고 알려야 한다. 다만 불가피하게 고지가 곤란한 경우에는 ㉣에 따라 영상음성기록을 전송·저장하는 때에 그 고지를 못한 사유를 기록하는 것으로 대체할 수 있다.

① 0개
② 1개
③ 2개
④ 3개

14. 계급제와 직위분류제에 대한 설명 중 가장 적절한 것은?

① 계급제는 직무중심으로 유능한 일반행정가를 양성하고 직위분류제는 사람중심으로 전문행정가를 양성한다.
② 계급제는 기관과의 협조가 곤란하나, 직위분류제는 기관과의 협조가 용이하다.
③ 계급제 보다는 직위분류제가 직업공무원제도의 정착에 유리하다.
④ 계급제는 충원방식이 폐쇄형이나 직위분류제는 개방형이다.

15 「보안업무규정」 및 「보안업무규정 시행규칙」에 대한 설명으로 옳지 않은 것은?

① 각급기관의 장은 비밀의 작성·분류·접수·발송 및 취급 등에 필요한 모든 관리사항을 기록하기 위하여 비밀관리기록부를 작성하여 갖추어 두어야 한다. 다만, Ⅰ급 및 Ⅱ급 비밀관리기록부는 따로 작성하여 갖추어 두어야 하며, 암호자재는 암호자재 관리기록부로 관리한다.
② 비밀접수증, 비밀열람기록전, 배부처 등 자료는 비밀의 보호기간이 만료되면 비밀에서 분리한 후 각각 편철하여 5년간 보관하여야 한다.
③ 비밀의 일부 또는 전부나 암호자재에 대해서는 모사(模寫)·타자(打字)·인쇄· 조각·녹음·촬영· 인화(印畵)·확대 등 그 원형을 재현(再現)하는 행위를 할 수 없다. 다만, Ⅰ급 비밀의 경우 그 생산자의 허가를 받은 경우, Ⅱ급 및 Ⅲ급 비밀은 그 생산자가 특정한 제한을 하지 아니한 것으로서 해당 등급의 비밀취급 인가를 받은 사람이 공용으로 사용하는 경우는 그러지 아니하다.
④ 각급기관의 장은 보안 업무의 효율적인 수행을 위하여 필요하다고 인정되는 경우에는 해당 비밀의 보존기간 내에서 사본을 제작하여 보관할 수 있다.

16 경찰통제의 유형이 올바르게 연결된 것은?

① 사전통제 – 행정상 입법예고, 국회의 예산결산권
② 사후통제 – 「행정절차법」상 청문, 국정감사·조사권
③ 내부통제 – 청문감사인권관제도, 훈령권, 직무명령권, 국가경찰위원회
④ 외부통제 – 사법통제, 감사원에 의한 통제, 소청심사위원회에 의한 통제

17 「경찰 인권보호 규칙」에 관한 내용으로 옳은 것은 모두 몇 개인가?

> ㉠ "경찰관등"이란 경찰청과 그 소속기관의 경찰공무원, 일반직공무원, 무기계약근로자 및 기간제근로자를 말하며 의무경찰은 제외한다.
> ㉡ 경찰 활동 전반에 걸친 민주적 통제를 구현하여 경찰력 오남용을 예방하고, 경찰 행정의 인권지향성을 높여 인권을 존중하는 경찰 활동을 정립하기 위해 경찰청장 및 시·도경찰청장의 심의·의결기구로서 각각 경찰청 인권위원회, 시·도경찰청 인권위원회를 설치하여 운영한다.
> ㉢ 경찰청장은 경찰관등(경찰공무원으로 신규 임용될 사람을 포함)이 근무하는 동안 지속적·체계적으로 교육을 받을 수 있도록 5년 단위로 인권교육종합계획을 수립하여 시행해야 한다.
> ㉣ 경찰관서의 장은 ㉢의 내용을 반영하여 3년 단위로 인권교육 계획을 수립하여 시행하여야 한다.
> ㉤ 인권보호담당관은 반기 1회 이상 인권영향평가의 이행 여부를 점검하고, 이를 경찰청 인권위원회에 제출하여야 한다.

① 0개　　② 1개
③ 2개　　④ 3개

18 클라이니히가 제시한 내부고발(whistleblowing)의 정당화 요건에 대한 설명으로 가장 적절하지 <u>않</u>은 것은?

① 내부고발자는 특별한 경우를 제외하고 공표를 하기 전에 자신의 이견(異見)을 표시하기 위한 모든 내부적 채널을 다 사용해야 한다.
② 내부고발자는 부적절한 행동을 하도록 지시되었다는 자신의 신념이 합리적 증거에 근거하였는지 확인해야 한다.
③ 내부고발자는 도덕적 위반이 얼마나 중대한가, 도덕적 위반이 얼마나 급박한가 등의 세심한 고려가 있어야 한다.
④ 내부고발은 적절한 도덕적 동기에 의해 이루어져야 하며, 높은 성공가능성이 있어야 한다.

19 「부정청탁 및 금품등 수수의 금지에 관한 법률」에서 규정하고 있는 벌칙과 과태료에 대한 설명으로 가장 적절하지 <u>않</u>은 것은?

① 이해당사자가 직접 자신을 위하여 부정청탁 한 경우 1천만원 이하의 과태료를 부과한다.
② 공직자등이 제3자를 위하여 다른 공직자등(제11조에 따라 준용되는 공무수행사인을 포함한다)에게 수사·재판·심판·결정·조정·중재·화해 또는 이에 준하는 업무를 법령을 위반하여 처리하도록 부정청탁한 경우 3천만원 이하의 과태료를 부과한다.
③ ②의 공직자등에 해당하지 않는 자가 제3자를 위하여 공직자등(제11조에 따라 준용되는 공무수행사인을 포함한다)에게 수사·재판·심판·결정·조정·중재·화해 또는 이에 준하는 업무를 법령을 위반하여 처리하도록 부정청탁한 경우 2천만원 이하의 과태료를 부과한다.
④ 부정청탁을 받은 공직자등이 그에 따라 직무를 수행한 경우 2년 이하의 징역 또는 2천만원 이하의 벌금에 처한다.

20 「경찰청 공무원 행동강령」에 대한 설명 중 가장 적절한 것은?

① 공무원은 직무관련자나 직무관련공무원에게 경조사를 알려서는 안되나, 신문이나 방송을 통하여는 경조사를 알릴 수 있다.
② 공무원은 정치인이나 정당 등으로부터 부당한 직무수행을 강요받거나 청탁을 받은 경우에는 서면 또는 전자우편 등의 방법으로 소속 기관의 장에게 보고하거나 행동강령책임관과 상담할 수 있다.
③ 공무원은 직무수행 중 알게 된 정보를 이용하여 유가증권, 부동산 등과 관련된 재산상 거래 또는 투자를 하여서는 아니되지만, 타인에게 그러한 정보를 제공하여 재산상 거래 또는 투자를 돕는 행위는 그러하지 아니하다.
④ 인가·허가 등을 담당하는 공무원이 그 신청인에게 이익 또는 불이익을 주거나 제3자에게 이익 또는 불이익을 주기 위하여 부당하게 그 신청의 접수를 지연하거나 거부하는 행위를 해서는 안 된다.

21 「경찰청 적극행정 면책제도 운영규정」에 관한 설명으로 가장 적절한 것은?

① "사전컨설팅 대상 기관 및 대상 부서의 장"이란 각 시·도경찰청장, 부속기관의 장, 산하 공직유관단체의 장 및 경찰청 관·국장·과장을 말한다.
② 법령·행정규칙 등의 해석에 대한 이견 등으로 인하여 능동적인 업무처리가 곤란한 경우와 행정심판, 수사 중인 사안 등은 사전컨설팅 감사의 대상이다.
③ 사전컨설팅 감사의 심사기준으로는 법령상의 의무 이행 등 모든 여건에 비추어 해당 업무를 추진하고 처리해야 할 필요성·타당성·시급성이 있을 것이 요구된다.
④ 사전컨설팅 감사는 서면감사를 원칙으로 하되, 필요시 실지감사를 할 수 있으며, 신중한 검토가 필요한 사항은 경찰청 규제심사위원회의 자문을 거칠 수 있다.

22 범죄예방이론에 대한 설명으로 옳지 않은 것은?

① 억제이론은 고전주의 입장으로 인간은 자유의사를 가지고 합리적으로 행동한다고 가정하며, 범죄에 대한 책임은 전적으로 사회의 책임이므로 강력하고 확실한 처벌을 통하여 범죄를 억제할 수 있다고 본다.
② 치료와 갱생이론은 치료 및 갱생활동에 비용이 많이 들고, 범죄자를 대상으로 하므로 일반 예방효과에 한계가 있다.
③ 사회발전이론은 사회를 실험대상으로 하기 때문에, 개인이나 소규모의 조직체에 의해서 수행될 수 없다는 한계가 있고, 막대한 인적·물적자원이 필요하다는 문제가 있다.
④ 상황적 범죄예방이론에 대해서는 범죄기회를 줄인다 해서 실제적으로 범죄가 줄어드는 것이 아니라 전이될 뿐이고, 사회에 대한 국가권력의 과도개입을 초래함으로써 국가통제사회가 될 가능성이 있다는 비판이 있다.

23 「112신고의 운영 및 처리에 관한 법률」에 대한 설명으로 옳지 않은 것은?

① 경찰청장등은 112신고를 처리할 때 112치안종합상황실에서 출동 현장의 상황 등을 실시간으로 확인하고 지휘하기 위한 목적으로 순찰차 등에 영상촬영장치를 설치하여 출동 현장을 촬영할 수 있다.
② 112신고자 정보를 활용하는 경우, 112신고자가 동의하는 경우 또는 이 법 또는 다른 법률에 특별한 규정이 있는 경우에는 예외적으로 112신고에 사용된 112신고자 정보를 수집·이용 또는 제공할 수 있다.
③ 112신고자 정보를 목적 외의 용도로 이용한 자는 5년 이하의 징역 또는 5천만원 이하의 벌금에 처한다.
④ 범죄나 각종 사건·사고 등 위급한 상황을 거짓으로 꾸며 112신고를 한 사람은 100만원 이하의 벌금에 처한다.

24 지역사회 경찰활동에 관한 설명으로 옳은 것을 모두 고른 것은?

㉠ 이웃지향적 경찰활동(NOP)에서는 문제들에 대한 효과적인 대응 전략들을 마련하면서 필요한 경우 경찰과 지역사회가 협력할 수 있는 대응전략들에 보다 높은 가치를 부여한다.
㉡ 문제지향적 경찰활동(POP)은 지역사회 문제 해결을 위해 SARA모형이 강조되며 이는 조사(Scanning) - 평가(Assessment) - 대응(Response) - 분석(Analysis)으로 진행되는 문제해결 단계를 제시한다.
㉢ 지역중심 경찰활동(COP)은 지역사회와 경찰 사이의 새로운 관계를 증진시키는 조직적인 전략과 원리로 지역사회에서의 전반적인 삶의 질 향상을 목표로 한다.
㉣ 문제지향적 경찰활동은 종종 지역사회경찰활동과 병행되어 실시되곤 한다.

① ㉠㉡
② ㉠㉢
③ ㉡㉣
④ ㉢㉣

25 「경범죄 처벌법」에 의한 통고처분을 받은 경우 범칙금 납부기한에 대한 내용으로 옳은 것은?

① 경찰서장, 해양경찰서장, 제주특별자치도지사 또는 철도특별사법경찰대장은 범칙자로 인정되는 사람에 대하여 그 이유를 명백히 나타낸 서면으로 범칙금을 부과하고 이를 납부할 것을 통고할 수 있다.
② 통고처분서를 받은 사람은 통고처분서를 받은 날부터 10일 이내에 범칙금을 납부해야 한다. 다만, 부득이한 사유로 말미암아 범칙금을 납부할 수 없을 때에는 그 부득이한 사유가 없어지게 된 날부터 7일 이내에 납부해야 한다.
③ 납부기간 내 범칙금을 납부하지 아니한 사람은 납부기간의 마지막 날부터 20일 이내에 통고받은 범칙금에 그 금액의 100분의 20을 더한 금액을 납부해야 한다.
④ 즉결심판이 청구된 피고인이 통고받은 범칙금에 그 금액의 100분의 50을 더한 금액을 납부하고 그 증명서류를 즉결심판 선고 전까지 제출하였을 때에는 경찰서장, 해양경찰서장 및 제주특별자치도지사는 그 피고인에 대한 즉결심판 청구를 취소할 수 있다.

26 「성폭력범죄의 처벌 등에 관한 특례법」에 대한 설명으로 옳은 것은?

① 19세 미만의 사람 및 신체적인 또는 정신적인 장애가 있는 사람에 대하여 강간의 죄를 범한 경우에 공소시효를 적용하지 아니하고, 미성년자에 대한 성폭력범죄의 공소시효는 해당 성폭력범죄로 피해를 당한 미성년자가 성년에 달한 날부터 진행한다.
② 피해자가 13세 미만이거나 신체적인 또는 정신적인 장애로 사물을 변별하거나 의사를 결정할 능력이 미약한 경우에는 관련 전문가에게 피해자의 정신·심리 상태에 대한 진단 소견 및 진술 내용에 관한 의견을 조회하여야 한다.
③ 음주 또는 약물로 인한 심신장애 상태에서 성폭력범죄(형법상 음행매개, 음화반포등, 음화제조등, 공연음란의 죄 제외)를 범한 때에는 형법상 심신장애인에 대한 감면규정, 농아자에 대한 감경규정을 적용하지 아니한다.
④ 경찰청장은 각 경찰서장으로 하여금 성폭력범죄 전담 사법경찰관을 지정하도록 하여 특별한 사정이 없으면 이들로 하여금 피해자를 조사하게 할 수 있다.

27 「스토킹범죄의 처벌 등에 관한 법률」에 대한 설명으로 옳은 것은?

① 스토킹행위란 상대방의 의사에 반(反)하여 정당한 이유 없이 상대방 또는 그의 동거인, 가족에 대하여 접근하거나 따라다니거나 진로를 막아서는 행위, 주거에 침입하거나, 직장, 학교, 그 밖에 일상적으로 생활하는 장소 또는 그 부근에서 기다리거나 지켜보는 행위 등을 하여 상대방에게 불안감 또는 공포심을 일으키는 것을 말한다.
② 사법경찰관리는 진행 중인 스토킹행위에 대하여 신고를 받은 경우 즉시 현장에 나가 스토킹행위의 제지, 향후 스토킹행위의 중단 통보 및 스토킹행위를 지속적 또는 반복적으로 할 경우 처벌 서면경고, 스토킹 피해 관련 상담소 또는 보호시설로의 피해자등 인도(피해자등이 동의한 경우만 해당한다) 등의 조치를 하여야 한다.
③ 스토킹범죄를 저지른 사람은 5년 이하의 징역 또는 5천만원 이하의 벌금에 처한다.
④ 스토킹범죄는 피해자가 구체적으로 밝힌 의사에 반하여 공소를 제기할 수 없다.

28 다음은 마약류에 대한 설명이다. 옳고 그름이 바르게 표기된 것은?

> ㉠ 엑스터시는 독일 의약품회사에서 식욕감퇴제로 최초 개발하여 복용시 신체접촉 욕구·성욕 증가, 고개를 저으며 격렬한 춤을 추게된다.
> ㉡ L.S.D는 곡물의 곰팡이, 보리 맥각에서 추출한 물질 등으로 합성한 무색·무취·짠맛의 백색 분말로 내성이나 심리적 의존성이 있고 플래시백 현상을 일으키기도 한다.
> ㉢ 덱스트로메트로판은 일명 S정이라고 불리며 의존성과 독성이 없어 코데인 대용으로 널리 시판된다.
> ㉣ 카리소프로돌은 과다 복용시 환각증상을 일으키고 인사불성, 정신장애, 호흡장애를 유발하며 금단증상으로는 온몸이 뻣뻣해지고 뒤틀리며, 혀꼬부라진 소리 등을 하게 된다.
> ㉤ 야바(YABA)는 순도가 높은 신종마약의 일종으로 화공약품을 원료로 하여 안정적 밀조가 가능하다.

	㉠	㉡	㉢	㉣	㉤
①	(O)	(O)	(O)	(X)	(X)
②	(X)	(X)	(O)	(O)	(X)
③	(O)	(X)	(X)	(O)	(X)
④	(X)	(X)	(X)	(O)	(X)

29 경비경찰의 종류 및 특징에 대한 설명으로 가장 적절하지 <u>않은</u> 것은?

① 경비경찰의 종류 중 치안경비란 공안을 해하는 다중범죄 등 집단적인 범죄사태가 발생하거나 발생할 우려가 있는 경우 적절한 조치로 사태를 예방·경계·진압하는 경찰을 내용으로 한다.
② 경비경찰의 종류 중 혼잡경비란 기념행사·경기대회·경축제례 등에 수반하는 조직화되지 않은 군중에 의하여 발생하는 자연적·인위적 혼란상태를 예방·경계·진압하는 경찰을 내용으로 한다.
③ 경비경찰은 지휘관의 하향적 명령에 의한 활동으로 부대원의 재량은 상대적으로 적고, 활동 결과에 대한 책임은 지휘관이 지는 경우가 많다는 특징을 갖는다.
④ 경비경찰은 사태 발생 후에 진압뿐만 아니라 사태 발생 전에 경계·예방의 역할도 수행하는 즉시적(즉응적) 활동이라는 특징을 갖는다.

30 선거경비와 관련된 설명으로 적절한 것은 모두 몇 개인가?

> ㉠ 「공직선거법」상 선거운동은 언제나 선거기간개시일부터 선거일 전일까지에 한하여 할 수 있다.
> ㉡ 대통령선거, 국회의원 선거, 지방선거 모두 선거일 06:00부터 개표종료시까지 갑호비상이다
> ㉢ 「공직선거법」에는 후보자에 대한 경찰의 신변보호 조항이 규정되어 있다.
> ㉣ 대통령선거 후보자에 대한 경호등급은 을호이고, 대통령 당선자에 대한 경호등급은 갑호이다.
> ㉤ 대통령선거 후보자의 신변보호는 선거공고일부터 당선확정 때까지 24시간 근접하여 실시한다.

① 1개
② 2개
③ 3개
④ 4개

31 「집회등 채증활동규칙」에 대한 설명으로 가장 적절하지 <u>않은</u> 것은?

① 범죄혐의자의 인적사항이 확인되어 범죄수사의 필요성이 있는 채증자료는 지체 없이 수사부서에 송부하여야 하며, 범죄수사 필요성이 없는 채증자료는 해당 집회등의 상황 종료 후 즉시 삭제·폐기하여야 한다.
② 채증요원은 「개인정보 보호법」 제25조 제1항 제5호에 의해 설치·운영하는 교통정보의 수집·분석 및 제공 목적의 영상정보처리기기에 의해 촬영된 자료를 집회등 참가자를 특정하기 위하여 활용하여서는 아니 된다.
③ 주관부서의 장은 범죄수사의 필요성이 인정되는 경우 인적사항이 확인되지 않은 범죄혐의자의 채증자료를 열람·판독할 수 있도록 신속히 프로그램에 입력하여야 하며, 채증자료를 열람·판독할 때에는 현장 근무자 등을 참여시켜야 한다.
④ 주관부서의 장은 범죄혐의자의 인적사항이 확인되지 않은 채증자료 중 범죄수사를 위해 보관을 계속할 필요가 있는 경우에는 해당 범죄의 공소시효 완성일까지 보관하고, 공소시효가 완성된 때에는 삭제·폐기하여야 한다. 다만, 공소시효 완성 전이라도 보관의 필요성이 없는 채증자료는 즉시 삭제·폐기하여야 한다.

32 「도로교통법」 및 같은 법 시행령상 자전거의 운전에 관한 설명으로 가장 적절하지 <u>않은</u> 것은?

① 자전거 운전자는 안전표지로 통행이 허용된 경우를 제외하고는 2대 이상이 나란히 차도를 통행하여서는 아니 된다.
② 술에 취한 상태에서 자전거 운전하거나, 자전거 운전 중 휴대전화 사용시 처벌할 수 있다. 술에 취한 상태에서 자전거를 운전했을 경우의 범칙금은 3만원이며, 술에 취한 상태에 있다고 인정할 만한 상당한 이유가 있는 자전거 운전자가 경찰공무원의 호흡조사 측정에 불응한 경우의 범칙금은 10만원에 해당된다.
③ 자전거 운전자는 길가장자리구역(안전표지로 자전거등의 통행을 금지한 구간은 제외한다)을 통행할 수 있다. 이 경우 자전거 운전자는 보행자의 통행에 방해가 될 때에는 서행하거나 일시정지하여야 한다.
④ 일반적으로 앞지르기는 앞차의 왼쪽으로 해야 하나, 자전거는 서행하거나 정지한 다른 차를 앞지르기 위하여 앞차의 오른쪽으로 앞지르기할 수 있다. 이 경우 자전거 운전자는 정지한 차에서 승차하거나 하차하는 사람의 안전에 유의하여 서행하거나 필요한 경우 일시정지하여야 한다.

33 운전면허행정처분 결과에 따른 운전면허시험 응시제한(결격)기간에 대한 설명으로 옳은 것은?

① 음주운전으로 사람을 사망에 이르게 한 경우 4년간 운전면허시험 응시자격을 제한한다.
② 음주운전(측정거부 포함)으로 2회 이상 교통사고를 낸 경우 2년간 운전면허시험 응시자격을 제한한다.
③ 2회 이상 음주운전(측정거부 포함)을 한 경우 2년간 운전면허시험 응시자격을 제한한다.
④ 음주운전 또는 음주측정거부의 규정을 위반하여 운전하다가 교통사고를 낸 경우 1년간 운전면허시험 응시자격을 제한한다.

34 다음 설명 중 가장 적절하지 <u>않은</u> 것은? (다툼이 있는 경우 판례에 의함)

① 「교통사고처리 특례법」 제2조 제2호는 '교통사고'란 차의 교통으로 인하여 사람을 사상하거나 물건을 손괴하는 것을 말한다고 규정하고 있는데, 여기서 '차의 교통'은 차량을 운전하는 행위 및 그와 동일하게 평가할 수 있을 정도로 밀접하게 관련된 행위를 모두 포함한다.
② 교통사고 피해자 구호의무는 교통사고 야기자에게 부과되는 것이므로 교통사고를 야기하지 않은 피해차량의 운전자는 부상자를 구호할 의무가 있다고 볼 수 없다.
③ 술에 취한 乙이 자동차 안에서 잠을 자다가 추위를 느껴 히터를 가동시키기 위하여 시동을 걸었고, 실수로 기어 등 자동차의 발진에 필요한 장치를 건드려 원동기의 추진력에 의하여 자동차가 움직이거나 또는 불안전한 주차상태나 도로여건 등으로 인하여 자동차가 움직이게 된 경우는 자동차의 운전에 해당하지 아니한다.
④ 모든 차의 운전자는 보행자보다 먼저 횡단보행자용 신호기가 설치되지 않은 횡단보도에 진입한 경우에도, 보행자의 횡단을 방해하지 않거나 통행에 위험을 초래하지 않을 상황이 아니고서는, 차를 일시정지하는 등으로 보행자의 통행이 방해되지 않도록 할 의무가 있다.

35 집회 및 시위 관련 아래 내용 중 ( ) 안에 들어갈 숫자의 합은?

> ㉠ 옥외집회나 시위를 주최하려는 자는 그에 관한 사항 모두를 적은 신고서를 옥외집회나 시위를 시작하기 720시간 전부터 ( )시간 전에 관할 경찰서장에게 제출하여야 한다.
> ㉡ 관할 경찰관서장은 신고서의 기재사항에 미비한 점을 발견하면 접수증을 교부한 때부터 ( )시간 이내에 주최자에게 ( )시간을 기한으로 그 기재사항을 보완할 것을 통고할 수 있다.
> ㉢ 신고서를 접수한 관할 경찰관서장은 신고된 옥외집회 또는 시위가 다음 각 호의 어느 하나에 해당하는 때에는 신고서를 접수한 때부터 ( )시간 이내에 집회 또는 시위를 금지할 것을 주최자에게 통고할 수 있다.
> ㉣ 집회 또는 시위의 주최자는 제8조에 따른 금지 통고를 받은 날부터 ( )일 이내에 해당 경찰관서의 바로 위의 상급경찰관서의 장에게 이의를 신청할 수 있다.

① 139
② 142
③ 151
④ 154

36 「집회 및 시위에 관한 법률」 및 동법 시행령상 '확성기등 사용의 제한'에 관한 설명이다. 가장 적절한 것은?

① 관할 경찰관서장은 집회·시위의 주최자가 기준을 초과하는 소음을 발생시켜 타인에게 피해를 주는 경우에는 그 기준 이하의 소음유지 또는 확성기 등의 사용중지를 명하거나 확성기 등의 일시보관 등 필요한 조치를 하여야 한다.
② 확성기 사용중지명령에 불응하거나 확성기 일시보관 등 필요한 조치를 거부·방해하는 경우에는 6개월 이하의 징역 또는 100만원 이하의 벌금·구류 또는 과료에 처한다.
③ 주거지역, 학교, 종합병원, 공공도서관의 등가소음 기준은 60dB 이하, 야간 50dB 이하, 심야 45dB 이하이다.
④ 「집회 및 시위에 관한 법률」 제14조(확성기등 사용의 제한)는 학문, 예술, 체육, 종교, 의식, 친목, 오락, 관혼상제 및 국경행사에 관한 집회에도 적용된다.

37 「국가보안법」에 대한 설명으로 옳은 것은?

① 국가보안법의 죄에 관하여 유기징역형을 선고할 때에는 그 형의 장기 이하의 자격정지를 병과한다.
② 범인에게 금품, 재산적 이익만을 제공한 경우 정범으로 처벌되지는 않는다.
③ 범죄를 선동, 선전, 권유하는 경우 교사 또는 방조로 처벌되는 것이 아니고, 별도의 범죄로 규정하여 처벌하고 있다.
④ 찬양·고무 등(제7조)을 위반한 자에 대한 수사기관의 구속기간은 최대 50일이다.

38 「북한이탈주민의 보호 및 정착 지원에 관한 법률」에 대한 설명으로 가장 적절한 것은?

① 통일부장관은 「북한이탈주민의 보호 및 정착지원에 관한 법률」에 따라 보호대상자가 거주지로 전입한 후 그의 신변안전을 위하여 국가정보원장이나 경찰청장에게 협조를 요청할 수 있다.
② 보호대상자 중 북한의 군인이었던 자가 국군으로의 편입을 희망하더라도 보안문제상 국군으로 특별임용할 수 없다.
③ 통일부장관은 '북한이탈주민 보호 및 정착지원협의회'의 심의를 거쳐 북한이탈주민의 보호 여부를 결정한다. 단, 국가안보에 현저한 영향을 끼칠 우려가 있는 자의 경우 국방부장관이 보호 여부를 결정한다.
④ 살인 등 중대한 비정치적 범죄자, 위장탈출 혐의자, 국내 입국 후 3년이 지나서 보호신청한 사람은 보호 대상자로 결정하지 않을 수 있다.

39 주한미군지위협정(SOFA) 대상자 사건처리와 관련한 설명으로 옳지 <u>않은</u> 것은?

① 주한미군지위협정(SOFA) 대상자는 일반 외국인과 비교하여 수사 절차상 일부 차이만 있을 뿐 외교관·영사와 같은 면책 특권자가 아니다.
② 주한미군지위협정(SOFA) 대상자를 현행범인 체포한 경우 미 헌병의 신병인도요청이 있더라도 미국 정부대표가 출석하여 1차 조사가 완료될 때까지 「형사소송법」상 체포 가능시한 내에서 경찰이 신병을 구금한다.
③ 「경찰수사규칙」상 사법경찰관은 주한 미합중국 군대의 구성원·외국인군무원 및 그 가족이나 초청계약자의 범죄 관련 사건을 인지하거나 고소·고발 등을 수리한 때에는 5일 이내에 한미행정협정사건 통보서를 검사에게 통보해야 한다.
④ 「경찰수사규칙」상 사법경찰관은 검사로부터 주한 미합중국 군당국의 재판권포기 요청 사실을 통보받은 날부터 14일 이내에 검사에게 사건을 송치 또는 송부해야 한다. 다만, 검사의 동의를 받아 그 기간을 연장할 수 있다.

40 「범죄인 인도법」상 범죄인의 임의적 인도거절 사유로 적절하지 <u>않은</u> 것은 모두 몇 개인가?

㉠ 범죄인이 대한민국 국민인 경우
㉡ 인도범죄의 전부 또는 일부가 대한민국 영역에서 범한 것인 경우
㉢ 범죄인의 인도범죄에 관하여 대한민국 법원에 재판이 계속 중인 경우
㉣ 범죄인이 인도범죄에 관하여 제3국(청구국이 아닌 외국을 말한다)에서 재판을 받고 처벌되었거나 처벌받지 아니하기로 확정된 경우
㉤ 범죄인이 인종, 종교, 국적, 성별, 정치적 신념 또는 특정 사회단체에 속한 것 등을 이유로 처벌되거나 그 밖의 불리한 처분을 받을 염려가 있다고 인정되는 경우

① 0개
② 1개
③ 2개
④ 3개

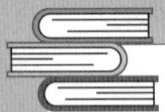

실무종합 완벽 마무리 모의고사

경찰실무종합

PART 02

해설

해설 01 실무종합 모의고사 1회

1	2	3	4	5	6	7	8	9	10
③	③	②	①	④	②	④	②	③	③
11	12	13	14	15	16	17	18	19	20
①	①	③	④	④	②	②	③	②	③
21	22	23	24	25	26	27	28	29	30
②	②	③	①	④	①	②	③	①	②
31	32	33	34	35	36	37	38	39	40
③	④	②	①	③	③	①	②	④	④

1 정답 ③

㉠㉢㉣은 형식적 의미의 경찰에 대한 내용이고, ㉡㉣은 실질적 의미의 경찰에 대한 내용이다.

◉ 형식적 의미의 경찰과 실질적 의미의 경찰

1. 개념 비교

형식적 의미의 경찰	실질적 의미의 경찰
1) 실정법상(실무상) 보통경찰기관에 분배되어 있는 임무를 달성하기 위하여 행하여지는 경찰활동 → 국가별로 차이가 나는 유동적 개념 2) 형식적 의미의 경찰개념은 실정법상 개념이므로 실무상 개념과 관련되고, 실정법은 제도상 개념과 연결된다. 3) 사법경찰, 정보경찰 등	1) 학문상(실무상 X) 정립된 개념 2) 독일 행정법학에서 유래 3) 경찰작용을 중심으로 파악한 경찰개념 4) 공공의 안녕과 질서유지를 위해 **일반통치권**에 의거하여 국민에게 **명령·강제하는 권력적** 작용 5) 경찰은 사회 공공의 안녕과 질서유지(위험방지)를 임무로 한다(소극적 목적). 6) 위생경찰, 보건경찰, 산업경찰, 철도경찰, 건축경찰, 경제경찰, 산림경찰 등

2. 양자의 관계

1) 형식적 의미의 경찰 중에는 실질적 의미의 경찰에 속하지 않는 것도 있으며(사법경찰은 형식적 의미의 경찰에만 해당), 실질적 의미의 경찰에 속하는 것이 실정법상 모두 보통경찰기관에 맡겨져 있는 것도 아니다(위생경찰과 같은 협의의 행정경찰은 비경찰화로 일반행정기관에 속함).
    → 따라서 형식적 의미의 경찰이 언제나 실질적 의미의 경찰이 되는 것은 아니며, 또한 실질적 의미의 경찰이 모두 형식적 의미의 경찰이 되는 것도 아니다.
2) 일반행정기관은 실질적 의미의 경찰개념 중 '협의의 행정경찰 작용'을 하는 경우가 있으나, 형식적 의미의 경찰은 실정법상 보통경찰기관에 분배된 사무를 의미하므로 일반행정기관은 형식적 의미의 경찰작용을 하지 않는다.
    → 일반행정기관에서도 '경찰기능'을 담당한다고 할 때의 '경찰기능'은 실질적 경찰개념을 의미

3) 「경찰관 직무집행법」 제3조에 의한 불심검문(정지수단에 대해서는 대법원 판례가 '길을 막는 정도'의 유형력 행사를 인정함)은 경찰상 즉시강제의 권력작용이라는 면에서 실질적 의미의 경찰에 해당하고(불심검문 자체의 성격에 관해서는 학설의 다툼이 있음), 실정법에서 경찰행정기관에 그 권한을 맡기고 있으므로 형식적 의미의 경찰이기도 하다.

2 정답 ③

① (X) 위험에 대한 인식에 따라 외관적 위험, **추정적 위험**, 위험혐의로 구분할 수 있다. 추상적 위험은 위험의 현실성 여부에 따른 분류이다.
② (X) 위험혐의에 대한 설명이다.
③ (O) 옳은 설명이다.
④ (X) 위험혐의는 위험의 존재여부가 명백해질 때까지 예비적으로 행하는 위험조사 차원의 개입을 정당화 한다.

▶ **위험의 인식 여부에 따른 분류** : 외관적 위험, 오상위험(추정적), 위험혐의로 구분

외관적 위험	• 의의 : 경찰관이 상황을 합리적으로 사려 깊게 판단하여 위험이 존재한다고 인식하여 개입하였으나 실제로는 위험이 없던 경우 → 행위시점에서 위험상황이 확실하다고 사려깊게 판단한 경우 • 예 심야에 경찰관이 사람을 살려달라는 외침소리를 듣고 출입문을 부수고 들어갔는데, 실제로는 노인이 크게 켜놓은 TV 형사극 소리였던 경우 • 경찰개입 : 적법한 경찰개입이므로 경찰관은 민·형사상 책임을 부담하지 아니하고, 국가는 손해배상책임을 부담하지 아니하나 손실보상책임은 발생할 수 있음
위험혐의	• 의의 : 경찰관이 의무에 합당한 사려 깊은 판단을 할 때 실제로 위험의 발생 가능성은 예측되나 위험의 실제 발생 여부가 불확실한 경우이다. → 행위시점에서 위험상황이 불확실하다고 사려 깊게 판단한 경우 • 위험의 존재여부가 명백해질 때까지 예비적으로 행하는 위험조사 차원의 개입을 정당화한다. • 경찰개입 : 위험의 혐의 상황에서 경찰개입은 적법하므로 책임의 문제는 위 외관적 위험과 같이 민·형사상 책임을 부담하지 아니하고, 국가는 손해배상책임을 부담하지 아니하나 손실보상책임은 발생할 수 있음
오상위험 (추정적·상상 위험)	• 의의 : 객관적으로 판단할 때 위험의 외관 또는 혐의가 정당화되지 않음에도 경찰이 위험의 존재를 잘못 추정한 경우 • 경찰개입 : 위법한 경찰개입이므로 경찰관 개인은 민사상(고의·중과실 경우) 책임과 형사상 책임을 부담할 수 있고, 국가는 손해배상 책임을 부담할 수 있음

3 정답 ②

①③④ 옳은 설명이다.
② (X) 이준규 총경에 대한 설명이다. 최규식경무관, 정종수 경사는 1.21사태 당시 종로경찰서 자하문 검문소에서 무장공비를 온몸으로 막아내고 순국함으로써 청와대를 사수하고 대한민국을 위기에서 건져 올린 호국경찰의 표상이 되었다.

4 정답 ①

① (O) 국가경찰과 자치경찰의 조직 및 운영에 관한 법률 제10조 제1항
② (X) **행정안전부장관**은 국가경찰위원회에서 심의·의결된 내용이 적정하지 아니하다고 판단할 때에는 재의를 요구할 수 있다(동법 제10조 제2항).
③ (X) ②에 따라 재의를 요구하는 경우에는 **의결한 날부터** 10일 이내에 재의요구서를 위원회에 제출하여야 한다(국가경찰위원회 규정 제6조 제1항).
④ (X) 위원장은 재의요구가 있는 경우에는 그 요구를 받은 날부터 7일 이내에 회의를 소집하여 다시 의결하여야 한다(동규정 제6조 제2항).

5 정답 ④

㉠ (X) "위임"이란 법률에 규정된 행정기관의 장의 권한 중 **일부**를 그 보조기관 또는 하급행정기관의 장이나 지방자치단체의 장에게 맡겨 그의 권한과 책임 아래 행사하도록 하는 것을 말한다(행정권한의 위임 및 위탁에 관한 규정 제2조 제1호).
㉡ (X) 행정기관의 장은 행정권한을 위임 및 위탁할 때에는 위임 및 위탁하기 전에 수임기관의 수임능력 여부를 점검하고, 필요한 인력 및 예산을 이관하여야 한다(동규정 제3조 제2항).
㉢ (O) 동규정 제3조 제3항
㉣ (O) 동규정 제9조

6 정답 ②

① (X) 경정의 전보·파견·휴직·직위해제 및 복직에 관한 권한과 경감 이하의 임용권 중 '신규채용 및 면직에 관한 권한 제외'규정은 없다(경찰공무원 임용령 제4조 제3항).

> 제4조(임용권의 위임 등) ③ 경찰청장은 법 제7조 제3항 전단에 따라 경찰대학·경찰인재개발원·중앙경찰학교·경찰수사연수원·경찰병원 및 시·도경찰청(이하 "소속기관등"이라 한다)의 장에게 그 소속 경찰공무원 중 경정의 전보·파견·휴직·직위해제 및 복직에 관한 권한과 **경감 이하의 임용권을 위임**한다.

② (O) 동임용령 제4조 제10항
③ (X) 시·도경찰청장은 소속 **경감** 이하 경찰공무원에 대한 해당 경찰서 안에서의 전보권을 경찰서장에게 다시 위임할 수 있다(동임용령 제4조 제6항).
④ (X) 시·도경찰청장 및 경찰서장은 지구대장 및 파출소장을 보직하는 경우에는 **시·도자치경찰위원회**의 의견을 사전에 들어야 한다(동임용령 제4조 제9항).

7 정답 ④

① (X) 승진후보자 명부에 등재된 사람이 승진임용 전에 전사하거나 순직한 경우에는 그 **사망일 전날**을 승진일로 하여 승진 예정 계급으로 승진한 것으로 본다(경찰공무원법 제15조의2).
② (X) 경사를 경위로 근속승진임용하려는 경우: 해당 계급에서 6년 6개월 이상 근속자(동법 제16조 제1항 제3호)

> 1. 순경을 경장으로 근속승진임용하려는 경우: 해당 계급에서 4년 이상 근속자
> 2. 경장을 경사로 근속승진임용하려는 경우: 해당 계급에서 5년 이상 근속자
> 3. 경사를 경위로 근속승진임용하려는 경우: 해당 계급에서 6년 6개월 이상 근속자
> 4. 경위를 경감으로 근속승진임용하려는 경우: 해당 계급에서 8년 이상 근속자

③ (X) 국정과제 등 주요 업무의 추진실적이 우수한 경찰공무원이나 적극행정 수행 태도가 돋보인 경찰공무원을 근속승진임용하는 경우에는 해당 근속승진 기간에서 1년을 단축할 수 있다(경찰공무원 승진임용 규정 제26조 제2항 제2호).

> 1. 「공무원임용령」 제48조 제1항 제1호에 따른 인사교류 기간 중에 있거나 인사교류 경력이 있는 경찰공무원: 인사교류 기간의 2분의 1에 해당하는 기간
> 2. 국정과제 등 주요 업무의 추진실적이 우수한 경찰공무원이나 적극행정 수행 태도가 돋보인 경찰공무원: 1년

④ (O) 동규정 제26조 제4항

8 정답 ②

㉠ (X) 치안감: 4년, 경무관: 6년, 총경: 11년, 경정: 14년(경찰공무원법 제30조 제1항)
㉡ (O) 동법 제30조 제2항
㉢ (X) 수사, 정보, 외사, 안보, 자치경찰사무 등 특수 부문에 근무하는 경찰공무원으로서 대통령령으로 정하는 바에 따라 지정을 받은 사람은 총경 및 경정의 경우에는 **4년**의 범위에서 대통령령으로 정하는 바에 따라 제1항 제2호에 따른 계급정년을 연장할 수 있다(동법 제30조 제3항).
㉣ (O) 동법 제30조 3항

9 정답 ③

① (X) 조세·형사·행형 및 보안처분에 관한 행정조사에 관하여 **행정조사기본법을 적용하지 않는다**(행정조사기본법 제3조 제2항 제5호).
② (X) 고용보험법상 '실업인정대상기간 중의 취업 사실'에 대한 행정조사 절차에는 수사 절차에서의 **진술거부권 고지의무에 관한 형사소송법 규정이 준용되지 않는다**고 판시하였다(대법원 2020.5.14. 2020두31323).
③ (O) 동법 제17조 제1항
④ (X) 행정기관의 장은 법령등에 특별한 규정이 있는 경우를 제외하고는 행정조사의 결과를 확정한 날부터 7일 이내에 그 결과를 조사대상자에게 통지하여야 한다(동법 제24조).

10 정답 ③

① (X) 행정청의 과태료 부과에 불복하는 당사자는 과태료 부과 통지를 받은 날부터 60일 이내에 **해당 행정청에 서면으로** 이의제기할 수 있다(질서위반행위규제법 제20조 제1항).
② (X) 신분에 의하여 과태료를 감경 또는 가중하거나 과태료를 부과하지 아니하는 때에는 그 **신분의 효과는 신분이 없는 자에게는 미치지 아니한다**(동법 제12조 제1항, 제3항).
③ (O) 동법 제3조 제2항
④ (X) ㉠ 심신(心神)장애로 인하여 행위의 옳고 그름을 판단할 능력이 없거나 그 판단에 따른 행위를 할 능력이 없는 자의 질서위반행위는 **과태료를 부과하지 아니하며**, ㉡ 심신장애로 인하여 ㉠에 따른 능력이 미약한 자의 질서위반행위는 **과태료를 감경한다**(동법 제10조).

11 정답 ①

① (X) 경찰상 위험을 야기하려고 하고 있다고 의심할 만한 상당한 이유가 있는 자는 불심검문 대상자에 해당하지 않는다(경찰관직무집행법 제3조 제1항).

> ① 경찰관은 다음 각 호의 어느 하나에 해당하는 사람을 정지시켜 질문할 수 있다.
> 1. 수상한 행동이나 그 밖의 주위 사정을 합리적으로 판단하여 볼 때 어떠한 죄를 범하였거나 범하려 하고 있다고 의심할 만한 상당한 이유가 있는 사람
> 2. 이미 행하여진 범죄나 행하여지려고 하는 범죄행위에 관한 사실을 안다고 인정되는 사람

② (O) 동법 제3조 제3항
③ (O) 동법 제3조 제2항
④ (O) 동법 제3조 제6항

12 정답 ①

① (O) 위해성 경찰장비의 사용기준 등에 관한 규정 제18조의2 제1항, 제3항
② (X) 경찰청장은 신규 도입 장비에 대한 안전성 검사를 실시한 후 3개월 이내에 다음 각 호의 내용이 포함된 안전성 검사 결과보고서를 **국회 소관 상임위원회**에 제출하여야 한다(동규정 제18조의2 제4항).
③ (X) 국가경찰관서의 장은 폐기대상인 위해성 경찰장비 또는 성능이 저하된 위해성 경찰장비를 개조할 수 있으며, 소속경찰관으로 하여금 이를 본래의 용법에 준하여 사용하게 할 수 있다(동규정 제19조).
④ (X) 위해성 경찰장비(무기, 분사기·최루탄등, 살수차)를 사용하는 경우 그 현장책임자 또는 사용자는 사용보고서를 작성하여 직근상급 감독자에게 보고하고, 직급상급 감독자는 이를 3년간 보관하여야 한다(동규정 제20조 제1항).

13 정답 ③

㉠ (X) 제3조에 따른 불심검문에 해당하는 직무수행을 위하여 필요한 경우는 경찰착용기록장치를 사용할 수 있는 요건에 해당하지 않는다.
㉡㉢㉣㉤ (O) 경찰관 직무집행법 제10조의5 제1항

> 제10조의5(경찰착용기록장치의 사용)
> ① 경찰관은 다음 각 호의 어느 하나에 해당하는 직무 수행을 위하여 필요한 경우에는 필요한 최소한의 범위에서 경찰착용기록장치를 사용할 수 있다.
> 1. 경찰관이 「형사소송법」 제200조의2(영장에 의한 체포), 제200조의3(긴급체포), 제201조(구속) 또는 제212조(현행범인 체포)에 따라 피의자를 체포 또는 구속하는 경우
> 2. 범죄 수사를 위하여 필요한 경우로서 다음 각 목의 요건을 모두 갖춘 경우
>   가. 범행 중이거나 범행 직전 또는 직후일 것
>   나. 증거보전의 필요성 및 긴급성이 있을 것
> 3. 제5조 제1항(위험 발생의 방지 등)에 따른 인공구조물의 파손이나 붕괴 등의 위험한 사태가 발생한 경우
> 4. 경찰착용기록장치에 기록되는 대상자로부터 그 기록의 요청 또는 동의를 받은 경우
> 5. 제4조 제1항 각 호(보호조치 등)에 해당하는 것이 명백하고 응급구호가 필요하다고 믿을 만한 상당한 이유가 있는 경우

6. 제6조(범죄의 예방과 제지)에 따라 사람의 생명·신체에 위해를 끼치거나 재산에 중대한 손해를 끼칠 우려가 있는 범죄행위를 긴급하게 예방 및 제지하는 경우
7. 경찰관이 「해양경비법」 제12조 또는 제13조에 따라 해상검문검색 또는 추적·나포하는 경우
8. 경찰관이 「수상에서의 수색·구조 등에 관한 법률」에 따라 같은 법 제2조 제4호의 수난구호업무 시 수색 또는 구조를 하는 경우
9. 그 밖에 제1호부터 제8호까지에 준하는 경우로서 대통령령으로 정하는 경우

14 정답 ④

① (X) **직위분류제**는 동일직무·동일보수 원칙에 따라 보수체계의 합리적 기준을 제시한다.
② (X) **계급제**는 널리 일반적 교양·능력을 가진 사람을 채용하여 신분보장과 함께 장기간에 걸쳐 능력이 키워지므로 공무원이 보다 종합적·신축적인 능력을 가질 수 있다.
③ (X) **직위분류제**는 시험·채용·전직의 합리적 기준을 제공하여 인사행정의 합리화를 기할 수 있다.
④ (O) 옳은 설명이다.

15 정답 ④

㉠ (X) 경찰청장은 매년 1월 31일까지 해당 회계연도부터 5회계연도 이상의 기간 동안의 신규사업 및 **기획재정부장관**이 정하는 주요 계속사업에 대한 중기사업계획서를 기획재정부장관에게 제출하여야 한다("중기 사업계획서 제출" 국가재정법 제28조).
㉡ (O) "예산안 편성" 동법 제32조
㉢ (O) "예산요구서 제출" 동법 제31조
㉣ (X) 정부는 대통령의 승인을 얻은 예산안을 회계연도 개시 120일 전까지 국회에 제출하여야 한다(예산안 국회제출 동법 제33조). ※ 헌법 제54조 제2항에서 "회계연도 개시 90일 전"까지 국회에 제출하도록 규정하고 있는 것과 구별
㉤ (O) "예산안편성지침 국회보고" 동법 제30조
㉥ (O) "중기 사업계획서 제출" → "예산안편성지침 국회보고" → "예산요구서 제출" → "예산안 편성" → 예산안 국회제출

〈국가재정법상 예산과정〉
1. 중기사업계획서 제출: 5회계년도 이상/ 기재부장관이 정하는 중기사업계획서/ 매년 1.31일까지
2. 예산안편성지침 통보: 국무회의 심의 거쳐/ 매년 3.31일까지
3. 예산안편성지침 국회보고
4. 예산요구서 제출: 매년 5.31까지
5. 예산안 편성: 국무회의 심의 거쳐
6. 예산안 국회제출: 회계연도 개시 120일 전까지

16 정답 ②

① (X) Ⅱ급비밀 및 Ⅲ급비밀은 금고 또는 이중 철제캐비닛 등 잠금장치가 있는 안전한 용기에 보관하여야 하며, 보관책임자가 **Ⅱ급비밀 취급 인가**를 받은 때에는 Ⅱ급비밀과 Ⅲ급비밀을 같은 용기에 혼합하여 보관할 수 있다(보안업무규정 시행규칙 제33조 제3항).
② (O) 동규정 시행규칙 제33조 제2항

③ (X) 보관용기에 넣을 수 없는 비밀은 **제한구역 또는 통제구역**에 보관하는 등 그 내용이 노출되지 아니하도록 특별한 보호대책을 마련하여야 한다(동규정 시행규칙 제33조 제4항).
④ (X) 비밀의 보관용기 외부에는 비밀의 보관을 알리거나 나타내는 어떠한 **표시도 해서는 아니 된다**(동규정 시행규칙 제34조 제1항).

17 정답 ②
① (X) 그 기간이 끝나는 날의 다음 날부터 기산하여 10일의 범위에서 공개 여부 결정기간을 연장할 수 있다(정보공개법 제11조 제1항·제2항).
② (O) 동법 제18조 제1항
③ (X) 공공기관은 이의신청을 받은 날부터 7일 이내에 그 이의신청에 대하여 결정하고 그 결과를 청구인에게 지체 없이 문서로 통지하여야 한다(동법 제18조 제3항).
④ (X) 청구인은 ②에 따른 이의신청 절차를 거치지 아니하고 **행정심판을 청구할 수 있다**(동법 제19조 제2항).

> **공공기관의 정보공개에 관한 법률 제19조(행정심판)**
> ① 청구인이 정보공개와 관련한 공공기관의 결정에 대하여 불복이 있거나 정보공개 청구 후 20일이 경과하도록 정보공개 결정이 없는 때에는 「행정심판법」에서 정하는 바에 따라 행정심판을 청구할 수 있다. 이 경우 국가기관 및 지방자치단체 외의 공공기관의 결정에 대한 감독행정기관은 관계 중앙행정기관의 장 또는 지방자치 단체의 장으로 한다.
> ② 청구인은 제18조에 따른 이의신청 절차를 거치지 아니하고 행정심판을 청구할 수 있다.
> ③ 청구인이 정보공개와 관련한 공공기관의 결정에 대하여 불복이 있거나 정보공개 청구 후 20일이 경과하도록 정보공개 결정이 없는 때에는 「행정소송법」에서 정하는 바에 따라 행정소송을 제기할 수 있다.

18 정답 ③
① (X) 구조원인 가설은 경찰조직 부패의 원인을 **부패한 경찰조직에 있다고 보는 이론**이다.
② (X) 구조화된 조직적 부패는 서로가 문제점을 알면서도 이를 묵인하는 '**침묵의 규범**'을 형성하게 된다. Moral hazard는 도덕적 가치관이 붕괴되어 동료의 부패를 부패라고 인식하지 못하는 것을 의미하며, 부패를 잘못된 행위로 인식하고 있지만 동료라서 모르는 척하는 침묵의 규범과는 구별되는 개념이다.
③ (O) 옳은 설명이다.
④ (X) 전체사회 가설에 대한 내용이다.

19 정답 ②
① (O) 부정청탁 및 금품등 수수의 금지에 관한 법률 제13조 제1항
② (X) 제13조 제3항에도 불구하고 같은 조 제1항에 따라 신고를 하려는 자는 **자신의 인적사항을 밝히지 아니하고 변호사를 선임하여 신고를 대리하게 할 수 있다**(동법 제13조의2 제1항).
③ (O) 동법 제14조 제1항·제3항
④ (O) 동법 제14조 제5항

부정청탁 및 금품등 수수의 금지에 관한 법률

제13조(위반행위의 신고 등) ① 누구든지 이 법의 위반행위가 발생하였거나 발생하고 있다는 사실을 알게 된 경우에는 다음 각 호의 어느 하나에 해당하는 기관에 신고할 수 있다.
③ 제1항에 따라 신고를 하려는 자는 자신의 인적사항과 신고의 취지·이유·내용을 적고 서명한 문서와 함께 신고 대상 및 증거 등을 제출하여야 한다.

제13조의2(비실명 대리신고) ① 제13조 제3항에도 불구하고 같은 조 제1항에 따라 신고를 하려는 자는 자신의 인적사항을 밝히지 아니하고 변호사를 선임하여 신고를 대리하게 할 수 있다. 이 경우 제13조 제3항에 따른 신고자의 인적사항 및 신고자가 서명한 문서는 변호사의 인적사항 및 변호사가 서명한 문서로 갈음한다.

20 정답 ③

① (위반 아님) : 요건 ① 직무범위 外 미해당
② (위반 아님) : 요건 ② 본인 또는 타인의 사적 이익 도모 미해당
③ (위반 O) : 요건 모두 충족
④ (위반 아님) : 요건 ③ 공표 또는 게시 등의 방법 미해당

경찰청 공무원 행동강령 제10조의2(직위의 사적이용 금지)를 위반하기 위해서는 4개의 요건이 필요하며 이를 모두 충족했을 때 위반행위가 성립하게 된다. 그 요건은 ① 직무범위 外, ② 본인 또는 타인의 사적 이익 도모, ③ 공표 또는 게시 등의 방법, ④ 기관 명칭 또는 직위 이용이다.

21 정답 ②

① (O) 경찰청 적극행정 면책제도 운영규정 제2조 제4호
② (X) 감사관은 사전컨설팅 감사 접수일로부터 30일 이내에 별지 제7호 서식에 따른 사전컨설팅 감사 의견서를 작성하여 신청서를 제출한 사전컨설팅 대상 기관등의 장에게 통보하여야 한다(동규정 제19조 제1항).
③ (O) 동규정 제19조 제2항 〈24년 경위공채〉
④ (O) 동규정 제20조 제1항

22 정답 ②

① (X) 잠금장치는 자연적 접근통제에 해당한다.
② (O) 옳은 설명이다.
③ (X) 조명·조경의 관리는 유지관리이고 조명·조경의 설치가 자연적 감시의 예이다.
④ (X) 출입구의 최소화 부분은 자연적 접근통제의 종류이다.

23 정답 ③

① (O) 112종합상황실 운영 및 신고처리 규칙 제6조 제1항
② (O) 동규칙 제8조 제2항
③ (X) 112근무요원은 112신고가 완전하게 수신되지 않는 경우와 같이 정확한 신고내용을 파악하기 힘든 경우라도 신속한 처리를 위해 우선 임의의 112신고 대응 코드를 부여할 수 있다(동규칙 제7조 제3항).
④ (O) 동규칙 제9조 제1항

24 정답 ①

㉠ (X) 경비업의 업무에는 시설경비, 호송경비, 신변보호, 기계경비, 특수경비가 있다(경비업법 제2조).
㉡ (X) '신변보호업무'란 사람의 생명·신체(재산X)에 대한 위해의 발생을 방지하고 그 신변을 보호하는 업무를 말한다(동법 제2조).
㉢ (X) 기계경비에 대한 설명이다(동법 제2조).
㉣ (X) 「집회 및 시위에 관한 법률」에 따른 집회 또는 시위가 금지되는 장소는 집단민원현장에 해당하지 않는다(동법 제2조).

25 정답 ④

① (X) 경찰청 생활안전국장은 정보시스템으로 실종아동등 프로파일링시스템 및 실종아동찾기센터 홈페이지를 운영한다(실종아동등 및 가출인 업무처리규칙 제6조).
② (X) 수사기관으로부터 지명수배 또는 지명통보된 사람은 실종아동등 프로파일링시스템 입력대상에 해당하지 않는다(동규칙 제7조).
③ (X) 실종아동등 프로파일링시스템에 등록되어 있는 자료 중 발견된 18세 미만 아동 및 가출인의 자료는 수배 해제 후로 부터 5년간 보관하며, 발견된 지적·자폐성·정신장애인 등 및 치매환자의 자료는 수배 해제 후로부터 10년간 보관한다(동규칙 제7조 제3항).
④ (O) 동규칙 제11조 제5항

26 정답 ①

① (X) 조사는 임의적인 방법으로 하는 것을 원칙으로 하고, 대물적 강제 조치를 실시하는 경우에는 법률에서 정한 바에 따라 필요 최소한의 범위에서 남용되지 않도록 유의하여야 한다(입건 전 조사 사건 처리에 관한 규칙 제2조 제3항).
② (O) 동규칙 제3조 제3호 나목
③ (O) 동규칙 제5조 제1항
④ (O) 동규칙 제7조 제3항

27 정답 ②

① (X) 사법경찰관은 ㉠ 범행수단이 잔인하고 중대한 피해가 발생하였을 것(제2조 제3호부터 제6호까지의 죄에 한정한다), ㉡ 피의자가 그 죄를 범하였다고 믿을 만한 충분한 증거가 있을 것, ㉢ 국민의 알권리 보장, 피의자의 재범 방지 및 범죄예방 등 오로지 공공의 이익을 위하여 필요할 것의 요건을 모두 갖춘 특정중대범죄사건의 피의자의 얼굴, 성명 및 나이("신상정보")를 공개할 수 있다. 다만, 피의자가 미성년자인 경우에는 공개하지 아니한다(특정중대범죄 피의자 등 신상정보 공개에 관한 법률 제4조 제1항).
② (O) 동법 제2조 제7호는 「성폭력범죄의 처벌 등에 관한 특례법」 제2조의 성폭력범죄'를 동법의 특정중대범죄로 규정하고 있으며, 동 특례법 제2조 제1항 제1호에서는 지문의 형법상 범죄를 '성폭력범죄'로 규정하고 있으므로, 공연음란죄·음행매개죄도 "특정중대범죄"에 해당한다. 「형법」상 내란의 죄는 동조 제1호에, 범죄단체등의 조직의 죄는 동조 제2호에 규정
③ (X) 사법경찰관은 정보통신망을 이용하여 그 신상정보를 30일간 공개한다(동법 제4조 제4항·제8항).
④ (X) 검찰총장 및 경찰청장은 신상정보 공개 여부에 관한 사항을 심의하기 위하여 신상정보공개심의위원회를 둘 수 있으며, 신상정보공개심의위원회는 위원장을 포함하여 10인 이내의 위원으로 구성한다(동법 제8조 제1항·제2항).

28 정답 ③

① (O) 스토킹범죄의 처벌 등에 관한 법률 제9조 제2항
② (O) 스토킹범죄의 처벌 등에 관한 법률 제9조 제7항
③ (X) '국가경찰관서의 유치장 또는 구치소에의 유치'에 따른 잠정조치 기간은 **연장규정이 없다**(동법 제9조 제7항 참고).
④ (O) 동법 제20조 제2항

29 정답 ①

① (X) 지문은 사회전반적 안녕목적의 활동에 대한 설명이다.
②③④ (O) 모두 옳은 설명이다.

● 경비경찰의 특징

구 분	내 용
복합기능적 활동	- 경비경찰은 사전예방, 경계, 사후진압의 임무를 복합적으로 수행한다. - 즉, 사태 발생 후에 진압뿐만 아니라 사태 발생 전에 경계·예방의 역할도 수행한다.
현상유지적 활동	- 경비활동은 기본적으로 현재의 질서상태를 유지하는 것에 가치를 두는 현상유지적 질서유지활동이다. - 이때 현상유지적 질서유지활동이라고 하는 것은 정태적·소극적인 유지에 그치는 것이 아니라 질서유지를 통해 새로운 변화와 발전을 보장하기 위한 동태적·적극적인 유지의 성격을 가진다.
즉응적(즉시적) 활동	다중범죄, 테러, 경호상 위해나 경찰작전상황 등이 발생하였을 경우 경비경찰은 기한을 정하여 진압할 수는 없으며 즉시 출동하여 신속하게 조기 진압해야 한다.
조직적 부대활동	- 경비경찰은 개인적인 활동으로 이루어지기보다는 항상 부대활동으로 훈련을 하고 근무를 하며, 경비사태 발생시 조직적이고 집단적이며 물리적인 힘으로 대처하는 것이 특징이다. - 이같은 성격상 조직적 부대활동에 중점을 둔 체계적인 부대편성, 관리, 운영이 필요하다.
하향적 명령에 의한 활동	경비경찰은 지휘관의 하향적 명령에 의한 활동으로 부대원의 재량은 상대적으로 적고, 활동 결과에 대한 책임은 지휘관이 지는 경우가 많다.
사회전반적 안녕목적의 활동	- 경비경찰의 대상은 공공의 안녕과 질서를 유지하는 것을 목적으로 하므로 결과적으로 사회 전체의 질서를 파괴하는 범죄를 대상으로 작용한다. - 즉, 경비경찰의 임무는 국가목적적 치안의 수행이다.

30 정답 ②

① (X) "주관부서"란 채증요원을 관리·운용하는 경비 부서를 말한다(집회등 채증활동규칙 제2조 제3호).
② (O) 동규칙 제4조 제1항, 제2항
③ (X) 채증은 폭력 등 범죄행위가 행하여지고 있거나 행하여진 직후에 하여야 한다(동규칙 제7조 제1항). 그러나 예외적으로 범죄행위로 인하여 타인의 생명·신체 또는 재산에 대한 위해가 임박한 때에 범죄에 이르게 된 경위나 그 전후 사정에 관하여 긴급히 증거를 확보하여야 할 필요가 있는 경우에는 범죄행위가 행하여지기 이전이라도 채증을 할 수 있다(제7조 제2항).
④ (X) 20분 이상 채증을 계속하는 경우에는 20분이 경과할 때마다 채증 중임을 고지하거나 알려야 한다(동규칙 제9조 제2항).

31 정답 ③

① (O) 경찰 비상업무 규칙 제3조 제2항
② (O) 동규칙 제4조 제1항
③ (X) 제3항에도 불구하고 '경계강화, 작전준비태세'를 발령한 경우에는 승인을 요하지 아니한다(동규칙 제6조 제5항).
④ (O) 동규칙 제6조 제1항

> 경찰 비상업무 규칙 제5조(발령)
> ① 비상근무의 발령권자는 다음과 같다.
>   1. 전국 또는 2개 이상 시·도경찰청 관할지역: 경찰청장
>   2. 시·도경찰청 또는 2개 이상 경찰서 관할지역: 시·도경찰청장
>   3. 단일 경찰서 관할지역: 경찰서장
> ③ 제1항 제2호 및 제3호의 경우 비상근무의 발령권자는 비상구분, 실시목적, 기간 및 범위, 경력 및 장비동원사항 등을 바로 위의 상급 기관의 장에게 보고하여 사전에 승인을 받아야 한다. 다만, 긴급을 요하는 경우에는 비상근무를 발령하고, 사후에 승인을 받을 수 있다.
> ④ 자치경찰사무와 관련이 있는 비상근무가 발령된 경우에는 해당 시·도경찰청장은 자치경찰위원회에 그 발령사실을 통보한다.
> ⑤ 제3항에도 불구하고 '경계강화, 작전준비태세'를 발령한 경우에는 승인을 요하지 아니한다.
> 제6조(해제) ① 비상근무의 발령권자는 비상상황이 종료되는 즉시 비상근무를 해제하고, 비상근무 해제 시 제5조 제1항 제2호·제3호의 발령권자는 6시간 이내에 해제일시, 사유 및 비상근무결과 등을 바로 위의 상급 기관의 장에게 보고한다.

32 정답 ④

① (O) 도로교통법 제2조 제19의2호
② (O) 옳은 설명이다.
③ (O) 개인형 이동장치는 '자전거등'의 범위에 포함되며 또한 '자동차등'의 범위에도 포함되는 개념이므로 「특정범죄 가중처벌 등에 관한 법률」상 '자동차등'으로 규정된 조항을 적용받는다.
④ (X) 개인형 이동장치(PM)는 음주운전에 해당하는 경우 **범칙금 10만원**, 측정거부의 경우 **범칙금 13만원**이 부과된다(도로교통법」 제44조 제2항 및 제156조 제11호, 시행령 별표 8).

33 정답 ②

① (O) 대법원 2015.12.24. 2013도8481
② (X) 음주로 인한 특가법위반(위험운전치사상)죄와 도로교통법 위반(음주운전)죄는 입법 취지와 보호법익 및 적용 영역을 달리하는 별개의 범죄로서 양 죄가 모두 성립하는 경우 두 죄는 실체적 경합관계에 있다(대법원 2008.11.13. 2008도7143).
③ (O) 대법원 2006.11.23. 2005도7034
④ (O) 대법원 2003.1.24. 2002도6632

34 정답 ①

① (O) 경찰관의 정보수집 및 처리 등에 관한 규정 제3조 제5호
② (X) 경찰관은 정보활동과 관련하여 직무와 **무관한** 비공식적 직함을 사용하는 행위를 해서는 안 된다(동규정 제2조 제6항 제6호).
③ (X) **지방자치단체는 포함되지 않는다**(동규정 제5조).
④ (X) 경찰관은 명백히 위법한 지시라고 판단되는 경우에는 그 집행을 **거부할 수 있다**(동규정 제8조 제2항).

> 경찰관의 정보수집 및 처리 등에 관한 규정 제2조(정보활동의 기본원칙 등)
> ① 공공안녕에 대한 위험의 예방과 대응을 위한 정보의 수집·작성·배포와 이에 수반되는 사실의 확인을 위해 경찰관이 수행하는 활동(이하 "정보활동"이라 한다)은 국민의 자유와 권리를 보호하는 것을 목적으로 해야 하며, 필요 최소한의 범위에 그쳐야 한다.
> ② 경찰관은 정보활동과 관련하여 다음 각 호의 행위를 해서는 안 된다.
>   1. 정치에 관여하기 위해 정보를 수집·작성·배포하는 행위
>   2. 법령의 직무 범위를 벗어나 개인의 동향 등을 파악하기 위해 사생활에 관한 정보를 수집·작성·배포하는 행위
>   3. 상대방의 명시적 의사에 반해 자료 제출이나 의견 표명을 강요하는 행위
>   4. 부당한 민원이나 청탁을 직무 관련자에게 전달하는 행위
>   5. 직무상 알게 된 정보를 누설하거나 개인의 이익을 위해 사용하는 행위
>   6. 직무와 무관한 비공식적 직함을 사용하는 행위
>
> 제5조(정보 수집 등을 위한 출입의 한계) 경찰관은 다음 각 호의 장소에 상시적으로 출입해서는 안 되며, 정보활동을 위해 필요한 경우에 한정하여 일시적으로만 출입해야 한다.
>   1. 언론·교육·종교·시민사회 단체 등 민간단체
>   2. 민간기업
>   3. 정당의 사무소

35 정답 ③

① (O) 집회 및 시위에 관한 법률 제6조 제3항
② (O) 동법 제8조 제2항·제3항
③ (X) 철회신고서를 받은 경찰관서장은 제8조 제3항의 규정에 의해 금지 통고한 집회 또는 시위의 **주최자**(질서유지인 X)에게 이 사실을 즉시 알려야 한다(동법 제6조 제4항).
④ (O) 동법 제26조 제1항

36 정답 ③

③ (X) 집회 장소가 상업지역인 경우 주거지역에서 신고가 있었다면 피해지역인 주거지역의 소음기준치를 적용한다.
①②④ 모두 옳은 설명이다.

> ● 확성기 등의 소음 기준(집회 및 시위에 관한 법률 시행령 제14조 별표 2) 〈2024.8.6. 개정〉
> 1. 확성기등의 소음은 관할 경찰서장(현장 경찰공무원)이 측정한다.
> 2. 소음 측정 장소는 피해자가 위치한 건물의 외벽에서 소음원 방향으로 1 ~ 3.5m 떨어진 지점으로 하되, 소음도가 높을 것으로 예상되는 지점의 지면 위 1.2 ~ 1.5m 높이에서 측정한다. 다만, 주된 건물의 경비 등을 위하여 사용되는 부속 건물, 광장·공원이나 도로상의 영업시설물, 공원의 관리사무소 등은 소음 측정 장소에서 제외한다.
> 3. 제2호의 장소에서 확성기등의 대상소음이 있을 때 측정한 소음도를 측정소음도로 하고, 같은 장소에서 확성기등의 대상소음이 없을 때 5분간 측정한 소음도를 배경소음도로 한다. 이 경우 배경소음도가 위 표의 등가소음도 기준보다 큰 경우에는 배경소음도의 소수점 첫째 자리에서 올림한 값을 등가소음도 기준으로 하고, 등가소음도 기준에서 20dB을 더한 값을 최고소음도 기준으로 한다.

37 정답 ①

① (O) 국가보안법 제10조
② (X) 법정형은 5년 이하 징역 또는 200만 원 이하 벌금이다(동법 제10조).
③ (X) 편의제공죄는 「형법」상 종범과는 달리 본범의 실행 착수 전 또는 범행종료 후에도 성립한다.
④ (X) 편의제공죄에서 "제공"은 적극적인 행위를 요하기 때문에 부작위 같은 소극적 행위는 해당하지 않는다(대법원 1971.9.28. 71도1124).

> 국가보안법 제10조(불고지) 제3조, 제4조, 제5조 제1항·제3항(제1항의 미수범에 한한다)·제4항의 죄를 범한 자라는 정을 알면서 수사기관 또는 정보기관에 고지하지 아니한 자는 5년 이하의 징역 또는 200만원 이하의 벌금에 처한다. 다만, 본범과 친족관계가 있는 때에는 그 형을 감경 또는 면제한다.

38 정답 ②

① (O) 보안관찰법 제17조 제1항·제2항
② (X) 검사는 피보안관찰자가 도주하거나 1월 이상 그 소재가 불명한 때에는 보안관찰처분의 집행중지결정을 할 수 있다. 그 사유가 소멸된 때에는 지체없이 그 결정을 취소하여야 한다(동법 제17조 제3항).
③ (O) 동법 시행령 제23조 제1항·제3항
④ (O) 동법 제23조

39 정답 ④

① (O) 출입국관리법 제11조 제1항 제2호
② (O) 동법 제11조 제1항 제6호
③ (O) 동법 제29조 제1항, 제4조 제1항 제3호
④ (X) 법무부장관은 **대통령령**으로 정하는 금액 이상의 국세·관세·지방세를 정당한 사유 없이 그 납부기한까지 내지 아니한 외국인에 대하여 출국을 정지할 수 있다(동법 제29조 제1항, 제4조 제1항 제4호).

40 정답 ④

① (O) 범죄인 인도법 제6조
② (O) 인도조약이 체결되어 있지 아니한 경우에도 범죄인의 인도를 청구하는 국가가 같은 종류 또는 유사한 인도범죄에 대한 대한민국의 범죄인 인도청구에 응한다는 보증을 하는 경우에는 이 법을 적용한다(동법 제4조).
③ (O) 동법 제9조 제4호
④ (X) 범죄인이 인종, 종교, 국적, 성별, 정치적 신념 또는 특정 사회단체에 속한 것 등을 이유로 처벌되거나 그 밖의 불리한 처분을 받을 염려가 있다고 인정되는 경우 **인도하여서는 아니 된다**(동법 제7조 제4호).

> 범죄인 인도법 제7조(절대적 인도거절 사유) 다음 각 호의 어느 하나에 해당하는 경우에는 범죄인을 인도하여서는 아니 된다.
> 1. 대한민국 또는 청구국의 법률에 따라 인도범죄에 관한 공소시효 또는 형의 시효가 완성된 경우
> 2. 인도범죄에 관하여 대한민국 법원에서 재판이 계속(係屬) 중이거나 재판이 확정된 경우
> 3. 범죄인이 인도범죄를 범하였다고 의심할 만한 상당한 이유가 없는 경우. 다만, 인도범죄에 관하여 청구국에서 유죄의 재판이 있는 경우는 제외한다.
> 4. 범죄인이 인종, 종교, 국적, 성별, 정치적 신념 또는 특정 사회단체에 속한 것 등을 이유로 처벌되거나 그 밖의 불리한 처분을 받을 염려가 있다고 인정되는 경우

해설 02 실무종합 모의고사 2회

1	2	3	4	5	6	7	8	9	10
③	②	④	①	②	②	③	③	②	④
11	12	13	14	15	16	17	18	19	20
①	③	②	①	①	②	①	③	④	③
21	22	23	24	25	26	27	28	29	30
②	①	③	②	④	②	②	④	④	④
31	32	33	34	35	36	37	38	39	40
③	③	③	②	②	②	①	③	①	②

1 정답 ③

ⓒⓔ (O) 옳은 설명이다.

㉠ (X) 국가경찰제도의 단점이다.

㉡ (X) 민주성이 보장되어 주민들의 지지를 받기 쉬운 것은 자치경찰제도의 장점이다.

2 정답 ②

① (O) 옳은 설명이다.

② (X) 임박한 위험에 대한 설명이다. 긴급한 위험은 중대한 법익에 대한 위험으로서, 이 경우 반드시 위험발생이 목전에 급박할 필요는 없다.

현재의 위험	손해를 발생시키는 위험상황이 시작되었거나 바로 직전인 경우를 말하며, 이 개념은 경찰상 비책임자인 제3자에게 경찰권을 발동하기 위한 전제조건이 된다.
직접적 위험	집회에 대한 조치와 관련하여 사용되는 개념으로서, 위험상황이 그대로 진행되면 보호법익에 대한 손해가 발생할 고도의 개연성이 있는 상태
중대한 위험	중대한 법익에 대한 위험으로서, 중대한 법익으로 국가의 존속ㆍ생명ㆍ중대한 재산적 가치등이 논의된다.
긴급한 위험	중대한 법익에 대한 위험으로서, 이 경우 반드시 위험발생이 목전에 급박할 필요는 없다.

③ (O) 대법원 2019.1.17. 2015다236196

④ (O) 대법원 2012.4.19. 2010도6388

3 정답 ④

①②③ 옳은 설명이다.

④ (X) 연통제와 의경대 설명이 바뀌었다. 연통제(경무사)는 밀탐지 활동과 군자금(독립운동 자금) 모집활동을, 의경대는 교민사회에 침투한 일제의 밀정을 색출하고 친일파를 처단하고 교민사회의 질서유지, 호구조사, 민단세 징수, 풍기단속 등의 업무를 수행하였다.

4 정답 ①

① (O) 국가경찰과 자치경찰의 조직 및 운영에 관한 법률 제19조 제1항

② (X) 위원 중 **1명**은 인권문제에 관하여 전문적인 지식이 있는 사람이 임명될 수 있도록 노력하여야 한다(동법 제19조 제3항).

③ (X) 시·도자치경찰위원회 위원장과 위원의 임기는 3년으로 하며, **연임할 수 없다**(동법 제23조 제1항).

④ (X) 보궐위원의 임기는 전임자 임기의 남은 기간으로 하되, 전임자의 남은 임기가 1년 미만인 경우 그 보궐위원은 제1항에도 불구하고 한 차례만 연임할 수 있다(동법 제23조 제2항).

5 정답 ②

①③ (O) 대법원 1995.11.28. 94누6475

② (X) 권한위임의 경우에는 수임관청이 자기의 이름으로 그 권한행사를 할 수 있지만 내부 위임의 경우에는 수임관청은 위임관청의 이름으로만 그 권한을 행사할 수 있을 뿐 자기의 이름으로는 그 권한을 **행사할 수 없다**(대법원 1995.11.28. 94누6475).

④ (O) 대법원 1998.2.27. 97누1105 판결, 2003추68

6 정답 ②

ⓒ (X) ~ 총경의 전보, 휴직, 직위해제, 강등, 정직 및 **복직**(면직X) ~ (경찰공무원법 제7조 제1항)

> 제7조(임용권자) ① ㉠ (O) 총경 이상 경찰공무원은 경찰청장의 추천을 받아 ㉡ (O) 행정안전부장관의 제청으로 국무총리를 거쳐 대통령이 임용한다. 다만, ㉢ (X) 총경의 전보, 휴직, 직위해제, 강등, 정직 및 복직은 경찰청장이 한다.
> ② 경정 이하의 경찰공무원은 경찰청장이 임용한다. 다만, 경정으로의 신규채용, 승진임용 및 면직은 ㉣ (O) 경찰청장의 제청으로 국무총리를 거쳐 대통령이 한다.
> ③ 경찰청장은 대통령령으로 정하는 바에 따라 경찰공무원의 임용에 관한 권한의 일부를 시·도지사, 국가수사본부장, 소속 기관의 장, 시·도경찰청장에게 ㉤ (O) 위임할 수 있다. 이 경우 시·도지사는 위임받은 권한의 일부를 대통령령으로 정하는 바에 따라 「국가경찰과 자치경찰의 조직 및 운영에 관한 법률」 제18조에 따른 시·도자치경찰위원회, 시·도경찰청장에게 다시 위임할 수 있다.

7 정답 ③

① (X) 「공직자윤리법」 제3조 제1항 제9호에서는 **총경 이상의 경찰공무원**을 재산등록의무자로 규정하고 있고, 「동법 시행령」 제3조 제4항 제6호에서는 **경사 이상**을 재산등록의무자로 규정하고 있다.

② (X) 공무원(지방의회의원을 포함) 또는 공직유관단체의 임직원은 외국으로부터 선물(대가 없이 제공되는 물품 및 그 밖에 이에준하는 것을 말하되, 현금은 제외)을 받거나 그 직무와 관련하여 외국인(외국단체를 포함한다)에게 선물을 받으면 **지체 없이** 소속 기관·단체의 장에게 신고하고 그 선물을 인도하여야 한다(공직자윤리법 제15조).

③ (O) 동법 시행령 제28조 제1항

④ (X) 퇴직일부터 3년간 "취업심사대상기관"에 취업할 수 없다. 다만, 관할 공직자 윤리위원회로부터 취업심사대상자가 퇴직 전 5년 동안 소속하였던 부서 또는 기관의 업무와 취업 심사대상기관 간에 밀접한 관련성이 없다는 확인을 받거나 취업승인을 받은 때에는 취업할 수 있다(공직자윤리법 제17조 제1항).

8 정답 ③
① (O) 경찰공무원 징계령 제17조
② (O) 동징계령 제18조 제1항·제2항
③ (X) 다만, **경무관 이상의 강등 및 정직, 경정 이상의 파면 및 해임 처분의 제청, 총경 및 경정의 강등 및 정직의 집행은 경찰청장**이 한다(동징계령 제19조 제1항).
④ (O) 동징계령 제19조 제2항

9 정답 ②
② 옳은 연결이다.
㉠ (X) 국회에서 의결된 법률안은 정부에 이송되어 15일 이내에 대통령이 공포한다(헌법 제53조 제1항).
㉡ (O) 법률은 특별한 규정이 없는 한 공포한 날로부터 20일을 경과함으로써 효력을 발생한다(동법 제53조 제2항).
㉢ (X) 대통령령, 총리령 및 부령은 특별한 규정이 없으면 공포한 날부터 20일이 경과함으로써 효력을 발생한다(법령 등 공포에 관한 법률 제13조).
㉣ (X) 국민의 권리 제한 또는 의무 부과와 직접 관련되는 대통령령은 긴급히 시행하여야 할 특별한 사유가 있는 경우를 제외하고는 공포일부터 적어도 30일이 경과한 날부터 시행되도록 하여야 한다(동법 제13조의2).

10 정답 ④
①②③ (O) 행정기본법 제17조 제1항
④ (X) 해당 처분과 실질적인 관련이 있어야 한다(동법 제17조 제4항).

> ④ 부관은 다음 각 호의 요건에 적합하여야 한다.
> 1. 해당 처분의 목적에 위배되지 아니할 것
> 2. 해당 처분과 실질적인 관련이 있을 것
> 3. 해당 처분의 목적을 달성하기 위하여 필요한 최소한의 범위일 것

11 정답 ①
① (O) 경찰관직무집행법 제4조 제1항
② (X) 보건의료기관 또는 공공구호기관이 긴급구호 요청을 거절한 경우 「경찰관 직무집행법」상 처벌할 수 있는 규정이 없고, 「응급의료에 관한 **법률**」 제60조 제3항에 **처벌규정**이 있다.
③ (X) 경찰관이 보호조치를 하였을 때에는 **지체없이**(24시간 이내X) 구호대상자의 가족, 친지 또는 그 밖의 연고자에게 그 사실을 알려야 한다(동법 제4조 제4항).
④ (X) 임시영치는 대물적 즉시강제이다(동법 제4조 제7항).

12 정답 ③

① (X) 석궁은 **기타장비**에 해당한다(위해성 경찰장비의 사용기준 등에 관한 규정 제2조).

경찰장구	수갑·포승·호송용포승·경찰봉·호신용경봉·전자충격기·방패 및 전자방패
무기	권총·소총·기관총(기관단총을 포함한다.)·산탄총·유탄발사기·박격포·3인치포·함포·크레모아·수류탄·폭약류 및 도검
분사기·최루탄 등	근접분사기·가스분사기·가스발사총(고무탄 발사겸용을 포함한다) 및 최루탄(그 발사장치를 포함한다.)
기타장비	가스차·살수차·특수진압차·물포·석궁·다목적발사기 및 도주차량차단장비

② (X) 경찰관은 범인의 체포 또는 도주방지, 타인 또는 경찰관의 **생명·신체**(재산 X)에 대한 방호, 공무집행에 대한 항거의 억제를 위하여 필요한 때에는 최소한의 범위안에서 가스발사총을 사용할 수 있다(동규정 제12조).

③ (O) 동규정 제12조

④ (X) 경찰관은 **최루탄발사기**로 최루탄을 발사하는 경우 30도 이상의 발사각을 유지하여야 하고, 가스차·살수차 또는 특수진압차의 **최루탄발사대**로 최루탄을 발사하는 경우에는 15도 이상의 발사각을 유지하여야 한다(동규정 제12조).

13 정답 ②

ⓒⓔ 2 항목이 중위험 물리력 종류에 해당한다.

㉠ (X) 팔·다리를 이용해 움직이지 못하도록 조르는 방법은 **저위험** 물리력의 종류이다.

㉢ (X) 경찰봉으로 중요 신체 부위를 찌르거나 가격은 **고위험** 물리력의 종류이며, 중위험 물리력은 경찰봉으로 중요부위가 아닌 신체 부위를 찌르거나 가격을 말한다.

㉤ (X) 권총 등 총기류 사용은 **고위험** 물리력의 종류이다.

저위험 물리력	가. 목을 압박하여 제압하거나 관절을 꺾는 방법, 팔·다리를 이용해 움직이지 못하도록 조르는 방법, 다리를 걸거나 들쳐 매는 등 균형을 무너뜨려 넘어뜨리는 방법, 대상자가 넘어진 상태에서 움직이지 못하게 위에서 눌러 제압하는 방법 나. 분사기 사용(다른 저위험 물리력 이하의 수단으로 제압이 어렵고, 경찰관이나 대상자의 부상 등의 방지를 위해 필요한 경우)
중위험 물리력	가. 손바닥, 주먹, 발 등 신체부위를 이용한 가격 나. 경찰봉으로 중요부위가 아닌 신체 부위를 찌르거나 가격 다. 방패로 강하게 압박하거나 세게 미는 행위 라. 전자충격기 사용
고위험 물리력	1) 권총 등 총기류 사용 2) 경찰봉, 방패, 신체적 물리력으로 대상자의 신체 중요 부위 또는 급소 부위 가격, 대상자의 목을 강하게 조르거나 신체를 강한 힘으로 압박하는 행위

14 정답 ①

① (O) 옳은 설명이다.
② (X) **구조조정의 문제와 관련성이 깊은 것**은 **통솔범위의 원리**이다. 통솔범위는 계층의 수, 업무의 단순성, 시간적·공간적 요인, 부하의 능력, 감독자의 리더십 등에 따라 달라지는데, 이러한 통솔범위를 재검토함으로써 직급조정과 인력재배치 작업으로 연결되는 것이다.
③ (X) 관리자의 공백 등을 대비하여 대리, 위임, 유고관리자 사전지정 등이 필요하다는 것은 **명령통일의 원리**에 관한 내용이다.
④ (X) 무니(Mooney)는 **조정과 통합의 원리**를 '제1의 원리'라고 하였다.

15 정답 ①

① (X) Maslow의 욕구단계이론에 의하면 '적정보수제도(생리적 욕구) → 연금제도(안전욕구) → **고충처리(사회적 욕구)** → **참여확대(존경욕구)** → 공무원단체 활용(자아실현욕구)' 단계 순으로 인간의 욕구를 충족하고자 노력한다.
②③④ 옳은 설명이다.

16 정답 ②

① (O) 경찰장비관리규칙 제123조 제1항 제1호
② (X) 무기를 휴대한 자 중에서 형사사건의 수사 대상이 된 자는 심의위원회의 심의를 거쳐 대여한 무기·탄약을 회수할 수 있는 사유에 해당한다(동규칙 제120조 제1항·제2항).
③ (O) 동규칙 제120조 제2항 제1호
④ (O) 동규칙 제120조 제4항 제1호

필요적 무기·탄약 회수	경찰기관의 장은 무기를 휴대한 자 중에서 다음 각 호에 해당하는 자가 발생한 때에는 즉시 대여한 무기·탄약을 회수해야 한다. 다만, 대상자가 이의신청을 하거나 소속 부서장이 무기 소지 적격 여부에 대해 심의를 요청하는 경우에는 무기 소지 적격 심의위원회(이하 '심의위원회'라 한다.)의 심의를 거쳐 대여한 무기·탄약의 회수여부를 결정한다. 1. 직무상의 비위 등으로 인하여 중징계 의결 요구된 된 자 2. 사의를 표명한 자
임의적 무기·탄약 회수	경찰기관의 장은 무기를 휴대한 자 중에서 다음 각 호에 해당하는 자가 있을 때에는 **심의위원회의 심의**를 거쳐 대여한 무기·탄약을 회수할 수 있다. 다만, 심의위원회를 개최할 시간적 여유가 없거나 사고 방지 등을 위해 신속한 회수가 필요하다고 인정되는 경우에는 대여한 무기·탄약을 즉시 회수할 수 있으며, 회수한 날부터 7일 이내에 심의위원회를 개최하여 회수의 타당성을 심의하고 계속 회수 여부를 결정한다. 1. 직무상의 비위 등으로 인하여 감찰조사의 대상이 되거나 경징계의결 요구 또는 경징계 처분 중인 자 2. 형사사건의 수사 대상이 된 자 3. 경찰공무원 직무적성검사 결과 고위험군에 해당되는 자 4. 정신건강상 문제가 우려되어 치료가 필요한 자 5. 정서적 불안 상태로 인하여 무기 소지가 적합하지 않은 자로서 소속 부서장의 요청이 있는 자 6. 그 밖에 경찰기관의 장이 무기 소지 적격 여부에 대해 심의를 요청하는 자

무기·탄약 보관	경찰기관의 장은 무기를 휴대한 자 중에서 다음 각 호에 해당하는 경우에는 대여한 무기·탄약을 무기고에 보관하도록 하여야 한다. 1. 술자리 또는 연회장소에 출입할 경우 2. 상사의 사무실을 출입할 경우 3. 기타 정황을 판단하여 필요하다고 인정되는 경우

17 정답 ①

- ㉠ (O) 언론중재 및 피해구제 등에 관한 법률 제14조 제1항
- ㉡ (X) ㉠의 청구에는 언론사등의 고의·과실이나 위법성을 **필요로 하지 아니한다**(언론중재 및 피해구제 등에 관한 법률 제14조 제2항).
- ㉢ (X) 정정보도 청구는 언론사등의 대표자에게 **서면**으로 하여야 한다(동법 제15조 제1항).
- ㉣ (X) 청구를 받은 언론사등의 대표자는 3일 이내에 그 수용 여부에 대한 통지를 청구인에게 발송하여야 한다(동법 제15조 제2항).
- ㉤ (X) 언론사등이 ㉠의 청구를 수용할 때에는 그 청구를 받은 날부터 7일 내에 정정보도문을 방송하거나 게재하여야 한다(동법 제15조 제3항).

18 정답 ③

- ①②④ 옳은 설명이다.
- ③ (X) 전문직업화의 문제점 중 '사적인 이익을 위한 이용'에 대한 설명으로, 전문직들은 그들의 지식과 기술로 상당한 사회적 힘을 소유하지만, 이러한 힘을 **사적 이익에만 이용**하는 문제점이 있다.

◉ 전문직업화의 문제점

부권주의	아버지가 부권(父權)에 입각해 자식의 문제를 모두 결정하려 하듯이 전문가가 상대방의 입장을 고려하지 않고 일방적으로 결정하는 것을 말한다. → 예를 들면 심장전문의 A가 치료법에 대하여 환자의 입장을 고려하지 않고 자신의 우월한 의학적 지식만 고려하여 일방적으로 치료방법을 결정하는 것
사적인 이익을 위한 이용	전문직들은 그들의 지식과 기술로 상당한 사회적 힘을 소유하지만, 이러한 힘을 때때로 공익보다는 사적인 이익을 위해서만 이용하기도 하는 경우를 말한다.
소 외	나무는 보고 숲은 보지 못하듯 전문가가 자신의 국지적 분야만 보고 전체적인 맥락을 보지 못하는 것을 말한다. → 예를 들면 공무원 A가 복지정책을 결정하면서 정부정책의 기본방침을 고려하지 않고 자신이 속한 부서의 입장만 고려한 채 정책결정을 하는 것
차 별	전문직이 되는 데 장기간의 교육과 비용이 들어, 가난한 사람은 전문가가 되는 기회를 상실하는 것을 말한다. → 예를 들면 초임순경 공채시험 학력을 대졸 이상으로 제한하는 것

19 정답 ④

①② (O) 공직자등은 사례금을 받는 외부강의등을 할 때에는 대통령령으로 정하는 바에 따라 외부강의 등의 요청 명세 등을 소속기관장에게 그 **외부강의등을 마친 날부터 10일 이내에 서면으로** 신고하여야 한다. 다만, 외부강의등을 요청한 자가 국가나 지방자치단체인 경우에는 그러하지 아니하다(부정청탁 및 금품등 수수의 금지에 관한 법률 제10조 제2항).

③ (O) 외부강의를 신고할 때 사례금 등 일부 사항을 알 수 없는 경우에는 해당 사항을 제외한 사항을 먼저 신고한 후, 해당사항을 안 날부터 5일 이내에 신고를 보완하여야 한다(동법 시행령 제26조 제2항).

④ (X) ~~~ 초과사례금을 받은 사실을 안 날부터 2일 이내에 **서면으로** 신고하여야 하며 ~~~ (동법 제23조 제4항, 동법 시행령 제27조 제1항)

20 정답 ③

① (O) 경찰청 적극행정 면책제도 운영규정 제6조 제3호
② (O) 공공감사에 관한 법률 제23조의2 제1항
③ (X) 징계위원회는 징계등 혐의자와 비위 관련 직무 사이에 사적인 이해관계가 없었고 대상 업무를 처리하면서 **중대한** 절차상 하자가 없었을 경우 해당 비위가 고의 또는 중과실에 의하지 않은 것으로 추정한다(공무원 징계령 시행규칙 제3조의2 제2항 제1호·제2호).
④ (O) 적극행정 운영규정 제17조 제3항

21 정답 ②

① (X) 부동산을 **직접적**(간접적X)으로 취급하는 대통령령으로 정한 공공기관의 공직자가 소속 공공기관의 업무와 관련된 부동산을 보유하고 있거나 매수하는 경우, 소속기관장에게 그 사실을 서면으로 신고하여야 한다(공직자의 이해충돌방지법 제6조 제1항).
② (O) 동법 제6조 제3항
③ (X) 공직자는 배우자가 공직자 자신의 직무관련자(「민법」 제777조에 따른 친족 제외)와 토지 또는 건축물 등 부동산을 거래하는 행위(다만, 공개모집에 의하여 이루어지는 분양이나 공매·경매·입찰을 통한 재산상 거래 행위는 제외)를 한다는 것을 사전에 안 경우에는 안 날부터 14일 이내에 소속기관장에게 그 사실을 **서면으로** 신고하여야 한다(동법 제9조 제1항 제2호).
④ (X) 공직자는 직무관련자인 소속 기관의 퇴직자(공직자가 아니게 된 날부터 2년이 지나지 아니한 사람만 해당한다)와 사적 접촉(골프, 여행, 사행성 오락을 같이 하는 행위를 말한다)을 하는 경우 소속기관장에게 신고하여야 한다. 다만, 사회상규에 따라 허용되는 경우에는 그러하지 아니하다(동법 제15조 제1항).

22 정답 ①

① (X) 범죄패턴 이론은 범죄는 일정한 **장소적 패턴**이 있으며, 지리적 프로파일링을 통한 범행지역의 예측 활성화에 기여한다.
②③④ (O) 옳은 설명이다.

23 정답 ③

① (O) 112치안종합상황실 운영 및 신고처리 규칙 제25조 제1항·제2항
② (O) 동규칙 제20조 제1항 제1호
③ (X) 녹음·녹화자료는 3개월간 보존한다(동규칙 제20조 제1항 제2호).
④ (O) 동규칙 제20조 제2항

> 제20조(자료보존기간) 〈24.7.24. 개정〉
> ① 법 제12조 제1항 및 영 제6조 제1항의 규정에 따른 112신고 접수·처리자료의 보존기간은 다음 각 호의 구분에 따른다.
>   1. 112시스템 입력자료: 112신고 대응 코드 0·코드 1·코드 2로 분류한 자료는 3년간, 코드 3·코드 4로 분류한 자료는 1년간 보존
>   2. 녹음·녹화자료: 3개월간 보존
>   3. 그 밖에 문서 및 일지: 「공공기록물 관리에 관한 법률」에서 정하는 바에 따라 보존
> ② 경찰청장등은 제1항 제1호 및 제2호에도 불구하고 영 제6조 제2항에 따라 112신고 접수·처리자료의 보존기간을 다음 각 호에 따른 범위에서 연장할 수 있다.
>   1. 제1항 제1호의 경우: 112신고 대응 코드 0·코드 1·코드 2로 분류한 자료는 2년, 코드 3·코드 4로 분류한 자료는 1년
>   2. 제1항 제2호의 경우: 3개월

24 정답 ②

① (O) 아동학대범죄의 처벌 등에 관한 특례법 제11조 제2항
② (X) 사법경찰관리와 아동학대전담공무원이 동행하여 현장에 출동하지 아니한 경우 수사기관의 장이나 시·도지사 또는 시장·군수·구청장은 현장출동에 따른 조사 등의 결과를 서로에게 통지하여야 한다(동법 제11조 제7항).
③ (O) 동법 제12조 제8항
④ (O) 동법 제12조 제5항

25 정답 ④

① (X) 동기하는 친속관계에 있었던 자는 가정구성원이 될 수 없다. → 동거하는 친족이 해당됨(제2조 제2호 라목)
② (X) 약취·유인은 가정폭력범죄에 해당하지 않는다.
③ (X) 丙와 따로 살고있는 사촌동생은 「가정폭력 범죄의 처벌 등에 관한 특례법」상 '가정구성원'에 해당하지 않는다(동법 제2조 제2호).
④ (O) 절도죄는 「가정폭력 범죄의 처벌 등에 관한 특례법」상 '가정폭력범죄'에 해당하지 않는다.

26 정답 ②

① (X) 수사의 기본방법 중 제1조건의 원칙은 수사자료 완전수집의 원칙이다.
② (O) 옳은 설명이다.
③ (X) 검증적 수사의 원칙은 여러 가지 추측 중에서 과연 어떤 추측이 정당한 것인가를 가리기 위하여 그들 추측 하나하나를 모든 각도에서 검토해야 한다라는 원칙으로 수사사항의 결정 → 수사방법의 결정 → 수사실행 순서로 검토하여야 한다.

④ (X) 사실판단 증명의 원칙에 대한 설명이다. 수사자료 완전수집의 원칙은 문제해결의 관건이 되는 자료를 누락하는 일이 없도록 전력을 다하여 자료를 수집해야 한다는 원칙으로, 수사의 기본방법 중 제1조건이다.

27 정답 ②
① (O) 통신비밀보호법 제9조 제1항
② (X) 이를 위탁받거나 이에 관한 협조요청을 받은 자는 통신제한조치허가서 또는 긴급감청서등의 표지 사본을 3년 동안 보존하여야 한다(동법 제9조 제2항, 동법 시행령 제17조 제2항).
③ (O) 동법 제16조 제2항 제1호
④ (O) 동법 제12조 제2호

28 정답 ④
① (O) 경찰수사규칙 제45조 제1항
② (O) 범죄수사규칙 제98조 제1항 제2항
③ (O) 동규칙 제99조 제2항
④ (X) 경찰관이 검거한 지명수배자에 대하여 지명수배가 여러건인 경우에는 **공소시효 만료 3개월 이내**이거나 공범에 대한 수사 또는 재판이 진행 중인 수배관서, 법정형이 중한 죄명으로 지명수배한 수배관서, 검거관서와 동일한 지방검찰청 또는 지청의 관할구역에 있는 수배관서, 검거관서와 거리 또는 교통상 가장 인접한 수배관서 순위에 따라 검거된 지병수배자를 인계받아 조사하여야 한다(동규칙 제99조 제3항).

29 정답 ④
㉠ (X) 송치서류는 **사건송치서, 압수물총목록, 기록목록, 송치 결정서, 그 밖의 서류**의 순서로 편철한다(경찰수사규칙 제103조 제2항).
㉡ (O) 범죄수사규칙 제229조 제1항, 제2항
㉢ (X) 피의자가 2인 이상인 경우 피의자를 1, 2, 3 순으로 표기하고, **죄명은 경합범인 경우에는 가, 나, 다** 순으로 하되, 형이 중하거나 공소시효가 장기인 순서에 의한다.
㉣ (X) 형법총칙 규정은 공범 → 상상적 경합 → **누범** → **경합범** → 필요적 몰수의 순으로 기재한다.
㉤ (X) 처벌규정과 금지규정이 따로 있는 경우에는 **처벌규정, 금지규정** 순으로 기재한다.

30 정답 ④
① (X) 지문은 **경찰공공의 원칙**에 관한 내용이다.
② (X) 지문은 **경찰소극목적의 원칙**에 관한 내용이다.
③ (X) 경찰비례의 원칙은 1) 적합성의 원칙(목적의 정당성 및 방법의 정당성), 2) 필요성의 원칙(최소침해의 원칙), 3) 상당성의 원칙(협의의 비례의 원칙)으로 구성되어 있는데,「**경찰관 직무집행법**」제1조 제2항에 규정되어 있다.
④ (O) 옳은 설명이다.

▶ 경비경찰권의 조리상의 한계

경찰 소극목적의 원칙	- 경찰권은 사회공공의 질서유지를 위해서만 발동할 수 있고, 적극적으로 복리 증진 등을 위해서는 발동할 수 없다는 원칙 - 경찰목적의 소극성을 의미함
경찰공공의 원칙	- 경찰은 사회공공의 질서에 직접 영향을 미치지 아니하는 개인의 사생활에 관여할 수 없다는 원칙 내용으로는 사생활불가침의 원칙, 사주소불간섭의 원칙, 민사상의 법률관계불간섭의 원칙 등이 있음
경찰비례의 원칙	경찰권은 사회공공의 안녕과 질서유지를 위해 개인의 자유를 제한할 경우에 필요한 **최소한도의 범위** 내에서만 발동할 수 있다는 원칙
경찰책임의 원칙	- 경찰권의 발동은 원칙적으로 경찰상의 장해의 발생에 관하여 책임 있는 자에 대하여만 행하여 진다는 원칙 - 경찰책임은 민·형사상의 책임에 있어서와 같은 고의, 과실을 요건으로 하지 않음 - 경찰책임의 예외로서, 부득이하고 급박한 경우 경찰책임이 없는 제3자에 대해서 경찰권의 발동이 인정되는 것을 **경찰긴급권**이라고 함 → 경찰긴급권 발동은 예외적인 경우이며, 반드시 법령의 근거를 요함
경찰평등의 원칙	경찰권 발동에 있어서 모든 국민에 대해 성별, 종교, 사회적 신분, 인종 등을 이유로 불합리한 차별을 해서는 안 된다는 원칙

31 정답 ③

① (X) '재난'이란 국민의 생명·신체·재산과 국가에 피해를 주거나 줄 수 있는 것으로서 **자연재난과 사회재난**을 말한다(재난 및 안전관리 기본법 제3조 제1호).

② (X) '안전관리'란 재난이나 그 밖의 각종 사고로부터 사람의 생명·신체 및 재산의 안전을 확보하기 위하여 하는 모든 활동을 말한다(동법 제3조 제4호). 재난의 예방·대비·대응 및 복구를 위하여 하는 모든 활동은 '재난관리'이다(동법 제3조 제3호).

③ (O) 동법 제14조 제1항

④ (X) 중앙대책본부의 본부장("중앙대책본부장")은 **행정안전부장관**이 된다. 다만 재난의 효과적인 수습을 위하여 국무총리가 범정부적 차원의 통합대응이 필요하다고 인정하는 경우에는 국무총리가 중앙대책본부장의 권한을 행사할 수 있다(동법 제14조 제3항, 제4항).

32 정답 ③

① (O) 테러취약시설 안전활동에 관한 규칙 제2조 제1호

② (O) 동규칙 제2조 제3호

③ (X) A급 : 테러에 의하여 파괴되거나 기능 마비시 **광범위한** 지역의 대테러진압작전이 요구되고, 국민생활에 **결정적인** 영향을 미칠 수 있는 건축물 또는 시설을 말한다(동규칙 제9조 제1항 제1호).

④ (O) 동규칙 제22조 제1항

● 다중이용건축물등의 분류 및 지도점검

분류	A급	테러에 의하여 파괴되거나 기능 마비시 **광범위한** 지역의 대테러진압작전이 요구되고, 국민생활에 **결정적인** 영향을 미칠 수 있는 건축물 또는 시설
	B급	테러에 의하여 파괴되거나 기능 마비시 **일부** 지역의 대테러진압작전이 요구되고, 국민생활에 **중대한** 영향을 미칠 수 있는 건축물 또는 시설
	C급	테러에 의하여 파괴되거나 기능 마비시 **제한된** 지역에서 단기간 대테러진압작전이 요구되고, 국민생활에 **상당한** 영향을 미칠 수 있는 건축물 또는 시설
지도·점검	A등급	경찰서장은 관할 내에 있는 다중이용건축물등 전체에 대해 해당 시설 관리자의 동의를 받아 **분기 1회 이상** 지도·점검을 실시하여야 한다.
	B·C등급	경찰서장은 관할 내에 있는 다중이용건축물등 전체에 대해 해당 시설 관리자의 동의를 받아 **반기 1회 이상** 지도·점검을 실시하여야 한다.

33 정답 ③

③ (X) 황색의 등화 : 차마는 정지선이나 횡단보도가 있을 때에는 그 직전이나 교차로의 직전에 정지하여야 하며, ~~~

①②④ 옳은 설명이다. 〈23년 기출변형〉

● 원형등화의 신호의 종류와 그 신호의 뜻(도로교통법 시행규칙 별표2)

신호의 종류	신호의 뜻
녹색의등화	1. 차마는 직진 또는 우회전할 수 있다. 2. 비보호좌회전표지 또는 비보호좌회전표시가 있는 곳에서는 좌회전할 수 있다.
황색의등화	1. 차마는 정지선이 있거나 횡단보도가 있을 때에는 그 직전이나 교차로의 직전에 정지하여야 하며, 이미 교차로에 차마의일부라도 진입한 경우에는 신속히 교차로 밖으로 진행하여야 한다. 2. 차마는 우회전할 수 있고 우회전하는 경우에는 보행자의 횡단을 방해하지 못한다.
적색의등화	1. 차마는 정지선, 횡단보도 및 교차로의 직전에서 정지해야 한다. 2. 차마는 우회전하려는 경우 정지선, 횡단보도 및 교차로의 직전에서 정지한 후 신호에 따라 진행하는 다른 차마의 교통을방해하지 않고 우회전할 수 있다. 3. 제2호에도 불구하고 차마는 우회전 삼색등이 적색의 등화인경우 우회전할 수 없다.
황색등화의 점멸	차마는 다른 교통 또는 안전표지의 표시에 주의하면서 진행할 수 있다.
적색등화의 점멸	차마는 정지선이나 횡단보도가 있을 때에는 그 직전이나 교차로의 직전에 일시정지한 후 다른 교통에 주의하면서 진행할 수 있다.

34 정답 ②

㉠㉡㉢ 3항목이 옳다.
㉣ (X) 운전면허 대리응시 → 2년
㉤ (X) 공동위험행위로 운전면허가 취소된 경우 원동기장치자전거면허 취득 결격기간 → 1년

● 운전면허 행정처분결과에 따른 결격대상자 및 결격기간

내 용	제한기간
• 무면허 운전(운전면허 발급제한 기간중 국제운전면허증으로 자동차 등 운전), 음주운전, 과로·질병·약물운전, 공동위험행위로 사람을 사상한 후 구호조치 없이 도주한 경우 • 음주운전 하다가 사망사고	5년
5년의 제한사유 이외의 사유로 교통사고로 사람을 사상한 후에 구호조치 없이 도주한 경우	4년
• 음주운전(측정거부, 무면허로음주운전 포함)하다가 2회 이상 교통사고 • 자동차 이용범죄, 자동차를 절, 강도한 자가 **무면허**로 운전한 경우	3년
• 무면허운전, 면허정지기간 중 운전 또는 면허발급제한기간 중 국제운전면허증으로 운전금지규정을 3회 이상 위반하여 운전 • 2회 이상의 음주운전(측정거부 포함) • 2회 이상의 공동위험행위 • 음주운전 또는 음주측정거부의 규정을 위반하여 운전하다가 **교통사고** • 허위 또는 부정한 수단으로 운전면허 발급 • 다른사람의 자동차를 훔치거나 빼앗은 자 • 운전면허 대리응시	2년
• 무면허운전 (정지기간 중 운전, 운전면허 발급제한 기간 중 국제운전면허증으로 자동차 등 운전한 자 포함) • 공동위험행위로 운전면허가 취소된 경우 원동기장치자전거면허 취득 결격기간 • 2~5년의 제한사유 이외의 사유로 운전면허가 취소된 자 (※ 단, 적성검사 기간 경과 면허취소 또는 제1종 적성기준 불합격으로 제2종 면허를 받고자 하는 사람 제외)	1년
1년의 운전면허발급제한기간에 해당하는 사유로 면허가 취소된 자가 원동기장치자전거 면허를 취득 (단, 공동위험행위로 면허취소된 자는 제외)	6월
운전면허의 효력이 정지처분을 받고 있는 경우	정지처분 기간
적성검사 미필로 취소된 경우	제한 받지 않음

35 정답 ②

① (X) 도로의 중앙이나 **좌측** 부분을 통행할 수 있으며 ~~~ (도로교통법 제29조 제1항·제2항).
② (O) 옳은 설명이다(동법 제30조 본문).
③ (X) 긴급자동차 중 구급차, 소방차, 혈액 공급차량과 대통령령으로 정하는 경찰용 자동차에 대하여는 ~~~ (동법 제30조 본문 및 단서).
④ (X) ~~~ 「특정범죄 가중처벌 등에 관한 법률」 제5조의13에 따른 형을 감경하거나 면제할 수 있다(동법 제158조의2).

▶ **긴급자동차에 대한 특례(도로교통법 제30조)**

구분		그 외의 긴급자동차	소방·구급·혈액+경찰
제1호	자동차등의 속도제한	적용 X	적용 X
제2호	앞지르기의 금지	적용 X	적용 X
제3호	끼어들기의 금지	적용 X	적용 X
제4호	신호위반	적용 O	적용 X
제5호	보도 침범	적용 O	적용 X
제6호	중앙선 침범	적용 O	적용 X
제7호	횡단 등의 금지	적용 O	적용 X
제8호	안전거리 확보 등	적용 O	적용 X
제9호	앞지르기방법 등	적용 O	적용 X
제10호	정차 및 주차의 금지	적용 O	적용 X
제11호	주차금지	적용 O	적용 X
제12호	고장 등의 조치	적용 O	적용 X

36 정답 ②

① (X) 국가정보원장은 제3조 제2호에 해당하는 사람의 **충성심·신뢰성** 등을 확인하기 위하여 신원조사를 한다(보안업무규정 제36조 제1항).
② (O) 동규정 제36조 제3항 제4호
③ (X) 공무원 임용 예정자 중 '국가안전보장에 한정된 국가 기밀을 취급하는 직위에 임용될 예정인 사람'만 신원조사의 대상이 된다(동규정 제36조 제3항 제1호 참고).
④ (X) 국가정보원장은 신원조사 결과 국가안전보장에 해를 끼칠 정보가 있음이 확인된 사람에 대해서는 관계 기관의 장에게 그 사실을 **통보하여야 한다**. 통보를 받은 관계 기관의 장은 신원조사 결과에 따라 필요한 보안대책을 마련하여야 한다(동규정 제37조).

37 정답 ①

① (X) 집회 또는 시위의 주최자는 제8조에 따른 금지 통고를 받은 날부터 10일 이내에 해당 경찰관서의 바로 위의 **상급경찰관서**의 장에게 이의를 신청할 수 있다(집회 및 시위에 관한 법률 제9조 제1항).
②③④ 모두 옳은 설명이다.

> 집회 및 시위에 관한 법률 제9조(집회 및 시위의 금지 통고에 대한 이의 신청 등)
> ① 집회 또는 시위의 주최자는 제8조에 따른 금지 통고를 받은 날부터 10일 이내에 해당 경찰관서의 바로 위의 상급경찰관서의 장에게 이의를 신청할 수 있다.
> ② 제1항에 따른 이의 신청을 받은 경찰관서의 장은 접수 일시를 적은 접수증을 이의 신청인에게 즉시 내주고 접수한 때부터 24시간 이내에 재결(裁決)을 하여야 한다. 이 경우 접수한 때부터 24시간 이내에 재결서를 발송하지 아니하면 관할경찰관서장의 금지 통고는 소급하여 그 효력을 잃는다.
> ③ 이의 신청인은 제2항에 따라 금지 통고가 위법하거나 부당한 것으로 재결되거나 그 효력을 잃게 된 경우 처음 신고한 대로 집회 또는 시위를 개최할 수 있다. 다만, 금지 통고 등으로 시기를 놓친 경우에는 일시를 새로 정하여 집회 또는 시위를 시작하기 24시간 전에 관할경찰관서장에게 신고함으로써 집회 또는 시위를 개최할 수 있다.

38 정답 ③

① (X) "북한이탈주민"이란 군사분계선 이북지역(이하 "북한"이라 한다)에 주소, 직계가족, 배우자, 직장 등을 두고 있는 사람으로서 북한을 벗어난 후 외국 국적을 **취득하지 아니한** 사람을 말한다(북한이탈주민의 보호 및 정착지원에 관한 법률 제2조 제1호).
② (X) "보호대상자"란 이 법에 따라 **보호 및 지원을 받는** 북한이탈주민을 말한다(동법 제2조 제2호).
③ (O) 옳은 설명이다.
④ (X) 대한민국은 보호대상자를 **인도주의에 입각하여** 특별히 보호한다(동법 제4조 제1항).

39 정답 ①

㉠ 2 ㉡ 2 ㉢ 6 ㉣ 6으로 숫자의 합은 16이다(출입국관리법 시행령 제12조 별표 1의2).

▶ 외국인의 장기체류자격(출입국관리법 시행령 [별표 1의2])

A-2 (공무)	대한민국정부가 승인한 외국정부 또는 국제기구의 공무를 수행하는 사람과 그 가족
D-2 (유학)	전문대학 이상의 교육기관 또는 학술연구기관에서 정규과정의 교육을 받거나 특정 연구를 하려는 사람
E-2 (회화지도)	법무부장관이 정하는 자격요건을 갖춘 외국인으로서 외국어 전문학원, 초등학교 이상의 교육기관 및 부설어학연구소, 방송사 및 기업체 부설 어학연수원, 그 밖에 이에 준하는 기관 또는 단체에서 외국어 회화지도에 종사하려는 사람
E-6 (예술흥행)	수익이 따르는 음악, 미술, 문학 등의 예술활동과 수익을 목적으로 하는 연예, 연주, 연극, 운동경기, 광고·패션모델, 그 밖에 이에 준하는 활동을 하려는 사람
E-8 (계절근로)	법무부장관이 관계 중앙행정기관의 장과 협의하여 정하는 농작물 재배·수확(재배·수확과 연계된 원시가공 분야를 포함한다) 및 수산물 원시가공 분야에서 취업활동을 하려는 사람으로서 법무부장관이 인정하는 사람
E-9 (비전문취업)	「외국인근로자의 고용 등에 관한 법률」에 따른 국내 취업요건을 갖춘 사람(일정 자격이나 경력 등이 필요한 전문 직종에 종사하려는 사람은 제외)
F-6 (결혼이민)	가. 국민의 배우자 나. 국민과 혼인관계(사실상의 혼인관계를 포함)에서 출생한 자녀를 양육하고 있는 부 또는 모로서 법무부장관이 인정하는 사람 다. 국민인 배우자와 혼인한 상태로 국내에 체류하던 중 그 배우자의 사망이나 실종, 그 밖에 자신에게 책임이 없는 사유로 정상적인 혼인관계를 유지할 수 없는 사람으로서 법무부장관이 인정하는 사람

40 정답 ②

① (X) 경찰관은 피의자와 외교 특권을 가진 사람인지 여부가 의심스러운 경우에는 신속히 국가수사본부장에게 보고하여 그 지시를 받아야 한다(범죄수사규칙 제209조 제3항).

② (O) 범죄수사규칙 제213조 제3항·제4항

③ (X) 승무원 이외의 사람이나 대한민국의 국민에 관계가 있을 때이다(범죄수사규칙 제214조 제2호).

④ (X) 사법경찰관리는 외국인 변사사건이 발생한 경우에는 제94호서식의 영사기관 사망 통보서를 작성하여 지체 없이 해당 영사기관에 통보해야 한다(경찰수사규칙 제91조 제4항).

03 실무종합 모의고사 3회

1	2	3	4	5	6	7	8	9	10
④	③	③	①	①	①	③	③	①	③
11	12	13	14	15	16	17	18	19	20
①	②	③	④	①	④	③	③	④	③
21	22	23	24	25	26	27	28	29	30
①	①	③	④	③	③	②	④	①	③
31	32	33	34	35	36	37	38	39	40
④	②	②	④	③	②	②	③	②	③

1 정답 ④

① (X) 보안경찰과 협의의 행정경찰은 업무의 독자성을 기준으로 구분한 것이다.
② (X) 보안경찰은 사회공공의 안녕과 질서를 유지하기 위하여 타 행정작용에 부수되지 않고 그 자체로서 독립하여 행해지는 경찰작용이다.
③ (X) 협의의 행정경찰에는 위생경찰, 보건경찰, 산업경찰, 철도경찰, 건축경찰, 경제경찰, 산림경찰 등이 있다. 보안경찰은 협의의 행정경찰에 포함되지 않는다.
④ (O) 옳은 설명이다.

2 정답 ③

① (X) 형법 제207조(통화의 위조 등)와 제250조(살인, 존속살해)의 범죄는 자치경찰의 수사범위에 포함되지 아니한다(자치경찰사무와 시·도자치경찰위원회의 조직 및 운영 등에 관한 규정 제3조 제1호).
② (X) 교통사고 및 교통 관련 범죄 중「도로교통법」제2조 제3호의 고속도로에서 발생한 교통사고 및 교통 관련 범죄와「특정범죄 가중처벌 등에 관한 법률」제5조의3이 적용되는 죄를 범한 경우는 자치경찰의 수사범위에서 제외한다(동규정 제3조 제3호).
③ (O) 동규정 제3조 제6호 나목
④ (X) ㉠의 실종아동등 관련 수색 및 범죄에는 제7조(미신고 보호행위 금지)를 위반하여 정당한 사유 없이 실종아동등을 보호한 자에 대한 수사가 자치경찰의 수사범위에 포함된다(동규정 제3조 제6호 나목).

3 정답 ③

① (X) 1910년 '조선주차헌병조례'에 의해 헌병이 일반치안을 담당할 법적 근거를 마련하였으며, 헌병은 의병활동지나 군사요충지에 일반경찰은 주로 도시나 개항장 등에 배치되었다. 헌병경찰의 임무는 첩보수집·의병토벌뿐만 아니라 민사소송 조정·집달리 업무·국경세관 업무·일본어의 보급·부업 장려 등 광범위하였다.
② (X) '경찰사무에 관한 취극서' → '재한국 외국인민에 대한 경찰에 관한 한일협정' → '한국 사법 및 감옥 사무 위탁에 관한 각서' → '한국경찰사무 위탁에 관한 각서'
③ (O) 옳은 설명이다.
④ (X) 3·1운동 이후「정치범처벌법」을 제정하고 일본에서 제정된「치안유지법」을 국내에 적용하는 등 탄압의 지배체제를 더욱 강화하였다.

4 정답 ①

① (X) 경찰청장은 경찰의 수사에 관한 사무의 경우에는 개별 사건의 수사에 대하여 구체적으로 지휘·감독할 수 없다. 다만, 국민의 생명·신체·재산 또는 공공의 안전 등에 중대한 위험을 초래하는 긴급하고 중요한 사건의 수사에 있어서 경찰의 자원을 대규모로 동원하는 등 통합적으로 현장 대응할 필요가 있다고 판단할 만한 상당한 이유가 있는 때에는 **국가수사본부장**을 통하여 개별 사건의 수사에 대하여 구체적으로 지휘·감독할 수 있다(국가경찰과 자치경찰의 조직 및 운영에 관한 법률 제14조 제6항).
② (O) 동법 제14조 제7항
③ (O) 동법 제14조 제8항
④ (O) 국가경찰과 자치경찰의 조직 및 운영에 관한 법률 제14조 제10항에 따른 긴급하고 중요한 사건의 범위 등에 관한 규정 제2조 제1항 제4호

5 정답 ①

① (X) 위원 2명 이상이 요구(국가경찰과 자치경찰의 조직 및 운영에 관한 법률 제26조 제1항)
② (O) 자치경찰사무와 시·도자치경찰위원회의 조직 및 운영 등에 관한 규정 제13조 제1항
③ (O) 동규정 제13조 제2항
④ (O) 동규정 제13조 제5항, 제6항

6 정답 ①

㉠㉢㉣ (O) 경찰공무원법 제8조 제2항 참고
㉡ (X) **자격정지 이상의 형(刑)을 선고받은 사람**
㉤ (X) 「성폭력범죄의 처벌 등에 관한 특례법」 제2조에 규정된 죄(성폭력범죄)를 범한 사람으로서 100만원 이상의 벌금형을 선고받고 그 형이 확정된 후 3년이 지나지 아니한 사람
㉥ (X) 미성년자에 대한 「성폭력범죄의 처벌 등에 관한 특례법」 제2조에 따른 성폭력범죄를 저질러 형 또는 치료감호가 확정된 사람(집행유예를 선고받은 후 그 집행유예기간이 경과한 사람을 **포함한다**)

> 제8조(임용자격 및 결격사유) ② 다음 각 호의 어느 하나에 해당하는 사람은 경찰공무원으로 임용될 수 없다.
> 1. 대한민국 국적을 가지지 아니한 사람
> 2. 「국적법」 제11조의2 제1항에 따른 복수국적자
> 3. 피성년후견인 또는 피한정후견인
> 4. 파산선고를 받고 복권되지 아니한 사람
> 5. 자격정지 이상의 형(刑)을 선고받은 사람
> 6. 자격정지 이상의 형의 선고유예를 선고받고 그 유예기간 중에 있는 사람
> 7. 공무원으로 재직기간 중 직무와 관련하여 「형법」 제355조 및 제356조(횡령과 배임)에 규정된 죄를 범한 자로서 300만원 이상의 벌금형을 선고받고 그 형이 확정된 후 2년이 지나지 아니한 사람
> 8. 「성폭력범죄의 처벌 등에 관한 특례법」 제2조에 규정된 죄(성폭력범죄)를 범한 사람으로서 100만원 이상의 벌금형을 선고받고 그 형이 확정된 후 3년이 지나지 아니한 사람

9. 미성년자에 대한 다음 각 목의 어느 하나에 해당하는 죄를 저질러 형 또는 치료감호가 확정된 사람(집행유예를 선고받은 후 그 집행유예기간이 경과한 사람을 포함한다)
   가. 「성폭력범죄의 처벌 등에 관한 특례법」 제2조에 따른 성폭력범죄
   나. 「아동·청소년의 성보호에 관한 법률」 제2조 제2호에 따른 아동·청소년대상 성범죄
10. 징계에 의하여 파면 또는 해임처분을 받은 사람

7 정답 ③

① (X) 임용권자는 직무수행 능력이 부족하거나 근무성적이 극히 나쁜 자에게는 직위를 부여하지 아니할 수 있다(국가공무원법 제73조의3 제1항 제2호).
② (X) 대기 명령을 받은 자에게 능력 회복이나 근무성적의 향상을 위한 교육훈련 또는 특별한 연구과제의 부여 등 필요한 조치를 **하여야 한다**(동법 제73조의3 제3항과 제4항).
③ (O) 경찰공무원법 제28조 제1항 제1호, 국가공무원법 제70조 제1항 제5호
④ (X) ①에 해당하여 직위해제된 사람에게는 봉급의 80퍼센트를 지급한다(공무원보수규정 제29조 제1호).

공무원보수규정 제29조(직위해제기간 중의 봉급 감액) 직위해제된 사람에게는 다음 각 호의 구분에 따라 봉급(외무공무원의 경우에는 직위해제 직전의 봉급을 말한다)의 일부를 지급한다.
1. 「국가공무원법」 제73조의3 제1항 제2호에 따라 직위해제된 사람: 봉급의 80퍼센트
2. 「국가공무원법」 제73조의3 제1항 제5호(고위공무원단 적격심사)에 따라 직위해제된 사람: 봉급의 70퍼센트. 다만, 직위해제일부터 3개월이 지나도 직위를 부여받지 못한 경우에는 그 3개월이 지난 후의 기간 중에는 봉급의 40퍼센트를 지급한다.
3. 「국가공무원법」 제73조의3 제1항 제3호(중징계)·제4호(형사사건기소)·제6호(금품비위·성범죄 등 수사·조사)의 규정에 따라 직위해제된 사람: 봉급의 50퍼센트. 다만, 직위해제일부터 3개월이 지나도 직위를 부여받지 못한 경우에는 그 3개월이 지난 후의 기간 중에는 봉급의 30퍼센트를 지급한다.

8 정답 ③

① (X) 「국가공무원법」상 보수를 거짓이나 그 밖의 부정한 방법으로 수령한 경우에는 수령한 금액의 5배의 범위에서 가산하여 징수할 수 있다(국가공무원법 제47조 제3항).
② (X) 소속 장관은 경감이하 경찰공무원 중 근무성적, 업무실적 등이 우수한 사람에게는 예산의 범위에서 성과상여금을 지급하고, 성과상여금을 거짓이나 그 밖의 부정한 방법으로 지급(지급받은 성과상여금을 다시 배분하는 행위 포함)받은 때에는 그 지급받은 성과상여금에 해당하는 금액을 징수하고, **1년의 범위에서 성과상여금을 지급하지 아니한다**(공무원수당 등에 관한 규정 제7조의2).
③ (O) 공무원 재해보상법 제8조
④ (X) ③에 따른 급여를 받을 권리는 그 급여의 사유가 발생한 날부터 요양급여·재활급여·간병급여·부조급여는 3년간, 그 밖의 급여는 5년간 행사하지 아니하면 시효로 인하여 소멸한다(동법 제54조 제1항).

9 정답 ①

① (X) 징계위원회의 회의는 위원장과 징계위원회가 설치된 경찰기관의 장이 회의마다 지정하는 **4명 이상 6명 이하**의 위원으로 성별을 고려하여 구성하되, 민간위원의 수는 위원장을 포함한 위원 수의 2분의 1 이상이어야 한다(경찰공무원징계령 제7조 제1항).
② (O) 동 징계령 제7조 제2항
③ (O) 동 징계령 제14조 제1항
④ (O) 동 징계령 제14조 제5항

10 정답 ③

㉠ (O) 행정기본법 제18조 제1항
㉡ (X) 거짓이나 그 밖의 부정한 방법으로 처분을 받은 경우는 예외로 한다(동법 제18조 제2항).

> ② 행정청은 제1항에 따라 당사자에게 권리나 이익을 부여하는 처분을 취소하려는 경우에는 취소로 인하여 당사자가 입게 될 불이익을 취소로 달성되는 공익과 비교·형량(衡量)하여야 한다. 다만, 다음 각 호의 어느 하나에 해당하는 경우에는 그러하지 아니하다.
> 1. 거짓이나 그 밖의 부정한 방법으로 처분을 받은 경우
> 2. 당사자가 처분의 위법성을 알고 있었거나 중대한 과실로 알지 못한 경우

㉢ (O) 동법 제19조 제1항

> ① 행정청은 적법한 처분이 다음 각 호의 어느 하나에 해당하는 경우에는 그 처분의 전부 또는 일부를 장래를 향하여 철회할 수 있다.
> 1. 법률에서 정한 철회 사유에 해당하게 된 경우
> 2. 법령등의 변경이나 사정변경으로 처분을 더 이상 존속시킬 필요가 없게 된 경우
> 3. 중대한 공익을 위하여 필요한 경우

㉣ (O) 동법 제19조 제2항

11 정답 ①

① (O) 옳은 설명이다.
② (X) 도로교통법 제43조 무면허운전 등의 금지 규정은 일정한 행위를 하지 않아야 할 의무를 부과하는 **부작위하명**(수인하명X)과 관련된 내용이다.
③ (X) 경찰하명에 따른 의무를 하명의 상대방이 위반한 경우 통상 **경찰벌**(강제집행X)이 부과되고, 경찰하명에 따른 의무를 하명의 상대방이 불이행한 경우 통상 **강제집행**(경찰벌X)이 부과될 수 있다.
④ (X) 행정관청의 위법한 하명으로 인하여 권리·이익이 침해된 자는 **행정심판 또는 행정소송**을 제기하여 하명의 취소 등을 구하거나, 손해배상소송을 제기하여 손해배상을 청구할 수 있다.

12 정답 ②

①③④ (O) 경찰관직무집행법 제5조
② (X) ①의 조치로 경찰관은 매우 긴급한 경우에는 위해를 입을 우려가 있는 **사람을 필요한 한도에서 억류하거나 피난시킬 수 있다**(경찰관직무집행법 제5조 제1항 제2호).

> ① 경찰관은 사람의 생명 또는 신체에 위해를 끼치거나 재산에 중대한 손해를 끼칠 우려가 있는 천재(天災), 사변(事變), 인공구조물의 파손이나 붕괴, 교통사고, 위험물의 폭발, 위험한 동물 등의 출현, 극도의 혼잡, 그 밖의 위험한 사태가 있을 때에는 다음 각 호의 조치를 할 수 있다.
> 1. 그 장소에 모인 사람, 사물(事物)의 관리자, 그 밖의 관계인에게 필요한 경고를 하는 것
> 2. 매우 긴급한 경우에는 위해를 입을 우려가 있는 사람을 필요한 한도에서 억류하거나 피난시키는 것
> 3. 그 장소에 있는 사람, 사물의 관리자, 그 밖의 관계인에게 위해를 방지하기 위하여 필요하다고 인정되는 조치를 하게 하거나 직접 그 조치를 하는 것
> ③ 경찰관은 제1항의 조치를 하였을 때에는 지체 없이 그 사실을 소속 경찰관서의 장에게 보고하여야 한다.

13 정답 ③

① (X) 국가는 경찰관의 **적법한 직무집행**으로 인하여 다음 각 호의 어느 하나에 해당하는 손실을 입은 자에 대하여 정당한 보상을 하여야 한다(경찰관 직무집행법 제11조의2 제1항).

② (X) 손실발생의 원인에 대하여 책임이 있는 자라도 자신의 책임에 상응하는 정도를 초과하는 생명·신체 또는 재산상의 손실을 입은 경우에는 정당한 보상을 하여야 한다(동법 제11조의2 제1항 제2호).

③ (O) 동법 시행령 제10조 제1항

④ (X) 보상을 청구할 수 있는 권리는 손실이 있음을 안 날부터 3년, 손실이 **발생한 날부터 5년간** 행사하지 아니하면 시효의 완성으로 소멸한다(동법 제11조의2 제2항).

14 정답 ④

① (X) 절도죄는 감면대상 범죄에 해당하지 않는다(경찰관 직무집행법 제11조의5).

② (X) 재산에 대한 위해는 포함되지 아니한다(동법 제11조의5).

③ (X) ②의 직무를 한 경찰관의 고의 또는 중대한 과실이 없는 경우이어야 한다(동법 제11조의5).

④ (O) 경찰관 직무집행법 제11조의5

> 제11조의5(직무 수행으로 인한 형의 감면) 다음 각 호의 범죄가 행하여지려고 하거나 행하여지고 있어 타인의 생명·신체에 대한 위해 발생의 우려가 명백하고 긴급한 상황에서, 경찰관이 그 위해를 예방하거나 진압하기 위한 행위 또는 범인의 검거 과정에서 경찰관을 향한 직접적인 유형력 행사에 대응하는 행위를 하여 그로 인하여 타인에게 피해가 발생한 경우, 그 경찰관의 직무수행이 불가피한 것이고 필요한 최소한의 범위에서 이루어졌으며 해당 경찰관에게 고의 또는 중대한 과실이 없는 때에는 그 정상을 참작하여 형을 감경하거나 면제할 수 있다.
> 1. 「형법」 제2편 제24장 살인의 죄, 제25장 상해와 폭행의 죄, 제32장 강간과 추행의 죄 중 강간에 관한 범죄, 제38장 절도와 강도의 죄 중 강도에 관한 범죄 및 이에 대하여 다른 법률에 따라 가중처벌하는 범죄
> 2. 「가정폭력범죄의 처벌 등에 관한 특례법」에 따른 가정폭력범죄, 「아동학대범죄의 처벌 등에 관한 특례법」에 따른 아동학대범죄

15 정답 ①

①의 연결이 옳다.

16 정답 ④

① (X) 예산의 성질을 기준으로 일반회계와 특별회계로 분류되고, 예산의 성립과정을 기준으로 본예산·수정예산·추가경정예산·준예산으로 분류된다.
② (X) 정부가 예산안을 편성하여 국회에 제출한 이후 성립·확정되기 전에 국내외 사회경제적 여건의 변동으로 예산안의 일부 내용을 변경하여 국회에 제출하는 예산을 수정예산이라고 한다. 추가경정예산은 국회에서 의결된 후 새로운 사정으로 인해 소요경비의 과부족이 생길 때 본예산에 추가 또는 변경을 가하는 예산을 말한다.
③ (X) 경찰공무원의 보수와 경찰관서의 유지·운영 등 기본경비는 '헌법이나 법률에 의하여 설치된 기관 또는 시설의 유지·운영 목적을 위한 경비'이므로 준예산을 사용할 수 있다(헌법 제34조 제3항 참고).

> ③ 새로운 회계연도가 개시될 때까지 예산안이 의결되지 못한 때에는 정부는 국회에서 예산안이 의결될 때까지 다음의 목적을 위한 경비는 전년도 예산에 준하여 집행할 수 있다.
> 1. 헌법이나 법률에 의하여 설치된 기관 또는 시설의 유지·운영
> 2. 법률상 지출의무의 이행
> 3. 이미 예산으로 승인된 사업의 계속

④ (O) 옳은 설명이다.

17 정답 ③

① (X) 공공기관은 공개 청구된 공개 대상 정보의 전부 또는 일부가 제3자와 관련이 있다고 인정할 때에는 그 사실을 제3자에게 **지체 없이 통지**하여야 하며, 필요한 경우에는 그의 의견을 들을 수 있다(공공기관 정보공개에 관한 법률 제11조 제3항).
② (X) 제11조 제3항에 따라 공개 청구된 사실을 통지받은 제3자는 그 통지를 받은 날부터 3일 이내에 해당 공공기관에 대하여 자신과 관련된 정보를 공개하지 아니할 것을 요청할 수 있다(동법 제21조).
③ (O) 동법 제21조 제2항
④ (X) 공공기관은 제2항에 따른 공개 결정일과 공개 실시일 사이에 최소한 30일의 간격을 두어야 한다(동법 제21조).

18 정답 ③

〈보기〉의 현상을 '예기적 사회화 과정(anticipatory socialization)'이라고 한다.
③ (X) 경찰공무원은 공식적 사회화 과정보다 비공식적 사회화 과정의 영향을 더 많이 받는다.

19 정답 ④

①②③ 옳은 설명이다.
④ (X) '썩은 사과 가설'은 일부 부패경찰이 조직 전체를 부패로 물들게 한다는 이론으로, 부패의 원인을 개인적 결함으로 보고 있으며, 신임경찰 채용단계의 중요성을 강조한다.

● 경찰부패의 원인

전체사회 가설	학자	윌슨 : 시카고 시민들이 시카고 경찰을 부패시켰다.
	부패원인	**시민사회의 부패**, 시민사회의 경찰부패에 대한 묵인·조장이 부패의 원인
	비고	시민의 호의에 길들여져 명백한 부패로 빠져들 수 있다는 측면에서 '미끄러지기 쉬운 경사로 이론'과 일맥상통
구조원인 가설	학자	니더호퍼, 로벅, 바커 등이 주장
	부패원인	**부패한 조직 전통 속에서 신임경찰이 사회화되어 부패경찰이 됨**
	비고	• 구조화된 조직적 부패는 서로가 문제점을 알면서도 눈감아주는 '**침묵의 규범**'을 형성 • 대상업소 등과의 유착관계를 통하여 월정금을 수수하여 상사에게 전달하거나 동료 간에 주고받거나 부하에게 나누어주는 식으로 부패가 이루어지게 되는 현상 • 부패가 구조화된 조직에서는 '법규와 현실의 괴리' 현상 발생 ㉠ 혼자 출장 가면서도 두 사람 출장비를 공공연하게 청구하는 경우 ㉠ 퇴근 후에 잠깐 들러서 시간외근무를 조작하는 경우
썩은 사과 가설	부패원인	썩은 사과가 상자 안 모든 사과를 썩게 만들 듯, 일부 부패경찰이 조직 전체를 부패로 물들게 한다는 이론으로 부패문제를 **개인적 결함** 문제로 바라봄
	비고	모집 단계에서 부패가능성 있는 자의 배제 중시

20 정답 ③

① (위반 X) 부정청탁 및 금품등 수수의 금지에 관한 법률 제8조 제3항 제1호
② (위반 X) 4촌형은 「**민법**」 제777조에 따른 **친족**에 해당하므로 법위반이 아니다(동법 제8조 제3항 제4호).
③ (위반 O) 동법 시행령 [별표 1]에 따르면 원활한 직무수행·사교 등의 목적으로 허용되는 음식물의 가액 범위는 5만원(1인당)이다. 이를 초과하였으므로(1인당 6만원) 청탁금지법 위반이다.
④ (위반 X) 동법 제8조 제3항 제7호

21 정답 ①

① (X) 공직자는 직무관련자에게 사적으로 노무 또는 조언·자문 등을 제공하고 대가를 받는 행위를 하여서는 아니 된다. 다만, 「국가공무원법」 등 다른 법령·기준에 따라 허용되는 경우는 그러하지 아니하다(이해충돌방지법 제10조 제1호).
② (O) 동법 제11조 제1항·제2항
③ (O) 동법 제14조 제1항
④ (O) 동법 제13조

22 정답 ①

①의 연결이 옳다.

고전주의	내용	• 인간은 **자유의지**가 있음 • 범죄는 형벌을 통해 통제됨 • 형벌은 엄격, 신속, 확실 • 효과적 범죄예방은 범죄를 선택하지 못하게 하는 것임	
	학자	• Bentham : 공리주의, 형벌을 통한 범죄통제가 이루어져야 함 • Beccaria : '범죄와 형벌' 저자. 형벌은 범죄와 비례하여 부과해야 함	
실증주의	내용	• 고전주의 범죄학의 한계 보완 • 범죄는 자유의지가 아닌 **외적요소**에 의해 강요 • 기존의 형벌과 제도는 통제 불가능함	
	이론	생물학적 이론	• Lombroso : 생래적 범죄인설 • 인간의 인상, 골격, 체형 등 타고난 생물적 특성으로 인해 범죄 발생
		심리학적 이론	범죄원인은 정신이상, 낮은 지능, 모방학습에 기인함

23 정답 ③

①② (O) 112종합상황실 운영 및 신고처리 규칙 제7조 제1항

③ (X) 즉각적인 현장조치는 불필요하나 수사, 전문상담 등이 필요한 경우 **코드 3 신고**로 분류한다(동 규칙 제7조 제1항 제3호).

④ (O) 동규칙 제7조 제4항

> **제7조(112신고의 대응체계)** 〈24.7.24. 개정〉
> ① 경찰청장은 영 제3조 제2항에 따라 112신고 내용의 긴급성과 출동 필요성 등을 고려하여 112신고 대응 코드(code)를 다음 각 호와 같이 분류한다.
> 1. 코드 0 신고 : 코드 1 신고 중 이동성 범죄, 강력범죄 현행범인 등 신고 대응을 위해 실시간 전파가 필요한 경우
> 2. 코드 1 신고 : 생명·신체에 대한 위험 발생이 임박하거나 진행 중 또는 그 직후인 경우 및 현행범인인 경우
> 3. 코드 2 신고 : 생명·신체에 대한 잠재적 위험이 있는 경우 및 범죄예방 등을 위해 필요한 경우
> 4. 코드 3 신고 : 즉각적인 현장조치는 불필요하나 수사, 전문상담 등이 필요한 경우
> 5. 코드 4 신고 : 긴급성이 없는 민원·상담 신고
> ② 112근무요원은 영 제3조 제3항에 따라 112시스템에 신고내용을 입력할 경우 112신고 내용의 긴급성과 출동 필요성 등을 고려하여 제1항 각 호의 어느 하나에 해당하는 112신고 대응 코드를 부여한다.
> ④ 112근무요원 및 출동 경찰관은 112신고 대응 코드를 변경할 만한 사실을 추가로 확인한 경우 이미 분류된 112신고 대응 코드를 다른 112신고 대응 코드로 변경할 수 있다.

24 정답 ④

① (O) 풍속영업의 규제에 관한 법률 제2조
② (O) 동법 제3조
③ (O) 대법원 2010.7.15. 2009도4545
④ (X) 나이트클럽 무용수인 피고인이 무대에서 공연하면서 겉옷을 모두 벗고 성행위와 유사한 동작을 연출하거나 속옷에 부착되어 있던 모조 성기를 수차례 노출한 경우, 「풍속영업의 규제에 관한 법률」상 음란행위에 해당한다(대법원 2011.9.8. 2010도10171).

25 정답 ③

① (X) "피해자"란 가정폭력범죄로 인하여 직접적으로 피해를 입은 사람을 말한다(가정폭력범죄의 처벌 등에 관한 특례법 제2조 제5호).
② (X) "아동"이란 「아동복지법」 제3조 제1호에 따른 18세 미만인 자를 말한다(동법 제2조 제8호).
③ (O) 동법 제4조 제2항 제2호
④ (X) 피해자 또는 그 법정대리인은 가정폭력행위자를 고소할 수 있고, 피해자에게 고소할 법정대리인이나 친족이 없는 경우에 이해관계인이 신청하면 검사는 10일 이내에 고소할 수 있는 사람을 지정하여야 한다(동법 제6조 제1항·제3항).

26 정답 ③

① (X) 검사는 형사소송법 제245조의8에 따라 사법경찰관에게 재수사를 요청하려는 경우에는 동법 제245조의5 제2호에 따라 관계 서류와 증거물을 송부받은 날부터 90일 이내에 해야 한다. 다만, ㉠ 불송치 결정에 영향을 줄 수 있는 명백히 새로운 증거 또는 사실이 발견된 경우나, ㉡ 증거 등의 허위, 위조 또는 변조를 인정할 만한 상당한 정황이 있는 경우에는 관계 서류와 증거물을 송부받은 날부터 90일이 지난 후에도 재수사를 요청할 수 있다(수사준칙 제63조 제1항).
② (X) 사법경찰관은 재수사의 요청이 접수된 날부터 3개월 이내에 재수사를 마쳐야 한다(동준칙 제63조 제4항).
③ (O) 동준칙 제64조 제1항
④ (X) 검사는 사법경찰관이 재수사 결과를 통보한 사건에 대해서 다시 재수사를 요청하거나 송치 요구를 할 수 없다. 다만, 검사는 사법경찰관이 사건을 송지하지 않은 위법 또는 부당이 시정되지 않아 사건을 송치받아 수사할 필요가 있는 일정한 경우에는 사건송치를 요구할 수 있다(동준칙 제64조 제2항). → 사법경찰관이 재수사 결과를 통보한 사건에 대해서 검사가 예외적으로 사건송치요구를 할 수 있는 사유를 제64조 제2항 단서 각호에서 규정하고 있다.

27 정답 ②

① (X) 이용자의 가입일·해지일은 통신이용자정보에 해당한다(전기통신사업법 제83조 제3항).
② (O) 통신비밀보호법 제13조
③ (X) 검사 또는 사법경찰관은 ②에 따라 통신사실 확인자료제공을 받은 사건에 관하여 공소를 제기하거나, 공소제기·검찰송치를 하지 아니하는 처분(기소중지·참고인중지 또는 수사중지 결정은 제외한다) 또는 입건을 하지 아니하는 처분을 한 경우에는 그 처분을 한 날부터 30일 이내에 통신사실 확인자료제공을 받은 사실과 제공요청기관 및 그 기간 등을 통신사실 확인자료제공의 대상이 된 당사자에게 서면으로 통지하여야 한다(동법 제13조의3 제1항 제1호).

④ (X) 기소중지·참고인중지 또는 수사중지 결정을 한 경우에는 그 결정을 한 날부터 1년(제6조 제8항 각 호의 어느 하나에 해당하는 범죄인 경우에는 3년)이 경과한 때부터 30일 이내에 통신사실 확인자료제공을 받은 사실과 제공요청기관 및 그 기간 등을 통신사실 확인자료제공의 대상이 된 당사자에게 서면으로 통지하여야 한다(동법 제13조의3 제1항 제2호).

28 정답 ④
①②③ (O) 피의자 유치 및 호송규칙 제65조
④ (X) 도주한 자에 관한 호송관계서류 및 금품은 **호송관서**에서 보관하여야 한다(동규칙 제65조 제1호 '다'목).

29 정답 ①
① (O) 옳은 설명이다.
② (X) '경고'와 '제지'는 「경찰관직무집행법」 제5조·제6조, '체포'는 「형사소송법」 제212조에 근거한다.
③ (X) 실력행사에는 정해진 순서가 없으며 주어진 경비상황이 경비수단의 행사요건에 해당하는지 여부에 따라 적절히 행사하면 된다.
④ (X) 제지행위는 강제처분행위로서 무기의 사용은 허용될 수 있다. 다만 무기를 사용할 때에는 무기사용 요건에 해당하여야 하며 합리성의 원칙, 필요성의 원칙, 상당성의 원칙, 보충성의 원칙 등이 엄격히 적용되어야 한다.

30 정답 ③
㉠ (O) 경찰 비상업무 규칙 제2조 제1호
㉡ (X) "지휘선상 위치 근무"란 비상연락체계를 유지하며 유사시 1시간 이내에 현장지휘 및 현장근무가 가능한 장소에 위치하는 것을 말한다(동규칙 제2조 제2호). "정위치 근무"란 감독순시·현장근무 및 사무실 대기 등 관할구역 내에 위치하는 것을 말한다(동조 제3호).
㉢ (O) 동규칙 제2조 제4호
㉣ (O) 동규칙 제2조 제5호
㉤ (X) "일반요원"이란 필수요원을 제외한 경찰관 등으로 비상소집 시 2시간 이내에 응소하여야 할 사람을 말한다(동규칙 제2조 제6호).
㉥ (X) "가용경력"이란 총원에서 휴가·출장·교육·파견 등을 제외하고 실제 동원될 수 있는 모든 인원을 말한다(동규칙 제2조 제7호).

31 정답 ④
① (X) 신속하고 정확한 통신수단을 마련하고 인질과 대화통로를 단일화하며 **인질범의 부모나 여자친구 등은 현장에서 멀리하는 것이 바람직하다.**
② (X) 협상준비 → 논쟁개시 → 신호 → 제안 → 타결안제시 → 흥정 → 정리 → 타결
③ (X) 우리 측에서 줄 수 있는 한계를 분명히 하는 식이 되어서는 안 되고, 상대로 하여금 떼를 쓰고 흥정을 걸어오도록 유도하는 것은 2단계 '논쟁 개시' 단계의 내용이다.
④ (O) 옳은 설명이다.

◐ 영국의 Scot Negotiation Institute에서 제시한 인질협상의 8단계

구 분	내 용
협상 준비 (1단계)	먼저 얻기를 희망하는 것, 얻도록 시도할 것, 꼭 얻어야 할 것을 미리 메모해 둔다.
논쟁 개시 (2단계)	우리 측에서 줄 수 있는 한계를 분명히 하는 식이 되어서는 안 되고, 상대로 하여금 떼를 쓰고 흥정을 걸어오도록 유도해야 한다.
신호 (3단계)	협상용의가 있다는 신호를 보낸다.
제안 (4단계)	구체적인 제안사항, 즉 협상상대, 교신방법, 진행방법, 그리고 절차에 관한 제안을 차근차근 말한다.
타결안 제시 (5단계)	타결안은 개개 내용에 대한 일괄타결안이 되어야 하며 여러 가지 내용을 한 덩어리로 취급해서는 안 된다. 즉, 한 가지 사안의 내용별로 조건, 시간, 장소, 전달방식, 식별방법, 인도에 대한 상대방의 요구조건 처리 등을 명확히 하여 일괄하여 협의를 한다는 의미이다.
흥정 (6단계)	만약 상대가 요구하는 것이 바뀌거나 또 다른 것을 추가로 요구할 때, 이쪽에서는 흥정을 다시 해야 한다. 양보는 협상이 아니므로 공짜는 없어야 한다.
정리 (7단계)	매번 합의가 이루어질 때마다 내용을 정리하고 상대방에게 확인한다.
타결 (8단계)	쌍방이 서로의 제의와 그 내용에 대한 합의를 재확인한 후 약속한 절차에 따라 실제행동에 들어간다.

32 정답 ②

ⓜ항목만 단서 12개 항목에 해당하지 않는다(교통사고처리 특례법 제3조 제2항 단서).

33 정답 ②

① (X) 국내에서 사업용 차량(대여용 제외)을 운전할 수 없나(도로교통법 제96조 제1항·제2항).
② (O) 도로교통법 시행규칙 제88조 제2항
③ (X) 운전면허를 받은 날부터 2년이 경과한 사람(운전면허 정지 기간 중인 사람을 제외, 연습하고자 하는 자동차를 운전할 수 있는 운전면허에 한함)과 함께 타서 그의 지도를 받아야 한다(동법 시행규칙 제55조 제1호).
④ (X) 연습운전면허 소지자는 준수사항 중 하나라도 위반하면 해당 연습운전면허는 **취소**된다.

34 정답 ④

① (O) 교통단속처리지침 제31조 제5항 제3호
② (O) 도로교통법 제148조의2 제2항
③ (O) 대법원 2012.2.9. 2011도4328
④ (X) 여러 차례에 걸쳐 호흡측정기의 빨대를 입에 물고 형식적으로 숨을 부는 시늉만 하였을 뿐 숨을 제대로 불지 아니하여 호흡측정기에 음주측정수치가 나타나지 아니하도록 한 피고인의 행위는 음주측정불응의 죄에 해당한다(대법원 2000.4.21. 99도5210).

35 정답 ③
① (O) 집회 및 시위에 관한 법률 제2조 제3호
② (O) 주최자는 주관자를 따로 두어 집회 또는 시위의 실행을 맡아 관리하도록 위임할 수 있다. 이 경우 주관자는 그 위임의 범위 안에서 주최자로 본다(동법 제2조 제3호).
③ (X) 주최자의 자격에는 아무 제한이 없다. 따라서 단체는 물론 외국인이나 **범죄와 관련된 수배자도** 주최자가 될 수 있다.
④ (O) 대법원 2008.6.26 2007도6188.

36 정답 ②
㉠㉣ 옳지 않은 설명이다.
㉠ (X) 실질에 있어 집회의 형태를 갖추고 있었다면 그 행사의 명칭에 불구하고 집회 및 시위에 관한 법률 소정의 **옥외 집회에 해당한다**(대법원 2012.4.19. 2010도6388 전원합의체).
㉡ (O) 다수인이 공동목적을 가지고 한 곳에 모여 계획한 역할 분담에 따라 다수의 위력 또는 기세를 피켓에 기재된 주장 내용을 특정·불특정 다수인에게 전달함으로써 그들의 의견에 영향을 미치는 것으로서 10인 모두 '미신고 옥외시위 주최'의 공모공동정범에 해당한다(대법원 2011.9.29. 2009도2821).
㉢ (O) 점거한 경위 및 그 이후 한 행동, 타워크레인 주변의 상황 등 여러 사정들에 비추어 보면 불특정 다수와 접촉하여 제3자의 법익과 충돌하거나 공공의 안녕질서에 해를 끼칠 상황에 대한 충분한 예견가능성이 있어 미신고 옥외집회 개최행위 해당한다(대법원 2016.7.29. 2015도4496).
㉣ (X) 집회의 장소가 관공서 등 공공건조물의 옥내라 하더라도 그곳이 일반적으로 집회의 개최가 허용된 개방된 장소가 아닌 이상 이를 무단 점거하여 그 건조물의 평온을 해치거나 정상적인 기능의 수행에 위험을 초래하고 나아가 질서를 유지할 수 없는 정도에 이른 경우에는 **해산명령의 대상이 되는 것이다**(대법원 2013.7.25. 2010도14545).
㉤ (O) 판례에 의하면 미신고집회의 경우 미신고집회라는 이유만으로 곧바로 해산명령을 할 수 없고, 타인의 법익이나 공공의 안녕질서에 직접적이고 명백한 위험을 초래한 경우에 한해 해산명령을 할 수 있다. 또한, 판례는 '타인의 법익 침해나 기타 공공의 안녕질서에 대하여 직접적이고 명백한 위험을 초래하지 않은 경우에는 이에 대하여 사전 금지 또는 제한을 위반하여 집회를 한 점을 들어 처벌하는 것 이외에 더 나아가 이에 대한 해산을 명하고 이에 불응하였다 하여 처벌할 수는 없다'고 판시하였다(대법원 2011.10.13. 2009도13846).

37 정답 ②
① (O) 보안관찰법 제4조 제1항
② (X) '보안관찰처분대상자'라 함은 보안관찰해당범죄 또는 이와 경합된 범죄로 **금고 이상의 형의 선고를 받고 그 형기 합계가 3년 이상인 자**로서 형의 전부 또는 일부의 집행을 받은 사실이 있는 자를 말한다(동법 제3조).
③ (O) 동법 제14조 제1항
④ (O) 동법 제5조

38 정답 ③

① (X) 남한 주민이 북한을 방문하고자 하는 경우 **방문 7일 전까지** 남북교류협력시스템을 통해 '북한 방문승인 신청서'를 제출하여야 한다(남북교류협력에 관한 법률 시행령 제12조 제1항).

② (X) 거짓이나 부정한 방법으로 방문승인을 받은 경우 승인을 **취소하여야 한다**(동법 제9조 제7항 제1호).

③ (O) 재외국민이 외국에서 북한을 왕래할 때에는 통일부장관이나 재외공관의 장에게 신고하여야 하며(동법 제9조 제8항), 단순히 신고하지 않고 북한을 왕래한 경우 「남북교류협력에 관한 법률」의 적용을 받는다(동법 제28조의2 제1항 제1호).

④ (X) 지문의 경우 **정당성이 인정되면**「국가보안법」이 적용되지 않는다.

39 정답 ②

① (X)「대한민국과 러시아 연방간의 영사협약」에 따라 한국에서 러시아인이 체포·구속된 경우 피의자 요청 불문하고 **지체 없이** 러시아의 영사기관에 통보해야 한다.

② (O)「대한민국과 중화인민공화국 간의 영사협정」은 1) 상대 국민 체포·구금시 본인이 요청하지 않더라도 4일 이내 영사기관에 통보 2) 영사접견 신청 4일 이내 접견 보장 등을 주요 내용으로 한다.

③ (X) 경찰관은 총영사, 영사 또는 부영사나 명예영사의 사무소 안에 있는 기록문서에 관하여는 이를 **열람하거나 압수하여서는 아니 된다**(범죄수사규칙 제213조 제4항).

④ (X) 경찰관은 외국인인 피의자 및 그 밖의 관계자가 한국어에 능통하지 않는 경우에는 통역인으로 하여금 통역하게 하여 한국어로 피의자신문조서나 진술조서를 작성하여야 하며 특히 필요한 때에는 **외국어의 진술서**를 작성하게 하거나 **외국어의 진술서**를 제출하게 하여야 한다(범죄수사규칙 제217조 제1항).

40 정답 ③

① (O) 국제형사사법 공조법 제6조 제4호

② (O) 동법 제6조 제3호

③ (X) 대한민국에서 수사가 진행 중이거나 재판에 계속된 범죄에 대하여 외국의 공조요청이 있는 경우에는 그 수사 또는 재판절차가 끝날 때까지 공조를 **연기할 수 있다**(동법 제7조).

④ (O) 동법 제17조 제3항

실무종합 모의고사 4회

1	2	3	4	5	6	7	8	9	10
①	③	②	③	④	③	④	②	③	④
11	12	13	14	15	16	17	18	19	20
②	③	①	②	③	③	②	②	②	③
21	22	23	24	25	26	27	28	29	30
①	②	②	②	②	④	②	①	③	①
31	32	33	34	35	36	37	38	39	40
④	②	②	①	④	④	①	④	②	②

1 정답 ①
① (X) 실질적 의미의 경찰은 작용을 중심으로 파악된 개념이고, 형식적 의미의 경찰은 조직을 기준으로 파악된 개념이다.
②③④ 옳은 설명이다.

2 정답 ③
① (X) 공법규범에 대한 위반이 일반적으로 공공의 안녕에 대한 위험으로 취급된다.

> 사법규범(예: 민법)에 대한 위반은 일반적으로 공공의 안녕에 대한 위험으로 취급되지 아니하고, 사적 자치의 원칙(민사관계불간섭원칙)에 따라 경찰은 법적근거 있는 경우 외에는 개입하지 아니한다.

② (X) '법질서(법규범)의 불가침성'이 공공의 안녕의 제1요소가 된다.
③ (O) 옳은 설명이다.
④ (X) ⓒ과 관련하여 개인의 권리에는 재산권이 포함되어 **사유재산적 가치 또는 지적재산권과 같은 무형의 권리도 보호되어야** 한다. 다만 사법에서 인정되는 사적권리는 사적인 권리확보수단이 존재하는 경우에는 경찰의 보충적인 보호만 인정된다. 즉 경찰이 개입하지 않으면 사권의 실현이 불가능하거나 현저히 곤란할 때에만 경찰의 임무가 인정되어 개입할 수 있다.

3 정답 ②
㉠㉡㉢㉣ 옳은 설명이다.
㉤ (X) 1991년 「경찰법」 제정 이전에는 중앙 및 지방경찰은 내무부 및 시·도지사의 보조기관으로 관청으로서의 지위를 갖지 못하였고, 경찰서장만 관청으로서의 지위를 가졌다.

4 정답 ③
① (X) 정기회의는 특별한 사유가 있는 경우를 제외하고는 매월 2회 **위원장**이 소집한다(국가경찰위원회 규정 제7조 제2항).
② (X) 위원장은 필요한 경우 임시회의를 소집할 수 있으며, 위원 3인 이상과 행정안전부장관 또는 경찰청장은 위원장에게 임시회의의 소집을 요구할 수 있다(동규정 제7조 제3항).
③ (O) 동규정 규정 제7조 제4항
④ (X) 회의는 재적위원 **과반수**의 출석과 출석위원 과반수의 찬성으로 의결한다(국가경찰과 자치경찰의 조직 및 운영에 관한 법률 제11조 제2항).

5 정답 ④

① (O) 행정권한의 위임 및 위탁에 관한 규정 제2조
② (O) 동규정 제7조
③ (O) 동규정 제6조
④ (X) 수임 및 수탁사무의 처리에 관한 책임은 수임 및 수탁기관에 있으며, 위임 및 위탁기관의 장은 그에 대한 감독책임을 지며, 수임 및 수탁사무에 관한 권한을 행사할 때에는 수임 및 수탁기관의 명의로 하여야 한다(동규정 제8조).

6 정답 ③

㉠ (X) 경찰공무원은 **상사의 허가를 받거나** 그 명령에 의한 경우를 제외하고는 직무와 관계없는 장소에서 직무수행을 하여서는 아니 된다(경찰공무원 복무규정 제8조).
㉡ (O) 동규정 제13조
㉢ (X) 경찰공무원은 신규채용·승진·전보·파견·출장·연가·교육훈련기관에의 입교 기타 신분 관계 또는 근무관계 또는 근무관계의 변동이 있는 때에는 **소속상관에게** 신고를 하여야 한다(동규정 제11조).
㉣ (O) 동규정 제19조
㉤ (O) 동규정 제18조

7 정답 ④

① (X) 공직자는 등록의무자가 된 날부터 2개월이 되는 날이 속하는 달의 말일까지 등록의무자가 된 날 현재의 재산을 등록기관에 등록하여야 한다(공직자윤리법 제5조 제1항).
② (X) 등록의무자가 등록할 재산은 ㉠ 본인, ㉡ 배우자(사실상의 혼인관계에 있는 사람을 **포함한다**), ㉢ 본인의 직계존속·직계비속(다만, 혼인한 직계비속인 여성과 외증조부모, 외조부모, 외손자녀 및 외증손자녀는 제외한다)의 재산(소유 명의와 관계없이 사실상 소유하는 재산, 비영리법인에 출연한 재산과 외국에 있는 재산을 포함한다)으로 한다(동법 제4조 제1항 제2호).
③ (X) **품목당** 500만원 이상의 골동품 및 예술품이다(동법 제4조 제2항).
④ (O) 동법 제10조 제1항

8 정답 ②

① (O) 국가공무원법 제78조의3 제1항
② (X) ①의 ㉢의 사유로 무효 또는 취소(취소명령 포함)의 결정이나 판결을 받은 **감봉·견책처분에 대하여는 다시 징계의결을 요구하지 아니할 수 있다**(동법 제78조의3 제1항).
③ (O) 동법 제78조의3 제2항
④ (O) 동법 제82조 제2항 제2호

9 정답 ③

①② (O) 옳은 설명이다.
③ (X) 집행명령은 새로운 법규사항을 규정할 수 없다.
④ (O) 자동차운수사업법 제31조등의 규정에 의한 사업면허의 취소등의 처분에 관한 규칙(1982.7.31 교통부령 제724호)은 부령의 형식으로 되어 있으나 그 규정의 성질과 내용이 자동차운수사업면허의 취

소처분 등에 관한 사무처리기준과 처분절차 등 행정청내의 사무처리준칙을 규정한 것에 불과하므로 이는 교통부장관이 관계행정기관 및 직원에 대하여 그 직무권한행사의 지침으로 발한 행정조직내부에 있어서의 행정명령의 성질을 갖는 것이고, 법규명령이라고는 볼 수 없다(대법원 1984.4.10. 83누676).

10 정답 ④

① (O) 행정기본법 제37조 제1항

> ① 당사자는 처분(제재처분 및 행정상 강제는 제외한다.)이 행정심판, 행정소송 및 그 밖의 쟁송을 통하여 다툴 수 없게 된 경우(법원의 확정판결이 있는 경우는 제외한다)라도 다음 각 호의 어느 하나에 해당하는 경우에는 해당 처분을 한 행정청에 처분을 취소·철회하거나 변경하여 줄 것을 신청할 수 있다.
> 1. 처분의 근거가 된 사실관계 또는 법률관계가 추후에 당사자에게 유리하게 바뀐 경우
> 2. 당사자에게 유리한 결정을 가져다주었을 새로운 증거가 있는 경우
> 3. 「민사소송법」 제451조에 따른 재심사유에 준하는 사유가 발생한 경우 등 대통령령으로 정하는 경우

② (O) 동법 제37조 제2항
③ (O) 동법 제37조 제3항
④ (X) 신청은 당사자가 제1항 각 호의 사유를 안 날부터 60일 이내에 하여야 한다. 다만, 처분이 있은 날부터 5년이 지나면 신청할 수 없다(동법 제37조 제3항).

11 정답 ②

① (O) 경찰관직무집행법 제6조
② (X) 경찰관의 제지 조치가 적법한지 여부는 제지 조치 당시의 구체적 상황을 기초로 판단하여야 한다 (대법원 2013.6.13. 2012도9937).
③ (O) 대법원 2013.9.26. 2013도643
④ (O) 대법원 2018.12.13. 2016도19417

12 정답 ③

① (O) 위해성경찰장비규정 제5조
② (O) 동규정 제6조
③ (X) 대항여부에 관계없이 14세 미만의 자 또는 임산부에 대하여 전자충격기 또는 전자방패 사용이 금지된다(동규정 제8조 제1항).
④ (O) 동규정 제8조 제2항

13 정답 ①

위해를 수반하여 무기를 사용할 수 있는 경우는 ⑩⑭이다(경찰관직무집행법 제10조의4).
㉠㉡ (X) 위해를 수반하는 무기사용요건이 아니다.
㉢ (X) 정당방위와 긴급피난에 해당할 때
㉣ (X) 사형·무기 또는 장기 3년 이상의 징역이나 금고에 해당하는 죄를 범하거나 범하였다고 의심할 만한 충분한 이유가 있는 사람이 경찰관의 직무집행에 항거하거나 도주하려고 할 때

14 정답 ②

①③④ 옳은 설명이다.

② (X) 관리자의 사고나 여타의 이유로 인해 관리자가 적정한 지휘통솔을 할 수 없을 때에는 대리 또는 대행자를 미리 지정해두고 관리자의 유고시에는 유고관리자의 임무를 대행하거나 권한의 위임을 통하여 관리자의 임무를 하위관리자에게 일부 맡김으로써 **명령통일의 한계를** 보완하는 대책이 필요하다.

15 정답 ③

① (O) 국가재정법 제43조

② (O) 동법 제45조

③ (X) 각 기관 간 또는 각 장·관항 간에 상호 **이용할 수 없다**(동법 제46조, 47조 제1항).

④ (O) 동법 제43조

16 정답 ③

㉠㉡㉢㉣ (O) 거부사유에 해당

㉤ (X) 청구된 정정보도 내용이 국가·지방자치단체 또는 공공단체 **공개회의와** 법원의 **공개재판** 절차의 사실보도에 관한 것인 경우(언론중재 및 피해구제 등에 관한 법률 제15조 제4항)

17 정답 ②

① (X) 공공기관이 보유·관리하는 정보는 국민의 알권리 보장 등을 위하여 이 법에서 정하는 바에 따라 **적극적으로 공개하여야 한다**(정보공개법 제3조).

② (O) 동법 제2조 제3호

③ (X) 공공기관이 보유·관리하는 정보는 공개 대상이 된다. 다만, 다음 각 호의 어느 하나에 해당하는 정보는 공개하지 아니할 수 있다(동법 제9조 제1항 제4호).

④ (X) 공공기관은 제1항 각 호의 어느 하나에 해당하는 정보가 기간의 경과 등으로 인하여 비공개의 필요성이 없어진 경우에는 그 정보를 공개 대상으로 **하여야 한다**(동법 제9조 제2항).

18 정답 ②

①③④ 옳은 설명이다.

② (X) **정치권에 대한 후원금**, 떡값 같은 적은 액수의 호의표시나 선물 또는 순찰 경찰관에게 주민들이 제공하는 음료수나 과일 등은 **회색부패의 유형에** 해당하는 것으로 볼 수 있다.

19 정답 ②

① (O) 부정청탁 및 금품등 수수의 금지에 관한 법률 제8조

② (X) **불특정 다수인에게** 배포하기 위한 기념품 또는 홍보용품 등이나 경연·추첨을 통하여 받는 보상 또는 상품 등이다(동법 제8조 제3항 제7호).

③ (O) 동법 제8조 제3항 제1호

④ (O) 기관장이 소속직원에게 **업무추진비로 화환을 보내는 것은** '공공기관이 소속 공직자에게 지급하는 금품'으로써 가능하고, 별도로 사비로 경조사비를 하는 것은 '상급공직자등이 위로·격려·포상 등의 목적으로 하급 공직자 등에게 제공하는 금품 등'에 해당되므로, 청탁금지법 위반이 아니다(동법 제8조 제3항 제1호).

20 정답 ③

① (O) 경찰청 공무원 행동강령 제4조 제1항
② (O) 동강령 제4조 제2항
③ (X) ①이나 ②에 따라 상담 요청을 받은 행동강령책임관은 지시 내용을 확인하여 지시를 취소하거나 변경할 필요가 있다고 인정되면 소속 기관의 장에게 보고하여야 한다. 다만, 지시 내용을 확인하는 과정에서 부당한 지시를 한 상급자가 스스로 그 지시를 취소하거나 변경하였을 때에는 소속 기관의 장에게 보고하지 아니할 수 있다(동강령 제4조 제3항).
④ (O) 동강령 제4조의2(부당한 수사지휘에 대한 이의제기) 제1항

21 정답 ①

① (X) 이해충돌방지법에서는 **언론사, 사립학교**가 공공기관에 규정되어 있지 않다(이해충돌방지법 제2조 제1호 참고). 〈비교〉 청탁금지법은 적용대상에 언론사, 사립학교를 포함하는 것과 구별
② (O) 동법 제5조 제1항 제8호
③ (O) 동법 제2조 제6호 마목
④ (O) 동법 제8조 제1항

22 정답 ②

①③④ (O) 옳은 설명이다.
② (X) 지문은 아노미이론이 아닌 **낙인이론**에 대한 설명이다.

23 정답 ②

② (O) ⓒⓒ②은 **지역경찰관서장의 직무**이며, ⓐⓔ은 **순찰팀장의 직무**이다(지역경찰의 조직 및 운영에 관한 규칙 제5조).

	직무 내용
지역관서장	1. 관내 치안상황의 분석 및 대책 수립 2. 지역경찰관서의 시설·예산·장비의 관리 3. 소속 지역경찰의 근무와 관련된 제반사항에 대한 지휘 및 감독 4. 경찰 중요 시책의 홍보 및 협력치안 활동
순찰팀장	1. 근무교대시 주요 취급사항 및 장비 등의 인수인계 확인 2. 관리팀원 및 순찰팀원에 대한 일일근무 지정 및 지휘·감독 3. 관내 중요 사건 발생시 현장 지휘 4. 지역경찰관서장 부재시 업무 대행 5. 순찰팀원의 업무역량 향상을 위한 교육

24 정답 ②

① (X) 경비업 허가의 유효기간은 허가받은 날부터 5년이다(경비업법 제4조, 제6조).
② (O) 동법 제4조

허가	• 법인의 주사무소의 소재지를 관할하는 시·도경찰청장으로부터 허가 • 허가의 유효기간은 허가받은 날부터 5년
신고	1. 영업을 폐업하거나 휴업한 때 2. 법인의 명칭이나 대표자·임원을 변경한 때 3. 법인의 주사무소나 출장소를 신설·이전 또는 폐지한 때 4. 기계경비업무의 수행을 위한 관제시설을 신설·이전 또는 폐지한 때 5. 특수경비업무를 개시하거나 종료한 때 6. 그 밖에 대통령령이 정하는 중요사항을 변경한 때

③ (X) 18세 미만인 사람 또는 피성년후견인은 경비지도사 또는 일반경비원이 될 수 없다(경비업법 제10조 제1항 제1호).
④ (X) 정당한 사유없이 허가를 받은 날부터 2년 이내에 경비 도급실적이 없거나 계속하여 1년 이상 휴업한 때에 허가관청은 경비업자의 허가를 취소하여야 한다(동법 제19조 제1항 제5호).

25 정답 ②

㉠ (X) 장기실종아동등에 대한 설명이다(실종아동등 및 가출인 업무처리규칙 제2조). 실종아동등이란 약취·유인 또는 유기되거나 사고를 당하거나 가출하거나 길을 잃는 등의 사유로 인하여 보호자로부터 이탈된 아동등을 말한다(실종아동 등의 보호 및 지원에 관한 법률 제2조 제2호).
㉡ (X) "보호실종아동등"이란 보호자가 확인되지 않아 경찰관이 보호하고 있는 실종아동등을 말한다(실종아동등 및 가출인 업무처리규칙 제2조 제4호).
㉢ (X) 발견지에 대한 설명이다(실종아동등 및 가출인 업무처리규칙 제2조 제8호).
㉣ (O) 실종아동 등의 보호 및 지원에 관한 법률 제2조 제3호
㉤ (O) 실종아동등 및 가출인 업무처리규칙 제2조 제6호

26 정답 ④

① (O) 범죄수사규칙 제56조
② (O) 경찰수사규칙 제30조
③ (O) 범죄수사규칙 제57조 제2항
④ (X) 경찰관은 검시를 한 경우에 범죄로 인한 사망이라 인식한 때에는 신속하게 수사를 개시하고 소속 경찰관서장에게 보고하여야 한다(범죄수사규칙 제57조 제3항).

27 정답 ②

① (O) 통신비밀보호법 제5조 제1항
② (X) 사법경찰관은 범죄수사를 위한 통신제한조치의 허가요건이 구비된 경우에는 검사에 대하여 각 피의자별 또는 각 피내사자별로 통신제한조치에 대한 허가를 신청하고, 검사는 법원에 대하여 그 허가를 청구할 수 있다(동법 제6조 제2항).
③ (O) 동법 제6조 제7항
④ (O) 동법 제7조 제1항·제2항

28 정답 ①

①의 연결이 옳다.

> 제12조(수법원지 및 피해통보표의 삭제)
> ① 수법원지가 다음 각호에 해당할 때에는 전산자료를 삭제하여야 한다.
>   1. 피작성자가 사망하였을 때
>   2. 피작성자가 80세 이상이 되었을 때
>   3. 작성자의 수법분류번호가 동일한 원지가 2건 이상 중복될 때 1건을 제외한 자료
> ② 피해통보표가 다음 각호에 해당할 때에는 전산자료를 삭제하여야 한다.
>   1. 피의자가 검거되었을 때
>   2. 피의자가 사망하였을 때
>   3. 피해통보표 전산입력후 10년이 경과하였을 때

29 정답 ③

① (X) 간이검사에 대한 설명이다. 외표검사란 죄질이 경미하고 동작과 언행에 특이사항이 없으며 위험물 등을 은닉하고 있지 않다고 판단되는 유치인에 대하여 신체 등의 외부를 눈으로 확인하고 손으로 가볍게 두드려 만져 검사하는 것을 말한다(피의자 유치 및 호송규칙 제8조 제4항).

② (X) 형사범과 구류처분을 받은 자, **19세 이상의 사람과 19세 미만의 사람**, 신체장애인 및 사건관련의 공범자 등은 유치실이 허용하는 범위 내에서 분리하여 유치하여야 하며, 신체장애인에 대하여는 신체장애를 고려한 처우를 하여야 한다(동규칙 제7조 제2항).

③ (O) 동규칙 제7조 제1항

④ (X) 경찰서장은 유치인보호관에 대하여 피의자의 유치에 관한 관계법령 및 규정 등을 **매월 1회 이상** 정기적으로 교육하고 유치인보호관은 이를 숙지하여야 한다(동규칙 제73조).

30 정답 ①

① (X) 개표소안에 들어간 경찰공무원 또는 경찰관서장은 구·시·군선거관리위원회위원장의 지시를 받아야 하며, 질서가 회복되거나 위원장의 요구가 있는 때에는 즉시 개표소에서 퇴거하여야 한다(공직선거법 제183조 제3항).

> 공직선거법 제183조(개표소의 출입제한과 질서유지)
> ③ 구·시·군선거관리위원회위원장이나 위원은 개표소의 질서가 심히 문란하여 공정한 개표가 진행될 수 없다고 인정하는 때에는 개표소의 질서유지를 위하여 정복을 한 경찰공무원 또는 경찰관서장에게 원조를 요구할 수 있다.
> ④ 제3항의 규정에 의하여 원조요구를 받은 경찰공무원 또는 경찰관서장은 즉시 이에 따라야 한다.
> ⑤ 제3항의 요구에 의하여 개표소안에 들어간 경찰공무원 또는 경찰관서장은 구·시·군선거관리위원회위원장의 지시를 받아야 하며, 질서가 회복되거나 위원장의 요구가 있는 때에는 즉시 개표소에서 퇴거하여야 한다.

② (O) 동법 제183조 제6항

③④ (O) 옳은 설명이다.

◎ 개표소 경비

개표소 내부 (제1선)	• 선거관리위원회 위원장의 책임 하에 질서를 유지한다. • 개표소 내부에 질서문란행위가 발생한 경우 위원장 또는 위원의 요청이 있는 경우에만 경찰력을 투입하고 개표소 내부의 질서가 회복되거나 선거관리위원회위원장의 요구가 있을 때는 퇴거해야 한다.
울타리 내곽 (제2선)	• 선거관리위원회와 합동으로 출입자를 통제한다. • 제2선의 출입문은 되도록 정문만을 사용하고 기타 출입문은 시정한다.
울타리 외곽 (제3선)	• 검문조·순찰조를 운용하여 위해 기도자의 접근을 차단한다.

31 정답 ④

① (O) 재난 및 안전관리 기본법 제38조 제1항·제2항
② (O) 동법 제38조 제3항
③ (O) 동법 제41조 제1항 제2호
④ (X) **시장·군수·구청장과 지역통제단장**(대통령령으로 정하는 권한을 행사하는 경우에만 해당한다. 이하 이 조에서 같다)은 제40조 제1항에 따른 대피명령을 받은 사람 또는 제41조 제1항 제2호에 따른 위험구역에서의 퇴거나 대피명령을 받은 사람이 그 명령을 이행하지 아니하여 위급하다고 판단되면 그 지역 또는 위험구역 안의 주민이나 그 안에 있는 사람을 강제로 대피 또는 퇴거시키거나 선박·자동차 등을 견인시킬 수 있다(동법 제42조 제1항).

32 정답 ②

① (O) 경찰 비상업무 규칙 제7조 제1항 제1호
② (X) 비상근무 을호가 발령된 때에는 **연가를 중지하고** ~~ (동규칙 제7조 제1항 제2호).
③ (O) 동규칙 제7조 제1항 제5호
④ (O) 동규칙 제7조 제4항

◎ 비상업무시 근무요령(경찰 비상업무 규칙 제7조 제1항) 〈2024.7.24. 개정〉

비상근무의 종류	근무요령
갑호 비상	㉠ 비상근무 갑호가 발령된 때에는 연가를 중지하고 가용경력 100%까지 동원할 수 있다. ㉡ 지휘관과 참모는 정착 근무를 원칙으로 한다.
을호 비상	㉠ 비상근무 을호가 발령된 때에는 연가를 중지하고 가용경력 50%까지 동원할 수 있다. ㉡ 지휘관과 참모는 정위치 근무를 원칙으로 한다.
병호 비상	㉠ 비상근무 병호가 발령된 때에는 부득이한 경우를 제외하고는 연가를 억제하고 가용경력 30%까지 동원할 수 있다. ㉡ 지휘관과 참모는 정위치 근무 또는 지휘선상 위치 근무를 원칙으로 한다.

경계 강화	⊙ 별도의 경력동원 없이 특정분야의 근무를 강화한다. ⓒ 경찰관 등은 비상연락체계를 유지하고 상황발생 시 즉각 출동이 가능하도록 출동대기태세를 유지한다. ⓒ 지휘관과 참모는 지휘선상 위치 근무를 원칙으로 한다.
작전준비태세 (작전비상시 적용)	⊙ 별도의 경력동원 없이 경찰관서 지휘관 및 참모의 비상연락망을 구축하고 신속한 응소체제를 유지한다. ⓒ 경찰관등은 상황발생 시 즉각 출동이 가능하도록 출동태세 점검을 실시한다. ⓒ 유관기관과의 긴밀한 연락체계를 유지하고, 필요시 작전상황반을 유지한다.

33 정답 ②
① (O) 도로교통법 제51조 제1항
② (X) ~ 도시지역의 **이면도로**를 일방통행로로 지정·운영할 수 있다(어린이·노인 및 장애인 보호구역의 지정 및 관리에 관한 규칙 제9조 제1항).

> 제9조(보호구역에서의 필요한 조치)
> ① 시·도경찰청장이나 경찰서장은 「도로교통법」 제12조 제1항 또는 제12조의2 제1항에 따라 보호구역에서 구간별·시간대별로 다음 각 호의 조치를 할 수 있다.
> 1. 차마(車馬)의 통행을 금지하거나 제한하는 것
> 2. 차마의 정차나 주차를 금지하는 것
> 3. 운행속도를 시속 30킬로미터 이내로 제한하는 것
> 4. **이면도로**(도시지역에 있어서 간선도로가 아닌 도로로서 일반의 교통에 사용되는 도로를 말한다)를 일방통행로로 지정·운영하는 것

③ (O) 도로교통법 시행령 제31조 제3호
④ (O) 어린이·노인 및 장애인 보호구역의 지정 및 관리에 관한 규칙 제3조 제6항

34 정답 ①
① (X) 혈중알코올농도가 0.03% 이상 0.08% 미만인 경우 1년 이하 징역이나 **5백만원 이하의 벌금**

위반내용		처벌기준(10년 내 최초의 경우)
음주운전	0.03~0.08% 미만	1년 이하 / 500만원 이하
	0.08~0.2% 미만	1년 이상 2년 이하 / 500만원 이상 1천만원 이하
	0.2% 이상	2년 이상 5년 이하 / 1천만원 이상 2천만원 이하
측정 거부		1년 이상 5년 이하 / 500만원 이상 2천만원 이하

35 정답 ④
① (O) 경찰관의 정보수집 및 처리 등에 관한 규정 제3조 제8호
② (O) 동규정 제4조 제1항
③ (O) 동규정 제4조 제2항 제2호
④ (X) 부당한 민원이나 청탁을 직무 관련자에게 전달하는 행위를 해서는 안 된다(동규정 제2조 제2항 제4호). 따라서 정당한 민원이나 청탁을 전달하는 행위는 정보활동 제한 사유가 아니다.

> **경찰관의 정보수집 및 처리 등에 관한 규정**
> 제3조(수집 등 대상 정보의 구체적인 범위) 경찰관이 「경찰관 직무집행법」(이하 "법"이라 한다) 제8조의 2 제1항에 따라 수집·작성·배포할 수 있는 정보의 구체적인 범위는 다음 각 호와 같다.
> 1. 범죄의 예방과 대응에 필요한 정보
> 2. 「형의 집행 및 수용자의 처우에 관한 법률」 제126조의2 또는 「보호관찰 등에 관한 법률」 제55조의3에 따라 통보되는 정보의 대상자인 수형자·가석방자의 재범방지 및 피해자의 보호에 필요한 정보
> 3. 국가중요시설의 안전 및 주요 인사(人士)의 보호에 필요한 정보
> 4. 방첩·대테러활동 등 국가안전을 위한 활동에 필요한 정보
> 5. 재난·안전사고 등으로부터 국민안전을 확보하기 위한 정보
> 6. 집회·시위 등으로 인한 공공갈등과 다중운집에 따른 질서 및 안전 유지에 필요한 정보
> 7. 국민의 생명·신체·재산의 보호와 공공안녕에 대한 위험의 예방과 대응을 위한 정책에 관한 정보[해당 정책의 입안·집행·평가를 위해 객관적이고 필요한 사항에 관한 정보로 한정하며, 이와 직접적·구체적으로 관련이 없는 사생활·신조(信條) 등에 관한 정보는 제외한다]
> 8. 도로 교통의 위해(危害) 방지·제거 및 원활한 소통 확보를 위한 정보
> 9. 「보안업무규정」 제45조 제1항에 따라 경찰청장이 위탁받은 신원조사 또는 「공공기관의 정보공개에 관한 법률」 제2조 제3호에 따른 공공기관의 장이 법령에 근거하여 요청한 사실의 확인을 위한 정보
> 10. 그 밖에 제1호부터 제9호까지에서 규정한 사항에 준하는 정보

36 정답 ④

① (X) 집회 및 시위에 관한 법률 제6조 제1항에서는 옥외집회 또는 시위를 주최하고자 하는 자로 하여금 관할 경찰서장에게 그에 관한 소정의 신고서를 제출하도록 하고 있는데 그 취지는 신고를 받은 관할 경찰서장이 그 신고에 의하여 옥외집회 또는 시위의 성격과 규모 등을 미리 파악함으로써 적법한 옥외집회 또는 시위를 보호하는 한편 그로 인한 공공의 안녕질서를 함께 유지하기 위한 사전조치를 마련하고자 함에 있는 것이고, 또한 같은 법 제8조 제1항은 신고서의 기재사항에 미비한 점이 보완되지 않는 경우 관할 경찰서장이 집회 또는 시위의 금지를 통고할 수 있도록 규정하고 있는데, 이러한 금지통고가 헌법에서 금하고 있는 사전허가가 되지 않기 위하여는 경찰서장이 **집회의 실질적 내용에까지 들어가 그 위법 여부를 판단하여 허부를 결정하여서는 안 된다**(서울고등법원 1998.12.29. 98누11290).

② (X) 타인의 주거지역이나 이와 유사한 장소 또는 학교·군사시설의 주변지역에서의 집회 또는 시위의 경우 그 거주자 또는 관리자가 시설이나 장소의 보호를 요청하는 때에는 집회 또는 시위의 금지 또는 제한을 통고할 수 있다(동법 제8조 제5항).

③ (X) 관할 경찰관서장은 집회 또는 시위의 시간과 장소가 중복되는 2개 이상의 신고가 있고 그 목적으로 보아 서로 상반되거나 방해가 된다고 인정되어 시간을 나누거나 장소를 분할하여 개최하도록 한 권유가 받아들여지지 아니한 경우 뒤에 접수된 옥외집회 또는 시위에 대하여 그 집회 또는 시위의 금지를 **통고할 수 있다**(동법 제8조 제2항·제3항).

④ (O) 동법 제12조 제2항

37 정답 ①

① (O) 옳은 설명이다.
② (X) 계속 접촉의 유지는 탐지→판명→주시→이용→검거 순서로 진행된다.
③ (X) 허위정보의 유포, 양동간계시위는 기만적 방첩수단에 해당하지만, 역용공작은 적극적 방첩수단에 해당한다.
④ (X) 방첩의 주요 대상은 간첩, 태업 그리고 전복이다. 테러도 방첩과 무관한 것은 아니지만 방첩의 주요 대상이라고 할 수는 없다.

● 전복

국가전복	피지배자가 지배자를 타도하여 정권을 탈취하는 것
정부전복	동일 지배계급 내의 일부 세력이 권력을 강화하거나 새로운 정권을 획득할 목적으로 타 계급을 공격하는 것

38 정답 ④

①②③ 모두 옳은 설명이다.
④ (X) 첨단안보수사의 대상은 사이버공간이므로 관할 구분이 사실상 무의미하다.

39 정답 ②

① (O) 출입국관리법 제4조 제1항 제1호
② (X) 범죄 수사를 위하여 출국이 적당하지 아니하다고 인정되는 사람에 대해서는 1개월 이내의 기간을 정하여 출국을 금지할 수 있다(동법 제4조 제2항 본문).
③ (O) 동법 제4조 제2항 제1호
④ (O) 동법 제4조 제2항 제2호

> **출입국관리법 제4조(출국의 금지)** ① 법무부장관은 다음 각 호의 어느 하나에 해당하는 국민에 대하여는 6개월 이내의 기간을 정하여 출국을 금지할 수 있다.
> 1. 형사재판에 계속(係屬) 중인 사람
> 2. 징역형이나 금고형의 집행이 끝나지 아니한 사람
> 3. 대통령령으로 정하는 금액 이상의 벌금이나 추징금을 내지 아니한 사람
> 4. 대통령령으로 정하는 금액 이상의 국세·관세 또는 지방세를 정당한 사유 없이 그 납부기한까지 내지 아니한 사람
> 5. 「양육비 이행확보 및 지원에 관한 법률」 제21조의4 제1항에 따른 양육비 채무자 중 양육비이행심의위원회의 심의·의결을 거친 사람
> 6. 그 밖에 제1호부터 제5호까지의 규정에 준하는 사람으로서 대한민국의 이익이나 공공의 안전 또는 경제질서를 해칠 우려가 있어 그 출국이 적당하지 아니하다고 법무부령으로 정하는 사람
> ② 법무부장관은 범죄 수사를 위하여 출국이 적당하지 아니하다고 인정되는 사람에 대하여는 1개월 이내의 기간을 정하여 출국을 금지할 수 있다. 다만, 다음 각 호에 해당하는 사람은 그 호에서 정한 기간으로 한다.

1. 소재를 알 수 없어 기소중지 또는 수사중지(피의자중지로 한정한다)된 사람 또는 도주 등 특별한 사유가 있어 수사진행이 어려운 사람 : 3개월 이내
2. 기소중지 또는 수사중지(피의자중지로 한정한다)된 경우로서 체포영장 또는 구속영장이 발부된 사람 : 영장 유효기간 이내

40 정답 ②

① (O) 출입국관리법 제47조
② (X) 외국인의 강제퇴거 대상자 여부를 심사·결정하기 위한 보호기간은 10일 이내로 한다. 다만, 부득이한 사유가 있으면 지방출입국·외국인관서의 장의 허가를 받아 10일을 초과하지 아니하는 범위에서 한 차례만 연장할 수 있다(동법 제52조 제1항).
③ (O) 동법 제62조
④ (O) 동법 제63조 제2항

실무종합 모의고사 5회

1	2	3	4	5	6	7	8	9	10
①	③	②	④	②	③	②	③	②	①
11	12	13	14	15	16	17	18	19	20
②	③	④	④	④	③	④	②	③	②
21	22	23	24	25	26	27	28	29	30
②	④	③	④	③	④	②	②	③	①
31	32	33	34	35	36	37	38	39	40
④	①	④	④	③	②	④	②	④	④

1 정답 ①

㉠ (O) 국회법 제143조

㉡ (X) 의장은 국회의 경호를 위하여 필요한 때에는 **국회운영위원회의 동의**를 얻어 일정한 기간을 정하여 정부에 대하여 필요한 경찰공무원의 파견을 요구할 수 있다(동법 제144조 제2항).

㉢ (X) 경호업무는 의장의 지휘를 받아 수행하되, **경위는 회의장 건물 안에서, 경찰공무원은 회의장 건물 밖에서 경호한다**(동법 제144조).

㉣ (X) 경위나 경찰공무원은 국회 안에 현행범인이 있을 때에는 **체포한 후 의장의 지시**를 받아야 한다. 다만, 회의장 안에서는 의장의 명령 없이 의원을 체포할 수 없다(동법 제150조).

2 정답 ③

①②④ 옳은 설명이다.

③ (X) 평시경찰과 비상경찰은 위해정도 및 담당기관에 따른 분류이다. 예방경찰과 진압경찰이 경찰권 발동 시점에 따른 분류이다.

3 정답 ②

㉠㉣㉥ (O) 옳은 설명이다.

㉡ (X) 미군정기에 경제경찰, 고등경찰이 폐지되었으며, 정보업무를 담당할 **정보과**가 신설되었다.

㉢ (X) 1945년 강점기의 치안입법인 정치범처벌법·치안유지법·**예비검속법**이 폐지되었고, 1948년에 마지막으로 **보안법**을 폐지하였다.

㉤ (X) 1947년 6인으로 구성된 중앙경찰위원회가 설치되어 중앙경찰위원회'를 통한 경찰통제 제도를 도입함으로써 민주적 요소가 강화되었다.

4 정답 ④

① (X) 국가경찰위원회 위원장은 **비상임위원** 중에서 호선한다(국가경찰과 자치경찰의 조직 및 운영에 관한 법률 제2조 제1항).

② (X) 시·도자치경찰위원회 위원장은 위원 중에서 **시·도지사가 임명**한다. 상임위원은 시·도자치경찰위원회의 의결을 거쳐 위원 중에서 위원장의 제청으로 시·도지사가 임명한다(동법 제20조 제3항).

③ (X) 시·도자치경찰위원회 위원장과 국가경찰위원회 위원장이 사고가 있을 때에는 **상임위원, 위원중 연장자** 순으로 위원장의 직무를 대행한다(동법 제2조 제2항).

④ (O) 동법 제23조 제1항

5 정답 ②

① (O) 국가경찰과 자치경찰의 조직 및 운영에 관한 법률 제28조 제1항
② (X) 시·도경찰청장은 경찰청장이 시·도자치경찰위원회와 협의하여 추천한 사람 중에서 행정안전부장관의 제청으로 국무총리를 거쳐 대통령이 임용한다(동법 제28조 제2항).
③ (O) 동법 제28조 제3항
④ (O) 동법 제28조 제4항

6 정답 ③

① (O) 경찰공무원 임용령 시행규칙 제22조
② (O) 동 시행규칙 제27조 제1항
③ (X) 전과의 대상자에 해당하는 경우에도 현재 경과를 부여받고 1년이 지나지 아니한 사람은 ②에 따른 전과를 할 수 없다(동 시행규칙 제28조 제2항 제1호).
④ (O) 동 시행규칙 제28조 제2항 제2호

7 정답 ②

② (O) ㉠㉣㉥이 당연퇴직사유에 해당한다(경찰공무원법 제27조).
㉡ (X) 「성폭력범죄의 처벌 등에 관한 특례법」 제2조에 규정된 죄(성폭력범죄)를 범한 사람으로서 100만원 이상의 벌금형을 선고받고 그 형이 확정된 후 3년이 지나지 아니한 사람
㉢ (X) 자격정지 이상의 형의 선고유예를 선고받고 그 유예기간 중에 있는 사람 중 「형법」 제129조부터 제132조까지(수뢰죄), 「성폭력범죄의 처벌 등에 관한 특례법」 제2조(성폭력범죄), 「아동·청소년의 성보호에 관한 법률」 제2조 제2호(아동·청소년대상 성범죄) 및 직무와 관련하여 「형법」 제355조 또는 제356조(횡령과 배임)에 규정된 죄를 범한 사람으로서 자격정지 이상의 형의 선고유예를 받은 경우만 해당한다.
㉤ (X) 공무원으로 재직기간 중 직무와 관련하여 「형법」 제355조 및 제356조(횡령과 배임)에 규정된 죄를 범한 자로서 300만원 이상의 벌금형을 선고받고 그 형이 확정된 후 2년이 지나지 아니한 사람

8 정답 ③

① (X) 신체·정신상의 장애로 장기요양이 필요할 때 때에는 임용권자는 본인의 의사에도 불구하고 휴직을 명하여야 한다(국가공무원법 제71조 제1항 제1호).
② (X) ①의 휴직기간은 1년 이내로 하되, 부득이한 경우 1년의 범위에서 연장할 수 있다. 다만, 「공무원 재해보상법」 제22조 제1항에 따른 요양급여 지급 대상 부상 또는 질병으로 인한 휴직기간은 3년 이내로 하되, 의학적 소견 등을 고려하여 대통령령등으로 정하는 바에 따라 2년의 범위에서 연장할 수 있다(동법 제72조 제1호).
③ (O) 공무원보수규정 제28조 제1항
④ (X) '승진소요 최저근무연수'에 포함되는 휴직사유에 해당한다(경찰공무원 승진임용규정 제5조 제2항).

> 경찰공무원 승진임용규정 제5조(승진소요 최저근무연수) ② 휴직 기간, 직위해제 기간, 징계처분 기간 및 제6조 제1항 제2호에 따른 승진임용 제한기간은 제1항의 기간에 포함하지 않는다. 다만, 다음 각 호의 기간은 제1항의 기간에 포함한다.
> 1. 「국가공무원법」 제71조에 따른 휴직 기간 중 다음 각 목의 기간
>   가. 「공무원 재해보상법」에 따른 공무상 질병 또는 부상으로 인하여 「국가공무원법」 제71조 제1항 제1호에 따라 휴직한 경우에 그 휴직 기간
>   나. 「국가공무원법」 제71조 제1항 제3호·제5호 또는 같은 조 제2항 제1호에 따라 휴직한 경우에 그 휴직 기간
>   다. 「국가공무원법」 제71조 제2항 제2호에 따라 휴직한 경우에 그 휴직 기간의 50퍼센트에 해당하는 기간
>   라. 「국가공무원법」 제71조 제2항 제4호에 따라 휴직한 경우에 그 휴직 기간. 다만, 자녀 1명에 대하여 총 휴직 기간이 1년을 넘는 경우에는 최초의 1년으로 하되, 다음의 어느 하나에 해당하는 경우에는 그 휴직 기간 전부로 한다.
>   1) 첫째 자녀에 대하여 부모가 모두 휴직을 하는 경우로서 각 휴직 기간이 「공무원임용령」 제31조 제2항 제1호 다목1)에 따라 인사혁신처장이 정하는 기간 이상인 경우
>   2) 둘째 자녀 이후에 대하여 휴직을 하는 경우

9 정답 ②

② (X) 징계위원회 동의를 요하지 않는다(경찰공무원법 제28조).
①③④ (O) 징계위원회 동의를 요한다.

> 경찰공무원법 제28조(직권면직) ① 임용권자는 경찰공무원이 다음 각 호의 어느 하나에 해당될 때에는 직권으로 면직시킬 수 있다.
> 1. 「국가공무원법」 제70조 제1항 제3호부터 제5호까지의 규정 중 어느 하나에 해당될 때
> 2. 경찰공무원으로는 부적합할 정도로 직무 수행능력이나 성실성이 현저하게 결여된 사람으로서 대통령령으로 정하는 사유에 해당된다고 인정될 때
> 3. 직무를 수행하는 데에 위험을 일으킬 우려가 있을 정도의 성격적 또는 도덕적 결함이 있는 사람으로서 대통령령으로 정하는 사유에 해당된다고 인정될 때
> 4. 해당 경과에서 직무를 수행하는 데 필요한 자격증의 효력이 상실되거나 면허가 취소되어 담당 직무를 수행할 수 없게 되었을 때
> ② 제1항 제2호·제3호 또는 「국가공무원법」 제70조 제1항 제5호의 사유로 면직시키는 경우에는 제32조에 따른 징계위원회의 동의를 받아야 한다.

10 정답 ①

① (X) 법규명령은 공포를 요하나 행정규칙은 공포를 요하지 않는다.
② (O) 대법원 2009.12.24. 2009두7967
③ (O) 옳은 설명이다.
④ (O) 법규명령은 양면적 구속력(대내적·대외적)을 가지고, 행정규칙은 원칙적으로 법규성이 인정되지 않아 대외적 구속력이 없지만, 발령기관의 권한이 미치는 범위 내에서 조직 내부에서는 대내적 구속력을 가진다.

11 정답 ②

①④ (O) 옳은 설명이다.
② (X) 감염병환자의 강제격리는 즉시강제 수단에 해당하지만, 외국인의 강제퇴거, 무허가 영업소에 대한 폐쇄는 직접강제수단에 해당한다.
③ (O) 행정기본법 제30조 제1항

12 정답 ③

㉠ (X) 경찰관이 '불심검문 대상자' 해당 여부를 판단할 때에는 불심검문 당시의 구체적 상황은 물론 사전에 얻은 정보나 전문적 지식 등에 기초하여 불심검문 대상자인지를 객관적·합리적인 기준에 따라 판단하여야 하나, 반드시 불심검문 대상자에게 형사소송법상 체포나 구속에 이를 정도의 혐의가 있을 것을 요한다고 할 수는 없다(대법원 2014.2.27. 2011도13999).
㉡ (O) 대법원 1997.8.22. 97도1240
㉢ (X) 경찰관이 응급구호를 요하는 자를 보건의료기관에게 긴급구호요청을 하고, 보건의료기관이 치료행위를 하였더라도 국가와 보건의료기관 사이에 국가가 치료행위를 보건의료기관에 위탁하고 보건의료기관이 이를 승낙하는 내용의 치료위임계약이 체결된 것으로 볼 수 없다(대법원 1994.2.22. 93다4472).
㉣ (O) 대법원 2008.2.1. 2006다6713

13 정답 ④

① (X) 경찰관서의 장은 직무 수행에 필요하다고 인정되는 상당한 이유가 있을 때에는 국가기관이나 공사(公私) 단체 등에 직무 수행에 관련된 사실을 조회할 수 있다. 다만, 긴급한 경우에는 소속 경찰관으로 하여금 현장에 나가 해당 기관 또는 단체의 장의 협조를 받아 그 사실을 확인하게 할 수 있다(경찰관 직무집행법 제8조 제1항).
② (X) 행정처분을 위한 교통사고 조사에 필요한 사실 확인(동법 제8조 제2항 제4호)

> ② 경찰관은 다음 각 호의 직무를 수행하기 위하여 필요하면 관계인에게 출석하여야 하는 사유·일시 및 장소를 명확히 적은 출석 요구서를 보내 경찰서에 출석할 것을 요구할 수 있다.
> 1. 미아를 인수할 보호자 확인
> 2. 유실물을 인수할 권리자 확인
> 3. 사고로 인한 사상자(死傷者) 확인
> 4. 행정처분을 위한 교통사고 조사에 필요한 사실 확인

③ (X) 경찰관서의 장은 대간첩 작전의 수행이나 소요 사태의 진압을 위하여 필요하다고 인정되는 상당한 이유가 있을 때에는 대간첩 작전지역이나 경찰관서·무기고 등 국가중요시설에 대한 접근 또는 통행을 제한하거나 금지할 수 있다(동법 제5조 제2항).
④ (O) 동법 제8조의3

14 정답 ④

①②③ (O) 경찰 물리력 행사의 기준과 방법에 관한 규칙 2.1.2, 2.1.3, 2.1.4
④ (X) 폭력적 공격에 대한 설명이다. 치명적 공격은 대상자가 경찰관 또는 제3자에 대해 사망 또는 심각한 부상을 초래할 수 있는 행위를 하는 상태를 말하며, 총기류(공기총·엽총·사제권총 등), 흉기

(칼·도끼·낫 등), 둔기(망치·쇠파이프 등)를 이용하여 경찰관, 제3자에 대해 위력을 행사하고 있거나 위해 발생이 임박한 경우, 경찰관이나 제3자의 목을 세게 조르거나 무차별 폭행하는 등 생명·신체에 대해 중대한 위해가 발생할 정도의 위험한 폭력을 행사하는 경우가 이에 해당한다(동규칙 2.1.5.).

15 정답 ④
㉠ – ⓒ, ㉡ – ⓐ, ㉢ – ⓑ, ㉣ – ⓓ 연결이 옳다.

16 정답 ③
① (O) 국가재정법 제58조 제1항
② (O) 동법 제59조
③ (X) 감사원은 ⑨에 따라 제출된 국가결산보고서를 검사하고 그 보고서를 다음 연도 5월 20일까지 기획재정부장관에게 송부하여야 한다(동법 제60조).
④ (O) 동법 제61조

17 정답 ④
① (X) 대외비는 비밀이 아니다.

> 보안업무규정 제4조(비밀의 구분) 비밀은 그 중요성과 가치의 정도에 따라 다음 각 호와 같이 구분한다.
> 1. Ⅰ급비밀: 누설될 경우 대한민국과 외교관계가 단절되고 전쟁을 일으키며, 국가의 방위계획·정보활동 및 국가방위에 반드시 필요한 과학과 기술의 개발을 위태롭게 하는 등의 우려가 있는 비밀
> 2. Ⅱ급비밀: 누설될 경우 국가안전보장에 막대한 지장을 끼칠 우려가 있는 비밀
> 3. Ⅲ급비밀: 누설될 경우 국가안전보장에 해를 끼칠 우려가 있는 비밀
>
> 보안업무규정 시행규칙 제16조(분류 금지와 대외비) ③ 영 제4조에 따른 비밀 외에 「공공기관의 정보공개에 관한 법률」 제9조 제1항 제3호부터 제8호까지의 비공개 대상 정보 중 직무 수행상 특별히 보호가 필요한 사항은 이를 "대외비"로 한다.

② (X) 누설될 경우 국가안전보장에 해를 끼칠 우려가 있는 비밀'은 Ⅲ급 비밀로 규정되어 있다(동규정 제4조 제3호).
③ (X) 외국 정부나 국제기구로부터 접수한 비밀은 그 생산기관이 필요로 하는 정도로 보호할 수 있도록 분류하여야 한다(동규정 제12조 제3항).
④ (O) 동규정 제12조 제1항

18 정답 ②
① (X) 부패에 해당하지 않는 작은 호의가 습관화될 경우 더 큰 부패와 범죄로 빠진다고 보는 이론은 작은 호의 가설이다.
② (O) 옳은 설명이다.
③ (X) '형성재'이론은 작은 사례나 호의는 시민과의 "긍정적인" 사회관계를 만들어주는 형성재라는 것으로, 작은 호의의 "긍정적인" 효과를 강조하는 이론이다.
④ (X) 지문의 경우는 '구조원인 가설'로 설명할 수 있다.

19 정답 ③
① (X) 공공의 신뢰 확보에 위배되는 사례이다.
② (X) 공정한 접근의 보장에 위배되는 사례이다.
③ (O) 옳은 지문이다.
④ (X) 공공의 신뢰 확보에 위배되는 사례이다.

20 정답 ②
① (X) 청탁금지법 시행령 [별표1]에 의거하여, 선물의 정의에는 금전, 유가증권(상품권 제외)은 제외된다. 여기서 "상품권"이란 그 명칭 또는 형태에 관계없이 발행자가 특정한 물품 또는 용역의 수량을 기재(전자적 또는 자기적 방법에 의한 기록을 포함한다)하여 발행·판매하고, 그 소지자가 발행자 또는 발행자가 지정하는 자에게 이를 제시 또는 교부하거나 그 밖에 방법으로 사용함으로써 그 증표에 기재된 내용에 따라 발행자등으로부터 해당 물품 또는 용역을 제공받을 수 있는 증표인 물품상품권 또는 용역상품권을 말하며, 백화점상품권·온누리상품권·지역사랑상품권·문화상품권 등 일정한 금액이 기재되어 소지자가 해당 금액에 상응하는 물품 또는 용역을 제공받을 수 있는 증표인 **금액상품권은 제외**한다.
② (O) 청탁금지법 제8조 제3항 제5호에 의거하여, 공직자등과 관련된 직원 상조회 등이 정하는 기준에 따라 구성원에게 제공하는 금품등은 수수 금지 금품 등의 예외사유에 해당되어 허용된다.
③ (X) 공직자등은 제1항에 따른 금액을 초과하는 사례금을 받은 경우에는 대통령령으로 정하는 바에 따라 소속기관장에게 신고하고, **제공자에게 그 초과금액을 지체 없이 반환**하여야 한다(청탁금지법 제10조 제5항).
④ (X) 청탁금지법 시행령 제25조 및 [별표2]는 외부강의 등 사례금 상한을, 공무원·공직유관단체의 장과 임직원은 1시간당 40만원으로 규정하면서 그 공직자등이 각급 학교의 교직원 및 언론인(1시간 100만원)에 해당하는 경우는 제외한다고 하고 있다. 따라서, 국가공무원이면서 국립대학교 교직원인 국립대학교 교수의 외부강의 등 **사례금 상한액은 1시간당 100만원**이다.

21 정답 ②
① (O) 경찰청 공무원 행동강령 제15조 제1항
② (X) ~~~ 그 사실을 안 날부터 2일 이내에 ~~~ (동강령 제15조의2 제1항)
③ (O) 동강령 제15조의2 제2항
④ (O) 동강령 제15조 제4항

22 정답 ④
①②③ (O) 옳은 설명이다.
④ (X) 집합효율성 이론이란 **지역주민 간의 상호신뢰** 또는 연대감과 범죄에 대한 적극적인 개입과 결합을 내용하며, 집합효율성 이론은 공식적 사회통제, 즉 경찰 등 법집행기관의 중요성을 간과하고 있다는 비판을 받는다.

23 정답 ③
① (O) 경범죄처벌법 제6조 제2항
② (O) 동법 제3조 제1항
③ (X) 장난전화는 10만원 이하의 벌금, 구류 또는 과료형으로 주거가 일정한 경우 현행범 체포가 불가능하다(동법 제3조 제1항).
④ (O) 모두 20만원 이하의 벌금, 구류 또는 과료로 동일하다(동법 제3조 제2항).

24 정답 ④
① (O) 대법원 2015.3.20. 2014도17346
② (O) 대법원 2014.7.10. 2014도5173
③ (O) 대법원 2023.10.12. 2023도5757
④ (X) 성인 남성 B가 인터넷 채팅사이트를 통하여, 성매매 의사를 가지고 성매수자를 찾고 있던 청소년 갑과 성매매 장소, 대가 등에 관하여 구체적으로 정한 후 약속장소 인근에 도착하여 甲에게 선화로 요구 사항을 지시한 경우 성관계에 이르지 못하였다고 하더라도 '성을 팔도록 권유한 행위'에 해당한다(대법원 2011.11.10. 2011도3934).

25 정답 ③
① (X) ㉠㉢㉣의 임시조치를 청구할 수 있다(가정폭력범죄의 처벌 등에 관한 특례법 제8조 제1항).
② (X) ㉤의 임시조치를 청구할 수 있다(동법 제8조 제2항).
③ (O) 동법 제8조의2 제1항
④ (X) 이 경우 임시조치의 청구는 긴급임시조치를 한 때부터 48시간 이내에 청구하여야 한다(동법 제8조의3 제1항).

26 정답 ③
① (O) 경찰수사규칙 제19조 제1항
② (O) 동규칙 제19조 제2항 제5호 나목
③ (X) 피혐의자 또는 참고인 등의 소재불명으로 입건전조사를 계속할 수 없는 경우 입건전조사 중지로 처리해야 한다(동규칙 제19조 제2항 제3호).
④ (O) 동규칙 제19조 제2항 제4호

27 정답 ②
모든 항목이 옳다.
㉠ (O) 디지털 증거의 처리 등에 관한 규칙 제12조
㉡ (O) 동규칙 제14조
㉢ (O) 동규칙 제15조 제1항
㉣ (O) 동규칙 제16조 제1항

28 정답 ②
① (O) 경찰수사규칙 제47조
② (X) ~ 발견된 날부터 1개월 이내에 ~(경찰수사규칙 제48조)
③ (O) 범죄수사규칙 제106조 제1항
④ (O) 동규칙 제107조

29 정답 ③

①② (O) 주요 강력범죄 출소자등에 대한 정보수집에 관한 규칙 제2조
③ (X) 마약류 범죄로 3회 이상 금고형 이상의 실형을 받은 보호관찰이 종료된 가석방자는 경찰공무원이 재범방지등을 위해 보호관찰이 종료한 때부터 3년의 정보수집 기간동안 필요한 정보를 수집하는 대상자가 될 수 있지만 강도, 절도의 출소자등의 수집기간은 2년이다(동규칙 제4조 제1항).
④ (O) 동규칙 제5조 제6항·제7항

30 정답 ①

① (O) 옳은 설명이다.

구 분	내 용
확신적 행동성	다중범죄의 참여자는 자신의 주장 등이 옳다는 확신을 가지고 사회정의를 위하여 투쟁한다는 생각으로 투신이나 분신자살을 하는 등 과감하고 전투적인 행동을 하는 경우가 많다.
조직적 연계성	다중범죄는 특정한 조직에 기반을 두고 조직의 뜻대로 계획해서 뚜렷한 목적의식을 가지고 감행되는 경우가 대부분이다.
부화뇌동적 파급성	다중범죄의 발생은 군중심리의 영향을 많이 받아 일단 발생하면 부화뇌동으로 인하여 갑자기 확대될 수도 있다.
비이성적 단순성	시위군중은 이성적인 판단능력을 상실함으로써 과격·단순·편협하여 타협이나 설득이 어려운 경우가 많다.

② (X) 점거농성 때 투신이나 분신자살 등은 **확신적 행동성**의 대표적인 예이다.
③ (X) 지문은 **경쟁행위법**에 대한 설명이다.

구 분	내 용
선수승화법	경찰정보 활동을 강화하여 불만집단이나 불만잠재요인을 찾아내어 사전에 그 불만 및 분쟁요인을 해결하는 방법
전이법	다중범죄의 발생징후나 이슈가 있을 때 집단이나 국민들의 관심을 집중시킬 수 있는 경이적인 사건을 폭로하거나 규모가 큰 행사를 개최하여 원래의 이슈가 상대적으로 약화되도록 하는 방법
경쟁행위법	불만집단에 반대하는 여론을 크게 부각시켜 불만집단이 위압되어 스스로 분산 또는 해산되도록 하는 방법
지연정화법	첨예화된 불만집단의 주의나 주장을 시간을 끌면서 정서적으로 안정을 갖게 하고 흥분을 가라앉혀 이성적으로 해결되도록 유도하는 방법

④ (X) 지문은 **차단·배제**에 대한 설명이다.

31 정답 ④

㉠ 을종사태 ㉡ 갑종사태 ㉢ 병종사태에 대한 설명이다
①②③ (O) 통합방위법 제12조
④ (X) ㉢이 선포된 경우 경찰관할지역은 시·도경찰청장이 통합방위작전을 수행하고, ㉡이 선포된 경우 경찰관할지역은 통합방위본부장 또는 지역군사령관이 통합방위작전을 수행한다(동법 제15조 제2항).

▶ 통합방위사태의 건의·선포(통합방위법 제12조)

유형	건의권자	선포권자
갑종사태	국방부장관이 국무총리 거쳐 대통령에게 건의	(중앙협의회와 국무회의 심의 거쳐) 대통령이 선포
을종, 병종사태	시·도경찰청장, 지역군사령관 또는 함대사령관이 시·도지사에게 건의	(시·도협의회 심의 거쳐) 시·도지사가 선포
2 이상의 시·도 을종사태	국방부장관이 국무총리 거쳐 대통령에게 건의	(중앙협의회와 국무회의 심의 거쳐) 대통령이 선포
2 이상의 시·도 병종사태	행정안전부장관 또는 국방부장관이 국무총리 거쳐 대통령에게 건의	

32 정답 ①

① (X) 경비비상 갑호 - 대규모 집단사태·테러 등의 발생으로 치안질서가 극도로 혼란하게 되었거나 그 징후가 현저한 경우
②③④ 옳은 설명이다.

▶ 비상근무의 종류별 정황(경찰 비상업무 규칙 제4조 제3항 [별표 1]) 〈2024.7.24. 개정〉

비상근무의 종류		정 황
경비비상	갑호	1. 계엄이 선포되기 전의 치안상태 2. 대규모 집단사태·테러 등의 발생으로 치안질서가 극도로 혼란하게 되었거나 그 징후가 현저한 경우 3. 국제행사·기념일 등을 전후하여 치안수요의 급증으로 경력을 동원할 필요가 있는 경우
	을호	1. 대규모 집단사태·테러 등의 발생으로 치안질서가 혼란하게 되었거나 그 징후가 예견되는 경우 2. 국제행사·기념일 등을 전후하여 치안수요가 증가하여 경력을 동원할 필요가 있는 경우
	병호	1. 집단사태·테러 등의 발생으로 치안질서의 혼란이 예견되는 경우 2. 국제행사·기념일 등을 전후하여 치안수요가 증가하여 경력을 동원할 필요가 있는 경우

작전비상	갑호	대규모 적정이 발생하였거나 발생 징후가 현저한 경우
	을호	적정이 발생하였거나 일부 적의 침투가 예상되는 경우
	병호	정·첩보에 의해 적 침투에 대비한 고도의 경계강화가 필요한 경우
재난비상	갑호	대규모 재난의 발생으로 치안질서가 극도로 혼란하게 되었거나 그 징후가 현저한 경우
	을호	대규모 재난의 발생으로 치안질서가 혼란하게 되었거나 그 징후가 예견되는 경우
	병호	재난의 발생으로 치안질서의 혼란이 예견되는 경우
안보비상	갑호	간첩 또는 정보사범 색출을 위한 경계지역 내 검문검색 필요시
	을호	상기 상황하에서 특정지역·요지에 대한 검문검색 필요시
수사비상	갑호	사회이목을 집중시킬만한 중대범죄 발생시
	을호	중요범죄 사건발생시
교통비상	갑호	농무, 풍수설해, 화재 등에 따른 대규모 교통사고 등 교통혼란이 발생하였거나 발생할 가능성이 현저한 경우
	을호	농무, 풍수설해, 화재 등에 따른 교통혼란 발생이 예상되는 경우
경계강화 (기능 공통)		"병호"비상보다는 낮은 단계로, 별도의 경력동원없이 평상시보다 치안활동을 강화할 필요가 있을 때
작전준비태세 (작전비상시 적용)		"경계강화"를 발령하기 이전에 별도의 경력동원 없이 필요한 작전사항을 미리 조치할 필요가 있을 때

33 정답 ④

① (O) 도로교통법 제73조 제1항, 동법 시행령 제37조 제1항
② (O) 동법 제73조 제2항 제2호
③ (O) 동법 제73조 제3항 제4호
④ (X) 긴급자동차 교통안전교육 중 **신규 교통안전교육**은 최초로 긴급자동차를 운전하려는 사람을 대상으로 실시하는 교육이다. **정기 교통안전교육**은 긴급자동차를 운전하는 사람을 대상으로 3년마다 정기적으로 실시하는 교육을 말한다(동법 시행령 제38조의2 제2항).

34 정답 ④

① (X) 음주운전 신고를 받고 출동한 경찰관이 만취한 상태로 시동이 걸린 차량 운전석에 앉아있는 피고인을 발견하고 음주측정을 위해 하차를 요구함으로써 도로교통법 제44조 제2항이 정한 **음주측정에 관한 직무에 착수하였다고 할 것이고**, 피고인이 차량을 운전하지 않았다고 다투자 경찰관이 지구대로 가서 차량 블랙박스를 확인하자고 한 것은 음주측정에 관한 직무 중 '운전' 여부 확인을 위한 임의동행 요구에 해당하고, 피고인이 차량에서 내리자마자 도주한 것을 임의동행 요구에 대한 거부로 보더라도, 경찰관이 음주측정에 관한 직무를 계속하기 위하여 피고인을 추격하여 도주를 제지한 것은 앞서 본 바와 같이 도로교통법상 음주측정에 관한 일련의 직무집행 과정에서 이루어진 행위로써 정당한 직무집행에 해당한다(대법원 2020.8.20. 2020도7193).

② (X) 대법원 2017.10.31. 2017도9230 '국내에 입국한 날'의 의미는 적법한 입국심사절차를 거쳐 입국한 날로 봐야하므로 불법입국의 경우 국제운전면허증을 소지하고 있다 하더라도 **도로교통법 위반(무면허운전)**에 해당한다.
③ (X) 황색실선이나 황색점선으로 된 중앙선이 설치된 도로의 어느 구역에서 좌회전이나 유턴이 허용되어 중앙선이 백색 점선으로 표시되어 있는 경우, 그 지점에서 안전표지에 따라 좌회전이나 유턴을 하기 위하여 중앙선을 넘어 운행하다가 반대편 차로를 운행하는 차량과 충돌하는 교통사고를 낸 것이 **교통사고처리 특례법에서 규정한 중앙선침범에 해당하지 않는다**(대법원 2017.1.25. 2016도18941).
④ (O) 대법원 2011.4.28. 2009도12671

35 정답 ③
① (O) 집회 및 시위에 관한 법률 제7조 제1항
② (O) 동법 제7조 제2항
③ (X) 신고서 기재 사항을 보완하지 아니한 때에는 신고한 집회·시위에 대해 금지통고를 할 수 있다(동법 제8조 제1항 제2호).
④ (O) 동법 제8조 제1항 단서

> 집회 및 시위에 관한 법률 제8조(집회 및 시위의 금지 또는 제한 통고)
> ① 제6조 제1항에 따른 신고서를 접수한 관할경찰관서장은 신고된 옥외집회 또는 시위가 다음 각 호의 어느 하나에 해당하는 때에는 신고서를 접수한 때부터 48시간 이내에 집회 또는 시위를 금지할 것을 주최자에게 통고할 수 있다. 다만, 집회 또는 시위가 집단적인 폭행, 협박, 손괴, 방화 등으로 공공의 안녕 질서에 직접적인 위험을 초래한 경우에는 남은 기간의 해당 집회 또는 시위에 대하여 신고서를 접수한 때부터 48시간이 지난 경우에도 금지 통고를 할 수 있다.
> 2. 제7조 제1항에 따른 신고서 기재 사항을 보완하지 아니한 때

36 정답 ②
① (X) 종결선언의 요청 → 자진해산의 요청 → 해산명령 → 직접해산의 순서를 따라야 한다(집회 및 시위에 관한 법률 시행령 제17조).
② (O) 동법 시행령 제17조 제1호
③ (X) 자진 해산 요청에 따르지 아니하는 경우에는 세 번 이상 자진 해산할 것을 명령하고, 참가자들이 해산명령에도 불구하고 해산하지 아니하면 직접 해산시킬 수 있다(동법 시행령 제17조 제3호). 즉, 자진해산 요청은 1회로도 족하나, 해산명령은 3회 이상 실시해야 한다.
④ (X) 자진해산을 요청할 때는 반드시 '자진해산'이라는 용어를 사용하여 요청할 필요는 없고, 해산을 요청하는 언행 중에 스스로 해산하도록 청하는 취지가 포함되어 있으면 된다(대법원 2000.11.24. 2000도2172).

37 정답 ④
①②③ 모두 옳은 설명이다.
④ (X) 적이 역선전을 할 경우 대항이 어려운 것은 흑색선전이 아니라 **회색선전**이다.

● 선전의 유형별 분류

백색선전	– 출처를 밝히면서 하는 선전으로, 국가 또는 공인된 기관이 공식보도기관을 통해서 행한다. – 주제의 선정과 용어 사용에 제한을 받지만 신뢰도가 높다.
회색선전	– 출처를 밝히지 않고 행하는 선전 – 선전이라는 선입견을 주지 않고도 효과를 거둘 수 있지만, 적이 역선전을 할 경우 대항이 어렵다.
흑색선전	흑색선전은 출처를 위장하기 때문에 적국 내에서도 수행할 수 있고 즉각적이고 집중적인 효과를 거둘 수 있으나, 노출 위험이 있으므로 상당한 주의가 요구됨

38 정답 ②

① (O) 보안관찰법 시행규칙 제2조 제5호
② (X) 사안인지 시에는 사법경찰관은 검사의 지휘 또는 승인을 받아야 하며(동법 시행규칙 제17조 제2항), 검사 또는 사법경찰관리는 용의자 또는 관계인과 친족·기타 특별한 관계로 인하여 조사의 공정성을 잃거나 의심을 받을 염려가 있다고 인정되는 사안에 대하여는 **소속관서장의 허가**를 받아 그 조사를 회피하여야 한다(동법 시행규칙 제14조).
③ (O) 동법 시행규칙 제28조
④ (O) 동법 시행규칙 제28조 제5항

39 정답 ④

① (X) 방첩기관 간 또는 방첩기관과 관계기관 간 방첩 관련 정보의 원활한 공유와 방첩업무 규정(대통령령) 제3조에 따른 방첩업무의 효율적인 수행을 위하여 **국가정보원장** 소속으로 방첩정보공유센터를 둔다(방첩업무 규정 제4조의2).
② (X) (방첩기관등에 소속된 위원회의 **민간위원**을 포함한다) (동규정 제8조 제1항 및 같은항 제2호)
③ (X) 방첩기관등의 구성원이 법령에 따른 **직무 수행 외**의 목적으로 외국 정보기관의 구성원을 접촉하려는 경우 소속 방첩기관등의 장에게 미리 보고하여야 하며, 해당 방첩기관등의 장은 그 내용을 국가정보원장에게 통보하여야 한다(동규정 제9조).
④ (O) 동규정 제14조(외국인 접촉의 부당한 제한 금지)

40 정답 ④

① (X) 범죄인의 인도심사 및 그 청구와 관련된 사건은 **서울고등법원과 서울고등검찰청의 전속관할**로 한다(범죄인 인도법 제3조).
② (X) **법무부장관**은 인도조약 또는 「범죄인 인도법」에 따라 범죄인을 인도할 수 없거나 인도하지 아니하는 것이 타당하다고 인정되는 경우에는 인도심사청구명령을 하지 아니하고, 그 사실을 외교부장관에게 통지하여야 한다(동법 제12조).
③ (X) 범죄인 인도에 관하여 인도조약에 이 법과 다른 규정이 있는 경우에는 그 규정에 따른다(범죄인 인도법 제3조의2).
④ (O) 동법 제14조 제2항

06 실무종합 모의고사 6회

1	2	3	4	5	6	7	8	9	10
②	②	③	③	①	②	①	④	③	④
11	12	13	14	15	16	17	18	19	20
①	③	③	④	④	④	③	④	②	③
21	22	23	24	25	26	27	28	29	30
④	④	③	④	③	④	③	④	②	①
31	32	33	34	35	36	37	38	39	40
②	④	④	②	④	②	④	④	②	④

1 정답 ②
① (X) 손해에 대한 설명이다. 위험이란 경찰상 보호법익에 대한 손해가 발생할 충분한 가능성(개연성)이 존재하는 상태를 말한다.
② (O) 옳은 설명이다.
③ (X) 위험의 존재는 경찰개입의 최소요건으로 법익에 대한 위험이 인간의 행동에 의한 것인가 또는 단순히 자연력의 결과에 의한 것인지는 불문이다.
④ (X) 경찰에게 있어 위험의 개념은 일종의 예측, 즉 사실에 기인하여 향후 발생할 사건의 진행에 관한 주관적 추정을 포함하지만 일종의 객관화를 이루는 사전적 판단을 요한다.

2 정답 ②
①③④ 옳은 설명이다.
② (X) 경찰개입청구권은 독일에서 학설·판례를 통해 발전된 개념으로 띠톱판결은 경찰개입청구권을 최초로 인정한 판결이다.

> 〈보충설명〉 반사적 이익
> 반사적 이익이란 행정법규가 실현하고자 하는 이익은 개인을 위한 것이 아니라 사회적 공공이익인 경우에, 행정주체가 이를 실현·보호하는 결과로서 간접적으로 관계 개개인에게 어떤 이익이 생기는 경우를 말하며, 그것이 침해되더라도 그는 자기 이익을 위하여 주장할 수 있는 법률상의 힘을 가지지 아니한다.
> 예 특정한 영업에 관해 법이 일정 지역 내에 있어서 영업허가의 건수를 제한하는 규정을 두고 있는 결과로서 허가받은 자가 사실상 일정한 독점이익을 받는 경우(공중목욕탕, 전당포영업허가 등)

3 정답 ③
③의 연결이 옳다.
㉠ 차일혁 경무관, ㉡ 안병하 치안감, ㉢ 최규식 경무관과 정종수 경사, ㉣ 안맥결 총경에 대한 설명이다.

4 정답 ③
① (O) 국가경찰과 자치경찰의 조직 및 운영에 관한 법률 제20조 제1항
② (O) 동법 제20조 제2항

③ (X) 공무원이 아닌 위원에 대해서는 「지방공무원법」 제52조(비밀 엄수의 의무) 및 제57조(정치운동의 금지)를 준용한다(동법 제20조 제5항).
④ (O) 동법 제20조 제7항

5 정답 ①
① (X) 경찰청장은 법 제7조 제3항 전단에 따라 시·도지사에게 해당 시·도의 자치경찰사무를 담당하는 경찰공무원[시·도자치경찰위원회, 시·도경찰청 및 경찰서(지구대 및 파출소는 제외한다)에서 근무하는 경찰공무원을 말한다] 중 경정의 전보·파견·휴직·직위해제 및 복직에 관한 권한과 **경감 이하의 임용권**(신규채용 및 면직에 관한 권한은 제외한다)을 위임한다(경찰공무원 임용령 제4조 제1항).
②③④ (O) 동임용령 제4조 제4항·제5항·제11항

6 정답 ②
㉠ (X) 경정 이하의 경찰공무원을 신규채용할 때에는 1년간 시보로 임용하고, 그 기간이 만료된 **다음날**에 정규 경찰공무원으로 임용한다(경찰공무원법 제13조 제1항).
㉡ (O) 동법 제13조 제2항
㉢ (X) **정규임용심사위원회의 심사를 거쳐** 해당 시보임용경찰공무원을 면직시키거나 면직을 제청할 수 있다(경찰공무원임용령 제20조 제2항).
㉣ (O) 경찰공무원법 제13조 제4항
㉤ (X) 시보임용예정자에게 교육훈련을 받는 기간 동안 예산의 범위에서 임용예정계급의 1호봉에 해당하는 봉급의 80퍼센트에 해당하는 금액 등을 지급할 수 있다(경찰공무원임용령 제21조 제1항).

7 정답 ①
① (X) 공무원은 노동운동이나 그 밖에 공무 외의 일을 위한 집단 행위를 하여서는 아니 된다. 다만, 사실상 노무에 종사하는 공무원은 예외로 한다(국가공무원법 제66조 제1항).
② (O) 동법 제66조 제3항
③ (O) 대법원 1985.7.9 84누787
④ (O) 경찰공무원법 제37조 제4항

8 정답 ④
㉠ (X) 징계위원회가 징계등 심의 대상자의 출석을 요구할 때에는 별지 제2호서식의 출석 통지서로 하되, 징계위원회 개최일 5일 전까지 그 징계등 심의 대상자에게 도달되도록 해야 한다(경찰공무원 징계령 제12조 제1항).
㉡ (X) 징계위원회는 출석 통지를 하였음에도 불구하고 징계등 심의 대상자가 정당한 사유 없이 출석하지 아니하였을 때에는 그 사실을 기록에 분명히 적고 서면심사로 징계등 의결을 할 수 있다. 다만, 징계등 심의 대상자의 소재가 분명하지 아니할 때에는 출석 통지를 관보에 게재하고, 그 게재일부터 10일이 지나면 출석 통지가 송달된 것으로 보며, 징계등 의결을 할 때에는 관보 게재의 사유와 그 사실을 기록에 분명히 적어야 한다(동징계령 제12조 제3항).
㉢ (O) 동징계령 제13조 제2항
㉣ (O) 동징계령 제13조 제4항
㉤ (O) 동징계령 세부시행규칙 제12조 제1항, 제2항

9 정답 ③

① (X) "피해자"란 제1호부터 제4호까지의(성희롱·성폭력·스토킹 및 2차 피해) 행위로 피해를 입은 사람(피해를 입었다고 주장하는 사람을 **포함한다**)을 말한다(동규칙 제2조 제6호).
② (X) 피해자의 **의사에 반하여** 행위자를 동석시키는 2차 피해 행위를 해서는 안 된다(동규칙 제11조 제4항 제6호).
③ (O) 동규칙 제12조 제4항
④ (X) 경찰기관의 장은 조사 중인 성희롱·성폭력·스토킹 및 2차 피해 행위가 **중징계**에 해당된다고 판단되는 경우에는 해당 행위자에게 의원면직을 허용해서는 안 된다(동규칙 제17조 제2항).

10 정답 ④

① (O) 대법원 2000.2.25. 99두10520
② (O) 행정기본법 제13조
③ (O) 옳은 설명이다.
④ (X) 상당성의 원칙은 **협의의 비례원칙**이라고 불린다. 최소침해원칙으로 불리는 것은 **필요성의 원칙**이다.

11 정답 ①

① (X) **면제에 대한 설명이다.** 허가는 법령에 의한 일반적·상대적 금지를 특정한 경우에 해제함으로써 일정한 행위를 적법하게 행할 수 있도록 자연의 자유를 회복시켜 주는 행정상의 행정행위이다.
② (O) 예컨대, 「경찰관 직무집행법」상 경찰관서의 장은 대간첩 작전의 수행이나 소요(騷擾) 사태의 진압을 위하여 필요하다고 인정되는 상당한 이유가 있을 때에는 대간첩 작전지역이나 경찰관서·무기고 등 국가중요시설에 대한 접근 또는 통행을 제한하거나 금지할 수 있으며, 이러한 금지(부작위 의무)를 해제(허가)할 경우 통행금지를 당한 상대방의 신청이 없더라도 경찰관서의 장의 판단에 따라 금지를 해제할 수 있다.
③④ (O) 옳은 설명이다.

12 정답 ③

①②④ (O) 옳은 설명이다.
③ (X) 피구호자의 가족 등에게 피구호자를 인계할 수 있다면 특별한 사정이 없는 한 경찰관서에서 피구호자를 보호하는 것은 허용되지 않는다(대법원 1994.3.11. 93도958).

13 정답 ③

① (O) 경찰관 직무집행법 제10조 제2항
② (O) 동법 제10조 제1항
③ (X) 경찰청장은 위해성 경찰장비를 새로 도입하려는 경우에는 대통령령으로 정하는 바에 따라 안전성 검사를 실시하여 그 안전성 검사의 결과보고서를 국회 소관 상임위원회에 제출하여야 한다. 이 경우 안전성 검사에는 외부 전문가를 **참여시켜야 한다**(동법 제10조 제5항).
④ (O) 동법 제10조 제3항, 제4항

14 정답 ④

① (X) 보상금을 지급할 수 있다(경찰관 직무집행법 제11조의3).

> ① 경찰청장, 해양경찰청장, 시·도경찰청장, 지방해양경찰청장, 경찰서장 또는 해양경찰서장(이하 이 조에서 "경찰청장등"이라 한다)은 다음 각 호의 어느 하나에 해당하는 사람에게 보상금을 지급할 수 있다.
> 1. 범인 또는 범인의 소재를 신고하여 검거하게 한 사람
> 2. 범인을 검거하여 경찰공무원에게 인도한 사람
> 3. 테러범죄의 예방활동에 현저한 공로가 있는 사람
> 4. 그 밖에 제1호부터 제3호까지의 규정에 준하는 사람으로서 대통령령으로 정하는 사람

② (X) 장기 10년 미만의 징역 또는 금고에 해당하는 범죄(50만원)와 벌금형(30만원)에 대한 보상금 지급기준 금액의 합은 80만원이다(범인검거 등 공로자 보상에 관한 규정 제6조).

사형, 무기징역 또는 무기금고, 장기 10년 이상의 징역 또는 금고에 해당하는 범죄	100만원
장기 10년 미만의 징역 또는 금고에 해당하는 범죄	50만원
장기 5년 미만의 징역 또는 금고, 장기 10년 이상의 자격정지 또는 벌금형	30만원

③ (X) 경찰청장, 시·도경찰청장 또는 경찰서장은 보상금심사위원회의 심사·의결에 따라 보상금을 지급하고, 거짓 또는 부정한 방법으로 보상금을 받은 사람에 대하여는 해당 보상금을 환수한다(동법 제11조의3 제5항).

④ (O) 동규정 제6조 제5항, 시행령 제20조

15 정답 ④

④ (X) ㉣은 전문가적 무능에 대한 설명이다. 피터의 원리란 조직구성원들은 자신의 무능력 수준까지 승진하는 것을 말한다.

16 정답 ④

①②③ 옳은 설명이다.
④ (X) 신분보장은 안전의 욕구 충족방안에 해당한다.

17 정답 ③

① (O) 보안업무규정 제2조 제4호
② (O) 동규정 제7조 제1항
③ (X) 암호자재를 사용하는 기관의 장은 사용기간이 끝난 암호자재를 지체 없이 그 제작기관의 장에게 반납하여야 한다(동규정 제7조 제2항).
④ (O) 보안업무규정 시행규칙 제70조 제4항

18 정답 ④

①②③ 공공의 신뢰확보 위반에 해당한다.
④ 공정한 접근(Fair Access) 위반에 해당한다.

민주경찰의 윤리적 표준 중 **공공의 신뢰**는
㉠ 경찰이 반드시 법을 집행할 것을 신뢰하고,
㉡ 최소한의 물리력을 행사할 것을 신뢰하며,
㉢ 사익을 위해 경찰력을 사용하지 않을 것을 신뢰한다.

19 정답 ②
① (X) 사교·의례 등 목적으로 제공되는 5만원 이하의 '음식물'은 제공자와 공직자가 함께 하는 식사 등을 의미하므로 법에서 허용하는 '음식물'에 해당하지 않아 청탁금지법 위반이다.
② (O) 음식물 가액기준 5만원을 초과하는 부분에 대해서 공직자등이 지불한 경우 청탁금지법 위반에 해당하지 않는다.
③ (X) 농수산물을 원료 또는 재료의 50퍼센트를 넘게 사용하여 가공한 제품일 것을 요한다.
④ (X) 축의금과 화환을 같이 보낼 경우, 10만원의 범위 내에서 가능하지만 이 경우에도 **축의금은 5만원을 초과해서는 안된다.** 따라서 **축의금 7만원을 보낸 것은 청탁금지법 위반이다.** ※ 축의금 3만원과 화환 7만원을 같이 보낸 경우는 경조사비 5만원을 초과하지 않았고, 10만원 범위 내이므로 청탁금지법 위반에 해당하지 않는다.

20 정답 ③
① (X) 1945년 국립경찰의 탄생 시 경찰의 이념적 좌표가 된 경찰정신은 **미군정의 영미법계의 영향**을 받은 '봉사와 질서'이다.
② (X) 경찰헌장에서는 "우리는 화합과 단결 속에 항상 규율을 지키며 검소하게 생활하는 **깨끗한 경찰**이다"라는 목표를 제시하였다.
③ (O) 경찰윤리헌장(1966년) → 새경찰신조(1980년) → 경찰헌장(1991년) → 경찰서비스헌장(1998년) 순으로 제정되었다.
④ (X) '냉소주의의 문제'란 경찰윤리강령은 민주적 참여에 의한 제정보다는 위에서 제정되고 일방적으로 하달되어 냉소주의를 불러일으키는 단점이 있다는 것을 내용으로 한다. 경찰관의 도덕적 자각에 따른 자발적인 행동이 아니라 외부로부터 요구된 타율성으로 인해 진정한 봉사가 이루어지지 않을 수 있다는 것을 의미하는 것은 비진정성의 조장이다.

21 정답 ④
① (O) 이해충돌방지법 제27조 제3항 제1호
② (O) 동법 제28조 제1항 제1호
③ (O) 동법 제28조 제2항 제2호
④ (X) 사적 이해관계를 신고하지 않은 공직자는 ㉢ **2천만원 이하의 과태료** 부과 대상이다(동법 제28조 제2항 제1호).

22 정답 ④
①②③ (O) 옳은 설명이다.
④ (X) **코헨(Cohen)**이 주장한 하위문화이론에 대한 설명이다. 글레이저(Glaser)는 청소년들이 영화의 주인공을 모방하고 자신과 동일시하면서 범죄를 학습한다고 주장하였다(차별적 동일시이론).

23 정답 ③

③ ㉠㉢㉤은 지역사회 경찰활동에 대한 설명이고, ㉡㉣㉥은 **전통적 경찰활동**에 대한 설명이다.

24 정답 ④

① (X) 순찰팀장 및 순찰팀원은 상시·교대근무를 원칙으로 하며, 근무교대 시간 및 휴게시간, 휴무 횟수 등 구체적인 사항은 「국가공무원 복무규정」 및 「경찰기관 상시근무 공무원의 근무시간 등에 관한 규칙」이 규정한 범위 안에서 **시·도경찰청장**이 정한다(지역경찰의 조직 및 운영에 관한 규칙 제21조 제3항).

② (X) 지역경찰은 근무 중 주요사항을 근무일지(을지)에 기재하여야 하며, 근무일지는 3년간 보관한다(동규칙 제42조).

③ (X) 지역경찰 동원은 근무자 동원을 원칙으로 하되, 불가피한 경우에 한하여 **비번자, 휴무자** 순으로 동원할 수 있다(동규칙 제31조 제2항).

④ (O) 동규칙 제37조 제3항

25 정답 ③

① (O) 경범죄 처벌법 제4조

② (O) 동법 제3조 제1항 제21호

③ (X) 버스정류장 등지에서 소매치기할 생각으로 은밀히 성명불상자들의 뒤를 따라다닌 경우 「경범죄 처벌법」상 **불안감조성에 해당하지 않는다**(대법원 1999.8.24. 99도2034).

④ (O) 동법 제7조 제1항 단서

26 정답 ④

① (O) 수사준칙 제59조 제1항

② (O) 동준칙 제60조 제1항

③ (O) 동준칙 제60조 제2항

④ (X) 사법경찰관은 보완수사요구가 접수된 날부터 **3개월** 이내에 보완수사를 마쳐야 한다(동준칙 제60조 제3항).

27 정답 ③

① (O) 경찰수사규칙 제27조 제1항

② (O) 수사준칙 제17조 제3항

③ (X) 사법경찰관은 변사자에 대한 검시 또는 검증이 종료된 때에는 사체를 소지품 등과 함께 신속히 유족 등에게 인도한다. 다만, 사체를 인수할 사람이 없거나 변사자의 신원이 판명되지 않은 경우에는 **사체가 현존하는** 지역의 특별자치시장·특별자치도지사·시장·군수 또는 자치구의 구청장에게 인도해야 한다(경찰수사규칙 제31조).

④ (O) 범죄수사규칙 제59조

28 정답 ④

① (X) 리드(REID) 테크닉은 혐의가 **명백·확실한** 용의자의 심리변화를 유도하여 자백을 얻는 수사기법이다.
② (X) 양심의 가책을 경험하지 않는 비감정적 범죄자에게는 상식과 이성에 호소하는 **사실 분석적 신문기법**을, 범행으로 인한 후회, 정신적 고통, 양심의 가책을 경험하는 **감정적 범죄자**에게는 **동정적 신문기법**을 활용한다.
③ (X) 리드(REID) 테크닉을 활용한 신문기법은 "㉠ 직접적 대면 → ㉡ 신문화제의 전개 → ㉢ 부인(否認) 다루기 → ㉣ 반대논리 격파 → ㉤ 관심 이끌어내기 → ㉥ 우울한 기분 달래주기 → ㉦ 양자택일적 질문하기 → ㉧ 세부사항 질문 → ㉨ 구두자백의 서면화" 순으로 진행한다.
④ (O) 옳은 설명이다.

29 정답 ②

㉠㉡㉢㉣ (O) 옳은 설명이다.
㉤ (X) **부패**에 대한 설명이다. 자가융해는 세균·미생물의 작용과는 별도로 사후 체내에 있는 각종 효소에 의해 세포구성성분이 분해·변성되고, 그에 따른 세포 간 결합의 붕괴로 조직이 연화되는 현상을 말한다.
㉥ (X) 체온의 냉각, 시체건조, 각막의 혼탁, **시체얼룩**, 시체군음은 시체 초기현상, **자가융해**, 부패, 미라화, 시체밀랍, 백골화는 시체후기현상에 해당한다.

30 정답 ①

① (X) 행사안전경비는 미조직된 군중에 의하여 발생되는 자연적인 혼란상태를 사전에 예방·경계·진압하는 경비경찰활동으로 특별히 개인이나 단체의 불법행위를 전제로 하지 않는다.
②③④ 옳은 설명이다.

31 정답 ②

① (O) 경찰 재난관리 규칙 제11조
② (X) 시·도경찰청등의 장은 경찰청에 재난대책본부가 설치되었거나, 관할 지역 내 재난이 발생하였거나 발생할 우려가 있는 경우 시·도경찰청등에 재난대책본부를 설치할 수 있으며(동규칙 제16조 제1항), 시·도경찰청의 본부장은 시·도경찰청장이 지정하는 차장 또는 부장으로 한다(동조 제2항). 경찰서의 본부장은 재난업무를 주관하는 부서의 장으로 한다(동조 제3항).
③ (O) 동규칙 제5조 제1항, 제2항
④ (O) 동규칙 [별표2] 현장지휘본부 참고

32 정답 ④

㉠ (X) '테러단체'란 **국제연합(UN)**이 지정한 테러단체를 말한다(국민보호와 공공안전을 위한 테러방지법 제2조 제2호).
㉡ (X) "테러위험인물"이란 테러단체의 조직원이거나 테러단체 선전, 테러자금 모금·기부, 그 밖에 테러 예비·음모·선전·선동을 하였거나 하였다고 의심할 상당한 이유가 있는 사람을 말한다(동법 제2조 제3호). "외국인테러전투원"이란 테러를 실행·계획·준비하거나 테러에 참가할 목적으로 국적국이 아닌 국가의 테러단체에 가입하거나 가입하기 위하여 이동 또는 이동을 시도하는 내국인·외국인을 말한다(제2조 제4호).

ⓒ (X) ~~ 위원장은 **국무총리**로 한다(동법 제5조 제2항).
ⓔ (X) ~~ 포상금을 **지급할 수 있다**(동법 제14조 제2항).
ⓜ (O) 동법 제9조 제4항
ⓗ (X) 일시 출국금지 기간은 **90일**로 한다(동법 제13조 제2항).

33 정답 ④

①②③ 도로교통법 제32조
④ (X) 주차금지 장소이다(동법 제33조).

● 주·정차 금지장소 및 주차 금지장소(도로교통법 제32조, 제33조)

구 분	내 용

주·정차 금지
(제32조)
	1. 교차로·횡단보도·건널목이나 보도와 차도가 구분된 도로의 보도
	2. 교차로의 가장자리나 도로의 모퉁이로부터 5m 이내인 곳
	3. 안전지대가 설치된 도로에서는 그 안전지대의 사방으로부터 각각 10m 이내인 곳
	4. 버스여객자동차의 정류지임을 표시하는 기둥이나 표지판 또는 선이 설치된 곳으로부터 10m 이내인 곳
	5. 건널목의 가장자리 또는 횡단보도로부터 10m 이내인 곳
	6. 다음 각 목의 곳으로부터 5m 이내인 곳
	  가.「소방기본법」제10조에 따른 소방용수시설 또는 비상소화장치가 설치된 곳
	  나.「화재예방, 소방시설 설치·유지 및 안전관리에 관한 법률」제2조 제1항 제1호에 따른 소방시설로서 대통령령으로 정하는 시설이 설치된 곳
	7. 시·도경찰청장이 도로에서의 위험을 방지하고 교통의 안전과 원활한 소통을 확보하기 위하여 필요하다고 인정하여 지정한 곳
	8. 시장등이 제12조 제1항에 따라 지정한 어린이 보호구역

주차 금지
(제33조)
	1. 터널 안 및 다리 위
	2. 다음 각 목의 곳으로부터 5m 이내인 곳
	  가. 도로공사를 하고 있는 경우에는 그 공사 구역의 양쪽 가장자리
	  나.「다중이용업소의 안전관리에 관한 특별법」에 따른 다중이용업소의 영업장이 속한 건축물로 소방본부장의 요청에 의하여 시·도경찰청장이 지정한 곳
	3. 시·도경찰청장이 도로에서의 위험을 방지하고 교통의 안전과 원활한 소통을 확보하기 위하여 필요하다고 인정하여 지정한 곳

34 정답 ②

① (X) 음주측정 시에 사용하는 불대는 **1회 1개** 사용함을 원칙으로 한다(교통단속처리지침 제3편 주취운전단속 제30조 제3항).
② (O) 대법원 2002.3.15. 2001도7121
③ (X) 혈중알코올농도가 0.1%로 10년내 2회 위반인 경우 처벌기준은 1년 이상 5년 이하의 징역이나 500만원 이상 2천만원 이하의 벌금이다(도로교통법 제148조의2 제1항 제3호).
④ (X) 형사처벌만 가능하고 운전면허 행정처분은 할 수 없다.

35 정답 ④

① (X) 모든 집회·시위 시에 설정하는 것이 아니라 관할경찰관서장이 집회 및 시위의 보호와 공공의 질서 유지를 위하여 필요하다고 인정하는 경우에 설정할 수 있다(집회 및 시위에 관한 법률 제13조 제1항).
② (X) 질서유지선은 최소한의 범위를 정하여 설정하여야 한다(동법 제13조 제1항).
③ (X) 질서유지선의 설정 고지는 서면으로 하여야 한다. 다만, 집회 또는 시위 장소의 상황에 따라 질서유지선을 새로 설정하거나 변경하는 경우에는 집회 또는 시위의 장소에 있는 경찰공무원이 구두로 알릴 수 있다(동법 시행령 제13조 제2항).
④ (O) 동법 제24조 제3호

36 정답 ②

② (X) 중앙행정기관이 개최하는 국경일 행사의 경우 행사 개최시간에 한정하여 행사 진행에 영향을 미치는 소음에 대해서는, 「집회 및 시위에 관한 법률 시행령」 별표2에 따른 확성기등의 소음기준을 위 표 및 제3호 후단에 따른 '주거지역'의 소음기준으로 적용한다(동법 시행령 제14조 별표2 비고 7).
①③④ 모두 옳은 설명이다.

▶ 확성기 등의 소음 기준(집회 및 시위에 관한 법률 시행령 제14조 별표 2) 〈2024.8.6. 개정〉

(단위 : dB(A))

소음도 구분		대상지역	시간대		
			주간 (07:00~해지기 전)	야간 (해진 후~24:00)	심야 (00:00~07:00)
대상 소음도	등가 소음도 (Leq)	주거지역, 학교, 종합병원	60 이하	50 이하	45 이하
		공공도서관	60 이하	55 이하	
		그 밖의 지역	70 이하	60 이하	
	최고 소음도 (Lmax)	주거지역, 학교, 종합병원	80 이하	70 이하	65 이하
		공공도서관	80 이하	75 이하	
		그 밖의 지역	90 이하		

〈비고〉
5. 등가소음도는 10분간(소음 발생 시간이 10분 이내인 경우에는 그 발생 시간 동안을 말한다) 측정한다. 다만, 다음 각 목에 해당하는 대상 지역의 경우에는 등가소음도를 5분간(소음 발생 시간이 5분 이내인 경우에는 그 발생 시간 동안을 말한다) 측정한다.
  가. 주거지역, 학교, 종합병원
  나. 공공도서관

> 6. 최고소음도는 확성기등의 대상소음에 대해 매 측정 시 발생된 소음도 중 가장 높은 소음도를 측정하며, 동일한 집회·시위에서 측정된 최고소음도가 1시간 내에 3회 이상 위 표 및 제3호 후단에 따른 최고소음도 기준을 초과한 경우 소음기준을 위반한 것으로 본다. 다만, 다음 각 목에 해당하는 대상 지역의 경우에는 1시간 내에 2회 이상 위 표 및 제3호 후단에 따른 최고소음도 기준을 초과한 경우 소음기준을 위반한 것으로 본다.
>   가. 주거지역, 학교, 종합병원
>   나. 공공도서관
> 7. 다음 각 목에 해당하는 행사(중앙행정기관이 개최하는 행사만 해당한다)의 진행에 영향을 미치는 소음에 대해서는 그 행사의 개최시간에 한정하여 위 표 및 제3호 후단에 따른 주거지역의 소음기준을 적용한다.
>   가. 「국경일에 관한 법률」 제2조에 따른 국경일의 행사
>   나. 「각종 기념일 등에 관한 규정」 별표에 따른 각종 기념일 중 주관 부처가 국가보훈부인 기념일의 행사

37 [정답] ④

① (X) 이 법의 죄를 범하고 그 보수를 받은 때에는 이를 몰수한다(필요적)(국가보안법 제15조 제1항).
② (X) 국가보안법에는 **과실범 처벌 규정이 없다.** 고의범만을 처벌한다.
③ (X) 국가보안법 위반의 죄를 범한 자가 자수하거나, 위반한 다른 타인을 고발한 경우에는 그 형을 **감경 또는 면제한다**(동법 제16조).
④ (O) 자진지원죄는 반국가단체나 그 구성원 또는 그 지령을 받은 자를 지원할 목적으로 자진하여 일정한 행위를 하는 것으로 주체는 반국가단체의 구성원 또는 그 지령을 받은 자를 **제외한** 모든 사람이다(동법 제5조 제1항).

> 국가보안법 제16조(형의 감면) 다음 각호의 1에 해당한 때에는 그 형을 감경 또는 면제한다.
> 1. 이 법의 죄를 범한 후 자수한 때
> 2. 이 법의 죄를 범한 자가 이 법의 죄를 범한 타인을 고발하거나 타인이 이 법의 죄를 범하는 것을 방해한 때
> 3. 삭제 〈1991. 5. 31.〉

38 [정답] ④

① (X) 보안관찰처분대상자는 교도소 등의 출소 후 7일 이내에 출소사실을 관할 경찰서장에게 신고하여야 한다(보안관찰법 제6조 제1항).
② (X) 주거지를 이전하거나 국외여행 또는 10일 이상 주거를 이탈하여 여행하고자 할 때에는 미리 지구대장·파출소장을 거쳐 관할경찰서장에게 신고하여야 한다(동법 제18조 제4항).
③ (X) 보안관찰처분결정고지를 받은 날부터 7일 이내에 지구대장·파출소장을 거쳐 관할경찰서장에게 신고하여야 한다(동법 제18조 제1항).
④ (O) 동법 제18조 제2항

39 정답 ②

① (X) 장기 3년 이상의 형에 해당하는 죄로 인하여~~ (여권법 제12조 제1항 제1호 후단)
② (O) 동항 제2호
③ (X) 「여권법」 제24조부터 제26조까지 외의 죄를 범하여 금고 이상의 형의 집행유예를 선고받고~~ (동항 제3의2호)
④ (X) ~~ 출국할 경우 테러 등으로 생명이나 신체의 안전이 침해될 위험이 큰 사람 (동항 제4호 가목)

> 여권법 제12조(여권의 발급 등의 거부) ① 외교부장관은 다음 각 호의 어느 하나에 해당하는 사람에 대하여는 여권의 발급 또는 재발급을 거부할 수 있다.
> 1. 장기 2년 이상의 형(刑)에 해당하는 죄로 인하여 기소(起訴)되어 있는 사람 또는 장기 3년 이상의 형에 해당하는 죄로 인하여 기소중지 또는 수사중지(피의자중지로 한정한다)되거나 체포영장·구속영장이 발부된 사람 중 국외에 있는 사람
> 2. 제24조부터 제26조까지의 죄를 범하여 실형을 선고받고 그 집행이 끝나거나(집행이 끝난 것으로 보는 경우를 포함한다) 집행이 면제되지 아니한 사람
> 2의2. 제2호의 죄를 범하여 형의 집행유예를 선고받고 그 유예기간 중에 있는 사람
> 3. 제2호의 죄 외의 죄를 범하여 금고 이상의 실형을 선고받고 그 집행이 끝나거나(집행이 끝난 것으로 보는 경우를 포함한다) 집행이 면제되지 아니한 사람
> 3의2. 제2호의 죄 외의 죄를 범하여 금고 이상의 형의 집행유예를 선고받고 그 유예기간 중에 있는 사람
> 4. 국외에서 대한민국의 안전보장·질서유지나 통일·외교정책에 중대한 침해를 일으킬 우려가 있는 경우로서 다음 각 목의 어느 하나에 해당하는 사람
>   가. 출국할 경우 테러 등으로 생명이나 신체의 안전이 침해될 위험이 큰 사람
>   나. 「보안관찰법」 제4조에 따라 보안관찰처분을 받고 그 기간 중에 있으면서 같은 법 제22조에 따라 경고를 받은 사람

40 정답 ④

①②③ 옳은 설명이다.
④ (X) 범죄관련인 소재확인 목적 발부하는 수배서는 청색수배서이다.

◉ 인터폴 수배서(Notice)의 의의와 종류

적색수배서 (Red Notice)	목적	수배자 체포 및 인도
	요건	• 장기 2년 이상 징역, 금고에 해당하는 죄로 체포·구속영장 또는 형집행장이 발부된 자 • 중범죄자일 것
청색수배서 (Blue Notice)	목적	범죄관련인 소재확인
	요건	• 유죄판결을 받은 자, 수배자, 피의자, 참고인 등 범죄 관련자일 것 • 소재확인을 위한 범죄사실 특정 등 충분한 자료가 제공될 것
녹색수배서 (Green Notice)	목적	우범자 정보제공
	요건	• 법집행기관에 의해 공공안전에 위협이 되는 인물로 평가될 것 • 우범자 판단에 전과 등 충분한 자료가 뒷받침 될 것
황색수배서 (Yellow Notice)	목적	실종자 소재확인
	요건	• 경찰에 신고되었을 것 • 성인의 경우 사생활 보호 관련 법률 위반 없을 것 • 충분한 자료가 제공되었을 것
흑색수배서 (Black Notice)	목적	변사자 신원확인
	요건	• 경찰에 의해 변사체 발견이 확인되었을 것 • 충분한 정보가 제공될 것
오렌지색수배서 (Orange Notice)	목적	위험물질 경고
	요건	• 법집행기관에 의해 공공안전에 급박한 위험이라고 평가 될 것
보라색수배서 (Purple Notice)	목적	범죄수법 정보 제공
	요건	• 수법·대상등이 회원국 들의 관심을 끌 수 있는 범죄일 것 • 충분한 자료가 제공될 것
UN특별수배서 (UN 특별수배서)	목적	UN 안보리 제재대상 정보 제공
	요건	• 인터폴과 UN 안보리의 협의사항에 따라 발부

실무종합 모의고사 7회

1	2	3	4	5	6	7	8	9	10
③	②	④	①	③	③	①	③	①	④
11	12	13	14	15	16	17	18	19	20
①	③	②	①	③	①	②	②	②	③
21	22	23	24	25	26	27	28	29	30
③	③	②	③	②	①	④	④	③	④
31	32	33	34	35	36	37	38	39	40
③	④	④	④	②	③	①	②	①	②

1 정답 ③
① (X) '공공질서'란 원만한 공동체생활을 영위하기 위한 불가결적 전제조건이 되는 각 개인의 행동에 대한 불문규범의 총체로서 시대에 따라 변화하는 유동적·상대적 개념이다.
② (X) 성문법 원칙 아래서 경찰권 발동의 근거로써 사용될 수 있는 이 개념은 국민의 기본권을 침해할 우려가 있기 때문에 엄격한 합헌성과 제한적 사용의 요구를 받는다.
③ (O) 옳은 설명이다.
④ (X) 오늘날 거의 모든 생활영역에 대한 법적 규범화 추세에 따라 공공질서 개념의 사용 가능 분야는 점점 축소되고 있다.

2 정답 ②
〈보기〉의 상황은 외관적 위험에 해당한다.
① (X) 위험혐의에 대한 설명이다.
② (O) 외관적 위험에 대한 설명이다.
③ (X) 오상위험(추정적위험)에 대한 설명이다.
④ (X) 적법한 경찰개입이므로 경찰관은 민·형사상 책임을 부담하지 아니하고, 국가는 손해배상책임을 부담하지 아니하나 손실보상책임은 발생할 수 있다.

● 위험의 인식 여부에 따른 분류

외관적 위험	• 의의 : 경찰관이 상황을 합리적으로 사려 깊게 판단하여 위험이 존재한다고 인식하여 개입하였으나 실제로는 위험이 없던 경우 → 행위시점에서 위험상황이 확실하다고 사려깊게 판단한 경우 • 예 심야에 경찰관이 사람을 살려달라는 외침소리를 듣고 출입문을 부수고 들어갔는데, 실제로는 노인이 크게 켜놓은 TV 형사극 소리였던 경우 • 경찰개입 : 적법한 경찰개입이므로 경찰관은 민·형사상 책임을 부담하지 아니하고, 국가는 손해배상책임을 부담하지 아니하나 손실보상책임은 발생할 수 있음

위험혐의	• 의의 : 경찰관이 의무에 합당한 사려 깊은 판단을 할 때 실제로 위험의 발생 가능성은 예측되나 위험의 실제 발생 여부가 불확실한 경우이다 • 위험의 존재여부가 명백해질 때까지 예비적으로 행하는 위험조사 차원의 개입을 정당화한다 • 경찰개입 : 위험의 혐의 상황에서 경찰개입은 적법하므로 책임의 문제는 위 외관적 위험과 같이 민·형사상 책임을 부담하지 아니하고, 국가는 손해배상책임을 부담하지 아니하나 손실보상책임은 발생할 수 있음
오상위험 (추정적·상상 위험)	• 의의 : 객관적으로 판단할 때 위험의 외관 또는 혐의가 정당화되지 않음에도 경찰이 위험의 존재를 잘못 추정한 경우 • 경찰개입 : 위법한 경찰개입이므로 경찰관 개인은 형사상·민사상 책임을 부담할 수 있고, 국가는 손해배상 책임을 부담할 수 있음

3 정답 ④

①②③ 옳은 설명이다.
④ (X) 나석주 의사에 대한 설명이다. 김용원 열사는 1921년에는 김구 선생의 뒤를 이어 제2대 경무국장을 역임하였고, 1924년 지병으로 귀국 후, 군자금 모금, 병보석과 체포를 반복하다 옥고 후유증으로 1934년 순국하였다.

4 정답 ①

① (X) 경찰, 검찰, 국가정보원 직원 또는 군인의 직에 있거나 그 직에서 퇴직한 날부터 3년이 지나지 아니한 사람은 위원으로 선임될 수 없다(국가경찰과 자치경찰의 조직 및 운영에 관한 법률 제8조 제5항 제3호).
② (O) 동법 제8조 제3항·제4항
③ (O) 동법 제9조 제2항
④ (O) 국가경찰위원회 규정 제4조 제1항, 제2항

5 정답 ③

㉠ (O) 국가경찰과 자치경찰의 조직 및 운영에 관한 법률 제24조 제1항 제3호·제17호
㉡ (X) 재적위원 과반수의 출석과 출석위원 과반수의 찬성으로 의결한다(동법 제25조 제2항).
㉢㉣ (O) 동법 제25조 제3항, 제5항 전단
㉤ (X) 재적위원 과반수의 출석과 출석위원 3분의 2 이상의 찬성(동법 제25조 제5항)

6 정답 ③

①② (O) 옳은 설명이다.
③ (X) 임용권자는 파면·해임·강등 또는 정직(중징계)에 해당하는 징계 의결이 요구 중인 자, 형사사건으로 기소된 자(약식명령이 청구된 자는 제외한다), 직무수행 능력이 부족하거나 근무성적이 극히 나쁜 자에게는 직위를 부여하지 아니할 수 있다(국가공무원법 제73조의3 제1항).
④ (O) 경찰공무원 승진임용 규정 제5조 제2항 단서

7 정답 ①
가. (O) 경찰공무원법 제23조 마. (O) 경찰공무원법 제25조 아. (O) 경찰공무원법 제24조
나. (X) 국가공무원법 제64조 다. (X) 국가공무원법 제63조 라. (X) 국가공무원법 제56조
바. (X) 국가공무원법 제66조 사. (X) 국가공무원법 제60조

8 정답 ③
① (O) 경찰공무원징계령 제6조 제1항
② (O) 동징계령 제6조 제3항
③ (X) 위촉되는 민간위원의 임기는 2년으로 하며, **한 차례만 연임할 수 있다**(동징계령 제6조의2).
④ (O) 경찰공무원 징계령 제6조 제2항

9 정답 ①
① (X) 소청심사위원회는 이 법에 따른 소청을 접수하면 **지체 없이** 심사하여야 한다(국가공무원법 제12조 제1항).
② (O) 동법 제12조 제2항
③ (O) 동법 제12조 제3항
④ (O) 동법 제13조 제1항·제2항

10 정답 ④
㉠ (X) 국회 전속적 법률사항의 위임은 원칙적으로 **금지된다**.
㉡ (X) 법률에 의하여 위임된 사항을 전부 하위명령에 재위임하는 것은 금지된다.
㉢ (X) 행정권에 대한 입법권의 일반적·포괄적 위임은 **인정될 수 없다**.
㉣ (O) 위임입법의 구체성·명확성의 요구 정도는 각종 법률이 규제하고자 하는 대상의 종류와 성질에 따라 달라질 것이지만, 특히 처벌법규나 조세법규와 같이 국민의 기본권을 직접적으로 제한하거나 침해할 소지가 있는 법규에서는 구체성·명확성의 요구가 강화되어 그 위임의 요건과 범위가 일반적인 급부행정법규의 경우보다 더 엄격하게 제한적으로 규정되어야 하는 반면에, 규율대상이 지극히 다양하거나 수시로 변화하는 성질의 것일 때에는 위임의 구체성·명확성의 요건이 완화된다(2013헌가6).

11 정답 ①
① (X) 강제징수에 대한 설명이다(행정기본법 제30조 제1항 제2호 참고).
②③④ (O) 동법 제31조

12 정답 ③
③ (X) 경직법 제7조 제3항에 따라 경찰관은 대간첩 작전 수행에 필요할 때에는 작전지역에서 흥행장, 여관, 음식점, 역, 그 밖에 많은 사람이 출입하는 장소의 관리자나 그에 준하는 관계인은 경찰관이 범죄나 사람의 생명·신체·재산에 대한 위해를 예방하기 위하여 해당 장소를 검색할 수 있기 때문에 무장공비가 도심에 출현하여 이들을 검거하기 위해 작전을 수행할 경우에 경찰관은 건물주의 허락이 없더라도 해당 작전 구역 안에 있는 **영화관을 검색할 수 있다**(경찰관직무집행법 제7조 제3항).
①②④ (O) 동법 제7조

13 정답 ②

㉠㉣이 경찰장구를 사용할 수 있는 경우에 해당한다(동법 제10조의2 제1항).
㉡ (X) 사형·무기 또는 **장기 3년 이상**의 징역이나 금고에 해당하는 죄를 범한 범인의 체포 또는 도주 방지
㉢ (X) 자신이나 다른 사람의 생명·**신체(재산X)**의 방어 및 보호
㉤ (X) 분사기 등의 사용요건에 해당한다.

TIP	「경찰관 직무집행법」,「위해성 경찰장비의 사용기준 등에 관한 규정」상 생명·신체·재산이 들어가는 규정

- 경찰관은 국민의 **생명·신체 및 재산**의 보호의 직무를 수행한다.
- **위험 발생의 방지 등**: 경찰관은 사람의 **생명 또는 신체**에 위해를 끼치거나 **재산**에 중대한 손해를 끼칠 우려가 있는 천재(天災), 사변(事變), 인공구조물의 파손이나 붕괴, 교통사고, 위험물의 폭발, 위험한 동물 등의 출현, 극도의 혼잡, 그 밖의 위험한 사태가 있을 때에는 다음 각 호의 조치를 할 수 있다.
- **보호조치 등**: 경찰관은 정신착란을 일으키거나 술에 취하여 자신 또는 다른 사람의 **생명·신체·재산**에 위해를 끼칠 우려가 있는 사람이 명백하고 응급구호가 필요하다고 믿을 만한 상당한 이유가 있는 사람을 발견하였을 때에는 보건의료기관이나 공공구호기관에 긴급구호를 요청하거나 경찰관서에 보호하는 등 적절한 조치를 할 수 있다.
- **범죄의 예방과 제지**: 찰관은 범죄행위가 목전(目前)에 행하여지려고 하고 있다고 인정될 때에는 이를 예방하기 위하여 관계인에게 필요한 경고를 하고, 그 행위로 인하여 사람의 **생명·신체**에 위해를 끼치거나 **재산**에 중대한 손해를 끼칠 우려가 있는 긴급한 경우에는 그 행위를 제지할 수 있다.
- **위험 방지를 위한 출입**: 경찰관은 위험한 사태가 발생하여 사람의 **생명·신체 또는 재산**에 대한 위해가 임박한 때에 그 위해를 방지하거나 피해자를 구조하기 위하여 부득이하다고 인정하면 합리적으로 판단하여 필요한 한도에서 다른 사람의 토지·건물·배 또는 차에 출입할 수 있다.
- 흥행장, 여관, 음식점, 역, 그 밖에 많은 사람이 출입하는 장소의 관리자나 그에 준하는 관계인은 경찰관이 범죄나 사람의 **생명·신체·재산**에 대한 위해를 예방하기 위하여 해당 장소의 영업시간이나 해당 장소가 일반인에게 공개된 시간에 그 장소에 출입하겠다고 요구하면 정당한 이유 없이 그 요구를 거절할 수 없다.
- **분사기 등의 사용**: 경찰관은 범인의 체포 또는 범인의 도주 방지 또는 불법집회·시위로 인한 자신이나 다른 사람의 **생명·신체와 재산** 및 공공시설 안전에 대한 현저한 위해의 발생 억제의 직무를 수행하기 위하여 부득이한 경우에는 현장책임자가 판단하여 필요한 최소한의 범위에서 분사기(「총포·도검·화약류 등의 안전관리에 관한 법률」에 따른 분사기를 말하며, 그에 사용하는 최루 등의 작용제를 포함) 또는 최루탄을 사용할 수 있다.
- **손실보상**: 국가는 경찰관의 적법한 직무집행으로 인하여 손실발생의 원인에 대하여 책임이 없는 자가 **생명·신체 또는 재산**상의 손실을 입은 경우(손실발생의 원인에 대하여 책임이 없는 자가 경찰관의 직무집행에 자발적으로 협조하거나 물건을 제공하여 생명·신체 또는 재산상의 손실을 입은 경우를 포함한다) 또는 손실발생의 원인에 대하여 책임이 있는 자가 자신의 책임에 상응하는 정도를 초과하는 **생명·신체 또는 재산**상의 손실을 입은 경우에 해당하는 손실을 입은 자에 대하여 정당한 보상을 하여야 한다.
- **불법집회등에서의 경찰봉·호신용경봉의 사용기준**: 경찰관은 불법집회·시위로 인하여 발생할 수 있는 타인 또는 경찰관의 **생명·신체의 위해와 재산·공공시설의 위험**을 방지하기 위하여 필요한 때에는 최소한의 범위안에서 경찰봉 또는 호신용경봉을 사용할 수 있다.

14 정답 ①

① (X) 손실 입을 물건을 수리할 수 없는 경우에는 손실을 입은 당시 해당 물건 교환가액으로 보상한다(경찰관 직무집행법 제9조).

> 제9조(손실보상의 기준 및 보상금액)
> ① 법 제11조의2 제1항에 따라 손실보상을 할 때 물건을 멸실·훼손한 경우에는 다음 각 호의 기준에 따라 보상한다.
> 1. 손실을 입은 물건을 수리할 수 있는 경우 : 수리비에 상당하는 금액
> 2. 손실을 입은 물건을 수리할 수 없는 경우 : 손실을 입은 당시의 해당 물건의 교환가액
> 3. 영업자가 손실을 입은 물건의 수리나 교환으로 인하여 영업을 계속할 수 없는 경우: 영업을 계속할 수 없는 기간 중 영업상 이익에 상당하는 금액

② (O) 동법 시행령 제9조 제2항
③ (O) 동법 시행령 제10조 제3항

> ③ 제2항에 따라 보상금 지급 청구서를 받은 경찰청장, 해양경찰청장, 시·도경찰청장 또는 지방해양경찰청장은 손실보상심의위원회의 심의·의결에 따라 보상 여부 및 보상금액을 결정하되, 다음 각 호의 어느 하나에 해당하는 경우에는 그 청구를 각하(却下)하는 결정을 하여야 한다.
> 1. 청구인이 같은 청구 원인으로 보상신청을 하여 보상금 지급 여부에 대하여 결정을 받은 경우. 다만, 기각 결정을 받은 청구인이 손실을 증명할 수 있는 새로운 증거가 발견되었음을 소명(疎明)하는 경우는 제외한다.
> 2. 손실보상 청구가 요건과 절차를 갖추지 못한 경우. 다만, 그 잘못된 부분을 시정할 수 있는 경우는 제외한다.

④ (O) 동법 시행령 제10조 제6항

15 정답 ③

① (X) 성과주의 예산제도의 장점이다.
② (X) 품목별 예산제도에 관한 내용이다.
③ (O) 옳은 설명이다.
④ (X) 예산편성 시 전년도 예산을 기준으로 점증적으로 예산액을 책정하는 폐단을 시정하려는 목적에서 유래된 제도는 영기준예산제도이다.

16 정답 ①

① 연결이 옳다.

17 정답 ②

① (X) 경찰기관의 장은 상급 경찰기관의 장의 지시에 따라 소속 감찰관으로 하여금 일정기간 동안 다른 경찰기관 소속 직원의 복무실태, 업무추진 실태 등을 점검하게 할 수 있다(경찰감찰규칙 제14조).
② (O) 동규칙 제15조
③ (X) 조사기일 3일 전까지 출석요구서 또는 구두로 조사일시, 의무위반행위사실 요지 등을 통지하여야 하나, 사안이 급박한 경우 또는 조사대상자의 요청이 있는 경우에는 즉시 조사에 착수할 수 있다(동규칙 제25조 제1항).
④ (X) 자정부터 오전 6시까지를 말한다(동규칙 제32조).

18 정답 ②

①③④ 모두 옳은 설명이다.
② (X) 친구나 동료경찰들에게 특혜를 주는 것은 '공정한 접근'을 저해하는 불공정한 행위 중 편들기에 해당한다.

19 정답 ②

㉠ 우리는 정의의 이름으로 진실을 추구하며 어떠한 불의나 불법과 타협하지 않는 (의로운) 경찰이다.
㉡ 우리는 국민의 신뢰를 바탕으로 오직 양심에 따라 법을 집행하는 (공정한) 경찰이다.
㉢ 우리는 건전한 상식 위에 전문지식을 갈고 닦아 맡은 일을 성실하게 수행하는 (근면한) 경찰이다.

> 경찰헌장(1991년 제정)
> - 우리는 모든 사람의 인격을 존중하고 누구에게나 따뜻하게 **봉**사하는 **친**절한 경찰이다. 〈봉친〉
> - 우리는 정의의 이름으로 진실을 추구하며 어떠한 **불**의나 불법과 타협하지 않는 **의**로운 경찰이다. 〈불의〉
> - 우리는 국민의 **신**뢰를 바탕으로 오직 양심에 따라 법을 집행하는 **공**정한 경찰이다. 〈신공〉
> - 우리는 건전한 상식 위에 전문지식을 갈고 닦아 맡은 일을 **성실**하게 수행하는 **근면**한 경찰이다. 〈성실 근면〉
> - 우리는 화합과 단결 속에 항상 규율을 지키며 **검**소하게 생활하는 **깨**끗한 경찰이다. 〈검게(깨)〉

20 정답 ③

① (O) 적극행정 운영규정 제2조 제2호
②④ (O) 옳은 설명이다.
③ (X) 지문은 탁상행정에 관한 설명이다. 적당편의는 문제해결을 위해 노력하지 않고, 적당히 형식만 갖추어 부실하게 처리하는 행태이다.

▶ 소극행정의 유형

> - 적당편의 : 문제해결을 위해 노력하지 않고, 적당히 형식만 갖추어 부실하게 처리하는 행태
> - 업무해태 : 합리적인 이유없이 주어진 업무를 게을리 하여 불이행하는 행태
> - 탁상행정 : 법령이나 지침 등의 변화에도 불구하고 과거 규정에 따라 업무를 처리하거나, 기존의 불합리한 업무관행을 그대로 답습하는 행태
> - 기타 관 중심행정 : 직무권한을 이용하여 부당하게 업무를 처리하거나, 국민 편익을 위해서가 아닌 자신과 소속 기관의 이익을 위해 자의적(타의적X)으로 처리하는 행태

21 정답 ③

① (O) 이해충돌방지법 제20조 제2항
② (O) 동법 제20조 제3항
③ (X) 국민권익위원회는 제18조 제1항에 따른 신고로 인하여 공공기관에 직접적인 수입의 회복·증대 또는 비용의 절감을 가져온 경우에는 그 신고자의 신청에 의하여 보상금을 지급하여야 한다(동법 제20조 제6항).
④ (O) 동법 제20조 제5항 〈24년 경위공채〉

> 이해충돌방지법 제20조(신고자 등의 보호·보상)
> ② 누구든지 신고자등에게 신고등을 이유로 불이익조치(「공익신고자 보호법」 제2조 제6호에 따른 불이익조치를 말한다. 이하 같다)를 하여서는 아니 된다.
> ③ 이 법의 위반행위를 한 자가 위반사실을 자진하여 신고하거나 신고자등이 신고등을 함으로 인하여 자신이 한 이 법의 위반행위가 발견된 경우에는 그 위반행위에 대한 형사처벌, 과태료 부과, 징계처분, 그 밖의 행정처분 등을 감경하거나 면제할 수 있다.
> ⑤ 국민권익위원회는 제18조 제1항에 따른 신고로 인하여 공공기관에 재산상 이익을 가져오거나 손실을 방지한 경우 또는 공익을 증진시킨 경우에는 그 신고자에게 포상금을 지급할 수 있다.
> ⑥ 국민권익위원회는 제18조 제1항에 따른 신고로 인하여 공공기관에 직접적인 수입의 회복·증대 또는 비용의 절감을 가져온 경우에는 그 신고자의 신청에 의하여 보상금을 지급하여야 한다.

22 정답 ③

①②④ (O) 옳은 설명이다.
③ (X) Herman & Schwendinger가 주장한 내용이다. Suthurland는 상위계층에 의한 경제 범죄에 관심을 두고 화이트칼라 범죄가 기존에 다루어지는 범죄보다 실질적인 해악이 더욱 크면서도 이에 대한 처벌은 약하거나 민사사건화 되고 있어 이에 대한 대처방안이 필요하다고 주장하였다.

23 정답 ②

① (X) 위치정보의 보호 및 이용 등에 관한 법률 제29조에 의거하여 실시한다.
② (O) 옳은 설명이다.
③ (X) 생명·신체에 대한 위험이 예상되는 징후가 없이 갑자기 연락두절 된 가출인은 추가단서확보시까지 위치정보조회가 곤란하다.
④ (X) Cell 방식과 비교하여 위치가 현격히 다른 경우 Cell값 위치를 신고자의 위치로 추정한다.

24 정답 ③

① (X) 비디오물 소극장업은 청소년 고용금지업소(출입은 가능)이다.
② (X) 주로 차 종류를 조리·판매하는 업소에서 청소년으로 하여금 영업장을 벗어나 차종류를 배달하는 행위를 하게 하거나 이를 조장하거나 묵인하는 행위는 청소년보호법에 규정된 **청소년유해행위에 해당한다**(청소년보호법 제30조).
③ (O) 대법원 2004.4.12. 2003도6282
④ (X) 「청소년 보호법」상의 '청소년'에 해당하는지의 판단 기준은 호적 등 공부상의 나이가 아니라 실제 나이를 기준으로 하여야 할 것이다(대구지법 2009노1765).

25 정답 ②

① (O) 아동학대범죄의 처벌 등에 관한 특례법 제2조 제1호
② (X) 피해아동등 또는 가정구성원에 대한 전기통신을 이용한 접근 금지 등의 조치는 응급조치에 해당되지 않는다(동법 제12조).
③ (O) 동법 제12조 제3항
④ (O) 동법 제13조

응급조치	1. 아동학대범죄 행위의 제지 2. 아동학대행위자를 피해아동등으로부터 격리 3. 피해아동등을 아동학대 관련 보호시설로 인도(피해아동의 의사 존중) 4. 긴급치료가 필요한 피해아동을 의료기관으로 인도
임시조치	1. 피해아동등 또는 가정구성원의 주거로부터 퇴거 등 격리 2. 피해아동등 또는 가정구성원의 주거, 학교 또는 보호시설 등에서 100미터 이내의 접근 금지 3. 피해아동등 또는 가정구성원에 대한 전기통신을 이용한 접근 금지 4. 친권 또는 후견인 권한 행사의 제한 또는 정지 5. 아동보호전문기관 등에의 상담 및 교육 위탁 6. 의료기관이나 그 밖의 요양시설에의 위탁 7. 경찰관서의 유치장 또는 구치소에의 유치

26 정답 ①

① (X) 경찰서장은 수법원지 작성 대상 범죄에 해당하는 피의자를 검거하였거나 인도받아 조사하여 구속 송치할 때에는 수법원지를 전산입력하여 경찰청장에게 전산송부하여야 한다. 다만, 불구속된 피의자도 재범의 우려가 있다고 인정되는 자에 대하여는 전산입력할 수 있다(범죄수법공조자료관리규칙 제3조 제1항).
② (O) 동규칙 제3조 제2항
③ (O) 동규칙 제3조 제3항
④ (O) 동규칙 제6조 제3호

27 정답 ④

① (O) 피의자 유치 및 호송 규칙 제50조 제1항
② (O) 동규칙 제49조 제1항, 제2항
③ (O) 동규칙 제50조 제4항
④ (X) 호송관서의 장은 호송관이 5인 이상이 되는 호송일 때에는 경위 이상 계급의 1인을 지휘감독관으로 지정해야 한다(동규칙 제48조 제3항).

28 정답 ④

①②③ (O) ㉠㉡㉢ : 19세미만피해자등(19세 미만인 피해자나 신체적인 또는 정신적인 장애로 사물을 변별하거나 의사를 결정할 능력이 미약한 피해자)
④ (X) 13세 미만이거나 신체적인 또는 정신적인 장애로 사물을 변별하거나 의사를 결정할 능력이 미약한 경우

29 정답 ③

① (X) 국가경찰관서의 유치장 또는 구치소에의 유치는 긴급응급조치에 해당하지 않는다(스토킹처벌법 제4조).
② (X) 사법경찰관은 긴급응급조치를 하였을 때에는 지체 없이 검사에게 해당 긴급응급조치에 대한 사후승인을 지방법원 판사에게 청구하여 줄 것을 신청하여야 하고 신청을 받은 검사는 긴급응급조치가 있었던 때부터 48시간 이내에 지방법원 판사에게 해당 긴급응급조치에 대한 사후승인을 청구한다(동법 제5조).

③ (O) 동법 제7조 제4항
④ (X) 긴급응급조치기간은 1개월을 초과할 수 없다(동법 제5조 제5항).

응급조치	1. 스토킹행위의 제지, 향후 스토킹행위의 중단 통보 및 스토킹행위를 지속적 또는 반복적으로 할 경우 처벌 서면경고 2. 스토킹행위자와 피해자등의 분리 및 범죄수사 3. 피해자등에 대한 긴급응급조치 및 잠정조치 요청의 절차 등 안내 4. 스토킹 피해 관련 상담소 또는 보호시설로의 피해자등 인도(피해자등이 동의한 경우만 해당한다)
긴급응급조치	1. 스토킹행위의 상대방등이나 그 주거등으로부터 100미터 이내의 접근 금지 2. 스토킹행위의 상대방등에 대한「전기통신기본법」제2조 제1호의 전기통신을 이용한 접근 금지
잠정조치	1. 피해자에 대한 스토킹범죄 중단에 관한 서면 경고 2. 피해자 또는 그의 동거인, 가족이나 그 주거등으로부터 100미터 이내의 접근 금지 3. 피해자 또는 그의 동거인, 가족에 대한「전기통신기본법」제2조 제1호의 전기통신을 이용한 접근 금지 3의2.「전자장치 부착 등에 관한 법률」제2조 제4호의 위치추적 전자장치(이하 "전자장치"라 한다)의 부착 4. 국가경찰관서의 유치장 또는 구치소에의 유치

30 정답 ④

④ (X) '한정된 경력으로 최대의 성과를 거양'하는 것은 균형의 원칙이다.

◉ **경비수단의 원칙**

균형의 원칙	경비수단으로 경찰력을 행사할 때는 상황과 대상에 따라 주력부대와 예비부대를 유효적절하게 활용, 한정된 경력의 투입으로 최대한의 효과를 얻을 수 있도록 경력의 운용을 균형있게 하여야 한다는 원칙
위치의 원칙	사태 진압시의 실력행사에 있어서 가장 유리한 지형·지물·위치 등을 확보하여 작전수행이나 진압을 용이하게 한다는 원칙
적시(시점)의 원칙	경비실시에 있어서 상대방의 저항력이 가장 허약한 시점을 포착하여 집중적이고 강력한 실력행사를 하여야 한다는 원칙
안전의 원칙	작전시의 변수의 발생은 사회적으로 큰 파장을 미칠 수 있으므로 경찰병력이나 군중들을 사고 없이 안전하게 진압하여야 한다는 원칙

31 정답 ③

③ (X) ⓒ 특별재난지역 선포는 복구단계에서의 활동이다(재난 및 안전관리 기본법 제25조의2부터 제66조의3).

예방단계	재난관리체계 등의 평가, 정부합동안전 점검
대비단계	재난분야 위기관리 매뉴얼 작성, 재난대비훈련, 기능별 재난대응 활동계획 작성
대응단계	응급조치, 긴급구조
복구단계	특별재난지역 선포, 재난피해조사

32 정답 ④

① (X) 제1선을 제외한 행사장 중심으로 소총유효사거리 내외의 취약개소는 **주경비지역**으로 통상 경찰이 책임진다.
② (X) 감시조 운영은 **경계구역**에서 한다.
③ (X) 출입자 통제관리, MD 설치운용, 비표확인은 **안전구역**에서 실시한다.
④ (O) 옳은 설명이다.

▶ 행사장 경호의 근무요령

	구분	내용
제1선 (안전구역 : 내부)	구분	절대안전 확보구역(경호대상자의 신변에 직접 위해를 줄 수 있는 구역)
	근무 요령	• 출입자 통제관리 • MD 설치 운용 • 비표 확인 및 출입자 감시
제2선 (경비구역 : 내곽)	구분	주경비지역(안전구역을 보호하기 위한 경호활동구역)
	근무 요령	• 바리케이드 등 장애물 설치 • 돌발사태 대비 예비대 운영 및 구급차, 소방차 대기
제3선 (경계구역 : 외곽)	구분	조기경보지역(보안 및 수색활동이 필요한 구역)
	근무 요령	• 감시조 운영 • 도보 등 원거리 기동순찰조 운영 • 원거리 불심자 검문·차단

33 정답 ④

① (O) 교통사고조사규칙 제14조 제1항
② (O) 동규칙 제14조 제4항
③ (O) 동규칙 제14조 제7항
④ (X) 차대차 사고로서 당사자 간의 과실이 차이가 있는 경우 **과실이 중한** 당사자를 선순위로 지정한다(동규칙 제20조의4 제1호).

34 정답 ④

①②③ 모두 옳은 설명이다(도로교통법 시행규칙 제53조 [별표 18]).
④ (X) 제2종 보통면허로 승차정원 10인의 승합자동차와 **적재중량 4톤**의 화물자동차를 운전할 수 있다.

35 정답 ②

① (O) 대법원 1997.7.25. 97도927
② (X) '도로의 구부러진 곳'이라는 규정은 입법목적과 다른 조항과의 관련하에서의 합리적인 해석의 가능성, 입법기술상의 한계 등을 고려할 때, 어떠한 행위가 이에 해당하는지 의심을 가질 정도로 불명확한 개념이라고 볼 수 없으므로 죄형법정주의의 한 내용인 형벌법규의 **명확성의 원칙에 반한다고 할 수는 없다**(헌법재판소 2000.2.24. 99헌가4).
③ (O) 대법원 2002.3.15. 2001도7121
④ (O) 무면허인데다가 술이 취한 상태에서 오토바이를 운전하였다는 것은 1개의 운전행위라 할 것이므로 두 죄(무면허운전죄와 음주운전죄)는 상상적 경합관계에 있다(대법원 1987.2.24. 86도2731).

36 정답 ③

① (O) 대법원 2008.6.26. 2008도3014
② (O) 집회 및 시위에 관한 법률 제2조 제2호
③ (X) 헌법재판소는 「집회 및 시위에 관한 법률」 제2조 제2호의 '시위'의 개념에 대해 "다수인이 공동목적을 가지고 1) 도로, 광장, 공원 등 공중이 자유로이 통행할 수 있는 장소를 진행함으로써 불특정다수인의 의견에 영향을 주거나 제압을 가하는 행위와 2) 위력 또는 기세를 보여 불특정 다수인의 의견에 영향을 주거나 제압을 가하는 행위를 말한다고 풀이되므로, 위 2)의 경우에는 '공중이 자유로이 통행할 수 있는 장소'라는 **장소적 제한개념은 시위라는 개념의 요소라고 볼 수 없다.**"라고 판시한 바 있다(헌법재판소 1994.4.28. 91헌바14).
④ (O) 대법원 2008.6.26. 2008도3014 참고

37 정답 ①

① (X) 해산명령을 할 때에는 해산 사유가 「집회 및 시위에 관한 법률」 제20조 제1항 각 호 중 어느 사유에 해당하는지에 관하여 **구체적으로 고지하여야만 한다**(대법원 2012.2.9. 2011도7193).
② (O) 옥내집회는 「집회 및 시위에 관한 법률」상 사전신고 없이 개최할 수 있는 것이지만, 이 역시 다른 중요한 법익의 보호를 위하여 필요한 경우에는 그 자유가 제한될 수 있다. 따라서 타인이 관리하는 건조물에서 옥내집회를 개최하는 경우에도, 그것이 '폭행, 협박, 손괴, 방화 등으로 질서를 문란하게 하는 행위로 질서를 유지할 수 없는 집회'(집회 및 시위에 관한 법률 제20조 제1항 제5호, 제16조 제4항 제2호)에 해당하는 등 집회의 목적, 참가인원, 집회 방식, 행태 등으로 볼 때 타인의 법익 침해나 기타 공공의 안녕질서에 대하여 직접적이고 명백한 위험을 초래하는 때에는 해산명령의 대상이 된다고 보아야 한다(대법원 2013.7.25. 2010도14545).
③ (O) 대법원 2011.12.22. 2010도15797
④ (O) 대법원 2011.10.13. 2009도13846

38 정답 ②

② ㉠㉢㉣㉥ 4 항목이 보안관찰 해당범죄이다(보안관찰법 제2조).

○ 보안관찰 해당범죄

구 분	해당범죄	해당하지 않는 범죄
형법	• 내란목적살인죄 • 외환유치죄 · 여적죄 · 모병이적죄 • 시설제공 · 파괴이적죄 · 물건제공이적죄 • 간첩죄 및 그 미수범과 예비 · 음모 · 선전 · 선동죄	• 내란죄 • 일반이적죄 • 전시군수계약 불이행죄
군형법	• 반란죄 • 반란목적 군용물탈취죄 • 군대 및 군용시설제공죄 · 군용시설파괴죄 • 간첩죄 · 일반이적죄 · 이적목적반란불보고죄	• 단순반란불보고죄
국가 보안법	• 목적수행죄 • 금품수수죄 • (무기류) 편의제공죄 • 잠입 · 탈출죄 • 자진지원죄	• 찬양 · 고무죄 • 회합 · 통신죄 • 반국가단체 구성죄 • 특수직무유기죄 • 불고지죄 • 무고 · 날조죄

39 정답 ①

① (O) 출입국관리법 제14조의2 제1항
② (X) 지방출입국 · 외국인관서의 장은 선박등에 타고 있는 외국인이 「난민법」 제2조 제1호에 규정된 이유나 그 밖에 이에 준하는 이유로 그 생명 · 신체 또는 신체의 자유를 침해받을 공포가 있는 영역에서 도피하여 곧바로 대한민국에 비호를 신청하는 경우 그 외국인을 상륙시킬 만한 상당한 이유가 있다고 인정되면 **법무부장관의 승인**을 받아 90일의 범위에서 난민 임시상륙허가를 할 수 있다. 이 경우 **법무부장관은 외교부장관과 협의하여야 한다**(동법 제16조의2 제1항).
③ (X) 출입국관리공무원은 승선 중인 선박등이 대한민국의 출입국항에 정박하고 있는 동안 휴양 등의 목적으로 상륙하려는 외국인승무원에 대하여 선박등의 장 또는 운수업자나 본인이 신청하면 15일의 범위에서 승무원의 상륙을 허가할 수 있다(동법 제14조 제1항).
④ (X) 출입국관리공무원은 선박등에 타고 있는 외국인(승무원을 포함한다)이 질병이나 그 밖의 사고로 긴급히 상륙할 필요가 있다고 인정되면 그 선박등의 장이나 운수업자의 신청을 받아 30일의 범위에서 **긴급상륙**을 허가할 수 있다(동법 제15조 제1항). 재난상륙은 **조난을 당한 선박등**에 타고 있는 외국인(승무원을 포함한다)을 **긴급히 구조**할 필요가 있다고 인정될 때이다.

◐ 「출입국관리법」 '외국인 상륙'

	허가사유	기간
승무원상륙	1. 승선 중인 선박등이 대한민국의 출입국항에 정박하고 있는 동안 휴양 등의 목적으로 상륙하려는 외국인승무원 2. 대한민국의 출입구항에 입항할 예정이거나 정박 중인 선박등으로 옮겨 타려는 외국인 승무원	15일
관광상륙	관광을 목적으로 대한민국과 외국 해상을 국제적으로 순회하여 운항하는 여객운송선박 중 법무부령으로 정하는 선박에 승선한 외국인 승객에 대하여 그 선박의 장 또는 운수업자가 상륙허가를 신청할 때	3일
긴급상륙	선박 등에 타고 있는 외국인(승무원을 포함한다)이 질병이나 그 밖의 사고로 긴급히 상륙할 필요가 있다고 인정될 때	30일
재난상륙	조난을 당한 선박 등에 타고 있는 외국인(승무원을 포함한다) 긴급히 구조할 필요가 있다고 인정될 때	30일
난민임시상륙	선박등에 타고 있는 외국인이 「난민법」 제2조 제1호에 규정된 이유나 그 밖에 이에 준하는 이유로 그 생명·신체 또는 신체의 자유를 침해받을 공포가 있는 영역에서 도피하여 곧바로 대한민국에 비호를 신청하는 경우 ※ 외국인을 상륙시킬만한 상당한 이유가 있다고 인정되면 법무부장관의 승인을 받아 허가할 수 있으며, 법무부장관은 외교부장관과 협의하여야 한다.	90일

40 정답 ②

② (X) 전화금융사기 또는 범죄 금액 5억원 이상 경제범죄이다.

◐ 인터폴 적색수배 요청기준

장기 2년 이상 징역·금고에 해당하는 죄로 체포·구속영장 또는 형집행장이 발부된 자 중,
① 범죄단체 등 조직·가입·활동 (「형법」 제114조, 「폭처법」 제4조)
② 살인, 상해, 강도 등 강력범죄
③ 강간, 강제추행 등 성범죄
④ 마약류 제조, 수·출입, 유통행위 (단, 마약류를 단순 구매·소지·투약 제외)
⑤ 전화금융사기 또는 범죄 금액 5억 원 이상 경제범죄
⑥ 범죄금액 100억 원 이상 사이버도박 운영
⑦ 산업기술 유출 등 지식재산 범죄
⑧ 그 밖에 사안의 중대성 등을 고려, 인터폴 적색수배가 특별히 필요하다고 인정되는 자

08 실무종합 모의고사 8회

1	2	3	4	5	6	7	8	9	10
④	①	①	③	④	②	③	④	③	③
11	12	13	14	15	16	17	18	19	20
③	④	②	③	②	④	③	②	④	②
21	22	23	24	25	26	27	28	29	30
③	③	④	④	③	②	③	②	③	④
31	32	33	34	35	36	37	38	39	40
④	③	③	④	④	③	②	②	③	②

1 정답 ④

① (X) 사물관할에 대한 설명이다. 지역관할은 경찰권이 발동될 수 있는 지역적 범위를 말하며, 대한민국 영역 내에 모두 적용됨이 원칙이다.
② (X) 인적관할이란 광의의 경찰권이 발동될 수 있는 인적 범위를 말한다. 참고로 광의의 경찰권이란 협의의 경찰권과 수사권, 서비스가 합쳐진 것을 말한다.
③ (X) 재판장은 법정에서의 질서유지를 위해 필요하다고 인정할 때에는 개정 전후를 불문하고 관할 경찰서장에게 경찰공무원의 파견을 요구할 수 있으며, 파견된 경찰공무원은 법정 내외의 질서유지에 관하여 재판장의 지휘를 받는다(법원조직법 제60조).
④ (O) 옳은 설명이다.

2 정답 ①

① (X) 범죄피해자 보호를 직무로 규정하고 있다.
②③④ (O) 대법원 2001.4.24. 2000다57856

> 제2조(직무의 범위) 경찰관은 다음 각 호의 직무를 수행한다.
> 1. 국민의 생명·신체 및 재산의 보호
> 2. 범죄의 예방·진압 및 수사
> 2의2. 범죄피해자 보호
> 3. 경비·요인경호 및 대간첩·대테러 작전 수행
> 4. 공공안녕에 대한 위험의 예방과 대응을 위한 정보의 수집·작성 및 배포
> 5. 교통의 단속과 위해의 방지
> 6. 외국 정부기관 및 국제기구와의 국제협력
> 7. 그 밖에 공공의 안녕과 질서유지

3 정답 ①

㉠ (O) 국가경찰과 자치경찰의 조직 및 운영에 관한 법률 제16조 제1항
㉡ (O) 동법 제16조 제2항
㉢ (O) 동법 제16조 제3항·제4항
㉣ (O) 동법 제16조 제5항

4 정답 ③

① (O) 경찰청과 그 소속기관 직제 제43조 제1항
② (O) 경찰청과 그 소속기관 조직 및 정원관리 규칙 제10조 제3항
③ (X) 지구대·파출소 및 출장소의 명칭·위치 및 관할구역과 그 밖에 필요한 사항은 **시·도경찰청장**이 정한다(경찰청과 그 소속기관 직제 제43조 제3항).
④ (O) 경찰청과 그 소속기관 조직 및 정원관리 규칙 제10조 제5항

5 정답 ④

④ ㉠ 경정, ㉡ 총경, ㉢ 추천 연결이 옳다.
- 경찰청장은 법 제7조 제3항 전단에 따라 국가수사본부장에게 국가수사본부 안에서의 **경정** 이하에 대한 전보권을 위임한다(제4조 제2항).
- 경찰청장은 수사부서에서 **총경**을 보직하는 경우에는 국가수사본부장의 **추천**을 받아야 한다(제4조 제7항).

6 정답 ②

① (X) 「국가공무원법」 제71조 제1항 제1호(장기요양)의 휴직기간 만료로 퇴직한 경찰공무원을 퇴직한 날부터 3년(「공무원 재해보상법」에 따른 공무상 질병 또는 부상으로 인한 휴직의 경우에는 5년) 이내에 퇴직 시에 재직한 계급의 경찰공무원으로 재임용하는 경우에 "경력경쟁채용시험"으로 경찰공무원을 신규채용할 수 있다(경찰공무원법 제10조 제3항 제1호).
② (O) 경찰공무원 임용령 제8조
③ (X) 제주특별자치도의 자치경찰공무원(이하 자치경찰공무원"이라 한다)을 그 계급에 상응하는 경찰공무원으로 임용하는 경우에 **"경력경쟁채용시험"으로 신규채용할 수 있다**(경찰공무원법 제10조 제3항 제7호).
④ (X) 종전의 재직기관에서 **감봉** 이상의 징계처분을 받은 사람은 경력경쟁채용등의 대상이 될 수 없다(경찰공무원 임용령 제16조 제1항 제1호).

7 정답 ③

① (X) **총경** 이하의 경찰공무원에 대하여는 대통령령으로 정하는 바에 따라 계급별로 승진대상자 명부를 작성하여야 한다(경찰공무원법 제15조 제3항).
② (X) **경위** 이하의 경찰공무원으로서 모든 경찰공무원의 귀감이 되는 공을 세우고 전사하거나 순직한 사람에 대하여는 2계급 특별승진시킬 수 있다(동법 제19조 제1항).
③ (O) 동법 제15조 제2항
④ (X) 승진심사위원회는 승진대상자 명부의 선순위자(승진시험에 합격된 승진후보자는 제외한다) 순으로 승진시키려는 결원의 5배수의 범위에 있는 사람 중에서 승진후보자를 심사·선발한다(동법 제17조 제2항).

8 정답 ④

④ (O) 연결이 옳다(국가공무원법 제72조).
- 공무원이 국외 유학을 하게 된 때에 휴직을 원하면 임용권자는 휴직을 명할 수 있으며, 휴직 기간은 (㉠ 3)년 이내로 하되, 부득이한 경우에는 2년의 범위에서 연장할 수 있다.

- 공무원이 중앙인사관장기관의 장이 지정하는 연구기관이나 교육기관 등에서 연수하게 될 때에 휴직을 원하면 임용권자는 휴직을 명할 수 있으며, 휴직 기간은 (ⓒ 2)년 이내로 한다.
- 외국에서 근무·유학 또는 연수하게 되는 배우자를 동반하게 될 때에 휴직을 원하면 임용권자는 휴직을 명할 수 있으며, 휴직 기간은 (ⓒ 3)년 이내로 하되, 부득이한 경우에는 2년의 범위에서 연장 가능하다.
- 공무원이 조부모나 손자녀의 돌봄을 위하여 본인 외에 돌볼 사람이 없는 등 대통령령등으로 정하는 요건을 갖춘 경우에 휴직을 원하면 임용권자는 휴직을 명할 수 있으며, 휴직 기간은 (ⓔ 1)년 이내로 하되, 재직기간 중 총 3년을 넘을 수 없다.
- 대통령령 등으로 정하는 기간 동안 재직한 공무원이 직무 관련 연구과제 수행 또는 자기개발을 위하여 학습·연구 등을 하게 될 때에 해당하는 사유로 휴직을 원하면 휴직을 명할 수 있으며, 이에 따른 휴직 기간은 (ⓜ 1)년 이내로 한다.

9 정답 ③

① (X) 강등은 1계급 아래로 직급을 내리고 공무원 신분은 보유하나 **3개월간** 직무에 종사하지 못하며 그 기간 중 보수는 전액을 감한다(국가공무원법 제80조 제1항).
② (X) 정직은 1개월 이상 3개월 이하의 기간으로 하고, 정직 처분을 받은 자는 그 기간 중 공무원의 신분은 보유하나 직무에 종사하지 못하며 보수는 **전액을 감한다**(동법 제80조 제3항).
③ (O) 동법 제80조 제4항
④ (X) 견책 징계처분이 끝난 날부터 **6개월간**(금품 및 향응수수, 공금횡령·유용, 소극행정, 음주운전(측정거부 포함), 성폭력·성희롱 및 성매매에 따른 징계처분의 경우 6개월 더한 기간) 승진·승급제한을 받는다(경찰공무원 승진임용 규정 제6조 제1항).

10 정답 ③

① (X) 조리는 **불문법원**이다. 조례와 규칙이 성문법원의 일종이다.
② (X) 법규명령의 종류에는 **위임명령과 집행명령**이 있다.
③ (O) 헌법 제95조
④ (X) **조례**는 지방자치단체가 그 사무에 관하여 법령의 범위 내에서 지방 의회의 의결을 거쳐 제정한 성문법이며, **규칙**은 지방자치단체의 장이 법령 또는 조례의 범위에서 그 권한에 속하는 사무에 관하여 제정한 성문법이다(지방자치법 제28조 제1항, 제29조).

11 정답 ③

③ (X) 공무집행에 대한 항거의 제지는 분사기 등의 사용 요건에 해당하지 않는다(경찰관 직무집행법 제10조의3).

> 제10조의3(분사기 등의 사용) 경찰관은 다음 각 호의 직무를 수행하기 위하여 부득이한 경우에는 현장책임자가 판단하여 필요한 최소한의 범위에서 분사기(「총포·도검·화약류 등의 안전관리에 관한 법률」에 따른 분사기를 말하며, 그에 사용하는 최루 등의 작용제를 포함한다) 또는 최루탄을 사용할 수 있다.
> 1. 범인의 체포 또는 범인의 도주 방지
> 2. 불법집회·시위로 인한 자신이나 다른 사람의 생명·신체와 재산 및 공공시설 안전에 대한 현저한 위해의 발생 억제

12 정답 ④
- ① (O) 위해성 경찰장비의 사용기준 등에 관한 규정 제13조 제1항
- ② (O) 동규정 제13조 제2항
- ③ (O) 동규정 제13조 제3항
- ④ (X) 경찰관은 소요사태로 인해 타인의 법익이나 공공의 안녕질서에 대한 직접적인 위험이 명백하게 초래되는 경우와, 「통합방위법」 제21조 제4항에 따라 지정된 국가중요시설에 대한 직접적인 공격행위로 인해 해당 시설이 파괴되거나 기능이 정지되는 등 급박한 위험이 발생하는 경우 살수차 외의 경찰장비로는 그 위험을 제거·완화시키는 것이 현저히 곤란한 경우에는 시·도경찰청장의 명령에 따라 살수차를 배치·사용할 수 있다(동규정 제13조의2 제1항).

13 정답 ②
- ① (O) 경찰관직무집행법 제11조의3 제2항
- ② (X) 보상금심사위원회는 위원장 1명을 포함한 5명 이내의 위원으로 구성한다(동법 제11조의3 제3항).
- ③ (O) 동법 제11조의3 제4항, 동법 시행령 제19조 제1항
- ④ (O) 동법 시행령 제19조 제4항

14 정답 ③
- ①②④ 옳은 설명이다.
- ③ (X) 계층제는 조직의 경직화를 가져와 환경변화에 대한 조직의 신축적 대응을 어렵게 하고 새로운 지식·기술 등 도입이 곤란하다는 단점을 가진다.

15 정답 ②
- ①③④ 옳은 설명이다.
- ② (X) 품목별 예산제도는 통제지향적이다.

16 정답 ④
- ①② (O) 보안업무규정 제34조 제1항·제2항
- ③ (O) 보안업무규정 시행규칙 제54조 제1항 제3호
- ④ (X) 비밀발간실, 암호취급소는 통제구역에 해당한다(보안업무규정 시행 세부규칙 제60조 제1항).

17 정답 ③
- ① (O) 행정업무의 운영 및 혁신에 관한 규정 제3조 제1호
- ② (O) 동규정 제3조 제2호
- ③ (X) 공문서의 종류에는 법규문서, 지시문서, 공고문서, 비치문서, 민원문서, 일반문서가 있다(동규정 제4조). → 대내문서는 공문서에 해당하지 않는다.
- ④ (O) 동규정 제3조 제12호

18 정답 ②
- ㉠ (O) 부패방지 및 국민권익위원회의 설치와 운영에 관한 법률 제55조
- ㉡ (X) 공직자는 그 직무를 행함에 있어 다른 공직자가 부패행위를 한 사실을 알게 되었거나 부패행위를 강요 또는 제의받은 경우에는 지체 없이 이를 수사기관·감사원 또는 위원회에 신고하여야 한다(동법 제56조).

ⓒ (O) 동법 제58조
ⓔ (X) 18세 이상의 국민은 ~ (동법 제72조 제1항)

19 정답 ④

①② 옳은 설명이다.
③ (O) 맥그리거의 인간관 중 X이론은 인간을 게으르고, 부정직한 것으로 보아 권위적으로 관리해야 한다는 이론이고, Y이론은 인간이 책임감 있고, 정직하여 민주적인 관리를 해야 한다는 주장으로 Y이론에 의한 관리가 냉소주의를 극복하는 방안이 된다.
④ (X) 냉소주의의 극복 방안으로 **하의상달**의 의사전달 방법을 주로 활용하기, 중요 의사결정 때 부하의 의견을 청취하는 방법이 있다.

20 정답 ②

① (O) 경찰청 공무원 행동강령 제14조의2 제1항 제1호
② (X) **정상적인 관행을 벗어난 예우·의전의 요구가 금지된다**(동강령 제14조의2 제1항 제2호).
③④ (O) 동강령 제14조의2 제2항

21 정답 ③

① (O) 경찰청 적극행정 면책제도 운영규정 제2조 제2호
② (O) 동규정 제5조 제2항
③ (X) 면책신청권자는 감사(감찰) 대상자 본인 또는 감사(감찰) 대상자의 소속 **부서장**, 관서장이다. 따라서, '소속 부서장'도 가능하므로, '소속 관서장만이 가능하다'는 것이 틀린 표현이다(동규정 제10조 제1항·제2항).
④ (O) 동규정 제8조 제2항

22 정답 ③

① (X) Burgess & Akers의 **차별적 강화이론**은 청소년의 비행행위는 처벌이 없거나 칭찬받게 되면 반복적으로 저질러진다는 이론이다.
② (X) 청소년이 뷔이 영화 'ㅇㅇㅇ 습격사건'을 보고 "영화 속 주인공이 멋있다"며 닮고 싶다는 생각에 주인공의 행동을 그대로 따라 하다가 절도까지 저지르게 된 것은 **차별적 동일시이론**과 관련이 깊다.
③ (O) 옳은 내용이다.
④ (X) Hirschi는 범죄의 원인은 사회적인 유대가 약화되어 통제되지 않기 때문이라고 보고, 비행을 통제할 수 있는 사회적 결속 요소로 애착, 전념, 참여, **신념**(기회 X) 등을 제시하였다.

23 정답 ④

① (X) 112 순찰근무 및 야간 순찰근무, 경계근무는 반드시 2인 이상 합동으로 지정하여야 한다(지역경찰의 조직 및 운영에 관한 규칙 제25조, 제26조).
② (X) '방문민원 및 각종 신고사건의 접수 및 처리'는 **상황근무**에 관한 내용이다(동규칙 제24조).
③ (X) **대기근무**에 대한 설명이다(동규칙 제27조).
④ (O) 동규칙 제26조

24 정답 ③

① (O) 실종아동등의 보호 및 지원에 관한 법률 제9조 제1항
② (O) 동법 제9조 제2항
③ (X) 요청을 받은 자는 그 실종아동등의 동의 없이 개인위치정보등을 수집할 수 있으며, 실종아동등의 동의가 없음을 이유로 경찰관서의 장의 요청을 거부하여서는 아니 된다(동법 제9조 제3항).
④ (O) 동법 제9조 제4항

25 정답 ③

① (O) 유실물법 제9조
② (O) 동법 제2조 제1항, 동법 시행령 제7조 제2항
③ (X) 물건을 반환받는 자는 물건가액의 100분의 5 이상 100분의 20 이하의 범위에서 보상금을 습득자에게 지급하여야 한다(동법 제4조).
④ (O) 민법 제253조, 유실물법 제14조 · 제15조

26 정답 ②

① (X) 혼합성에 대한 설명이다. 결과지향성은 범죄첩보는 수사 후 현출되는 결과가 있어야 한다는 내용이다.
② (O) 수사첩보 수집 및 처리규칙 제9조 제1항, 제2항
③ (X) 평가 책임자는 제출된 수사첩보를 **비공개하여야** 한다. 다만 범죄예방 및 검거 등 수사목적상 수사첩보 내용을 공유할 필요가 있다고 인정할 경우 수사첩보분석시스템상에서 공유하게 할 수 있다(동규칙 제7조 제5항).
④ (X) 2개 이상의 시 · 도경찰청과 연관된 중요 사건 첩보 등 경찰청에서 처리해야 할 범죄첩보는 **특보**로 평가하며, 2개 이상 경찰서와 연관된 중요 사건 첩보 등 시 · 도경찰청 단위에서 처리해야 할 범죄첩보는 **중보**로 평가한다(동규칙 제11조 제1항 제1호 나목, 제2호).

> 제11조(평가) ① 범죄첩보의 평가결과 및 그 기준은 다음 각 호와 같다.
> 1. 특보 - 가. 전국단위 기획수사에 활용될 수 있는 첩보
>   나. 2개 이상의 시 · 도경찰청과 연관된 중요 사건 첩보 등 경찰청에서 처리해야 할 첩보
> 2. 중보 - 2개 이상 경찰서와 연관된 중요 사건 첩보 등 시 · 도경찰청 단위에서 처리해야 할 첩보
> 3. 통보 - 경찰서 단위에서 조사할 가치가 있는 첩보
> 4. 기록 - 조사할 정도는 아니나 추후 활용할 가치가 있는 첩보
> 5. 참고 - 단순히 수사업무에 참고가 될 뿐 사용가치가 적은 첩보

27 정답 ③

① (X) 현장관찰 순서는 현장 위치 파악 → 부근 상황 관찰 → 현장 외부 관찰 → 현장 내부 관찰 순서로 행한다.
② (X) 현장관찰 활동을 시간 순으로 기록하고 필요 시 영상 녹화하며, 물체의 크기나 거리는 실측하는 것이 원칙이고 부득이 실측할 수 없을 때는 목측임을 명백히 해둔다.
③ (O) 옳은 설명이다.
④ (X) 탐문은 많이 한다고 좋은 것이 아니다. 직접 체험하고 관찰한 자인지, 공정한 위치에 있는 자인지 등을 고려하여 탐문할 대상을 신중히 선정하여야 한다.

28 정답 ②

①③④ (O) 범죄수사규칙 제109조 제1항, 제2항
② (X) 중요장물수배서의 피해품에 대한 설명이다.

29 정답 ③

① (O) 피의자 유치 및 호송규칙 제66조 제1항
② (O) 동규칙 제68조 제2항
③ (X) 호송관은 호송근무를 할 때 분사기를 휴대하여야 한다. 호송관서의 장은 특별한 사유가 있는 경우 호송관이 총기를 휴대하도록 할 수 있다(동규칙 제70조).
④ (O) 동규칙 제53조

30 정답 ④

④ (X) ㉢ – 대통령

- (㉠ 행정안전부장관)은 대통령령으로 정하는 재난이 발생하거나 발생할 우려가 있는 경우 사람의 생명·신체 및 재산에 미치는 중대한 영향이나 피해를 줄이기 위하여 긴급한 조치가 필요하다고 인정하면 (㉡ 중앙위원회)의 심의를 거쳐 재난사태를 선포할 수 있다(재난 및 안전관리 기본법 제36조 제1항).
- (㉢ 중앙대책본부장)은 대통령령으로 정하는 규모의 재난이 발생하여 국가의 안녕 및 사회질서의 유지에 중대한 영향을 미치거나 피해를 효과적으로 수습하기 위하여 특별한 조치가 필요하다고 인정하거나 지역대책본부장의 요청이 타당하다고 인정하는 경우에는 (㉡ 중앙위원회)의 심의를 거쳐 해당 지역을 특별재난지역으로 선포할 것을 (㉣ 대통령)에게 건의할 수 있다. 선포를 건의받은 (㉣ 대통령)은 해당 지역을 특별재난지역으로 선포할 수 있다(동법 제60조 제1항·제2항).

31 정답 ④

① (O) 통합방위법 제21조 제4항
② (O) 동법 제21조 제2항
③ (O) 동법 제21조 제3항
④ (X) 국가중요시설의 관리자(소유자 포함)는 경비·보안 및 방호책임을 지며, 통합방위사태에 대비하여 자체방호계획을 수립해야 한다(동법 제21조 제1항).

32 정답 ③

③ (X) '행차 코스, 행사할 예정인 장소 등은 비공개되어야 하는 것이 좋다'는 것은 **목표물 보존의 원칙**과 관련이 있다.

▶ 경호의 4대 원칙

자기희생의 원칙	- 어떠한 희생을 치르더라도 피경호자의 신변의 안전이 보호·유지되어야 한다는 원칙 - 경호원은 피경호자가 위기가 처했을 때는 육탄방어의 정신으로 피경호자를 보호하여야 함
자기담당구역 책임의 원칙	- 경호원은 각자가 자기담당구역 내에서 일어나는 어떠한 사태에 대해서도 자신만이 책임을 지고 완벽하게 해결해야 한다는 원칙 - 자기담당구역이 아닌 타 지역상황은 결코 책임을 질 수도 없고 비록 인근 지역에 특별한 상황이 발생되었다고 해서 자기책임구역을 이탈해서는 안 됨
하나의 통제지점을 통한 접근의 원칙	- 피경호자와 접근할 수 있는 통로는 통제된 유일한 하나이어야 한다는 원칙 - 여러 개의 통로는 적에게 접근할 수 있는 기회를 부여하여 취약성을 증가시킴
목표물 보존의 원칙	- 피경호자를 암살하거나 위해를 가할 가능성이 있는 자들로부터 분리시켜야 한다는 원칙, 이를 보안의 원칙이라고도 한다. ㉠ 행차일시·장소·코스는 일반대중에게 알려지지 않아야 한다. ㉡ 동일한 시간과 장소에 대한 행차는 수시 변경시키는 것이 좋다. ㉢ 대중에게 노출된 도보행차는 가급적 제한되어야 한다.

33 정답 ③

㉠ (O) 대법원 2014.4.10. 2012도8374
㉡ (X) 연습운전면허를 받은 사람이 도로에서 주행연습을 하는 때에 운전면허를 받은 날부터 2년이 경과한 사람과 함께 타서 그의 지도를 받아야 한다고 규정하고 있는바, 연습운전면허를 받은 사람이 도로에서 주행연습을 함에 있어서 위와 같은 준수사항을 지키지 않았다면 **무면허운전에 해당하지 않는다**(대법원 2001.4.10. 2000도5540).
㉢ (O) 대법원 2008.1.31. 2007도9220
㉣ (O) 대법원 2002.7.23. 2001도6281
㉤ (O) 대법원 2023.6.29. 2021도17733

34 정답 ④

① (X) 행정처분 대상이 되는 범죄행위가 2개 이상의 죄에 해당하는 경우 실체적 경합관계에 있으면 각각의 범죄행위의 법정형 상한을 기준으로 행정처분을 한다.
② (X) 범죄행위가 예비·음모에 그치거나 과실로 인한 경우에는 행정처분을 하지 아니한다.
③ (X) 범죄행위가 미수에 그친 경우 위반행위에 대한 처분기준이 운전면허의 취소처분에 해당하면 해당 위반행위에 대한 처분벌점을 110점으로 한다.
④ (O) 옳은 설명이다.

35 정답 ④

①②③ 옳은 설명이다.
④ (X) '예상됨'은 첩보 등을 분석한 결과 단기적으로 어떤 상황이 전개될 것이 비교적 확실한 경우를 말한다. 지문은 '전망됨'에 대한 설명이다.

▶ **정보보고서 작성시 판단을 나타낼 때 사용하는 특수한 용어**

용어	사용례
판단됨	어떤 징후가 나타나거나 상황이 전개될 것이 거의 확실시되는 근거가 있는 경우
예상됨	첩보 등을 분석한 결과 단기적으로 어떤 상황이 전개될 것이 비교적 확실한 경우
전망됨	과거의 움직임이나 현재의 동향, 미래의 계획 등으로 미루어 장기적으로 활동의 윤곽이 어떠하리라는 예측을 할 경우
추정됨	구체적인 근거 없이 현재 나타난 동향의 원인·배경 등을 다소 막연히 추측할 때
우려됨	구체적인 징후는 없으나 전혀 그 가능성을 배제하기 곤란하여 최소한의 대비가 필요한 때

36 정답 ③

① (O) 집회 및 시위에 관한 법률 제3조 제1항·제2항
② (O) 동법 제3조 제3항
③ (X) 주최자의 보호요청을 관할 경찰관서장이 정당한 이유 없이 거절한 경우, 「집회 및 시위에 관한 법률」에 처벌규정은 없으나, 사안에 따라 「형법」상 직무유기죄의 죄책을 물을 수 있을 것이므로 보호요청을 받은 경찰관서장은 제반 상황을 신중히 검토하여 적절한 조치를 취하여야 한다.
④ (O) 「집회 및 시위에 관한 법률」 제22조(벌칙) 제1항

37 정답 ②

① (O) 대법원 2012.4.26. 2011도6294
② (X) 「집회 및 시위에 관한 법률」 제6조 제1항은 "옥외집회나 시위를 주최하려는 자는 그에 관한 다음 각 호의 사항 모두를 적은 신고서를 옥외집회나 시위를 시작하기 720시간 전부터 48시간 전에 관할 경찰서장에게 제출하여야 한다."라고 하여 집회·시위에 대해 **사전신고제를 규정**하고 있다.
③ (O) 집회가 성립하기 위한 최소한의 인원에 대해 종래 학계와 실무에서는 2인설과 3인설이 대립하고 있었으나, 대법원은 '2인이 모인 집회도 「집회 및 시위에 관한 법률」의 규제대상'이라고 판시하였다(대법원 2012.5.24. 2010도11381).
④ (O) 대법원 2001.10.9. 98다20929

38 정답 ②

㉠㉡㉢㉣㉤㉥ 5개 항목이 「경찰청과 그 소속기관 직제」에 의한 안보수사국장의 직무범위에 해당한다.

경찰청과 그 소속기관 직제 제22조(안보수사국)
③ 국장은 다음 사항을 분장한다.
1. 안보수사경찰업무에 관한 기획 및 교육
2. 보안관찰 및 경호안전대책 업무에 관한 사항
3. 북한이탈주민 신변보호
4. 국가안보와 국익에 반하는 범죄에 대한 수사의 지휘·감독
5. 안보범죄정보 및 보안정보의 수집·분석 및 관리
6. 국내외 유관기관과의 안보범죄정보 협력에 관한 사항
7. 남북교류와 관련되는 안보수사경찰업무
8. 국가안보와 국익에 반하는 중요 범죄에 대한 수사
9. 외사보안업무의 지도·조정
10. 공항 및 항만의 안보활동에 관한 계획 및 지도

39 정답 ③

① (X) 허가권을 보유한 경찰청장 또는 소속기관의 장은 경찰기관이 주관하는 **10명 이상**의 단체 공무국외출장의 경우 그 타당성을 심사하기 위해서 '공무국외출장 심사위원회'를 설치·운영하여야 한다(경찰청 공무국외출장 업무처리규칙 제6조 제1항 제2호).
② (X) 공무국외출장 심사위원회는 위원장이 소집하며, **재적위반 과반수**의 찬성으로 의결한다(동규칙 제7조 제1항).
③ (O) 동규칙 제8조(공무국외출장의 제한) 제1항 제1호
④ (X) 공무국외출장 시 그 직무와 관련하여 외국정부 또는 외국인사 및 단체로부터 미화 100달러 또는 10만원 가액 상당 이상의 선물을 받은 때에는 귀국 후 지체 없이 소속기관 **감사부서**에 신고하여야 한다(동규칙 제13조).

40 정답 ②

① (X) 여권법 제3조. 여권의 종류별 유효기간의 설정 등에 필요한 사항은 **대통령령**으로 정한다(동법 제5조 제2항).
② (O) 옳은 설명이다(여권법 제5조 제1항).
③ (X) 다만, 17세 미만인 외국인의 경우에는 그러하지 아니하다(출입국관리법 제27조 제1항).
④ (X) 여권등의 휴대 또는 제시 의무를 위반한 사람은 100만원 이하의 벌금에 처한다(출입국관리법 제98조 제1호).

해설 09 실무종합 모의고사 9회

1	2	3	4	5	6	7	8	9	10
③	①	③	③	④	③	④	①	④	③
11	12	13	14	15	16	17	18	19	20
③	③	④	④	①	①	②	②	④	①
21	22	23	24	25	26	27	28	29	30
③	②	④	④	③	①	①	④	③	③
31	32	33	34	35	36	37	38	39	40
④	①	③	①	③	④	③	④	④	③

1 정답 ③

① (X) 실질적 의미의 경찰개념은 **일반통치권**에 근거하여 국민에게 명령·강제하는 권력적 작용이다.
② (X) **소극적 목적**을 위한 작용으로 독일의 크로이츠베르그(Kreuzberg) 판결에서 '경찰의 임무'를 위험방지에 한정한 것과 관련된다.

> 1882년 독일의 프로이센 고등행정법원이 베를린의 Kreuzberg 언덕에 있는 전승기념비 조망을 확보하기 위해 주변 토지에 대한 건축물의 높이를 제한한 베를린 경찰청장의 명령에 대하여 그러한 명령은 심미적 이유로 내려진 것으로 복지 증진을 목적으로 하는 것이므로 무효라고 함으로써 경찰의 임무는 위험방지에 한정된다고 하는 사상이 법해석상 확정되는 계기를 만든 판결로 유명하다.

③ (O) 옳은 설명이다.
④ (X) 봉사경찰과 같은 **비권력적 작용**은 실질적 의미의 경찰개념이 아니다.

2 정답 ①

① (X) 연혁적으로 **영미법계** 국가에서는 범죄수사를 경찰의 임무로 당연히 인정하고 있다.
②③④ 옳은 설명이다.

3 정답 ③

ⓒⓓ (O) 국가경찰과 자치경찰의 조직 및 운영에 관한 법률 제7조 제2항
㉠ (X) 국가경찰행정에 관하여 제10조 제1항 각 호의 사항을 심의·의결하기 위하여 **행정안전부**에 국가경찰위원회를 둔다(동법 제7조 제1항).
㉣ (X) 위원의 임기는 3년으로 하며, 연임할 수 없다. 이 경우 보궐위원의 임기는 전임자 임기의 남은 기간으로 한다(동법 제9조 제1항).

4 정답 ③

① (O) 직무대리규정 제2조 제1호 제1항, 제11조
② (O) 경찰청 직무대리 운영규칙 제10조 제1항, 제11조
③ (X) 직무대리를 지정할 때에는 직무대리 명령서를 직무대리자에게 발급하여야 함이 원칙이나, 사고 기간이 15일 이하인 경우에는 직무대리 명령서의 발급을 생략할 수 있다(동규칙 제10조 제2항·제3항).
④ (O) 동규칙 제10조 제5항

5 정답 ④

① (X) 수사경과 유효기간은 수사경과를 부여일 또는 갱신일로부터 5년으로 한다(수사경찰 인사운영규칙 제14조 제1항).
② (X) 수사업무 능력·의욕이 현저하게 부족한 경우에는 수사경과를 해제할 수 있다(동규칙 제15조 제2항 제3호).
③ (X) 5년간 연속으로 수사경찰 근무부서 외의 부서에서 근무하는 경우 수사경과를 해제하여야 한다(동규칙 제15조 제1항 제2호).
④ (O) 동규칙 제15조 제2항 제2호

6 정답 ③

① (X) 처분이 있은 날부터 5년의 범위에서 대통령령으로 정하는 기간 동안 신규채용시험, 승진시험 또는 그 밖의 시험의 응시자격을 정지한다(경찰공무원법 제11조 제2항).
② (X) 경찰공무원은 임용장이나 임용통지서에 적힌 날짜에 임용된 것으로 보며, 사망으로 인한 면직은 사망한 다음 날에 면직된 것으로 본다(경찰공무원 임용령 제5조 제1항·제2항).
③ (O) 동임용령 제18조의2 제1항 제2호·제3호
④ (X) 당연무효인 임용결격자에 대한 임용행위에 의하여 공무원의 신분을 취득할 수는 없으므로, 임용결격자가 공무원으로 임용되어 사실상 근무하여 왔다고 하더라도 **적법한 공무원으로서의 신분을 취득하지 못한 자로서는** 공무원연금법 소정의 퇴직급여 등을 청구할 수 없으며, 나아가 임용결격사유가 소멸된 후에 계속 근무하여 왔다고 하더라도 그때부터 무효인 임용행위가 유효로 되어 적법한 공무원의 신분을 회복하고 퇴직급여 등을 청구할 수 있다고 볼 수는 없다(대법원 1996.2.27. 95누9617).

7 정답 ④

① (X) 경찰청장 또는 해양경찰청장(제7조 제3항 및 제4항에 따라 임용권을 위임받은 자를 포함한다)은 신규채용시험에 합격한 사람(경찰대학을 졸업한 사람과 경위공개경쟁채용시험합격자를 포함한다)을 대통령령으로 정하는 바에 따라 성적 순위에 따라 채용후보자 명부에 등재하여야 한다(경찰공무원법 제12조 제1항).
② (X) 채용후보자 명부의 유효기간은 2년의 범위에서 대통령령으로 정한다. 다만, 경찰청장 또는 해양경찰청장은 필요에 따라 1년의 범위에서 그 기간을 연장할 수 있다(동법 제12조 제3항).
③ (X) 채용후보자로서 질병 등 교육훈련을 계속할 수 없는 불가피한 사정으로 인한 퇴학처분은 **자격상실 예외사유이다**(경찰공무원 임용령 제19조).

> 제19조(채용후보자의 자격상실) 채용후보자가 다음 각 호의 어느 하나에 해당하는 경우에는 채용후보자로서의 자격을 상실한다.
> 1. 채용후보자가 임용 또는 임용제청에 응하지 아니한 경우
> 2. 채용후보자로서 받아야 할 교육훈련에 응하지 아니한 경우
> 3. 채용후보자로서 받은 교육훈련성적이 수료점수에 미달되는 경우
> 4. 채용후보자로서 교육훈련을 받는 중에 퇴학처분을 받은 경우. 다만, 질병 등 교육훈련을 계속할 수 없는 불가피한 사정으로 퇴학처분을 받은 경우는 제외한다.

④ (O) 경찰공무원법 제12조 제5항

8 정답 ①

① (X) ㉠- 3년, ㉡ -2년, ㉢ -1년이다(경찰공무원 승진임용규정 제5조 제1항).

> ② 휴직 기간, 직위해제 기간, 징계처분 기간 및 제6조 제1항 제2호에 따른 승진임용 제한기간은 제1항의 기간에 포함하지 않는다. 다만, 다음 각 호의 기간은 제1항의 기간에 포함한다.
> 1. 「국가공무원법」 제71조에 따른 휴직 기간 중 다음 각 목의 기간
>   가. 「공무원 재해보상법」에 따른 공무상 질병 또는 부상으로 인하여 「국가공무원법」 제71조 제1항 제1호에 따라 휴직한 경우에 그 휴직 기간
> 2. 다음 각 목의 어느 하나에 해당하는 경우에 그 직위해제 기간
>   가. 「국가공무원법」 제73조의3 제1항 제3호에 따라 직위해제처분을 받은 사람에 대한 징계 의결 요구에 대하여 관할 징계위원회가 징계하지 아니하기로 의결한 경우와 해당 직위해제처분의 사유가 된 징계처분이 소청심사위원회의 결정 또는 법원의 판결에 따라 무효 또는 취소로 확정된 경우
> ⑥ 「국가공무원법」 제26조의2 및 「공무원임용령」 제57조의3에 따라 통상적인 근무시간보다 짧은 시간을 근무하는 경찰공무원(이하 "시간선택제전환경찰공무원"이라 한다)의 근무기간은 다음 각 호의 기준에 따라 제1항의 기간에 포함한다.
> 1. 해당 계급에서 시간선택제전환경찰공무원으로 근무한 1년 이하의 기간은 그 기간 전부
> 2. 해당 계급에서 시간선택제전환경찰공무원으로 근무한 1년을 넘는 기간은 근무시간에 비례한 기간
> 3. 해당 계급에서 「국가공무원법」 제71조 제2항 제4호의 사유로 인한 휴직을 대신하여 시간선택제전환경찰공무 원으로 지정되어 근무한 기간은 둘째 자녀부터 각각 3년의 범위에서 그 기간 전부
> ⑦ 강등되었던 사람이 강등되기 직전의 계급으로 승진한 경우 강등되기 직전의 계급에서 재직한 기간은 제1항의 기간에 포함한다.
> ⑧ 강등된 경우 강등되기 직전의 계급에서 재직한 기간은 제1항의 기간에 포함한다.

②③④ (O) 동규정 제5조 참고

9 정답 ④

① (X) 징계권자는 경찰관에 대하여 징계요구를 하였다가 이를 철회하고 다시 징계요구를 할 수 있다(대법원 1980.5.13. 79누388).
② (X) 「경찰공무원 징계령」상 징계위원회는 징계등 사건을 의결할 때에는 징계등 심의 대상자의 비위행위 당시 계급 및 직위, 비위행위가 공직 내외에 미치는 영향, 평소 행실, 공적(功績), 뉘우치는 정도나 그 밖의 정상과 징계등 의결을 요구한 자의 의견을 고려해야 한다(동징계령 제16조).
③ (X) 감사원과 검찰·경찰, 그 밖의 수사기관은 조사나 수사를 시작한 때와 이를 마친 때에는 10일 내에 소속 기관의 장에게 그 사실을 통보하여야 한다(국가공무원법 제83조 제3항). 검찰·경찰, 그 밖의 수사기관에서 수사 중인 사건에 대하여는 제3항에 따른 수사개시 통보를 받은 날부터 징계의결의 요구나 그 밖의 징계 절차를 진행하지 아니할 수 있다(동조 제2항). 감사원에서 조사 중인 사건에 대하여는 제3항에 따른 조사개시 통보를 받은 날부터 징계의결의 요구나 그 밖의 징계 절차를 진행하지 못한다(동조 제1항).
④ (O) 대법원 1992.7.14. 92누2912

10 정답 ③

① (X) 이행강제금은 간접적 이행확보수단에 해당한다.
② (X) 즉시강제는 직접적 이행확보수단에 해당한다.
③ (O) 옳은 설명이다.
④ (X) 새로운 의무이행 확보수단(취업제한, 관허사업의 제한, 국외여행의 제한, 과징금, 위반사실 등의 공표)은 모두 간접적 의무이행 확보수단에 속한다.

11 정답 ③

㉣ (X) 미아, 병자, 부상자 등으로서 적당한 보호자가 없으며 응급구호가 필요하다고 인정되는 사람 중 본인이 구호를 거절하는 경우는 제외한다(경찰관 직무집행법 제4조 제1항 제3호).

> **경찰관 직무집행법 제4조(보호조치 등)** ① 경찰관은 수상한 행동이나 그 밖의 주위 사정을 합리적으로 판단해 볼 때 다음 각 호의 어느 하나에 해당하는 것이 명백하고 응급구호가 필요하다고 믿을 만한 상당한 이유가 있는 사람(이하 "구호대상자"라 한다)을 발견하였을 때에는 보건의료기관이나 공공구호기관에 긴급구호를 요청하거나 경찰관서에 보호하는 등 적절한 조치를 할 수 있다.
> 1. 정신착란을 일으키거나 술에 취하여 자신 또는 다른 사람의 생명·신체·재산에 위해를 끼칠 우려가 있는 사람
> 2. 자살을 시도하는 사람
> 3. 미아, 병자, 부상자 등으로서 적당한 보호자가 없으며 응급구호가 필요하다고 인정되는 사람. 다만, 본인이 구호를 거절하는 경우는 제외한다.

12 정답 ③

① (X) 소속 경찰공무원의 직무집행으로 인하여 발생한 손실보상청구 사건을 심의하기 위하여 경찰청, 해양경찰청, 시·도경찰청 및 지방해양경찰청(경찰서 및 해양경찰서X)에 손실보상심의위원회를 설치한다(경찰관직무집행법 시행령 제11조 제1항).
② (X) 위원회는 위원장 1명을 포함한 5명 이상 7명 이하의 위원으로 구성한다(동법 시행령 제11조 제2항, 제12조 제1항).
③ (O) 동법 시행령 제13조 제2항
④ (X) 위촉위원 임기는 2년으로 한다(동법 시행령 제13조 제4항).

13 정답 ④

① (X) 경찰청장과 해양경찰청장은 경찰관이 제2조 각 호에 따른 직무의 수행으로 인하여 민·형사상 책임과 관련된 소송을 수행할 경우 변호인 선임 등 소송 수행에 필요한 지원을 할 수 있다(경찰관 직무집행법 제11조의4).
② (X) 법률에서 정한 절차에 따라 체포·구속된 사람 또는 신체의 자유를 제한하는 판결이나 처분을 받은 사람을 수용하기 위하여 **경찰서**(시·도경찰청 X)와 **해양경찰서**에 유치장을 둔다(동법 제9조).
③ (X) 살수차, 제10조의3에 따른 분사기, 최루탄 또는 제10조의4에 따른 무기를 사용하는 경우 그 **책임자**는 사용 일시·장소·대상, 현장책임자, 종류, 수량 등을 기록하여 보관하여야 한다(동법 제11조).
④ (O) 동법 제12조

14 정답 ④

㉠ (X) 1909년 미국의 시카고시에서 처음 실시된 건 **직위분류제**이다. 계급제는 관료제 전통이 강한 영국, 독일, 프랑스, 일본 등에서 시행하였다.

㉡㉢㉣ (O) 옳은 설명이다.

㉤ (X) 우리나라의 공직분류체계는 계급제적 요소에 직위분류제적 요소를 가미한 혼합적 형태이다.

15 정답 ①

① (O) 경찰장비관리규칙 제88조 제2항

② (X) 책임자는 1차 운전자, 2차 선임탑승자(사용자), 3차 경찰기관의 장으로 한다(동규칙 제98조 제3항).

③ (X) 의경 신임운전요원은 4주 이상 운전교육을 실시한 후에 운행하도록 하여야 한다(동규칙 제102조 제2항).

④ (X) 차량교체를 위한 불용 대상차량은 부속기관 및 시·도경찰청에 배정되는 수량의 범위 내에서 내용연수 경과 여부 등 **차량사용기간**을 최우선적으로 고려하여 선정하여야 한다(동규칙 제94조).

16 정답 ①

① (X) **경찰청장과 시·도경찰청장**은 Ⅱ급 및 Ⅲ급비밀 취급 인가권자이다(보안업무규정 시행 세부규칙 제11조 제1항).

② (O) 동규정 시행 세부규칙 제11조 제2항

③ (O) 동규정 시행 세부규칙 제11조 제3항

④ (O) 동규정 시행 세부규칙 제15조 제2항

17 정답 ②

㉠ (O) 언론중재 및 피해구제 등에 관한 법률 제18조 제1항

㉡ (X) 조정은 신청 접수일부터 14일 이내에 하여야 하며, 중재부의 장은 조정신청을 접수하였을 때에는 지체 없이 조정기일을 정하여 당사자에게 출석을 요구하여야 한다(동법 제19조 제2항).

㉢ (X) 출석요구를 받은 **신청인**이 2회에 걸쳐 출석하지 아니한 경우에는 **조정신청을 취하**한 것으로 보며, **피신청 언론사등**이 2회에 걸쳐 출석하지 아니한 경우에는 조정신청 취지에 따라 **정정보도등을 이행**하기로 합의한 것으로 본다(동법 제19조 제3항).

㉣ (O) 동법 제19조 제5항

18 정답 ②

① (X) 2년 이내에 본인의 의사에 반하여 전보하여서는 아니 된다(경찰감찰규칙 제7조 제1항).

> ① 경찰기관의 장 감찰관이 제5조에 따른 결격사유에 해당되는 것으로 밝혀졌을 경우와 다음 각 호의 어느 하나에 해당하는 경우를 제외하고는 2년 이내에 본인의 의사에 반하여 전보하여서는 아니 된다. 다만, 승진 등 인사관리상 필요한 경우에는 그러하지 아니하다.
> 1. 징계사유가 있는 경우
> 2. 형사사건에 계류된 경우
> 3. 질병 등으로 감찰업무를 수행할 수 없거나 직무수행 능력이 현저히 부족하다고 판단되는 경우
> 4. 고압·권위적인 감찰활동을 반복하여 물의를 야기한 경우

② (O) 동규칙 제7조 제2항
③ (X) 민원을 접수하였을 때에는 접수일로부터 2개월 내, 다른경찰기관 또는 검찰, 감사원으로부터 통보받은 경우 통보받은 날로부터 1개월 이내에 신속히 처리하여야 한다(동규칙 제35조 제1항, 제36조 제1항).
④ (X) 감찰관은 검찰·경찰, 그 밖의 수사기관으로부터 수사개시 통보를 받은 경우에는 징계의결요구권자의 결재를 받아 해당 기관으로부터 수사결과의 통보를 받을 때까지 감찰조사, 징계의결요구 등의 절차를 진행하지 아니할 수 있다(동규칙 제36조 제2항).

19 정답 ④
①②③ 옳은 설명이다.
④ (X) '범죄와 싸우는 경찰모델'의 장점이다. 범죄와 싸우는 경찰모델은 대중매체나 언론매체 등을 통하여 범죄를 추격 검거하는 경찰의 이미지가 크게 작용한 모델로서 경찰은 범죄와 싸우는 자로 경찰역할을 명확히 인식시켜 경찰의 전문직화에 기여한다.

20 정답 ①
① (O) 부정청탁 및 금품등 수수의 금지에 관한 법률 제8조 제3항 제4호
② (X) 누구든지 이 법의 위반행위가 발생하였거나 발생하고 있다는 사실을 알게 된 경우에는 다음 각 호의 어느 하나에 해당하는 기관에 신고할 수 있다(동법 제13조 제1항).
③ (X) 청탁금지법 제5조 제2항에서는 부정청탁의 예외사유 7가지를 규정하고 있다. 이중 3호의 "선출직 공직자, 정당, 시민단체 등이 공익적인 목적으로 제3자의 고충민원을 전달"하는 행위는 반드시 공익적인 목적인 경우에만 예외사유로 인정될 수 있다.
④ (X) 공직자등은 부정청탁을 받았을 때에는 부정청탁을 한 자에게 부정청탁임을 알리고 이를 거절하는 의사를 명확히 표시하여야 한다(동법 제7조 제1항).

21 정답 ③
① (O) 적극행정 운영규정 제18조의3 제3항
② (O) 경찰청 적극행정 면책제도 운영규정 제2조 제1호
③ (X) '적극행정'이란, 공무원이 불합리한 규제를 개선하는 등 공공의 이익을 위해 창의성과 전문성을 바탕으로 적극적으로 업무를 처리하는 행위를 말한다(적극행정 운영규정 제2조 제1호).
④ (O) 적극행정 운영규정 제2조 제2호

22 정답 ②
② (X) 부모에게 살해된 패륜아는 가해자보다 더 책임이 있는 피해자에 해당한다.
①③④ (O) 가해자와 같은 정도의 책임이 있는 피해자에 해당한다.

23 정답 ④
① (O) 성매매알선 등 행위의 처벌에 관한 법률 제2조 제1항 제1호
② (O) 대법원 2016.2.18. 2015도1185
③ (O) 성매매알선 등 행위의 처벌에 관한 법률 제2조 제1항 제2호
④ (X) 성매매업소 업주 A가 성매매를 알선하고, 손님이 성매매 여성과 만났으나 마음에 들지 않는다며 거절하여 성교에 이르지 못하였다 하더라도 '알선'행위의 기수로 볼 수 있다(대법원 2005.2.17. 2004도8808).

24 정답 ④

㉠㉡㉢㉣㉤ 모두 미수범 처벌규정이 있다.

25 정답 ③

① (X) 지방법원, 지원 또는 시·군법원의 판사는 즉결심판절차에 의하여 피고인에게 20만 원 이하의 벌금, 구류 또는 과료에 처할 수 있다(즉결심판에 관한 절차법 제2조).
② (X) 정식재판을 청구하고자 하는 피고인은 즉결심판의 선고·고지를 받은 날부터 7일 이내에 정식재판청구서를 경찰서장에게 제출하여야 한다(동법 제14조 제1항).
③ (O) 동법 제14조 제2항
④ (X) 즉결심판절차에 의한 심리와 재판의 선고는 **공개된 법정**(비공개 X)에서 행하되, 그 법정은 경찰관서 외의 장소에 설치되어야 한다(동법 제7조 제1항).

26 정답 ①

① (X) 사법경찰관은 고소 또는 고발을 받은 경우에는 이를 수리해야 하며, 고소 또는 고발에 따라 범죄를 수사하는 경우에는 고소 또는 고발을 수리한 날부터 3개월 이내에 수사를 마쳐야 한다(수사준칙 제16조의2).
② (O) 범죄수사규칙 제50조 제1항
③ (O) 경찰수사규칙 제108조 제1항 제4호 다목
④ (O) 범죄수사규칙 제50조 제2항

27 정답 ①

① (X) 경찰서장은 제3조 제1항 각 호에 해당하는 범죄의 신고를 받았거나 또는 인지하였을 때에는 지체없이 제2조 제3호의 "수법·수배·피해통보 전산자료 입력코드번호부"에 수록된 내용에 따라 경찰시스템을 활용하여 피해통보표를 전산입력하여 경찰청장에게 전산송부하여야 한다. 다만 당해 범죄의 피의자가 즉시 검거되었거나 피의자의 성명·생년월일·소재 등 정확한 신원이 판명된 경우에는 그러하지 아니한다(범죄수법공조자료관리규칙 제7조 제1항).
② (O) 동규칙 제7조 제2항
③ (O) 동규칙 제8조 제3항
④ (O) 동규칙 제10조

28 정답 ④

①②③ (O) 옳은 설명이다.
④ (X) 말발굽 모양의 제상선으로 형성되고 융선이 흐르는 반대측에 **삼각도가 1개** 있는 지문을 제상문(蹄狀紋)이라고 한다.

29 정답 ③

①②④ (O) 옳은 설명이다.
③ (X) 총알입구와 사창관만 있고 탄환이 체내에 남아있을 경우는 **맹관총창**이다. 반도총창은 탄환의 속도가 떨어져 피부를 뚫지 못하고 피부까짐이나 피부밑 출혈만 형성하였을 경우를 말한다.

30 정답 ③

- ㉠ (X) 이 경우 특별자치시장·특별자치도지사·시장·군수·구청장은 신고받은 재해대처계획을 관할 소방서장에게 통보하여야 한다(공연법 제11조 제1항 후단).
- ㉡ (O) 동법 제43조 제1항 제1호
- ㉢ (O) 동법 시행령 제9조 제2항
- ㉣ (O) 동법 시행령 제9조 제3항 전단
- ㉤ (X) 신고한 사항을 변경하려는 경우에는 해당 공연 7일 전까지 변경신고를 하여야 한다(동법 시행령 제9조 제3항).

31 정답 ④

- ① (O) 테러취약시설 안전활동에 관한 규칙 제16조, 별표2
- ② (O) 동규칙 제27조 제1항
- ③ (O) 동규칙 제27조 제1항
- ④ (X) 테러취약시설 심의위원회는 위기관리센터에 비상설로 두며, 위원장은 **경찰청 경비국장**이다(동규칙 제14조 제1항 제1호).

> **테러취약시설 안전활동에 관한 규칙 제27조(대테러 훈련 방법)**
> ① 경찰서장은 관할 테러취약시설 중 선정하여 분기 1회 이상 대테러 훈련(FTX)을 실시해야 한다. 이 경우 연 1회 이상은 관계기관 합동으로 실시한다.
> ② 시·도경찰청장은 반기 1회 이상 권역별로 대테러 훈련을 실시하여야 한다.

32 정답 ①

- ① (O) 대법원 2012.4.12. 2011도9821
- ② (X) 교차로 직전의 횡단보도에 따로 차량보조등이 설치되어 있지 아니한 경우, 교차로 차량신호등이 적색이고 횡단보도 보행등이 녹색인 상태에서 횡단보도를 지나 우회전하다가 사람을 다치게 한 경우「교통사고처리 특례법」상 특례조항인 **신호위반**에 해당한다(대법원 2011.7.28. 2009도8222).
- ③ (X) 통고처분을 받게 된 범칙행위와「교통사고처리 특례법」제3조 제1항 위반죄는 그 행위의 성격 및 내용이나 죄질, 피해법익 등에 현저한 차이가 있어 동일성이 인정되지 않는 별개의 범죄행위라고 보아야 할 것이므로, 통고처분을 받아 범칙금을 납부하였다고 하더라도 업무상과실치상죄로 처벌하는 것이 이중처벌에 해당한다고 볼 수 없다(대법원 2007.4.12. 2006도4322).
- ④ (X) 특정범죄가중처벌등에관한법률위반(도주차량)에 해당된다(대법원 2004.3.12 2004도250).

33 정답 ③

③ 주의표지에 대한 설명이다(도로교통법 시행규칙 제8조 제1항 제1호). 〈각Ⅱ 45p〉

◉ 안전표지의 종류(도로교통법 시행규칙 제8조 제1항)

구 분	내 용
주의표지	도로상태가 위험하거나 도로 또는 그 부근에 위험물이 있는 경우에 필요한 안전조치를 할 수 있도록 이를 도로사용자에게 알리는 표지
규제표지	도로교통의 안전을 위하여 각종 제한·금지 등의 규제를 하는 경우에 이를 도로사용자에게 알리는 표지

지시표지	도로의 통행방법·통행구분 등 도로교통의 안전을 위하여 필요한 지시를 하는 경우에 도로사용자가 이에 따르도록 알리는 표지
보조표지	주의표지·규제표지 또는 지시표지의 주기능을 보충하여 도로사용자에게 알리는 표지
노면표시	도로교통의 안전을 위하여 각종 주의·규제·지시 등의 내용을 노면에 기호·문자 또는 선으로 도로사용자에게 알리는 표지

34 정답 ①

① (X) 혈중알콜농도가 0.1퍼센트를 초과하여 운전한 경우이다.
②③④ 모두 옳은 지문이다.

◐ 음주운전으로 운전면허 취소처분 또는 정지처분을 받은 경우 감경 등(도로교통법 시행규칙 별표 28(바))

감경사유	① 운전이 가족의 생계를 유지할 중요한 수단이 되는 경우 ② 모범운전자로서 처분당시 3년 이상 교통봉사활동에 종사하고 있는 경우 ③ 교통사고를 일으키고 도주한 운전자를 검거하여 경찰서장 이상의 표창을 받은 사람
감경 제외사유	① 혈중알코올농도가 0.1퍼센트를 초과하여 운전한 경우 ② 음주운전 중 인적피해 교통사고를 일으킨 경우 ③ 경찰관의 음주측정요구에 불응하거나 도주한 때 또는 단속경찰관을 폭행한 경우 ④ 과거 5년 이내에 3회 이상의 인적피해 교통사고의 전력이 있는 경우 ⑤ 과거 5년 이내에 음주운전의 전력이 있는 경우

35 정답 ③

㉠ (X) 사용수준(성질)에 따른 분류는 전략정보(국가정보), 전술정보(부문정보)이다.
㉡ (X) 사용목적에 의한 분류는 적극정보, 소극(보안)정보이다.
㉢㉣㉤ 옳은 연결이다.

◐ 정보의 분류

사용수준에 따른 분류	전략정보(국가정보), 전술정보(부문정보)
사용목적에 따른 분류	적극정보, 소극(보안)정보
정보출처에 따른 분류	근본·부차적 출처, 정기·우연출처, 비밀·공개출처
정보요소에 따른 분류	정치·경제·사회·군사·과학
분석형태에 따른 분류	기본정보, 현용정보, 판단정보
수집활동에 따른 분류	인간정보, 기술정보

36 정답 ④

① (X) 비록 '열린음악회' 명칭으로 집회가 진행되었고, 참가자들의 노래자랑 행사 성격이 포함되었다고 하더라도, 당시 제반 정황에 비추어 볼 때 순수한 의미의 음악회 행사였다고 보기 어렵고, 음악회라는 형식을 빌려 미군의 환경파괴행위를 규탄하는 주장을 전달하고자 개최된 집회였다고 봄이 상당하므로 일몰 후의 옥외집회가 허용되는 예술, 친목, 오락에 관한 집회에 해당하지 않는다(대법원 2005.5.12. 2005도1543).

② (X) 대법원은 특정 인터넷카페 회원 10여 명과 함께 불특정 다수의 시민들이 지나는 명동 한복판에서 퍼포먼스(Performance) 형태의 플래시몹(flash mob) 방식으로 노조설립신고를 노동부가 반려한 데 대한 규탄 모임을 진행함으로써「집회 및 시위에 관한 법률」상 미신고 옥외집회를 개최하였다는 내용으로 기소된 사안에서, 위 모임의 주된 목적, 일시, 장소, 방법, 참여인원, 참여자의 행위 태양, 진행 내용 및 소요시간 등 제반 사정에 비추어 볼 때「집회 및 시위에 관한 법률」제15조에 의하여 신고의무의 적용이 배제되는 오락 또는 예술 등에 관한 집회라고 볼 수 없고, 그 실질에 있어서 정부의 청년실업 문제 정책을 규탄하는 등 주장하고자 하는 정치·사회적 구호를 대외적으로 널리 알리려는 의도하에 개최된「집회 및 시위에 관한 법률」제2조 제1호의 옥외집회에 해당하여「집회 및 시위에 관한 법률」제6조 제1항에서 정한 사전신고의 대상이 된다고 판시하였다(대법원 2013.3.28. 2011도2393).

③ (X) "이미 신고한 행진 경로를 따라 행진로인 하위 1개 차로에서 2회에 걸쳐 약 15분 동안 연좌하였다는 사실 외에 이미 신고한 집회방법의 범위를 벗어난 사항은 없고, 약 3시간 30분 동안 이루어진 집회시간 동안 연좌시간도 약 15분에 불과한 사안에 대하여 옥외집회 등 주최행위가 신고한 범위를 뚜렷이 벗어나는 경우에 해당하지 아니한다."고 판시하였다(대법원 2010.3.11. 2009도10425).

④ (O) 대법원 2009.7.23. 2009도840

37 정답 ③

㉠㉢ 2 항목이 소극적 방첩수단에 해당한다.

● 방첩의 수단

적극적 수단	– 침투되어 있는 적 및 적의 공작망을 분쇄하기 위하여 취하는 공격적인 수단 – 첩보수집, 첩보공작 분석, 대상인물 감시, 침투공작, 역용공작, 간첩신문 등
소극적 수단	– 우리 측을 보호하기 위해 자체 보안기능을 작동하는 방어적 조치수단 – 정보 및 자재보안의 확립, 인원 및 시설보안의 확립, 보안업무 규정화, 입법사항 건의 등
기만적 수단	– 비밀이 노출될 가능성이 있는 상황 하에서 우리 측이 기도한 바를 적이 오인하도록 하는 방해조치 – 허위정보의 유포, 유언비어의 유포, 양동간계시위 등

38 정답 ④

① (O) 보안관찰법 제12조 제1항
② (O) 동법 제12조 제2항·제3항·제4항
③ (O) 동법 제12조 제9항
④ (X) 위원회의 회의는 위원장을 포함한 재적위원 과반수의 출석으로 개의하고 출석위원 과반수의 찬성으로 의결한다(동법 제12조 제10항).

39 정답 ④

㉠ (X) **5년** 이상 계속하여 대한민국에 주소가 있을 것

㉡ (X) 대한민국에서 **영주할 수 있는** 체류자격을 가지고 있을 것

㉢ (X) 법령을 준수하는 등 **법무부령**으로 정하는 품행 단정의 요건을 갖출 것

㉣ (X) ~~ 생계를 **같이하는** 가족에 의존하여 ~~

> **국적법 제5조(일반귀화 요건)** 외국인이 귀화허가를 받기 위해서는 제6조나 제7조에 해당하는 경우 외에는 다음 각 호의 요건을 갖추어야 한다.
> 1. 5년 이상 계속하여 대한민국에 주소가 있을 것
> 1의2. 대한민국에서 영주할 수 있는 체류자격을 가지고 있을 것
> 2. 대한민국의 「민법」상 성년일 것
> 3. 법령을 준수하는 등 법무부령으로 정하는 품행 단정의 요건을 갖출 것
> 4. 자신의 자산(資産)이나 기능(技能)에 의하거나 생계를 같이하는 가족에 의존하여 생계를 유지할 능력이 있을 것
> 5. 국어능력과 대한민국의 풍습에 대한 이해 등 대한민국 국민으로서의 기본 소양(素養)을 갖추고 있을 것
> 6. 귀화를 허가하는 것이 국가안전보장·질서유지 또는 공공복리를 해치지 아니한다고 법무부장관이 인정할 것

40 정답 ③

① (O) 출입국관리법 시행규칙 제15조 제2항

② (O) 출입국관리법 제8조 제2항

③ (X) 단수사증의 유효기간은 발급일부터 3개월로 한다(시행규칙 제12조 제1항).

④ (O) 출입국관리법 제7조 제2항 제3호

> **출입국관리법 제7조(외국인의 입국)**
> ② 다음 각 호의 어느 하나에 해당하는 외국인은 제1항에도 불구하고 사증 없이 입국할 수 있다.
> 1. 재입국허가를 받은 사람 또는 재입국허가가 면제된 사람으로서 그 허가 또는 면제받은 기간이 끝나기 전에 입국하는 사람
> 2. 대한민국과 사증면제협정을 체결한 국가의 국민으로서 그 협정에 따라 면제대상이 되는 사람
> 3. 국제친선, 관광 또는 대한민국의 이익 등을 위하여 입국하는 사람으로서 대통령령으로 정하는 바에 따라 따로 입국허가를 받은 사람
> 4. 난민여행증명서를 발급받고 출국한 후 그 유효기간이 끝나기 전에 입국하는 사람

실무종합 모의고사 10회

1	2	3	4	5	6	7	8	9	10
②	④	②	②	③	②	③	③	③	②
11	12	13	14	15	16	17	18	19	20
③	①	③	④	①	④	②	④	①	①
21	22	23	24	25	26	27	28	29	30
④	①	④	④	①	②	②	③	④	②
31	32	33	34	35	36	37	38	39	40
③	②	③	②	②	④	③	④	③	③

1 정답 ②

① (X) 행정경찰과 사법경찰은 3권분립사상을 기준으로 구분하며, **프랑스 죄와형벌법전** 제18조에서 처음으로 행정경찰과 사법경찰을 구분했다.
② (O) 옳은 설명이다.
③ (X) **행정경찰**은 실질적 의미의 경찰에 해당하고, **사법경찰**은 형식적 의미의 경찰에 해당한다.
④ (X) **행정경찰**은 현재 또는 장래의 상황에 대하여 발동되는 반면, **사법경찰**은 주로 과거의 상황에 대하여 발동하게 된다.

2 정답 ④

㉠㉢ (O) 국가경찰과 자치경찰의 조직 및 운영에 관한 법률 제4조 제1항
㉡ (X) ㉠의 자치경찰사무에 관한 구체적인 사항 및 범위 등은 **대통령령**으로 정하는 기준에 따라 시·도조례로 정한다(동법 제4조 제2항).
㉣ (X) ㉢의 자치경찰사무에 관한 구체적인 사항 및 범위 등은 **대통령령**으로 정한다(동법 제4조 제3항).

3 정답 ②

①③④ 옳은 설명이다.
② (X) 1894년 7월 14일(음력)에는 최초의 경찰조직법인 경무청관제직장과 최초의 작용법인 행정경찰장정이 제정되었다.

4 정답 ②

① (O) 국가경찰과 자치경찰의 조직 및 운영에 관한 법률 제14조 제1항
② (X) 경찰청장은 **국가경찰위원회의 동의**를 받아 행정안전부장관의 제청으로 국무총리를 거쳐 대통령이 임명한다. 이 경우 국회의 인사청문을 거쳐야 한다(동법 제14조 제2항).
③ (O) 동법 제14조 제4항
④ (O) 동법 제14조 제5항

5 정답 ③

① (X) 자치경찰사무를 관장하게 하기 위하여 **시·도지사 소속**으로 시·도자치경찰위원회를 둔다. 다만, 시·도에 2개의 시·도경찰청을 두는 경우 시·도지사 소속으로 2개의 시·도자치경찰위원회를 둘 수 있다(국가경찰과 자치경찰의 조직 및 운영에 관한 법률 제18조 제1항).

② (X) 시·도자치경찰위원회는 합의제 행정기관으로서 그 권한에 속하는 업무를 독립적으로 수행한다(동법 제18조 제2항).
③ (O) 동법 제27조 제1항
④ (X) 경찰청장에게 통보, 경찰청장은 이를 반영하여야 한다(동법 제30조 제4항).

6 정답 ②

① (X) 재직기간이 5년 미만인 사람의 퇴직급여: 4분의 1 (공무원연금법 시행령 제61조 제1항)

> 공무원연금법 시행령 제61조(형벌 등에 따른 퇴직급여 및 퇴직수당의 감액) ① 공무원 또는 공무원이었던 사람이 법 제65조 제1항 각 호의 어느 하나에 해당하게 되었을 때에는 다음 각 호의 구분에 따라 퇴직급여 및 퇴직수당을 감액한 후 지급한다. 이 경우 퇴직연금 또는 조기퇴직연금은 그 감액사유에 해당하는 날이 속하는 달까지는 감액하지 아니한다.
> 1. 징계에 의하여 파면된 경우
>   가. 재직기간이 5년 미만인 사람의 퇴직급여: 4분의 1
>   나. 재직기간이 5년 이상인 사람의 퇴직급여: 2분의 1
>   다. 퇴직수당: 2분의 1
> 2. 금품 및 향응 수수, 공금의 횡령·유용으로 징계에 의하여 해임된 경우
>   가. 재직기간이 5년 미만인 사람의 퇴직급여: 8분의 1
>   나. 재직기간이 5년 이상인 사람의 퇴직급여: 4분의 1
>   다. 퇴직수당: 4분의 1

② (O) 공무원연금법 시행령 제61조 제1항
③ (X) 금품 및 향응 수수, 공금의 횡령·유용으로 징계에 의하여 해임된 자의 퇴직수당만 1/4감액 제한이 있다.
④ (X) 재직중의 사유로 금고 이상의 형에 처할 범죄행위로 인하여 수사가 진행 중이거나 형사재판이 계속 중일 때에는 퇴직급여(연금인 급여를 제외한다) 및 퇴직수당의 일부를 대통령령으로 정하는 바에 따라 지급 정지할 수 있다(공무원연금법 제65조 제3항).

7 정답 ③

① (X) 소청 사건의 결정은 재적 위원 3분의 2 이상의 출석과 출석 위원 과반수의 합의에 따르되, 의견이 나뉘어 출석 위원 과반수의 합의에 이르지 못하였을 때에는 과반수에 이를 때까지 소청인에게 가장 불리한 의견에 차례로 유리한 의견을 더하여 그 중 가장 유리한 의견을 합의된 의견으로 본다(국가공무원법 제14조 제1항).
② (X) ①에도 불구하고 파면·해임·강등 또는 정직에 해당하는 징계처분을 취소 또는 변경하려는 경우와 효력 유무 또는 존재 여부에 대한 확인을 하려는 경우에는 재적 위원 3분의 2 이상의 출석과 출석 위원 3분의 2 이상의 합의가 있어야 한다. 이 경우 구체적인 결정의 내용은 출석 위원 과반수의 합의에 따르되, 의견이 나뉘어 출석위원 과반수의 합의에 이르지 못하였을 때에는 과반수에 이를 때까지 소청인에게 가장 불리한 의견에 차례로 유리한 의견을 더하여 그 중 가장 유리한 의견을 합의된 의견으로 본다(동법 제14조 제2항).
③ (O) 동법 제14조 제7항
④ (X) 소청심사위원회가 징계처분 또는 징계부가금 부과처분(이하 "징계처분등"이라 한다)을 받은 자의 청구에 따라 소청을 심사할 경우에는 원징계처분보다 무거운 징계 또는 원징계부가금 부과처분보다 무거운 징계부가금을 부과하는 결정을 하지 못한다(동법 제14조 제8항).

8 정답 ③

㉠ (O) 경찰공무원법 제31조 제1항, 제2항
㉡ (O) 공무원고충처리규정 제7조 제1항
㉢ (O) 동규정 제8조 제1항
㉣ (X) 경찰공무원 고충심사위원회는 위원장 1명을 포함하여 7명 이상 15명 이내의 공무원위원과 민간위원으로 구성한다. 이 경우 민간 위원의 수는 위원장을 제외한 위원 수의 2분의 1 이상이어야 한다(동규정 제3조의2 제2항).
㉤ (X) 경찰공무원고충심사위원회의 회의는 위원장과 위원장이 회의마다 지정하는 5명 이상 7명 이내의 위원으로 성별을 고려하여 구성한다. 이 경우 민간위원이 3분의 1 이상 포함되어야 한다(동규정 제3조의2 제7항).
㉥ (X) 경찰공무원고충심사위원회 민간위원의 임기는 2년으로 하며, 한 번만 연임할 수 있다(동규정 제3조의2 제6항).

9 정답 ③

①②④ (O) 행정기본법 제14조
③ (X) 법령등을 위반한 행위의 성립과 이에 대한 제재처분은 법령등에 특별한 규정이 있는 경우를 제외하고는 법령등을 위반한 행위 당시의 법령등에 따른다(동법 제14조 제3항).

10 정답 ②

14+ 5 + 10 + 5 + 60 + 14 + 1 + 9 = 118

㉠ 14세가 되지 아니한 자의 질서위반행위는 과태료를 부과하지 아니한다. 다만, 다른 법률에 특별한 규정이 있는 경우에는 그러하지 아니하다(질서위반행위규제법 제9조).
㉡ 과태료는 행정청의 과태료 부과처분이나 법원의 과태료 재판이 확정된 후 5년간 징수하지 아니하거나 집행하지 아니하면 시효로 인하여 소멸한다(동법 제15조).
㉢ 행정청이 질서위반행위에 대하여 과태료를 부과하고자 하는 때에는 미리 당사자에게 대통령령으로 정하는 사항을 통지하고, 10일 이상의 기간을 정하여 의견을 제출할 기회를 주어야 한다. 이 경우 지정된 기일까지 의견 제출이 없는 경우에는 의견이 없는 것으로 본다(동법 제16조).
㉣ 행정청은 질서위반행위가 종료된 날(다수인이 질서위반행위에 가담한 경우에는 최종행위가 종료된 날을 말한다)부터 5년이 경과한 경우에는 해당 질서위반행위에 대하여 과태료를 부과할 수 없다(동법 제19조).
㉤ 과태료 부과 통지를 받은 날부터 60일 이내에 해당 행정청에 서면으로 이의제기를 할 수 있고, 이의제기를 받은 행정청은 이의제기를 받은 날부터 14일 이내에 이에 대한 의견 및 증빙서류를 첨부하여 관할 법원에 통보하여야 한다(동법 제20조, 제21조).
㉥ 행정청은 당사자가 동법 제24조의3 제1항에 따라 과태료를 납부하기가 곤란하다고 인정되면 1년의 범위 에서 과태료의 분할납부나 납부기일의 연기를 결정할 수 있다(동법 제24조의3 제1항).
㉦ 행정청은 ㉥에 따라 과태료의 분할납부나 납부기일의 연기(이하 "징수유예등"이라 한다)를 결정하는 경우 그 기간을 그 징수유예등을 결정한 날의 다음 날부터 9개월 이내로 하여야 한다(동법 시행령 제7조의2 제1항).

11 정답 ③

① (X) 검문 중이던 경찰관들이, 자전거를 이용한 날치기 사건 범인과 흡사한 인상착의의 피고인이 자전거를 타고 다가오는 것을 발견하고 정지를 요구하였으나 멈추지 않아, 앞을 가로막고 소속과 성명을 고지한 후 검문에 협조해 달라는 취지로 말하였음에도 불응하고 그대로 전진하자, 따라가서 재차 앞을 막고 검문에 응하라고 요구한 **불심검문은 위법하지 않다**(대법원 2012.9.13. 2010도6203).

② (X) 경찰관은 동행한 사람의 가족이나 친지 등에게 동행한 경찰관의 신분, 동행 장소, 동행 목적과 이유를 알리거나 본인으로 하여금 즉시 연락할 수 있는 기회를 주어야 하며, **변호인의 도움을 받을 권리가 있음을 알려야 한다**(동법 제3조 제5항).

③ (O) 대법원 2006.7.6. 2005도6810

④ (X) 불심검문을 하게 된 경위, 불심검문 당시의 현장상황과 검문을 하는 경찰관들의 복장, 피고인이 공무원증 제시나 신분 확인을 요구하였는지 여부 등을 종합적으로 고려하여, 검문하는 사람이 경찰관이고 검문하는 이유가 범죄행위에 관한 것임을 피고인이 충분히 알고 있었다고 보이는 경우에는 신분증을 제시하지 않았다고 하여 그 불심검문이 위법한 **공무집행이라고 할 수 없다**(대법원 2014.12.11. 2014도7976).

12 정답 ①

① (X) 관계인에게 필요한 경고, 긴급한 경우에는 그 행위를 **제지**를 할 수 있다(경찰관 직무집행법 제6조).

② (O) 대법원 2017.3.15. 2013도2168

③ (O) 대법원 2018.12.13. 2016도19417

④ (O) 대법원 2008.11.13. 2007도9794

13 정답 ③

㉠ (O) 경찰관 직무집행법 제10조의5 제2항

㉡ (X) 경찰관은 ~ 최소한의 범위에서 **경찰착용기록장치를 사용할 수 있다**(동법 제10조의5 제1항).

> ① 경찰관은 다음 각 호의 어느 하나에 해당하는 직무 수행을 위하여 필요한 경우에는 필요한 최소한의 범위에서 경찰착용기록장치를 사용할 수 있다.
>   2. 범죄 수사를 위하여 필요한 경우로서 다음 각 목의 요건을 모두 갖춘 경우
>   가. 범행 중이거나 범행 직전 또는 직후일 것
>   나. 증거보전의 필요성 및 긴급성이 있을 것

㉢ (X) **경찰청장 및 해양경찰청장**은 경찰착용기록장치로 기록한 영상·음성을 저장하고 데이터베이스로 관리하는 영상음성기록정보 관리체계를 구축·운영하여야 한다(동법 제10조의7).

㉣ (O) 동법 제10조의6 제3항

㉤ (O) 동법 제10조의6 제1항·제2항

14 정답 ④

① (X) 계급제는 **사람중심**으로 유능한 일반행정가를 양성하고 직위분류제는 **직무중심**으로 전문행정가를 양성한다.

② (X) 계급제는 기관과의 협조가 용이하나, 직위분류제는 기관과의 협조가 곤란하다.

③ (X) **계급제**가 직업공무원제도의 정착에 유리하다.

④ (O) 옳은 설명이다.

15 정답 ①

① (X) 다만, Ⅰ급(Ⅱ급X) 비밀관리기록부는 따로 작성하여 갖추어 두어야 하며, 암호자재는 암호자재 관리기록부로 관리한다(보안업무규정 제22조 제1항).
② (O) 보안업무규정시행규칙 제70조 제1항
③ (O) 보안업무규정 제23조 제1항

> 보안업무규정 제23조(비밀의 복제 · 복사 제한) ① 비밀의 일부 또는 전부나 암호자재에 대해서는 모사(模寫) · 타자(打字) · 인쇄 · 조각 · 녹음 · 촬영 · 인화(印畵) · 확대 등 그 원형을 재현(再現)하는 행위를 할 수 없다. 다만, 다음 각 호의 구분에 따른 비밀의 경우에는 그러하지 아니하다.
> 1. Ⅰ급 비밀: 그 생산자의 허가를 받은 경우
> 2. Ⅱ급 비밀 및 Ⅲ급 비밀: 그 생산자가 특정한 제한을 하지 아니한 것으로서 해당 등급의 비밀 취급 인가를 받은 사람이 공용(共用)으로 사용하는 경우

④ (O) 동규정 제23조 제2항

16 정답 ④

① (X) 국회의 예산결산권은 사후통제이다.
② (X) 「행정절차법」상 청문은 사전통제이다.
③ (X) 국가경찰위원회는 외부통제이다.
④ (O) 옳은 설명이다.

사전통제	행정절차법(입법예고제, 행정예고제), 국회의 입법권 · 예산심의권 등
사후통제	• 사법부의 사법심사 • 상급기관의 하급기관에 대한 감독권 • 행정심판 • 국회의 예산결산권, 국정 감사 · 조사권 등을 통한 행정감독 기능
내부통제	청문감사인권관제도, 훈령, 직무명령

외부통제	• 국회에 의한 통제
	• 사법통제
	• 민중통제(여론, 이익집단, 언론기관, 정당 등을 통한 직 · 간접적인 통제)
	• 행정부에 의한 통제
	  1. 행정수반인 대통령에 의한 통제
	  2. 행정안전부장관에 의한 통제
	  3. 국민권익위원회에 의한 통제
	  4. 중앙행정심판위원회 재결을 통한 통제
	  5. 소청심사위원회(인사혁신처 소속) 심사를 통한 통제
	  6. 감사원에 의한 통제
	  7. 국가인권위원회에 의한 통제('광의의 행정부'에 의한 통제)
	  8. 국가경찰위원회

17 정답 ②

㉠ (X) "경찰관등"이란 경찰청과 그 소속기관의 경찰공무원, 일반직공무원, 무기계약근로자 및 기간제근로자, 의무경찰을 의미한다(경찰인권보호규칙 제2조).
㉡ (X) 자문기구로서 각각 경찰청 인권위원회, 시·도경찰청 인권위원회를 설치하여 운영한다(동규칙 제3조).
㉢ (X) 3년 단위로 인권교육종합계획을 수립하여 시행해야 한다(동규칙 제18조의2 제1항).
㉣ (X) 매년 인권교육 계획을 수립하여 시행하여야 한다(동규칙 제18조의2 제2항).
㉤ (O) 동규칙 제24조

18 정답 ④

①②③ 옳은 설명이다.
④ (X) 내부고발은 적절한 도덕적 동기에 의해 이루어져야 하며, 어느 정도의 성공가능성이 있어야 한다.

19 정답 ①

① (X) 이해당사자가 직접 자신을 위하여 부정청탁 한 경우 처벌규정이 없으며, 이해당사자가 제3자를 통하여 부정청탁하는 경우 1천만원 이하의 과태료를 부과한다.
②③④ 옳은 설명이다.

▶ 부정청탁 관련 위반시 제재(제22조, 제23조)

행위유형	제재 수준
• 이해당사자가 **직접 자신을 위하여** 부정청탁하는 경우	제재 없음
• 이해당사자가 **제3자를 통하여** 부정청탁하는 경우	1천만원 이하의 과태료
• 사인(私人)이 제3자를 위하여 부정청탁하는 경우	2천만원 이하의 과태료
• 공직자등이 제3자를 위하여 부정청탁하는 경우	3천만원 이하의 과태료
• 공직자등이 부정청탁에 따라 직무 수행	2년 이하의 징역 또는 2천만원 이하의 벌금

20 정답 ①

① (O) 경찰청 공무원 행동강령 제17조 제3호
② (X) 행동강령책임관과 상담하여야 한다(동강령 제8조 제1항).
③ (X) 타인에게 그러한 정보를 제공하여 재산상 거래 또는 투자를 돕는 행위를 해서는 아니 된다(동강령 제12조).
④ (X) 인가·허가 등을 담당하는 공무원이 그 신청인에게 불이익을 주거나 제3자에게 이익 또는 불이익을 주기 위하여 부당하게 그 신청의 접수를 지연하거나 거부하는 행위를 해서는 안 된다(동강령 제13조의3 제1호).

> 경찰청 공무원 행동강령 제17조(경조사의 통지 제한) 공무원은 직무관련자나 직무관련공무원에게 경조사를 알려서는 아니 된다. 다만, 다음 각 호의 어느 하나에 해당하는 경우에는 경조사를 알릴 수 있다.

1. 친족(「민법」제767조에 따른 친족을 말한다)에게 알리는 경우
2. 현재 근무하고 있거나 과거에 근무하였던 기관의 소속 직원에게 알리는 경우
3. 신문, 방송 또는 제2호에 따른 직원에게만 열람이 허용되는 내부통신망 등을 통하여 알리는 경우
4. 공무원 자신이 소속된 종교단체·친목단체 등의 회원에게 알리는 경우

21 정답 ④

① (X) "사전컨설팅 대상 기관 및 대상 부서의 장"이란 각 시·도경찰청장, 부속기관의 장, 산하 공직 유관단체의 장 및 경찰청 관·국의 장을 말한다(경찰청 적극행정 면책제도 운영규정 제2조 제5호). → 지문에서 경찰청 과장은 해당되지 않는다.
② (X) 행정심판, 수사 중인 사항은 사전컨설팅 감사 대상에서 제외한다(동규정 제15조 제2항).
③ (X) 심사기준으로는 법령상의 의무 이행 등 모든 여건에 비추어 해당 업무를 추진하고 처리해야 할 필요성·타당성이 있을 것이 요구된다(동규정 제17조 제1항 제2호). → 필요성과 타당성은 요구하나, 시급성은 해당되지 않는다.
④ (O) 동규정 제18조 제1항·제3항

22 정답 ①

① (X) 억제이론은 고전주의 입장으로 인간은 자유의사를 가지고 합리적으로 행동한다고 가정하며, 범죄에 대한 책임은 전적으로 개인에게 있고 사회의 책임이 아니므로 강력하고 확실한 처벌을 통하여 범죄를 억제할 수 있다고 본다.
②③④ 옳은 설명이다.

23 정답 ④

① (O) 112신고의 운영 및 처리에 관한 법률 제11조
② (O) 동법 제10조 제2항
③ (O) 동법 제17조
④ (X) 범죄나 각종 사건·사고 등 위급한 상황을 거짓으로 꾸며 112신고를 한 사람은 500만원 이하의 과태료를 부과한다(동법 제18조).

형벌 규정 (제17조)	112신고자 정보를 목적 외의 용도로 이용한 자는 5년 이하의 징역 또는 5천만원 이하의 벌금에 처한다.
과태료 규정 (제18조)	① 범죄나 각종 사건·사고 등 위급한 상황을 거짓으로 꾸며 112신고를 한 사람은 500만원 이하의 과태료를 부과한다. ② 112신고에 따라 경찰관이 범죄의 진압에 필요한 조치로써 건물에 출입하고자 할 때 이를 거부한 자는 300만원 이하의 과태료를 부과한다. ③ 112신고를 처리하는 과정에서 재난 등 위급한 상황이 발생하여 사람의 생명을 위험하게 할 것으로 인정되어 그 구역밖으로 피난할 것을 명령하였음에도 이를 위반한 자는 100만원 이하의 과태료를 부과한다.

24 정답 ④

㉠ (X) 문제지향적 경찰활동(POP)은 문제들에 대한 효과적인 대응 전략들을 마련하면서 필요한 경우 경찰과 지역사회가 협력할 수 있는 대응전략들에 보다 높은 가치를 부여한다. 이웃지향적 경찰활동(NOP)은 지역사회경찰활동을 위하여 경찰과 주민의 의사소통라인을 개설하려는 모든 프로그램을 말하며 지역조직은 경찰관에게서 중요한 역할을 부여받으며, 서로를 위해 감시하고 공식적인 민간순찰을 실시한다.

㉡ (X) 문제지향적 경찰활동(POP)은 지역사회 문제 해결을 위해 SARA모형이 강조되며 이는 **조사(Scanning) – 분석(Analysis) – 대응(Response) – 평가 (Assessment)**으로 진행되는 문제해결 단계를 제시한다.

㉢㉣ (O) 옳은 설명이다.

◉ 지역사회 경찰활동의 개념

주요 개념	내 용
지역중심 경찰활동 (Community-oriented Policing)	• 지역사회와 경찰 사이의 새로운 관계를 증진시키는 조직적인 전략이고 원리이다. • 지역사회에서의 전반적인 삶의 질 향상을 목표로 한다. • 경찰과 지역사회가 마약 · 범죄와 범죄에 대한 두려움, 사회적 · 물리적 무질서 그리고 전반적인 지역의 타락과 같은 당대의 문제들을 확인하고 우선순위를 정하여 해결하고자 함께 노력한다. • 학자 : 트로야노비치 & 버케로
문제지향적 경찰활동 (Problem-oriented Policing)	• 지역사회의 문제를 해결하기 위한 여러 가지 방안을 중점으로 우선순위를 재평가, 각각의 문제에 따른 형태별 대응을 강조한다. • 문제해결과정 조사(Scanning) → 분석(Analysis) → 대응(Response) → 평가(Assessment) • 일선경찰관에 대한 문제해결권한과 필요한 시간을 부여하고 범죄분석자료를 제공, 대중정보와 비평을 적극적으로 수용한다. • 학자 : 골드슈타인
이웃지향적 경찰활동 (Neighborhood-oriented Policing)	• 지역에서 범죄는 비공식적 사회통제의 약화와 경제적 궁핍이 소외를 정당화하기 때문에 일어난다고 본다. • 지역조직은 경찰관에게서 중요한 역할을 부여받으며, 서로를 위해 감시하고 공식적인 민간순찰을 실시한다. • 지역조직은 거주자들에게 지역에 관한 정보를 제공하며 경찰과 협동해서 범죄를 억제하는 기능을 수행한다. • 학자 : 윌리엄스

25 정답 ①

① (O) 경범죄처벌법 제7조
② (X) 다만, 부득이한 사유로 말미암아 범칙금을 납부할 수 없을 때에는 그 부득이한 사유가 없어지게 된 날부터 5일 이내에 납부해야 한다(동법 제8조 제1항).
③ (X) 납부기간에 범칙금을 납부하지 아니한 사람은 납부기간의 마지막 날의 다음 날부터 20일 이내에 통고받은 범칙금에 그 금액의 100분의 20을 더한 금액을 납부하여야 한다(동법 제8조 제2항).
④ (X) 즉결심판이 청구된 피고인이 통고받은 범칙금에 그 금액의 100분의 50을 더한 금액을 납부하고 그 증명서류를 즉결심판 선고 전까지 제출하였을 때에는 경찰서장, 해양경찰서장 및 제주특별자치도지사는 그 피고인에 대한 즉결심판 청구를 취소하여야 한다(동법 제9조 제2항).

26 정답 ②

① (X) 13세 미만의 사람 및 신체적인 또는 정신적인 장애가 있는 사람에 대하여 강간의 죄를 범한 경우에 공소시효를 적용하지 아니하고, 미성년자에 대한 성폭력범죄의 공소시효는 해당 성폭력범죄로 피해를 당한 미성년자가 성년에 달한 날부터 진행한다(동법 제21조 제3항).
② (O) 동법 제33조 제4항
③ (X) 음주 또는 약물로 인한 심신장애 상태에서 성폭력범죄(형법상 음행매개, 음화반포등, 음화제조등, 공연음란의 죄는 제외)를 범한 때에는 형법상 심신장애인에 대한 감면규정, 농아자에 대한 감경규정을 적용하지 아니할 수 있다(동법 제20조).
④ (X) 경찰청장은 각 경찰서장으로 하여금 성폭력범죄 전담 사법경찰관을 지정하도록 하여 특별한 사정이 없으면 이들로 하여금 피해자를 조사하게 하여야 한다(동법 제26조 제2항).

27 정답 ②

① (X) 스토킹범죄의 처벌등에 관한 법률은 주거등 침입에 이르지 않는 행위를 스토킹행위로 규율하고 있으므로, 주거등에 침입하는 행위는 형법상 주거침입죄로 처벌된다(스토킹범죄의 처벌등에 관한 법률 제2조).
② (O) 동법 제3조 제1호
③ (X) 스토킹범죄를 저지른 사람은 3년 이하의 징역 또는 3천만원 이하의 벌금에 처한다(동법 제18조 제1항). 흉기 또는 그 밖의 위험한 물건을 휴대하거나 이용하여 스토킹범죄를 저지른 사람은 5년 이하의 징역 또는 5천만원 이하의 벌금에 처한다(동법 제18조 제2항).
④ (X) 스토킹범죄에 대한 반의사불벌(제18조 제3항) 조항이 삭제됨에 따라 피해자의 의사에 관계없이 처벌이 가능하다.

28 정답 ③

㉠㉣ (O) 옳은 설명이다.
㉡ (X) L.S.D는 무색·무취·무미의 백색 분말형태이다.
㉢ (X) 덱스트로메트로판은 일명 "러미라"라고 불리고, 카리소프로돌이 일명 S정이라고 불린다.
㉤ (X) 야바(YABA)는 순도가 낮은 신종마약이다.

29 정답 ④

①②③ 옳은 설명이다.

④ (X) 경비사태가 발생한 후에 진압뿐만 아니라 특정한 사태가 발생하기 전에 경계·예방의 역할을 수행하는 것은 **복합기능적 활동**에 대한 설명이다. 즉시적(즉응적) 활동은 다중범죄, 테러, 경호상 위해나 경찰작전상황 등이 발생하였을 경우 즉시 출동하여 신속하게 조기진압해야 한다는 것을 내용으로 한다.

30 정답 ②

㉠ (X) 선거운동은 선거기간개시일부터 선거일 전일까지에 한하여 할 수 있으나, 예비후보자의 선거운동 등의 경우에는 이러한 선거운동기간의 예외가 인정된다(공직선거법 제59조).

㉡ (O) 통상 선거경비 때 비상근무는 ⅰ) 선거기간 개시일 ~ 선거일 전 : 경계강화기간, ⅱ) 선거일(06:00) ~ 개표 종료시 : 갑호비상을 실시한다.

㉢ (X) 「공직선거법」에는 공직 후보자에 대한 **신변보호규정이 없으며**, 선거관련 신변보호활동은 경호, 요인보호, 신변보호로 나뉜다.

㉣ (O) 옳은 설명이다.

㉤ (X) 대통령선거 후보자의 신변보호는 **후보자등록 때부터 당선확정 때까지** 24시간 근접하여 실시한다.

▶ 국내요인에 대한 경호 등급

갑호	대통령과 그 가족, 대통령 당선인과 그 가족, 대통령 권한대행과 그 배우자, 전직 대통령과 그 배우자(퇴임 후 10년 이내)
을호	국회의장, 대법원장, 국무총리, 헌법재판소장, 대통령선거 후보자, 전직 대통령(퇴임 후 10년경과)
병호	갑호, 을호 외에 경찰청장이 필요하다고 인정한 사람

31 정답 ③

① (O) 집회등 채증활동규칙 제11조, 제12조

② (O) 동규칙 제13조 제2호

③ (X) 주관부서의 장은 채증자료를 열람·판독할 때에는 현장 근무자 등을 **참여시킬 수 있다**(동규칙 제16조 제2항).

④ (O) 동규칙 제17조 제3항

> 집회등 채증활동규칙 제13조(채증자료 외의 촬영자료 활용 금지) 채증요원은 다음 각 호의 자료의 촬영이 법률상 허용되는 경우라 하더라도, 그 자료를 집회등 참가자를 특정하기 위하여 활용하여서는 아니 된다.
> 1. 「경찰관 직무집행법」 등 관련 법률에 근거하여 해당 집회등에 대한 대응절차의 기록 또는 향후 적절한 대응절차의 마련을 위한 연구 등 범죄수사 외의 목적으로 촬영한 자료
> 2. 「개인정보 보호법」 제25조 제1항 제5호에 의해 설치·운영하는 교통정보의 수집·분석 및 제공 목적의 영상정보처리기기에 의해 촬영된 자료

32 정답 ②

① (O) 도로교통법 제13조의2 제5항
② (X) 술에 취한 상태에서 자전거를 운전할 경우 처벌규정을 두고 있으나[동법 시행령 별표8, 64의2(단순음주) 범칙금 3만원, 64의3(음주측정거부) 범칙금 10만원], 운전 중 휴대전화 사용은 '자동차 등 또는 노면전차' 운전에 한정하여 처벌하고 있어 **자전거 운전 중 휴대전화 사용으로 처벌할 수 없다**(동법 제49조 제10호 참고).
③ (O) 동법 제13조의2 제3항
④ (O) 동법 제21조 제2항

33 정답 ③

① (X) 음주운전으로 사람을 사망에 이르게 한 경우 5년간 응시자격을 제한한다(도로교통법 제82조 제2항).
② (X) 음주운전(측정거부 포함)으로 2회 이상 교통사고를 낸 경우 3년간 응시자격을 제한한다(동법 제82조 제2항).
③ (O) 동법 제82조 제2항
④ (X) 음주운전 또는 음주측정거부의 규정을 위반하여 운전하다가 교통사고를 낸 경우 2년간 응시자격을 제한한다(동법 제82조 제2항).

34 정답 ②

① (O) 대법원 2017.5.31. 2016도21034
② (X) 도로교통법 제54조 제1항, 제2항이 규정한 교통사고 발생 시의 구호조치의무 및 신고의무는 교통사고의 결과가 피해자의 구호 및 교통질서의 회복을 위한 조치가 필요한 상황인 이상 그 의무는 교통사고를 발생시킨 당해 차량의 운전자에게 그 사고 발생에 있어서 고의·과실 혹은 유책·위법의 유무에 관계없이 부과된 의무라고 해석함이 타당하고, 당해 사고의 발생에 **귀책사유가 없는 경우에도 위 의무가 없다 할 수 없다**(대법원 2015.10.15. 2015도12451).
③ (O) 대법원 2004.4.23. 2004도1109
④ (O) 대법원 2020.12.24. 2020도8675

35 정답 ②

④ 48 + 12 + 24 + 48 + 10 = 142이다.
㉠ 옥외집회나 시위를 주최하려는 자는 그에 관한 사항 모두를 적은 신고서를 옥외집회나 시위를 시작하기 720시간 전부터 (48)시간 전에 관할 경찰서장에게 제출하여야 한다(집회 및 시위에 관한 법률 제6조 제1항).
㉡ 관할 경찰관서장은 신고서의 기재 사항에 미비한 점을 발견하면 접수증을 교부한 때부터 (12)시간 이내에 주최자에게 (24)시간을 기한으로 그 기재 사항을 보완할 것을 통고할 수 있다(동법 제7조 제1항).
㉢ 신고서를 접수한 관할 경찰관서장은 신고된 옥외집회 또는 시위가 금지사항에 해당하는 때에는 신고서를 접수한 때부터 (48)시간 이내에 집회 또는 시위를 금지할 것을 주최자에게 통고할 수 있다(동법 제8조 제1항).
㉣ 집회 또는 시위의 주최자는 금지 통고를 받은 날부터 (10)일 이내에 해당 경찰관서의 바로 위의 상급 경찰관서의 장에게 이의를 신청할 수 있다(동법 제9조 제1항).

36 정답 ④

① (X) ~ 확성기 등의 일시보관 등 필요한 조치를 할 수 있다(집회 및 시위에 관한 법률 제14조).
② (X) 6개월 이하의 징역 또는 50만원 이하의 벌금·구류 또는 과료에 처한다(동법 제24조 제4호).
③ (X) 주거지역, 학교, 종합병원의 등가소음 기준은 주간 60dB 이하, 야간 50dB 이하, 심야 45dB 이하이고, 공공도서관의 등가소음 기준은 주간 60dB 이하, 야간(심야 포함) 55dB 이하이다(동법 시행령 제14조 [별표 2]).
④ (O) 학문, 예술, 체육, 종교, 의식, 친목, 오락, 관혼상제 및 국경행사에 관한 집회에는 제6조부터 제12조까지의 규정을 적용하지 아니한다(집회 및 시위에 관한 법률 제15조). 따라서 질서유지선의 설정에 관한 규정(제13조)이나 확성기등 사용의 제한 규정(제14조)은 위와 같은 학문 등에 관한 집회에도 여전히 적용된다.

37 정답 ③

① (X) 이 법의 죄에 관하여 유기징역을 선고할 때에는 그 형의 장기 이하의 자격정지를 병과할 수 있다(국가보안법 제14조).
② (X) 「형법」에서는 정범에 종속되어 처벌되지만, 「국가보안법」에서는 범인에게 무기·금품·재산상 이익 등 각종 편의를 제공한 자는 종범이 아닌 편의제공죄로 처벌된다(동법 제9조).
③ (O) 반국가단체 가입권유죄(동법 제3조 제2항), 목적수행을 위한 선전·선동행위죄(동법 제4조 제1항 제6호) 등
④ (X) 찬양·고무 등(제7조), 불고지죄(제10조), 특수직무유기죄(제11조), 무고날조죄(제12조)를 제외한 「국가보안법」 위반사범에 대하여만 구속기간 연장규정이 적용되며, 이 경우 구속기간은 사법경찰관(1차 연장) 20일, 검사(2차 연장) 30일 최대 50일이다(동법 제19조).

> 국가보안법 제19조(구속기간의 연장)
> ① 지방법원판사는 제3조 내지 제10조의 죄로서 사법경찰관이 검사에게 신청하여 검사의 청구가 있는 경우에 수사를 계속함에 상당한 이유가 있다고 인정한 때에는 형사소송법 제202조의 구속기간의 연장을 1차에 한하여 허가할 수 있다.
> ② 지방법원판사는 제1항의 죄로시 검사의 청구에 의하여 수사를 계속함에 상당한 이유가 있다고 인정한 때에는 형사소송법 제203조의 구속기간의 연장을 2차에 한하여 허가할 수 있다.
> ③ 제1항 및 제2항의 기간의 연장은 각 10일 이내로 한다.
> [단순위헌, 90헌마82, 1992. 4. 14. 국가보안법(1980. 12. 31. 법률제3318호, 개정 1991. 5. 31. 법률제4373호) 제19조중 제7조 및 제10조의 죄에 관한 구속기간 연장부분은 헌법에 위반된다.]
> ※ 국가보안법 제7조(찬양·고무 등), 제10조(불고지)의 경우는 위헌으로 연장 불가능

38 정답 ④

① (X) 통일부장관은 「북한이탈주민의 보호 및 정착지원에 관한 법률」에 따라 보호대상자가 거주지로 전입한 후 그의 신변안전을 위하여 **국방부장관**이나 경찰청장에게 협조를 요청할 수 있다(동법 제22조의2 제1항).

② (X) 북한의 군인이었던 보호대상자가 국군에 편입되기를 희망하면 북한을 벗어나기 전의 계급, 직책 및 경력 등을 고려하여 국군으로 **특별임용할 수 있다**(동법 제18조 제2항).

③ (X) 통일부장관은 북한이탈주민 보호 및 정착지원협의회의 심의를 거쳐 보호 여부를 결정한다. 다만, 국가안전보장에 현저한 영향을 줄 우려가 있는 사람에 대하여는 **국가정보원장**이 그 보호 여부를 결정한다(동법 제8조 제1항).

④ (O) 동법 제9조 제1항

39 정답 ③

①② 모두 옳은 설명이다.

③ (X) 사법경찰관은 주한 미합중국 군대의 구성원·외국인군무원 및 그 가족이나 초청계약자의 범죄 관련 사건을 인지하거나 고소·고발 등을 수리한 때에는 7일 이내에 별지 제95호서식의 한미행정협정사건 통보서를 검사에게 통보해야 한다(경찰수사규칙 제92조 제1항).

④ (O) 동규칙 제92조 제3항

40 정답 ③

ⓒⓜ은 절대적 인도거절 사유이다(범죄인 인도법 제7조 제2호·제4호).

※ ⓒ의 경우 인도범죄 외의 범죄에 관하여 대한민국 법원에 재판이 계속 중인 경우는 임의적 인도거절 사유이나, 인도범죄에 관하여 대한민국 법원에 재판이 계속 중인 경우는 절대적 인도거절 사유임을 구별

> 범죄인 인도법 제9조(임의적 인도거절 사유) 다음 각 호의 어느 하나에 해당하는 경우에는 범죄인을 인도하지 아니할 수 있다.
> 1. 범죄인이 대한민국 국민인 경우
> 2. 인도범죄의 전부 또는 일부가 대한민국 영역에서 범한 것인 경우
> 3. 범죄인의 인도범죄 외의 범죄에 관하여 대한민국 법원에 재판이 계속 중인 경우 또는 범죄인이 형을 선고받고 그 집행이 끝나지 아니하거나 면제되지 아니한 경우
> 4. 범죄인이 인도범죄에 관하여 제3국(청구국이 아닌 외국을 말한다. 이하 같다)에서 재판을 받고 처벌되었거나 처벌받지 아니하기로 확정된 경우
> 5. 인도범죄의 성격과 범죄인이 처한 환경 등에 비추어 범죄인을 인도하는 것이 비인도적(非人道的)이라고 인정되는 경우

PART 03

부록

부록 실무종합
3개년(22년~24년) 기출지문 OX

CHAPTER ❶ 경찰의 개념과 임무

1 형식적 의미의 경찰개념은 실정법상 보통경찰기관에 맡겨져 있는 경찰작용을 의미한다. 24승진 O|X

2 형식적 의미의 경찰개념은 작용을 중심으로 파악한 것이다. 24승진 O|X

3 형식적 의미의 경찰은 실정법상 보통경찰기관에 분배된 임무를 달성하기 위하여 행해지는 경찰활동으로 그 범위는 나라마다 차이가 있을 수 있다. 23승진 O|X

4 실질적 의미의 경찰은 국가의 일반통치권에 근거하여 국민에게 명령·강제하는 권력적 작용으로 독일의 전통적 행정법학에서 정립된 학문상 개념이다. 23승진 O|X

5 실질적 의미의 경찰개념은 사회 질서유지와 봉사활동과 같은 현대 경찰의 핵심적인 기능을 수행하는 경찰을 의미한다. 24승진 O|X

6 실질적 의미의 경찰개념은 경찰의 사법경찰활동과 같이 주로 현재 또는 장래의 위험방지를 개념요소로 한다. 24승진 O|X

7 정보경찰은 권력적 작용이므로 실질적 의미의 경찰이다. 23승진 O|X

8 실질적 의미의 경찰은 형식적 의미의 경찰을 모두 포괄한다. 23승진 O|X

9 '위험'이란 보호법익의 정상적 상태의 객관적 감소를 뜻하며, 보호법익에 대한 현저한 침해가 있어야 한다. 24승진 O|X

10 위험에 대한 인식에 따라 외관적 위험, 위험혐의, 오상위험으로 구분할 수 있다. 24승진 O|X

11 추상적 위험의 경우 경찰권 발동에 있어 사실적 관점에서의 위험에 대한 예측까지는 필요하지 않다. 24승진 O|X

12 위험의 혐의만 존재하는 경우 위험의 존재가 명백해지기 전까지는 경찰관에게 예비적 조치로서 위험의 존재 여부를 조사할 권한은 없다. 24승진 O|X

13 경찰개입을 위해서는 구체적 위험이 존재해야 하지만, 범죄예방 및 위험방지 행위의 준비는 추상적 위험 상황에서도 가능하다. 22승진 O|X

🔍 정답

1 (O) 2 (X) 형식적 의미의 경찰개념은 **조직, 제도**를 중심으로 파악한 것이다. 3 (O) 4 (O) 5 (X) **형식적 의미의 경찰개념은 사회 질서유지와 봉사활동과 같은 현대 경찰의 핵심적인 기능을 수행하는 경찰을 의미한다.** 6 (X) **사법경찰활동은 실질적 의미의 경찰개념이 아니다.** 7 (X) **정보경찰은 비권력적 작용이므로 권력적 작용인 실질적 의미의 경찰에는 포함되지 않는다.** 8 (X) 형식적 의미의 경찰이 언제나 실질적 의미의 경찰이 되는 것은 아니고, 또한 실질적 의미의 경찰이 모두 형식적 의미의 경찰이 되는 것도 아니다. 9 (X) 손해에 관한 설명이다. 10 (O) 11 (X) 추상적 위험의 경우에도 **사실적 관점에서 위험에 대한 예측이 필요**하다. 단순히 안전하지 못하다는 정도의 인식만으로는 충분하지 않다. 12 (X) 위험의 존재여부가 명백해질 때까지 예비적으로 행하는 **위험조사 차원의 개입을 정당화**한다. 13 (O)

경찰실무종합 **287**

14 오상위험이란 경찰이 상황을 합리적으로 사려 깊게 판단하여 위험이 존재한다고 인식하여 개입하였으나 실제로는 위험이 없던 경우를 말하며 이 경우 국가의 손실보상책임이 발생할 수 있다. 22승진 OIX

15 위험혐의란 경찰이 의무에 합당한 사려 깊은 상황 판단을 할 때, 위험의 발생 가능성은 예측되지만, 위험의 실제 발생 여부가 불확실한 경우를 의미한다. 22승진 OIX

16 손해란 보호법익에 대한 현저한 침해행위를 의미하고 정상적 상태의 객관적 감소이어야 하므로, 단순한 성가심이나 불편함은 경찰개입의 대상이 아니다. 22승진 OIX

CHAPTER ❷ 한국경찰의 근·현대사

17 당시 전라남도 경찰국장으로서 전라남도 경찰들에게 '분산되는 자는 너무 추적하지 말 것' 등을 지시하고, '연행과정에서 학생의 피해가 없도록 유의하라'고 지시하여 (㉠)에 입각한 경찰권 행사 및 시위대의 (㉡)를 강조하였다. 22승진

18 문형순 – 성산포경찰서장 재직시, 계엄군으로부터 예비검속자들을 총살 집행 후 보고하라는 공문을 받고, 그 공문에 직접 "부당함으로 불이행"이라 쓰고 지시를 거부하였다. 자신의 목숨이 위태로울 수 있음에도 용기있는 결단으로 예비검속자들의 목숨을 구해냈다. 24승진 OIX

19 안병하 – 5·18광주 민주화운동 당시 전남지역 치안의 총책임자로서 무장 강경진압 방침이 내려오자, '데모 저지에 임하는 경찰의 방침'(주동자 외는 연행 금지, 경찰봉 사용 유의, 절대 희생자가 발생하지 않도록 할 것 등)이라는 근무지침을 전파하여 시민과 경찰 양측의 안전을 우선시하고 인권에 유의한 집회·시위 관리를 강조하였다. 24승진 OIX

20 안맥결 – 1946년 여자경찰간부 1기로 경찰에 투신하여 1952 서울여자경찰서장에 취임하였다. 5·16군사정변 당시 군부로부터 정권에 합류를 권유받았으나, 민주주의를 부정한 군사정권에 협력할 수 없다며 거부하고 경찰에서 퇴직하였다. 24승진 OIX

21 최중락 – 1950년 순경으로 임용, 1986년 총경으로 승진하였지만, 수사현장을 끝까지 지킨다는 의지로 경찰서장 보직을 희망하지 않고 수사·형사과장으로만 재직하였다. MBC드라마 수사반장의 실제 모델이며, 1963년, 1968년, 1969년에 치안국의 포도왕(검거왕)으로 선정되었다. 24승진 OIX

CHAPTER ❸ 경찰조직법

22 「국가경찰과 자치경찰의 조직 및 운영에 관한 법률」상 경찰의 민주적인 관리·운영과 효율적인 임무수행을 위하여 경찰의 기본조직 및 직무 범위와 그 밖에 필요한 사항을 규정함을 목적으로 한다. 24승진 OIX

23 「국가경찰과 자치경찰의 조직 및 운영에 관한 법률」상 국가와 지방자치단체는 국민의 생명·신체 및 재산을 보호하고 공공의 안녕과 질서유지에 필요한 시책을 수립·시행하여야 한다. 24승진 OIX

정답
14 (X) 외관적 위험에 관한 설명이다. 15 (O) 16 (O) 17 ㉠ 비례의 원칙, ㉡ 인권보호 18 (O) 19 (O) 20 (O) 21 (O) 22 (O) 23 (O)

24 「국가경찰과 자치경찰의 조직 및 운영에 관한 법률」상 국가는 지방자치단체가 이관받은 사무를 원활히 수행할 수 있도록 인력, 장비 등에 소요되는 비용에 대하여 재정적 지원을 하여야 한다. 24승진 O│X

25 「국가경찰과 자치경찰의 조직 및 운영에 관한 법률」상 시·도자치경찰위원회는 자치경찰사무에 대해 심의·의결을 통하여 시·도경찰청장을 지휘·감독한다. 다만, 시·도자치경찰위원회가 심의·의결할 시간적 여유가 없거나 심의·의결이 곤란한 경우 대통령령으로 정하는 바에 따라 시·도자치경찰위원회의 지휘·감독권을 경찰청장에게 위임한 것으로 본다. 24승진 O│X

26 「국가경찰과 자치경찰의 조직 및 운영에 관한 법률」상 시·도자치경찰위원회 위원장은 위원 중에서 시·도지사가 임명하고, 상임위원은 시·도자치경찰위원회의 의결을 거쳐 위원 중에서 시·도경찰청장의 제청으로 시·도지사가 임명한다. 24승진 O│X

27 「국가경찰과 자치경찰의 조직 및 운영에 관한 법률」상 경찰, 검찰, 국가정보원직원 또는 군인의 직에 있거나 그 직에서 퇴직한 날부터 3년이 지나지 아니한 사람은 시·도자치경찰위원회 위원이 될 수 없다. 24승진 O│X

28 「국가경찰과 자치경찰의 조직 및 운영에 관한 법률」상 시·도자치경찰위원회의 공무원이 아닌 위원에 대해서는 「국가공무원법」 제52조 및 제57조를 준용한다. 24승진 O│X

29 「국가경찰과 자치경찰의 조직 및 운영에 관한 법률」상 시·도자치경찰위원회의 공무원이 아닌 위원은 그 소관 사무와 관련하여 형법이나 그 밖의 법률에 따른 벌칙을 적용할 때에는 공무원으로 본다. 24승진 O│X

30 자치경찰사무 담당 공무원의 고충심사 및 사기진작은 시·도자치경찰위원회의 소관사무에 해당한다. 23승진 O│X

31 국가경찰사무·자치경찰사무의 협력·조정과 관련하여 시·도경찰청장과 협의는 시·도자치경찰위원회의 소관사무에 해당한다. 23승진 O│X

32 국가경찰위원회에 대한 심의·조정 요청은 시·도자치경찰위원회의 소관사무에 해당한다. 23승진 O│X

33 그 밖에 시·도지사, 시·도경찰청장이 중요하다고 인정하여 시·도자치경찰위원회의 회의에 부친 사항에 대한 심의·의결은 시·도자치경찰위원회의 소관사무에 해당한다. 23승진 O│X

34 시·도경찰청장은 경찰청장이 시·도자치경찰위원회와 협의하여 추천한 사람 중에서 행정안전부장관의 제청으로 국무총리를 거쳐 대통령이 임용한다. 22승진 O│X

정답

24 (O) **25** (X) 시·도자치경찰위원회는 자치경찰사무에 대해 심의·의결을 통하여 시·도경찰청장을 지휘·감독한다. 다만, 시·도자치경찰위원회가 심의·의결할 시간적 여유가 없거나 심의·의결이 곤란한 경우 대통령령으로 정하는 바에 따라 시·도자치경찰위원회의 지휘·감독권을 **시·도경찰청장**에게 위임한 것으로 본다. **26** (X) 시·도자치경찰위원회 위원장은 위원 중에서 시·도지사가 임명하고, 상임위원은 시·도자치경찰위원회의 의결을 거쳐 위원 중에서 **위원장**의 제청으로 시·도지사가 임명한다. **27** (O) **28** (X) 공무원이 아닌 위원에 대해서는 「**지방공무원법**」 제52조 및 제57조를 준용한다. **29** (O) **30** (O) **31** (X) 국가경찰사무·자치경찰사무의 협력·조정과 관련하여 **경찰청장과 협의 32** (O) **33** (O) **34** (O)

35 시·도경찰청 차장은 시·도경찰청장을 보좌하여 소관 사무를 처리하고, 시·도경찰청장이 부득이한 사유로 직무를 수행할 수 없을 때에는 그 직무를 대행한다. 22승진 O|X

36 국가수사본부장은 「형사소송법」에 따른 경찰의 수사에 관하여 각 시·도경찰청장과 경찰서장 및 수사부서 소속 공무원을 지휘·감독한다. 22승진 O|X

37 국가수사본부장이 직무를 집행하면서 헌법이나 법률을 위배하였더라도 국회는 탄핵 소추를 의결할 수 없다. 22승진 O|X

38 「행정권한의 위임 및 위탁에 관한 규정」상 행정기관의 장은 허가·인가·등록 등 민원에 관한 사무, 정책의 구체화에 따른 집행사무 및 일상적으로 반복되는 사무로서 그가 직접 시행하여야 할 사무를 제외한 일부 권한을 그 보조기관 또는 하급행정기관의 장, 다른 행정기관의 장, 지방자치단체의 장에게 위임 및 위탁한다. 24승진 O|X

39 위임 및 위탁하기 전에 수임기관의 수임능력 여부를 점검하고, 필요한 인력 및 예산을 이관하여야 한다. 24승진 O|X

40 「행정권한의 위임 및 위탁에 관한 규정」상 수임 및 수탁사무의 처리에 관하여 위임 및 위탁기관은 수임 및 수탁기관에 대하여 사전승인을 받거나 협의를 할 것을 요구할 수 있으나, 수임 및 수탁사무 처리상황은 감사할 수 없다. 24승진 O|X

41 「행정권한의 위임 및 위탁에 관한 규정」상 권한위임의 경우에는 수임관청이 자기의 이름으로 그 권한행사를 할 수 있지만 내부위임의 경우에는 수임관청은 위임관청의 이름으로만 그 권한을 행사할 수 있을 뿐 자기의 이름으로는 그 권한을 행사할 수 없다. 24승진 O|X

CHAPTER ❹ 경찰공무원과 법

42 「경찰공무원 임용령」상 시·도경찰청장 및 경찰서장은 지구대장 및 파출소장을 보직하는 경우에는 시·도자치경찰위원회의 의견을 사전에 들어야 한다. 22승진 O|X

43 「경찰공무원 임용령」상 경찰공무원은 임용장이나 임용통지서에 적힌 날짜에 임용된 것으로 보며, 임용일자를 소급해서는 아니 된다. 사망으로 인한 면직은 사망한 날에 면직된 것으로 본다. 23승진 O|X

44 「경찰공무원 임용령」상 임용권자 또는 임용제청권자는 시보임용 경찰공무원의 근무사항을 항상 지도·감독하여야 한다. 24승진 O|X

45 「경찰공무원 임용령」상 임용권자 또는 임용제청권자는 시보임용 경찰공무원의 교육훈련성적이 만점의 60퍼센트 미만 또는 근무성적 평정 제2평정 요소의 평정점이 만점의 50퍼센트 미만에 해당하여 정규 경찰공무원으로 임용하는 것이 부적당하다고 인정되는 경우 정규임용심사위원회의 심사를 거쳐 해당 시보임용 경찰공무원을 면직시키거나 면직을 제청하여야 한다. 24승진 O|X

정답

35 (O) **36** (O) **37** (X) 국가수사본부장이 직무를 집행하면서 헌법이나 법률을 위배하였을 때에는 국회는 **탄핵 소추를 의결할 수 있다.** **38** (O) **39** (O) **40** (X) 수임 및 수탁사무의 처리에 관하여 위임 및 위탁기관은 수임 및 수탁기관에 대하여 사전승인을 받거나 협의를 할 것을 **요구할 수 없고,** 위임 및 위탁기관은 위임 및 위탁사무 처리의 적정성을 확보하기 위하여 필요한 경우에는 수임 및 수탁기관의 수임 및 수탁사무 처리 상황을 수시로 **감사할 수 있다.** **41** (O) **42** (O) **43** (X) 사망으로 인한 면직은 **사망한 다음날에** 면직된 것으로 본다. **44** (O) **45** (X) 임용권자 또는 임용제청권자는 ~ 면직을 **제청할 수 있다.**

46 「경찰공무원 임용령」상 임용권자 또는 임용제청권자는 시보임용 경찰공무원이 징계사유에 해당하여 정규 경찰공무원으로 임용하는 것이 부적당하다고 인정되는 경우 정규임용심사위원회의 심사를 거쳐 해당 시보임용경찰공무원을 면직시키거나 면직을 제청할 수 있다. 24승진 O X

47 「경찰공무원 임용령 시행규칙」 제10조 제3항에서는 "시보임용 경찰공무원의 면직 또는 면직제청에 따른 동의의 절차는 해당 징계위원회의 해임 의결에 관한 절차를 준용한다."고 규정되어 있다. 24승진 O X

48 「경찰공무원 임용령」상 종전의 재직기관에서 감봉 이상의 징계처분을 받은 사람은 경력경쟁채용등의 대상이 될 수 없다. 23승진 O X

49 「경찰공무원 임용령」상 임용권자 또는 임용제청권자는 채용후보자 명부에 등재된 채용후보자가 학업을 계속하는 경우 채용후보자 명부의 유효기간의 범위에서 기간을 정하여 임용 또는 임용제청을 유예할 수 있다. 다만, 유예기간 중이라도 그 사유가 소멸한 경우에는 임용 또는 임용제청을 할 수 있다. 23승진 O X

50 「국가공무원법」상 임용권자는 공무원이 중앙인사관장기관의 장이 지정하는 연구기관이나 교육기관 등에서 연수하게 된 때에는 공무원의 의사에도 불구하고 휴직을 명하여야 한다. 22승진 O X

51 「경찰공무원 임용령」상 임용권자 또는 임용제청권자는 경찰공무원을 신규채용 할 때에 경과를 부여해야 한다. 22승진 O X

52 「경찰공무원법」상 총경 이상 경찰공무원은 경찰청장 또는 해양경찰청장의 추천을 받아 행정안전부장관 또는 해양수산부장관의 제청으로 국무총리를 거쳐 대통령이 임용한다. 다만, 총경의 전보, 휴직, 직위해제, 강등, 정직 및 복직은 경찰청장 또는 해양경찰청장이 한다. 22승진 O X

53 「경찰공무원법」상 자치경찰공무원을 그 계급에 상응하는 경찰공무원으로 임용할 때에는 시보임용을 거친다. 22승진 O X

54 「경찰공무원 승진임용규정」상 임용권자나 임용제청권자는 심사승진후보자 명부에 기록된 사람이 승진임용되기 전에 정직 이상의 징계처분을 받은 경우에는 심사승진후보자 명부에서 그 사람을 제외하여야 한다. 22승진 O X

55 「국가공무원법」상 임용권자는 금품비위, 성범죄 등 대통령령으로 정하는 비위행위로 인하여 감사원 및 검찰·경찰 등 수사기관에서 조사나 수사 중인 자로서 비위의 정도가 중대하고 이로 인하여 정상적인 업무수행을 기대하기 현저히 어려운 자는 직위해제할 수 있다. 22승진 O X

56 「경찰공무원법」 제10조 제3항 제1호에 따라 재임용된 경찰공무원의 계급정년 연한은 재임용 전에 해당 계급의 경찰공무원으로 근무한 연수를 합하여 계산한다. 23승진 O X

57 전직시험에서 세 번 이상 불합격한 자로서 직무수행 능력이 부족하다고 인정된 때는 「국가공무원법」 제70조에 따른 직권 면직 요건에 해당한다. 24승진 O X

정답

46 (O) **47** (X) 「시보임용경찰공무원의 면직 또는 면직제청에 따른 동의의 절차는 해당 징계위원회의 **파면 의결**에 관한 절차를 준용한다. **48** (O) **49** (O) **50** (X) 「국가공무원법」상 ~ 된 때에는 **휴직을 명할 수 있다. 51** (O) **52** (O) **53** (X) 자치경찰공무원을 그 계급에 상응하는 경찰공무원으로 임용하는 경우 **시보임용을 거치지 아니한다. 54** (O) **55** (O) **56** (O) **57** (O)

58　직무수행 능력이 부족하거나 근무성적이 극히 나쁜 자는 「국가공무원법」 제70조에 따른 직권 면직 요건에 해당한다. 24승진 OIX

59　파면·해임·강등 또는 정직에 해당하는 징계 의결이 요구 중인 자는 「국가공무원법」 제70조에 따른 직권 면직 요건에 해당한다. 24승진 OIX

60　형사 사건으로 기소된 자(약식명령이 청구된 자는 제외한다)는 「국가공무원법」 제70조에 따른 직권 면직 요건에 해당한다. 24승진 OIX

61　「경찰공무원법」상 모든 계급의 경찰공무원은 형의 선고, 징계처분 또는 「국가공무원법」 및 「경찰공무원법」에 정하는 사유에 따르지 아니하고는 본인의 의사에 반하여 휴직·강임 또는 면직을 당하지 아니한다. 22승진 OIX

62　「경찰공무원법」상 경찰공무원을 지휘하는 사람은 전시·사변, 그 밖에 이에 준하는 비상사태이거나 작전수행 중인 경우 또는 많은 인명손상이나 국가재산 손실의 우려가 있는 위급한 사태가 발생한 경우, 정당한 사유 없이 그 직무수행을 거부 또는 유기하거나 경찰공무원을 지정된 근무지에서 진출·퇴각 또는 이탈하게 하여서는 아니 된다. 22승진 OIX

63　「국가공무원법」상 공무원은 재직 중은 물론 퇴직 후에도 직무상 알게 된 비밀을 엄수(嚴守)하여야 한다. 23승진 OIX

64　「국가공무원법」상 공무원은 직무와 관련하여 간접적인 사례·증여 또는 향응을 주거나 받을 수 있다. 23승진 OIX

65　「국가공무원법」상 공무원이 외국 정부로부터 영예나 증여를 받을 경우에는 대통령의 허가를 받아야 한다. 23승진 OIX

66　「국가공무원법」상 공무원은 종교에 따른 차별 없이 직무를 수행하여야 한다. 23승진 OIX

67　「경찰공무원 복무규정」상 경찰공무원은 직위 또는 직권을 이용하여 부당하게 타인의 민사분쟁에 개입하여서는 아니 된다. 22승진 OIX

68　「공직자윤리법」은 총경(자치총경 포함) 이상의 경찰공무원을 재산등록의무자로 규정하고 있고, 「공직자윤리법 시행령」은 경찰공무원 중 경정, 경감, 경위, 경사와 자치경찰공무원 중 자치경정, 자치경감, 자치경위, 자치경사를 재산등록의무자로 규정하고 있다. 22승진 OIX

69　「경찰공무원 징계령」상 징계위원회는 위원과 징계등 심의 대상자, 징계등 의결을 요구하거나 요구를 신청한 자, 증인, 관계인 등 회의에 출석하는 사람이 동영상과 음성이 동시에 송수신되는 장치가 갖추어진 서로 다른 장소에 출석하여 진행하는 원격영상회의 방식으로 심의·의결할 수 있다. 23승진 OIX

70　「경찰공무원 징계령」상 징계위원회는 위원장 1명을 포함하여 11명 이상 51명 이하의 공무원 위원과 민간위원으로 구성한다. 23승진 OIX

정답

58 (X) 직위해제 사유에 해당한다.　59 (X) 직위해제 사유에 해당한다.　60 (X) 직위해제 사유에 해당한다.　61 (X) 「경찰공무원법」상 **치안총감과 치안정감을 제외한**(모든X) 경찰공무원은 형의 선고, 징계처분 또는 **「국가공무원법」**에서 정하는 사유에 따르지 아니하고는 본인의 의사에 반하여 휴직·강임 또는 면직을 당하지 아니한다.　62 (O)　63 (O)　64 (X) 공무원은 직무와 관련하여 직접적이든 **간접적이든** 사례·증여 또는 향응을 주거나 **받을 수 없다**.　65 (O)　66 (O)　67 (O)　68 (O)　69 (O)　70 (O)

71 「경찰공무원 징계령」상 징계등 의결 요구를 받은 징계위원회는 그 요구서를 받은 날로부터 30일 이내에 징계등에 관한 의결을 하여야 한다. 다만, 부득이한 사유가 있을 때에는 해당 징계심의대상자의 동의를 받아 30일 이내의 범위에서 그 기한을 연기할 수 있다. 23승진 ⓄⓍ

72 「경찰공무원 징계령」상 징계위원회가 설치된 경찰기관의 장은 위원 수의 2분의 1 이상을 자격이 있는 민간위원으로 위촉한다. 이 경우 특정 성별의 위원이 민간위원 수의 10분의 6을 초과하지 않도록 해야 한다. 23승진 ⓄⓍ

73 「국가공무원법」에 따라 공무원은 인사·조직·처우 등 각종 직무조건과 그 밖에 신상 문제와 관련한 고충에 대하여 상담을 신청하거나 심사를 청구할 수 있다. 22승진 ⓄⓍ

74 「경찰공무원법」에 따라 '경찰공무원 고충심사위원회'의 심사를 거친 재심청구와 경정 이상 경찰공무원의 인사상담 및 고충심사는 「국가공무원법」에 따라 설치된 중앙고충심사위원회에서 한다. 22승진 ⓄⓍ

75 「공무원고충처리규정」에 따라 고충심사위원회가 청구서를 접수한 때에는 30일 이내에 고충심사에 대한 결정을 하여야 한다. 다만, 부득이하다고 인정되는 경우에는 고충심사위원회의 의결로 30일을 연장할 수 있다. 22승진 ⓄⓍ

76 「국가공무원법」에 따라 중앙인사관장기관의 장, 임용권자 또는 임용제청자는 기관 내 성폭력 범죄 또는 성희롱 발생 사실의 신고를 받은 경우에는 지체 없이 사실 확인을 위한 조사를 하고 그에 따라 필요한 조치를 할 수 있다. 22승진 ⓄⓍ

CHAPTER ❺ 경찰작용법 일반론

77 「헌법」상 국회에서 의결된 법률안은 정부에 이송되어 15일 이내에 대통령이 공포한다. 23승진 ⓄⓍ

78 「헌법」상 법률은 특별한 규정이 없는 한 공포한 날로부터 20일을 경과함으로써 효력을 발생한다. 23승진 ⓄⓍ

79 「법령 등 공포에 관한 법률」상 대통령령, 총리령 및 부령은 특별한 규정이 없으면 공포한 날부터 20일이 경과함으로써 효력을 발생한다. 23승진 ⓄⓍ

80 「법령 등 공포에 관한 법률」상 국민의 권리 제한 또는 의무 부과와 직접 관련되는 법률, 대통령령, 총리령 및 부령은 긴급히 시행하여야 할 특별한 사유가 있는 경우를 제외하고는 공포일로부터 적어도 20일이 경과한 날부터 시행되도록 하여야 한다. 23승진 ⓄⓍ

81 경찰비례의 원칙은 행정영역에서 적용되는 원칙으로서, 일반적 수권조항에 근거하여 경찰권을 발동하는 경우는 물론, 개별적 수권조항에 근거하여 경찰권을 발동하는 경우에도 적용된다. 22승진 ⓄⓍ

82 경찰비례의 원칙은 경찰행정관청의 특정행위가 공적 목적 달성을 위해 적합하고, 국민에게 가장 피해가 적으며, 달성되는 공익이 침해되는 사익보다 더 커야 적법한 행정작용이 될 수 있다. 22승진 ⓄⓍ

정답

71 (X) 다만, 부득이한 사유가 있을 때에는 해당 징계등 의결을 요구한 **경찰기관의 장의 승인**을 받아 30일 이내의 범위에서 그 기한을 연기할 수 있다. **72** (O) **73** (O) **74** (O) **75** (O) **76** (X) 그에 따라 필요한 조치를 **하여야 한다**. **77** (O) **78** (O) **79** (O) **80** (X) 30일이 경과한 날부터 시행되도록 하여야 한다. **81** (O) **82** (O)

83 상당성의 원칙(협의의 비례원칙)은 경찰기관의 어떤 조치가 경찰목적 달성을 위해 필요한 경우라고 하여도 그 조치에 따른 불이익이 그 조치로 인해 발생하는 이익보다 큰 경우에는 경찰권을 발동해서는 안된다는 원칙이다. 22승진 OIX

84 경찰비례의 원칙은 법률에 명문의 규정은 존재하지 않지만 이를 위반한 경찰작용은 위법한 것으로 평가되어 행정소송의 대상이 되며, 국가배상청구의 대상이 될 수 있다. 22승진 OIX

85 「행정기본법」상 신뢰의 원칙은 행정청은 권한 행사의 기회가 있음에도 불구하고 장기간 권한을 행사하지 아니하여 국민이 그 권한이 행사되지 아니할 것으로 믿을 만한 정당한 사유가 있는 경우에는 그 권한을 행사해서는 아니 된다. 다만, 공익 또는 제3자의 이익을 현저히 해칠 우려가 있는 경우는 예외로 한다. 23승진 OIX

86 「행정기본법」상 신뢰의 원칙은 행정청은 합리적 이유 없이 국민을 차별해서는 아니 된다는 것을 말한다. 23승진 OIX

87 「행정기본법」상 신뢰의 원칙은 행정청의 행정작용은 행정목적을 달성하는 데 유효하고 적절해야 하며, 필요한 최소한도에 그칠 것이고, 행정작용으로 인한 국민의 이익 침해가 그 행정작용이 의도하는 공익보다 크지 아니해야 한다. 23승진 OIX

88 「행정기본법」상 행정청은 행정작용을 할 때 상대방에게 해당 행정작용과 실질적인 관련이 없는 의무를 부과해서는 아니 된다는 원칙은 신뢰의 원칙과 관련이 있다. 23승진 OIX

89 행정목적을 위하여 국가의 일반통치권에 의거 개인에게 특정한 작위·부작위·수인 또는 급부의 의무를 명하는 행정행위, 개인에게 특정의무를 명하는 명령적 행정행위를 하명이라 한다. 23승진 OIX

90 법령에 의한 일반적·절대적 금지를 특정한 경우에 해제하여 적법하게 일정한 행위를 할 수 있게 하는 행정행위를 허가라 한다. 23승진 OIX

91 부관은 조건·기한·부담·철회권의 유보 등과 같이 주된 처분에 부가되는 종된 규율로서, 주된 처분의 효과를 제한하거나 의무를 부과함으로써 국민의 권리·의무에 영향을 미치는 효과가 있다. 23승진 OIX

92 행정지도는 일정한 행정목적을 달성하기 위해 상대방인 국민에게 임의적인 협력을 요청하는 비권력적 사실행위를 말한다. 23승진 OIX

93 「고용보험법」상 '실업인정대상 기간 중의 취업사실'에 대한 행정조사 절차에는 수사절차에서의 진술거부권 고지의무에 관한 「형사소송법」 규정이 준용되지 않는다. 24승진 OIX

94 경찰공무원이 「도로교통법」 규정에 따라 호흡측정 또는 혈액검사 등의 방법으로 운전자가 술에 취한 상태에서 운전하였는지를 조사하는 것은 수사로서의 성격을 갖지만, 행정조사의 성격을 가지는 것은 아니다. 24승진 OIX

정답

83 (O) 84 (X) 경찰비례의 원칙은 「헌법」 제37조 제2항, 「행정기본법」 제10조, 「경찰관직무집행법」 제1조 제2항에 명문으로 규정되어 있다. 85 (O) 86 (X) 평등의 원칙에 대한 설명이다. 87 (X) 비례의 원칙에 대한 설명이다. 88 (X) 부당결부금지의 원칙에 대한 설명이다. 89 (O) 90 (X) 법령에 의한 일반적·**상대적** 금지를 특정한 경우에 해제하여 적법하게 일정한 행위를 할 수 있게 하는 행정행위를 허가라 한다. 91 (O) 92 (O) 93 (O) 94 (X) 경찰공무원이 도로교통법 규정에 따라 호흡측정 또는 혈액 검사 등의 방법으로 운전자가 술에 취한 상태에서 운전하였는지를 조사하는 것은, 수사기관과 경찰행정 조사자의 지위를 겸하는 주체가 형사소송에서 사용될 증거를 수집하기 위한 수사로서의 성격을 가짐과 아울러 교통상 위험의 방지를 목적으로 하는 운전면허 정지·취소의 행정처분을 위한 자료를 수집하는 **행정조사의 성격을 동시에 가지고 있다**고 볼 수 있다.

95 조사대상자의 자발적 협조로 조사가 이루어지는 경우일지라도 행정의 적법성 및 공공성 등을 높이기 위해서 조사목적 등을 반드시 서면으로 통보하여야 한다. 24승진 OIX

96 「행정조사기본법」상 행정기관은 행정조사를 통하여 알게 된 정보를 어떠한 경우에도 원래의 조사목적 이외의 용도로 이용할 수 없다. 24승진 OIX

97 「질서위반행위규제법」상 질서위반행위의 성립과 과태료 처분은 행위 시의 법률에 따른다. 24승진 OIX

98 「질서위반행위규제법」상 질서위반행위 후 법률이 변경되어 그 행위가 질서위반행위에 해당하지 아니하게 되거나 과태료가 변경되기 전의 법률보다 가볍게 된 때에는 법률에 특별한 규정이 없는 한 변경된 법률을 적용한다. 24승진 OIX

99 「질서위반행위규제법」은 대한민국 영역 밖에 있는 대한민국의 선박 또는 항공기 안에서 질서위반행위를 한 외국인에게는 적용하지 아니한다. 24승진 OIX

100 「질서위반행위규제법」은 대한민국 영역 안에서 질서위반행위를 한 자에게 적용한다. 24승진 OIX

CHAPTER ❻ 경찰관 직무집행법

101 「경찰관직무집행법」상 경찰관은 수상한 행동이나 그 밖의 주위 사정을 합리적으로 판단하여 볼 때 어떠한 죄를 범하였거나 범하려 하고 있다고 의심할 만한 상당한 이유가 있는 사람을 정지시켜 질문하여야 한다. 24승진 OIX

102 「경찰관직무집행법」상 불심검문을 하던 중 정지시킨 장소에서 질문하는 것이 그 사람에게 불리하거나 교통에 방해가 된다고 인정될 때에는 질문을 하기 위하여 가까운 경찰서·지구대·파출소 또는 출장소(지방해양경찰관서 포함)로 동행할 것을 요구할 수 있다. 24승진 OIX

103 「경찰관직무집행법」상 경찰관은 동행한 사람의 가족이나 친지 등에게 동행한 경찰관의 신분, 동행장소, 동행목적과 이유를 알리거나 본인으로 하여금 즉시 연락할 수 있는 기회를 주어야 하나, 변호인의 도움을 받을 권리가 있음을 알릴 필요는 없다. 24승진 OIX

104 「경찰관직무집행법」상 경찰관은 불심검문 대상자를 임의동행한 경우 동행한 사람을 6시간을 초과하여 경찰관서에 머물게 할 수 없다. 24승진 OIX

🔵 정답

95 (X) 조사대상자의 **자발적인 협조를 얻어 실시하는** 행정조사의 경우 조사대상자에게 제시하거나 행정조사의 목적 등을 조사대상자에게 **구두로 통지할 수 있다.** **96** (X) 행정기관은 행정조사를 통하여 알게 된 정보를 **다른 법률에** 따라 내부에서 이용하거나 다른 기관에 제공하는 **경우를 제외하고는** 원래의 조사목적 이외의 용도로 이용하거나 타인에게 제공하여서는 아니 된다. **97** (O) **98** (O) **99** (X) 이 법은 대한민국 영역 밖에 있는 대한민국의 선박 또는 항공기 안에서 질서위반행위를 한 **외국인에게 적용한다.** **100** (O) **101** (X) 경찰관은 수상한 행동이나 그 밖의 주위 사정을 합리적으로 판단하여 볼 때 어떠한 죄를 범하였거나 범하려 하고 있다고 의심할 만한 상당한 이유가 있는 사람을 정지시켜 질문할 수 있다. **102** (O) **103** (X) 경찰관은 제2항에 따라 동행한 사람의 가족이나 친지 등에게 동행한 경찰관의 신분, 동행 장소, 동행 목적과 이유를 알리거나 본인으로 하여금 즉시 연락할 수 있는 기회를 주어야 하며, **변호인의 도움을 받을 권리가 있음을 알려야 한다.** **104** (O)

105 「경찰관직무집행법」상 경찰관의 제지 조치가 적법한지는 제지 조치 당시의 구체적 상황을 기초로 판단하여야 하고 사후적으로 순수한 객관적 기준에서 판단할 것은 아니다. 23승진 OIX

106 「경찰관직무집행법」상 경찰관은 위험 방지를 위해 필요한 장소에 출입할 때에는 그 신분을 표시하는 증표를 제시하여야 하며, 함부로 관계인이 하는 정당한 업무를 방해해서는 아니 된다. 23승진 OIX

107 「경찰관직무집행법」상 경찰관의 경고나 제지는 범죄의 예방을 위하여 범죄행위에 관한 실행의 착수 전에 행하여질 수 있을 뿐만 아니라, 이후 범죄행위가 계속되는 중에 그 진압을 위하여도 당연히 행하여질 수 있다고 보아야 한다. 23승진 OIX

108 「경찰관직무집행법」상 경찰관은 범죄행위가 목전(目前)에 행하여지려고 하고 있다고 인정될 경우 이를 예방하기 위하여 관계인에게 필요한 제지를 하여야 한다. 23승진 OIX

109 「경찰관직무집행법」상 경찰관은 위험 발생의 방지 등에 관한 조치 중 매우 긴급한 경우에 위해를 입을 우려가 있는 사람을 필요한 한도에서 억류하거나 피난시킬 수 있다. 23승진 OIX

110 「경찰관직무집행법」상 경찰관은 위험 발생의 방지 등에 관한 조치를 하였을 때에는 지체없이 그 사실을 소속 경찰관서의 장에게 보고하여야 한다. 23승진 OIX

111 「경찰관직무집행법」상 경찰관서의 장은 대간첩 작전의 수행이나 소요 사태의 진압을 위하여 필요하다고 인정되는 상당한 이유가 있을 때에는 대간첩 작전지역이나 경찰관서·무기고 등 다중이용시설에 대한 접근 또는 통행을 제한하거나 금지할 수 있다. 23승진 OIX

112 「경찰관직무집행법」상 경찰관은 위험한 동물 등의 출현으로 인해 사람의 생명 또는 신체에 위해를 끼치거나 재산에 중대한 손해를 끼칠 우려가 있는 경우 위험 발생 방지 등의 조치를 할 수 있다. 23승진 OIX

113 「경찰관직무집행법」상 경찰관이 보호조치 등을 하였을 때에는 (㉠) 구호대상자의 가족, 친지 또는 그 밖의 연고자에게 그 사실을 알려야 하며, 연고자가 발견되지 아니할 때에는 구호대상자를 적당한 공공보건의료기관이나 공공구호기관에 즉시 인계하여야 한다. 구호대상자를 경찰관서에서 보호하는 기간은 (㉡)시간을 초과할 수 없고, 물건을 경찰관서에 임시로 영치하는 기간은 (㉢)일을 초과할 수 없다. 23승진

114 「경찰관 직무집행법 시행령」상 경찰관의 적법한 직무집행으로 인하여 발생한 손실을 보상받으려는 사람은 보상금 지급 청구서에 손실내용과 손실금액을 증명할 수 있는 서류를 첨부하여 손실보상청구 사건 발생지를 관할하는 국가경찰관서의 장에게 제출하여야 한다. 22승진 OIX

정답

105 (O) **106** (O) **107** (O) **108** (X) 경찰관은 범죄행위가 **목전(目前)에** 행하여지려고 하고 있다고 인정될 때에는 이를 예방하기 위하여 관계인에게 필요한 **경고**를 하고, 그 행위로 인하여 사람의 **생명·신체**에 위해를 끼치거나 재산에 중대한 손해를 끼칠 우려가 있는 **긴급한 경우**에는 그 행위를 **제지할** 수 있다.
109 (O) **110** (O) **111** (X) 경찰관서의 장은 대간첩 작전의 수행이나 소요 사태의 진압을 위하여 필요하다고 인정되는 상당한 이유가 있을 때에는 대간첩 작전지역이나 경찰관서·무기고 등 **국가중요시설**에 대한 접근 또는 통행을 제한하거나 금지할 수 있다. **112** (O) **113** ㉠-지체없이 ㉡-24 ㉢-10 **114** (O)

115 「경찰관 직무집행법」에 따라 경찰관은 미아, 병자, 부상자 등으로서 적당한 보호자가 없으며 응급구호가 필요하다고 인정되는 사람은 본인이 구호를 거절하는 경우에도 보호조치를 할 수 있다. 22승진 OX

116 「경찰관 직무집행법」에 따라 경찰관이 불심검문을 하던 중 정지시킨 장소에서 질문하는 것이 불심자에게 불리하거나 교통에 방해가 된다고 인정될 때에는 질문을 하기 위하여 경찰관서로 동행할 것을 요구할 수 있다. 22승진 OX

117 「경찰관 직무집행법」상 '제지'는 행정상 즉시강제에 해당하며, 필요한 최소한도 내에서 행해져야 하므로 해당 집회 참가가 불법 행위라도, 집회 장소와 시간적·장소적으로 근접하지 않은 경우에는 이를 제지할 수 없다. 22승진 OX

118 「경찰관 직무집행법」은 국민의 자유와 권리 및 모든 개인이 가지는 불가침의 기본적 인권을 보호하고 사회공공의 질서를 유지하기 위한 경찰관의 직무 수행에 필요한 사항을 규정함을 목적으로 한다. 22승진 OX

119 경찰관은 범죄행위가 목전에 행하여 지려고 하고 있다고 인정될 때에는 이를 예방하기 위하여 관계인에게 필요한 경고를 할 수 있다. 22승진 OX

120 경찰관이 위험방지를 위한 출입할 때에는 그 신분을 표시하는 증표의 제시의무는 없다. 22승진 OX

121 경찰관은 위험한 사태가 발생하여 사람의 생명·신체 또는 재산에 대한 위해가 임박한 때에 그 위해를 방지하거나 피해자를 구조하기 위하여 부득이하다고 인정하면 합리적으로 판단하여 필요한 한도에서 다른 사람의 토지·건물·배 또는 차에 출입할 수 있다. 22승진 OX

122 「경찰관 직무집행법」상 경찰청장은 위해성 경찰장비를 새로 도입하려는 경우에는 대통령령으로 정하는 바에 따라 안전성 검사를 실시하여 그 안전성 검사의 결과보고서를 행정안전부장관에게 제출하여야 한다. 22승진 OX

123 「위해성 경찰장비의 사용기준 등에 관한 규정」상 경찰관은 14세 미만의 자 또는 65세 이상의 고령자에 대하여 전자충격기를 사용하여서는 아니 된다. 22승진 OX

124 「경찰관 직무집행법」상 경찰관은 범인의 체포 또는 범인의 도주 방지를 위하여 부득이한 경우에는 현장책임자가 판단하여 필요한 최소한의 범위에서 「총포·도검·화약류 등의 안전관리에 관한 법률」에 따른 분사기를 사용할 수 있다. 22승진 OX

125 「경찰관 직무집행법」상 경찰관은 범인의 체포, 범인의 도주 방지, 자신이나 다른 사람의 생명·신체의 방어 및 보호, 공무집행에 대한 항거의 제지를 위하여 필요하다고 인정되는 상당한 이유가 있을 때에는 그 사태를 합리적으로 판단하여 필요한 한도에서 무기를 사용할 수 있다. 22승진 OX

정답

115 (X) 경찰관은 수상한 행동이나 그 밖의 주위 사정을 합리적으로 판단해 볼 때 미아, 병자, 부상자 등으로서 적당한 보호자가 없으며 응급구호가 필요하다고 인정되는 사람을 발견하였을 때에는 보건의료기관이나 공공구호기관에 긴급구호를 요청하거나 경찰관서에 보호하는 등 적절한 조치를 할 수 있다. 다만, **본인이 구호를 거절하는 경우는 제외한다.** 116 (O) 117 (O) 118 (O) 119 (O) 120 (X) 경찰관이 위험방지를 위한 출입할 때에는 그 **신분을 표시하는 증표를 제시하여야 하며**, 함부로 관계인이 하는 정당한 업무를 방해해서는 아니 된다. 121 (O) 122 (X) 안전성 검사의 결과보고서를 **국회 소관 상임위원회에 제출하여야 한다.** 123 (X) 경찰관은 14세 미만의 자 또는 **임산부(65세 고령자 X)**에 대하여 전자충격기 또는 전자방패를 사용하여서는 아니된다. 124 (O) 125 (O)

126 「경찰 물리력 행사의 기준과 방법에 관한 규칙」상 순응은 대상자가 경찰관의 지시, 통제에 따르는 상태를 말한다. 다만, 대상자가 경찰관의 요구에 즉각 응하지 않고 약간의 시간만 지체하는 경우는 '순응'으로 본다. 24승진 O|X

127 「경찰 물리력 행사의 기준과 방법에 관한 규칙」상 소극적 저항은 대상자가 경찰관의 지시, 통제를 따르지 않고 비협조적이지만 경찰관 또는 제3자에 대해 직접적인 위해를 가하지 않는 상태를 말한다. 경찰관이 정당한 이동명령을 발하였음에도 가만히 서있거나 앉아 있는 등 전혀 움직이지 않는 상태, 일부러 몸의 힘을 모두 빼거나, 고정된 물체를 꽉잡고 버팀으로써 움직이지 않으려는 상태 등이 이에 해당한다. 24승진 O|X

128 「경찰 물리력 행사의 기준과 방법에 관한 규칙」상 적극적 저항은 대상자가 자신에 대한 경찰관의 체포·연행 등 정당한 공무집행을 방해하지만 경찰관 또는 제3자에 대해 위해 수준이 낮은 행위만을 하는 상태를 말한다. 대상자가 자신을 체포·연행하려는 경찰관으로부터 물리적으로 이탈하거나 도주하려는 행위, 체포·연행을 위해 팔을 잡으려는 경찰관의 손을 뿌리치거나, 경찰관을 밀고 잡아끄는 행위, 경찰관에게 침을 뱉거나 경찰관을 밀치는 행위 등이 이에 해당한다. 24승진 O|X

129 「경찰 물리력 행사의 기준과 방법에 관한 규칙」상 폭력적 공격은 대상자가 경찰관 또는 제3자에 대해 사망 또는 심각한 부상을 초래할 수 있는 행위를 하는 상태를 말한다. 흉기(칼·도끼·낫 등)를 이용하여 경찰관, 제3자에 대해 위력을 행사하고 있거나 위해 발생이 임박한 경우, 경찰관이나 제3자의 목을 세게 조르거나 무차별 폭행하는 등 생명·신체에 대해 중대한 위해가 발생할 정도의 위험한 폭력을 행사하는 경우가 이에 해당한다. 24승진 O|X

CHAPTER ❼ 경찰관리

130 통솔범위의 원리는 관리자의 능률적인 감독을 위해서는 통솔하는 대상의 범위를 적정하게 제한하여야 한다는 것으로 관리의 효율성을 좌우하는 중요한 원리이다. 23승진 O|X

131 조직의 집단적 노력을 질서있게 배열하는 과정으로 개별적인 활동을 전체적인 관점에서 통일하여 조직의 목표달성도를 높이려는 조직편성의 원리를 명령통일의 원리라고 한다. 23승진 O|X

132 계층제의 원리는 관리자의 공백 등을 대비하여 대리, 위임, 유고관리자 사전지정 등이 필요하다. 23승진 O|X

133 조정과 통합의 원리는 조직편성 원리의 장단점을 조화롭게 승화시키는 원리로, 무니(Mooney)는 조정의 원리를 '제1의 원리'라고 하였다. 23승진 O|X

134 엽관주의는 정치지도자의 국정 지도력을 강화함으로써 공공정책의 실현을 용이하게 해준다. 24승진 O|X

135 잭슨(Jackson) 대통령이 암살당한 사건은 미국에서 실적주의 도입의 배경이 되었다. 24승진 O|X

136 엽관주의는 행정의 안정성과 지속성을 확보하기 어렵다. 24승진 O|X

정답
126 (O) 127 (O) 128 (O) 129 (X) 치명적 공격에 대한 설명이다. 130 (O) 131 (X) 조정의 원리에 관한 설명이다. 132 (X) 명령통일의 원리는 관리자의 공백 등을 대비하여 대리, 위임, 유고관리자 사전지정 등이 필요하다. 133 (O) 134 (O) 135 (X) 가필드(Garfield) 대통령이 암살당한 사건은 미국에서 실적주의 도입의 배경이 되었다. 136 (O)

137 실적주의는 정치적중립에 집착하여 인사행정을 소극화·형식화시켰다. 24승진 OIX

138 「보안업무규정」상 비밀은 그 중요성과 가치의 정도에 따라 구분하는데, 누설될 경우 국가안전보장에 막대한 지장을 끼칠 우려가 있는 비밀은 I급비밀로 구분한다. 24승진 OIX

139 「보안업무규정」상 지방자치단체의 장, 광역시·도의 교육감, 경찰청장은 II급 및 III급비밀 취급인가권자와 III급비밀 소통용 암호자재 취급인가권자이다. 24승진 OIX

140 「보안업무규정」상 비밀은 적절히 보호할 수 있는 최고등급으로 분류하되, 과도하거나 과소하게 분류해서는 아니 된다. 24승진 OIX

141 「보안업무규정」상 각급기관의 장은 비밀분류를 통일성있고 적절하게 하기 위하여 세부 분류지침을 작성하여 시행하여야 하며 이 경우 세부 분류지침은 공개하는 것을 원칙으로 한다. 24승진 OIX

142 「경찰장비관리규칙」상 탄약고 내에는 전기시설을 하여서는 아니되며, 조명은 건전지 등으로 하고 방화시설을 완비하여야 한다. 단, 방폭설비를 갖춘 경우 전기시설을 설치할 수 있다. 24승진 OIX

143 「경찰장비관리규칙」상 집중무기·탄약고의 열쇠보관은 일과시간에는 무기 관리부서의 장이, 일과시간 후에는 당직 업무(청사방호)책임자가 한다. 24승진 OIX

144 「경찰장비관리규칙」상 경찰기관의 장은 무기를 휴대한 자가 술자리 또는 연회장소에 출입할 경우 즉시 대여한 무기·탄약을 회수해야 한다. 24승진 OIX

145 「경찰장비관리규칙」상 경찰관이 권총을 휴대·사용하는 경우 1탄은 공포탄, 2탄 이하는 실탄을 장전한다. 다만, 대간첩작전, 살인·강도 등 중요범인이나 무기·흉기 등을 사용하는 범인의 체포 및 위해의 방호를 위하여 불가피한 경우에 1탄부터 실탄을 장전할 수 있다. 24승진 OIX

146 「보안업무규정 시행 세부규칙」상 모든 경찰공무원(전투경찰순경을 포함한다)은 임용과 동시 III급 비밀취급권을 가진다. 22승진 OIX

147 「보안업무규정 시행 세부규칙」상 정보부서에 근무하는 경찰공무원은 그 보직발령과 동시에 II급 비밀취급권을 인가받은 것으로 한다. 22승진 OIX

148 「보안업무규정」과 「보안업무규정 시행규칙」상 보호지역 중 제한구역은 비인가자가 비밀, 주요시설 및 III급 비밀 소통용 암호자재에 접근하는 것을 방지하기 위하여 안내를 받아 출입하여야 하는 구역을 말한다. 22승진 OIX

정답

137 (O) 138 (X) 누설될 경우 국가안전보장에 막대한 지장을 끼칠 우려가 있는 비밀은 II**급비밀**로 구분한다. 139 (O) 140 (X) 비밀은 적절히 보호할 수 있는 **최저등급**으로 분류하되, 과도하거나 과소하게 분류해서는 아니 된다. 141 (X) 각급기관의 장은 비밀 분류를 통일성 있고 적절하게 하기 위하여 세부 분류지침을 작성하여 시행하여야 한다. 이 경우 **세부 분류지침은 공개하지 않는다.** 142 (O) 143 (O) 144 (X) 경찰기관의 장은 무기를 휴대한 자가 술자리 또는 연회장소에 출입할 경우에는 대여한 무기·탄약을 무기고에 **보관하도록 해야 한다.** 145 (O) 146 (O) 147 (O) 148 (O)

149 「보안업무규정」상 비밀은 그 중요성과 가치의 정도에 따라 구분하며 누설될 경우 국가안전보장에 해를 끼칠 우려가 있는 비밀은 Ⅱ급 비밀에 해당한다. 22승진 OIX

150 「행정업무의 운영 및 혁신에 관한 규정」상 공문서는 「국어기본법」에 따른 어문규범에 맞게 한글로 작성하되, 뜻을 정확하게 전달하기 위하여 필요한 경우에는 괄호 안에 한자나 그 밖의 외국어를 함께 적을 수 있다. 24승진 OIX

151 「행정업무의 운영 및 혁신에 관한 규정」상 공문서는 결재권자가 해당 문서에 서명(전자이미지서명, 전자문자서명 및 행정전자서명을 포함한다)의 방식으로 결재함으로써 성립된다. 24승진 OIX

152 「행정업무의 운영 및 혁신에 관한 규정」상 공문서는 수신자에게 도달(전자문서의 경우는 수신자가 관리하거나 지정한 전자적시스템 등에 입력되는 것을 말한다)됨으로써 효력을 발생한다. 다만, 공고문서의 경우 그 문서에서 효력발생 시기를 구체적으로 밝히고 있지 않으면 그 고시 또는 공고 등이 있은 날부터 5일이 경과한 때에 효력이 발생한다. 24승진 OIX

153 「행정업무의 운영 및 혁신에 관한 규정」상 공문서에는 음성정보나 영상정보 등이 수록되거나 연계된 바코드 등을 표기할 수 없다. 24승진 OIX

154 「언론중재 및 피해구제 등에 관한 법률」상 언론중재위원회에 위원장 1명과 2명 이내의 부위원장 및 3명의 감사를 두며, 각각 언론중재위원 중에서 호선(互選)한다. 23승진 OIX

155 「언론중재 및 피해구제 등에 관한 법률」상 사실적 주장에 관한 언론보도등이 진실하지 아니함으로 인하여 피해를 입은 자는 해당 언론보도등이 있음을 안 날부터 3개월 이내에 언론사, 인터넷뉴스서비스사업자 및 인터넷 멀티미디어 방송사업자에게 그 언론보도등의 내용에 관한 정정보도를 청구할 수 있다. 다만, 해당 언론보도등이 있은 후 6개월이 지났을 때에는 그러하지 아니하다 23승진 OIX

156 「언론중재 및 피해구제 등에 관한 법률」상 언론중재위원회는 40명 이상 90명 이내의 중재위원으로 구성하며, 중재위원은 문화체육관광부장관이 위촉한다. 23승진 OIX

157 「언론중재 및 피해구제 등에 관한 법률」상 피해자가 정정보도청구권을 행사할 정당한 이익이 없는 경우에는 언론사등은 정정보도 청구를 거부할 수 있다. 23승진 OIX

CHAPTER ❽ 경찰에 대한 통제

158 민주적 통제에는 국가경찰위원회, 국민감사청구, 국가배상제도가 있다. 23승진 OIX

159 입법예고제, 국회의 예산심의권, 사법부의 사법심사는 사전통제에는 해당한다. 23승진 OIX

정답

149 (X) 누설될 경우 국가안전보장에 해를 끼칠 우려가 있는 비밀은 Ⅲ급 비밀에 해당한다. **150** (O) **151** (O) **152** (O) **153** (X) 문서에는 음성정보나 영상정보 등이 수록되거나 연계된 바코드 등을 **표기할 수 있다**. **154** (X) 중재위원회에 위원장 1명과 2명 이내의 부위원장 및 **2명 이내의 감사**를 두며, 각각 중재위원 중에서 호선한다. **155** (O) **156** (O) **157** (O) **158** (X) 국가배상제도는 **사법적 통제**에 해당한다. **159** (X) 사법부의 사법심사는 **사후적 통제**에 해당한다.

160 소청심사위원회, 행정소송, 훈령권은 외부통제에 해당한다. 23승진 OIX

161 행정심판, 국정 감사·조사권, 국회의 예산결산권은 사후통제에 해당한다. 23승진 OIX

162 「부패방지 및 국민권익위원회의 설치와 운영에 관한 법률」상 신고를 하려는 자는 본인의 인적사항과 신고취지 및 이유를 기재한 기명의 문서로써 하여야 하며, 신고대상과 부패행위의 증거 등을 함께 제시하여야 한다. 24승진 OIX

163 「부패방지 및 국민권익위원회의 설치와 운영에 관한 법률」상 국민권익위원회는 접수된 신고사항에 대하여 신고자를 상대로 신고대상자의 인적사항, 신고의 경위 및 취지 등 신고내용의 특정에 필요한 사항을 확인하여야 한다. 24승진 OIX

164 「부패방지 및 국민권익위원회의 설치와 운영에 관한 법률」상 공직자는 그 직무를 행함에 있어 다른 공직자가 부패행위를 한 사실을 알게 되었거나 부패행위를 강요 또는 제의받은 경우에는 지체 없이 이를 수사기관·감사원 또는 국민권익위원회에 신고하여야 한다. 24승진 OIX

165 「부패방지 및 국민권익위원회의 설치와 운영에 관한 법률」상 조사기관은 신고를 이첩 또는 송부받은 날부터 60일 이내에 감사·수사 또는 조사를 종결하여야 한다. 다만, 정당한 사유가 있는 경우에는 그 기간을 연장할 수 있으며, 국민권익위원회에 그 연장사유 및 연장기간을 통보하여야 한다. 24승진 OIX

166 「공공기관의 정보공개에 관한 법률」상 공공기관은 비공개대상 정보에 해당하는 정보가 기간의 경과 등으로 인하여 비공개의 필요성이 없어진 경우에는 그 정보를 공개대상으로 하여야 한다. 23승진 OIX

167 「공공기관의 정보공개에 관한 법률」상 정보의 공개를 청구하는 자는 해당 정보를 보유하거나 관리하고 있는 공공기관에 정보공개청구서를 제출하거나 말로써 정보의 공개를 청구할 수 있다. 23승진 OIX

168 「공공기관의 정보공개에 관한 법률」상 공공기관은 부득이한 사유로 정보공개의 청구를 받은 날부터 10 이내에 공개 여부를 결정할 수 없을 때에는 그 기간이 끝나는 날부터 기산하여 10일의 범위에서 공개 여부 결정기간을 연장할 수 있다. 이 경우 공공기관은 연장된 사실과 연장사유를 청구인에게 지체 없이 문서로 통지하여야 한다. 23승진 OIX

169 「공공기관의 정보공개에 관한 법률」상 청구인이 공개청구한 정보가 비공개 대상정보에 해당하는 부분과 공개 가능한 부분이 혼합되어 있는 경우 공개청구의 취지에 어긋나지 아니하는 범위에서 두 부분을 분리할 수 있는 경우에는 비공개대상 정보에 해당하는 부분을 제외하고 공개하여야 한다. 23승진 OIX

170 「경찰 인권보호 규칙」상 조사담당자는 사건 조사 과정에서 진정인·피진정인 또는 참고인 등이 임의로 제출한 물건 중 사건 조사에 필요한 물건은 보관할 수 있다. 23승진 OIX

171 「경찰 인권보호 규칙」상 조사담당자는 제출받은 물건에 사건번호와 표제, 제출자 성명, 물건 번호, 보관자 성명 등을 적은 표지를 붙인 후 봉투에 넣거나 포장하여 안전하게 보관하여야 한다. 23승진 OIX

정답

160 (X) **훈령권은 내부통제에 해당한다.** **161** (O) **162** (O) **163** (X) 국민권익위원회는 접수된 신고사항에 대하여 신고자를 상대로 신고대상자의 인적사항, 신고의 경위 및 취지 등 신고내용의 특정에 필요한 사항을 확인할 **수 있다.** **164** (O) **165** (O) **166** (O) **167** (O) **168** (X) 그 기간이 **끝나는 날의 다음 날부터** 기산하여 10일의 범위. **169** (O) **170** (O) **171** (O)

172 「경찰 인권보호 규칙」상 진정인이 진정을 취소한 사건에서 진정인이 제출한 물건이 있는 경우에는 진정인이 요구하는 경우에 한하여 반환할 수 있다. 23승진 OIX

173 「경찰 인권보호 규칙」상 조사담당자는 사건을 조사하는 과정에서 동일한 사건에 대하여 경찰·검찰 등의 수사가 시작된 경우에는 사건 조사를 중지할 수 있다. 다만, 확인된 인권침해 사실에 대한 구제 절차는 계속하여 이행할 수 있다. 23승진 OIX

174 「경찰 인권보호 규칙」상 경찰청장은 국민의 인권보호와 증진을 위하여 경찰 인권정책 기본계획을 3년마다 수립해야 한다. 24승진 OIX

175 「경찰 인권보호 규칙」상 인권보호담당관은 반기 1회 이상 인권영향평가의 이행 여부를 점검하고, 이를 경찰청 인권위원회에 제출하여야 한다. 24승진 OIX

176 「경찰 인권보호 규칙」상 경찰청 및 그 소속기관의 장은 진정의 원인이 된 사실이 공소시효, 징계시효 및 민사상 시효 등이 모두 완성된 경우에 그 진정을 각하할 수 있다. 24승진 OIX

177 「경찰 인권보호 규칙」상 경찰 활동 전반에 걸친 민주적 통제를 구현하여 경찰력 오·남용을 예방하고, 경찰 행정의 인권지향성을 높여 인권을 존중하는 경찰활동을 정립하기 위해 경찰청장 및 시·도경찰청장의 자문기구로서 각각 경찰청 인권위원회, 시·도경찰청 인권위원회를 설치하여 운영한다. 24승진 OIX

178 「경찰관 인권행동강령」상 경찰관은 직무를 수행하는 과정에서 합리적인 이유 없이 성별, 종교, 장애 등을 이유로 누구도 차별하여서는 아니 되고, 신체적·정신적·경제적·문화적인 차이 등으로 특별한 보호가 필요한 사람의 인권을 보호하여야 한다. 22승진 OIX

179 「경찰 인권보호 규칙」상 인권보호담당관은 분기 1회 이상 인권영향평가의 이행 여부를 점검하고, 이를 경찰청 인권위원회에 제출하여야 한다. 22승진 OIX

180 참가인원, 내용, 동원 경력의 규모, 배치 장비 등을 고려하여 인권침해 가능성이 높다고 판단되는 집회 및 시위의 경우는 「경찰 인권보호 규칙」상 인권영향평가 실시 대상에 해당한다. 22승진 OIX

181 「경찰 인권보호 규칙」상 인권침해사건 조사절차에서 사건이 종결되어 더이상 물건을 보관할 필요가 없는 경우, 조사담당자는 사건 조사 과정에서 진정인이 임의로 제출한 물건을 제출자가 요구하지 않더라도 반환할 수 있다. 22승진 OIX

정답

172 (X) 진정인이 진정을 취소한 사건에서 진정인이 제출한 물건이 있는 경우 **제출자가 요구하지 않더라도 반환할 수 있다.**
173 (O) **174** (X) 기본계획을 **5년마다** 수립해야 한다. **175** (O) **176** (O) **177** (O) **178** (O) **179** (X) 인권보호담당관은 **반기 1회 이상 인권영향평가** **180** (O) **181** (O)

CHAPTER ❾ 경찰과 윤리

182 '전체사회가설'은 윌슨(Wilson)이 주장한 이론으로, 사회 전체가 경찰의 부패를 묵인하거나 조장할 때 경찰관은 자연스럽게 부패행위를 하게 된다고 설명한다. 24승진 O|X

183 '미끄러지기 쉬운 경사로 이론'은 셔먼(Sherman)이 주장한 이론으로, 부패에 해당하지 않는 작은 호의를 허용하면 나중에는 엄청난 부패로 이어진다는 이론이다. 24승진 O|X

184 '썩은 사과 가설'은 일부 부패경찰이 조직 전체를 부패로 물들게 한다는 이론으로, 부패의 원인을 조직의 체계적 결함으로 보고 있으며, 신임경찰 채용단계의 중요성을 강조한다. 24승진 O|X

185 '구조원인 가설'은 니더호퍼(Niederhoffer), 로벅(Roebuck), 바커(Barker) 등이 주장한 이론으로, 조직의 부패전통 내에서 청렴한 신임경찰이 선배경찰에 의해 사회화되어 신임경찰도 부패로 물들게 된다는 이론이다. 24승진 O|X

186 P경찰관은 부서에서 많은 동료들이 단독 출장을 가면서도 공공연하게 두 사람의 출장비를 청구하고 퇴근 후 잠깐 들러서 시간외 근무를 한 것으로 퇴근시간을 허위 기록되게 하는 것을 보고, P경찰관도 동료들과 같은 행동을 한 것은 경찰의 부패원인가설 중 전체사회 가설에 대한 설명이다 22승진 O|X

187 경찰관은 순찰 중 주민으로부터 피로회복 음료를 무상으로 받았고, 그 다음주는 식사대접을 받았다. 순찰나갈 때마다 주민들에게 뇌물을 받는 습관이 들었고, 주민들도 경찰관이 순찰을 나가면 마음의 선물이라며 뇌물을 주는 것이 관례가 되어버린 것은 경찰의 부패원인가설 중 구조원인 가설에 대한 설명이다 22승진 O|X

188 「부정청탁 및 금품등 수수의 금지에 관한 법률」상 공직자등은 직무 관련 여부 및 기부·후원·증여 등 그 명목에 관계없이 동일인으로부터 1회에 100만원 또는 매 회계연도에 300만원을 초과하는 금품 등을 받거나 요구 또는 약속해서는 아니 된다. 24승진 O|X

189 「부정청탁 및 금품등 수수의 금지에 관한 법률」상 공공기관이 소속 공직자 등이나 파견 공직자 등에게 지급하거나 상급 공직자 등이 위로·격려·포상 등의 목적으로 하급 공직자 등에게 제공하는 금품등은 수수를 금지하는 금품 등에 해당하지 아니한다. 24승진 O|X

190 「부정청탁 및 금품등 수수의 금지에 관한 법률」상 공직자등은 사례금을 받는 외부강의등을 할 때에는 대통령령으로 정하는 바에 따라 외부강의등의 요청 명세 등을 소속기관장에게 그 외부강의등을 마친 날부터 10일 이내에 서면으로 신고하여야 한다. 다만, 외부강의등을 요청한 자가 국가나 지방자치단체인 경우에는 그러하지 아니하다. 24승진 O|X

191 「부정청탁 및 금품등 수수의 금지에 관한 법률」상 기관장이 소속 직원에게 업무추진비로 10만원 상당의 화환을 보내고, 별도 사비로 10만원의 경조사비를 주는 것은 이 법 위반이다. 24승진 O|X

정답

182 (O) **183** (O) **184** (X) '썩은 사과 가설'은 일부 부패경찰이 조직 전체를 부패로 물들게 한다는 이론으로, **부패의 원인을 개인적 결함**으로 보고 있다. **185** (O) **186** (X) 구조원인 가설에 대한 설명이다. **187** (X) 전체사회 가설에 대한 설명이다.
188 (O) **189** (O) **190** (O) **191** (X) 기관장이 소속직원에게 업무추진비로 화환을 보내는 것은 '공공기관이 소속 공직자에게 지급하는 금품'으로써 가능하고, 별도로 사비로 경조사비를 하는 것은 '상급공직자등이 위로·격려·포상 등의 목적으로 하급 공직자 등에게 제공하는 금품 등'에 해당되므로, **청탁금지법 위반이 아니다.**

192 「부정청탁 및 금품등 수수의 금지에 관한 법률」상 공직자등은 직무 관련 여부 및 기부·후원·증여 등 그 명목에 관계없이 동일인으로부터 1회에 100만 원 또는 매 회계연도에 300만 원을 초과하는 금품을 받거나 요구 또는 약속해서는 아니 된다. 22승진 OIX

193 「부정청탁 및 금품등 수수의 금지에 관한 법률」상 이 법의 위반행위가 발생하였거나 발생하고 있다는 사실을 알게 된 경우에는 이해관계인만 수사기관에 신고할 수 있다. 22승진 OIX

194 「부정청탁 및 금품등 수수의 금지에 관한 법률」상 직급에 상관 없이 모든 공직자의 외부강의 사례금 상한액은 1시간당 30만 원이며 1시간을 초과하면 상한액은 45만 원이다. 22승진 OIX

195 「부정청탁 및 금품등 수수의 금지에 관한 법률」상 부정청탁을 받은 공직자등은 부정청탁을 한 자에게 부정청탁임을 알렸다면 이와 별도로 거절하는 의사는 명확하지 않아도 된다. 22승진 OIX

196 예술의전당 소속 공연 관련 업무 담당공무원이 예술의전당 초청 공연작으로 결정된 뮤직드라마의 공연제작사 대표이사 甲 등과 저녁식사를 하고 25만 원 상당(1인당 5만 원)의 음식 값을 甲이 지불한 경우 「부정청탁 및 금품등 수수의 금지에 관한 법률」에 위반되지 않는다. 22승진 OIX

197 경찰서장이 소속부서 직원들에게 위로·격려·포상의 목적으로 회식비를 제공한 경우 「부정청탁 및 금품등 수수의 금지에 관한 법률」에 위반되지 않는다. 22승진 OIX

198 결혼식을 앞두고 있는 경찰관이 4촌 형으로부터 500만 원 상당의 냉장고를 선물 받은 경우 「부정청탁 및 금품등 수수의 금지에 관한 법률」에 위반되지 않는다. 22승진 OIX

199 경찰관이 홈쇼핑에서 물품을 구매한 후 구매자를 대상으로 경품을 추첨하는 행사에서 당첨되어 300만 원 상당의 안마의자를 받은 경우 「부정청탁 및 금품등 수수의 금지에 관한 법률」에 위반되지 않는다. 22승진 OIX

200 우리는 정의의 이름으로 진실을 추구하며 어떠한 불의나 불법과 타협하지 않는 공정한 경찰이다. 23승진 OIX

201 우리는 국민의 신뢰를 바탕으로 오직 양심에 따라 법을 집행하는 깨끗한 경찰이다. 23승진 OIX

202 우리는 화합과 단결 속에 항상 규율을 지키며 검소하게 생활하는 의로운 경찰이다. 23승진 OIX

203 경찰관이 절도범을 추격하던 중 도주하는 범인의 등 뒤에서 권총을 쏘아 사망하게 하는 경우는 '공공의 신뢰' 위반에 해당한다. 22승진 OIX

정답

192 (O) 193 (X) **누구든지** 이 법의 위반행위가 발생하였거나 발생하고 있다는 사실을 알게 된 경우에는 수사기관에 신고할 수 있다. 194 (X) 외부강의 시간당 상한액은 직급 구분없이 **40만원**이며, 1시간을 초과하여 강의 등을 하는 경우에도 사례금 총액은 강의시간에 관계없이 1시간 상한액의 100분의 150에해당하는 금액(**60만원**)을 초과하지 못한다. 195 (X) 공직자등은 부정청탁을 받았을 때에는 부정청탁을 한 자에게 부정청탁임을 알리고 이를 **거절하는 의사를 명확히 표시하여야 한다**.
196 (O) 197 (O) 198 (O) 199 (O) 200 (X) 의로운 201 (X) 공정한 202 (X) 깨끗한 203 (O)

204 경찰관이 우범지역인 A지역과 B지역의 순찰업무를 맡았으나, A지역에 가족이 산다는 이유로 A지역에서 순찰 근무시간을 대부분 할애한 경우는 '공정한 접근' 위반에 해당한다. 22승진 OIX

205 불법 개조한 오토바이를 단속하던 경찰관이 정지명령에 불응하는 오토바이를 향하여 과도하게 추격한 결과 운전자가 전신주를 들이받고 사망한 경우는 '시민의 생명과 재산의 안전' 위반에 해당한다. 22승진 OIX

206 경찰이 사익을 위해 공권력을 사용하거나 필요한 최소한의 강제력을 초과하여 사용하였다면 '공정한 접근' 위반에 해당한다. 22승진 OIX

207 「경찰청 공무원 행동강령」상 공무원은 여비, 업무추진비 등 공무 활동을 위한 예산을 목적 외의 용도로 사용하여 소속 기관에 재산상 손해를 입혀서는 아니 된다. 22승진 OIX

208 「경찰청 공무원 행동강령」상 인사업무를 담당하는 공무원은 자신이 소속된 기관에 자신의 가족이 채용되도록 지시하는 등 부당한 영향력을 행사해서는 아니 된다. 22승진 OIX

209 「경찰청 공무원 행동강령」상 공무원이 기관이 아닌 개인인 직무관련자로부터 무상으로 금전을 빌리는 경우에는 소속 기관의 장에게 서면으로 미리 신고해야 할 필요가 없다. 22승진 OIX

210 「경찰청 공무원 행동강령」상 산하기관을 지휘·감독·규제 또는 지원하는 업무를 담당하는 공무원은 자신이 소속된 기관의 산하기관과 수의계약을 체결해서는 아니 되며, 자신의 가족이 그 산하기관과 수의계약을 체결하도록 해서는 아니 된다. 22승진 OIX

211 「경찰청 적극행정 면책제도 운영규정」상 자체감사를 받는 사람은 적극행정 면책요건에 해당된다 하더라도 자의적인 법 해석 및 집행으로 법령의 본질적인 사항을 위반한 경우 면책대상에서 제외된다. 23승진 OIX

212 「공공감사에 관한 법률」상 자체감사를 받는 사람이 불합리한 규제의 개선 등 공공의 이익을 위하여 업무를 적극적으로 처리한 결과에 대하여 그의 행위에 고의나 중대한 과실이 없는 경우에는 징계 요구 또는 문책 요구 등 책임을 묻지 아니한다. 23승진 OIX

213 「공무원 징계령 시행규칙」상 징계위원회는 징계등 혐의자와 비위 관련 직무 사이에 사적인 이해관계가 없었고 대상 업무를 처리하면서 중대한 절차상 하자가 없었을 경우 해당 비위가 고의 또는 중과실에 의하지 않은 것으로 추정한다. 23승진 OIX

214 「적극행정 운영규정」상 "적극행정"이란, 공무원이 불합리한 규제를 개선하는 등 공공의 이익을 위해 창의성과 신속성을 바탕으로 적극적으로 업무를 처리하는 행위를 말한다. 23승진 OIX

🔍 **정답** ※208~210번은 경찰청 공무원 행동강령(경찰청 훈령)개정으로 삭제된 조문임

204 (O) **205** (O) **206** (X) 경찰이 사익을 위해 공권력을 사용하거나 필요한 최소한의 강제력을 초과하여 사용하였다면 '**공공의 신뢰확보**' 위반에 해당한다. **207** (O) **208** (O) **209** (X) 공무원이 기관이 아닌 개인인 직무관련자로부터 무상으로 금전을 빌리는 경우에는 소속 기관의 장에게 서면으로 미리 신고하**여야 한다**. **210** (O) **211** (O) **212** (O) **213** (O) **214** (X) "적극행정"이란, 공무원이 불합리한 규제를 개선하는 등 공공의 이익을 위해 창의성과 **전문성**을 바탕으로 적극적으로 업무를 처리하는 행위를 말한다.

215 「적극행정 운영규정」상 국가인권위원회는 중앙행정기관 소속 공무원의 소극행정 예방 및 근절을 위해 소극행정 신고센터를 운영하고, 중앙행정기관의 장에게 신고사항에 대해 적절한 조치를 하도록 권고할 수 있다. 24승진 O|X

216 「경찰청 적극행정 면책제도 운영규정」상 '적극행정'이란 경찰청 및 그 소속기관의 공무원 또는 산하단체의 임·직원이 국가 또는 공공의 이익을 증진하기 위해 성실하고 능동적으로 업무를 처리하는 행위를 말한다. 24승진 O|X

217 「적극행정 운영규정」상 '소극행정'이란 공무원이 부작위 또는 직무태만 등 소극적 업무행태로 국민의 권익을 침해하거나 국가 재정상 손실을 발생하게 하는 행위를 말한다. 24승진 O|X

218 '적당편의'는 법령이나 지침 등의 변화에도 불구하고 과거규정에 따라 업무를 처리하거나, 기존의 불합리한 업무관행을 그대로 답습하는 형태를 말한다. 24승진 O|X

219 「공직자의 이해충돌방지법」상 공직자는 배우자가 공직자 자신의 직무관련자(「민법」 제777조에 따른 친족 제외)와 토지 또는 건축물 등 부동산을 거래하는 행위(다만, 공개모집에 의하여 이루어지는 분양이나 공매·경매·입찰을 통한 재산상 거래 행위는 제외)를 한다는 것을 사전에 안 경우에는 안 날부터 14일 이내에 소속기관장에게 그 사실을 서면으로 신고하여야 한다. 23승진 O|X

220 「공직자의 이해충돌방지법」상 공직자는 직무관련자에게 사적으로 노무 또는 조언·자문 등을 제공하고 대가를 받는 행위를 해서는 아니된다(단, 「국가공무원법」 등 타 법령·기준에 따라 허용되는 경우는 제외) 23승진 O|X

221 「공직자의 이해충돌방지법」상 공직자는 사회상규에 따라 허용되는 경우라 할지라도 직무관련자인 소속 기관의 퇴직자(공직자가 아니게 된 날부터 2년이 지나지 아니한 사람만 해당)와 사적 접촉(골프, 여행, 사행성 오락을 같이 하는 행위)시 소속기관장에게 신고해야 한다. 23승진 O|X

222 「공직자의 이해충돌방지법」상 사적이해관계자에 공직자 자신 또는 그 가족(「민법」 제779조에 따른 가족)도 해당된다. 23승진 O|X

CHAPTER ⑩ 범죄예방대응과 생활안전활동

223 쇼와 맥케이(Shaw & Mckay)가 주장한 사회해체이론은 특정 지역에서의 범죄가 다른 지역에 비해서 많이 발생하는 이유를 규명하고자 하였으며, 연구결과 전이지역(transitional zone)은 타 지역에 비해 범죄율이 상대적으로 높게 나타났다. 또한 '낮은 경제적 지위', '민족적 이질성', '거주 불안정성'을 중요한 3요소로 제시하였으며, 이로 인해 지역 주민은 서로를 모르기 때문에 공동체 의식이 발달하지 못하고 사회적 통제가 약화된다고 보았다. 24승진 O|X

정답

215 (X) **국민권익위원회**는 중앙행정기관 소속 공무원의 소극행정 예방 및 근절을 위해 소극행정 신고센터를 운영하고, 중앙행정기관의 장에게 제1항에 따른 신고사항에 대해 적절한 조치를 하도록 권고할 수 있다. 216 (O) 217 (O) 218 (X) **탁상행정**에 관한 설명이다. 219 (O) 220 (O) 221 (X) 공직자는 직무관련자인 소속 기관의 퇴직자(공직자가 아니게 된 날부터 2년이 지나지 아니한 사람만 해당한다)와 사적 접촉(골프, 여행, 사행성 오락을 같이 하는 행위를 말한다)을 하는 경우 소속기관장에게 신고하여야 한다. 다만, **사회상규에 따라 허용되는 경우에는 그러하지 아니하다.** 222 (O) 223 (O)

224 '활동의 활성화'는 주민들이 모여서 상호의견을 교환하고 유대감을 증대할 수 있는 공공장소를 설치하여 이를 이용하도록 함으로써, '거리의 눈'에 의한 자연적인 감시와 접근통제의 기능을 확대하는 것이다. 놀이터와 공원의 설치, 벤치·정자의 위치 및 활용성에 대한 설계를 예로 들 수 있다. 24승진 OIX

225 '영역성의 강화'는 일정한 지역에 접근하는 사람들을 정해진 공간으로 유도하거나 외부인의 출입을 통제하도록 설계함으로써, 접근에 대한 심리적 부담을 증대시켜 범죄를 예방하는 것이다. 출입구의 최소화, 통행로의 설계, 울타리 및 표지판의 설치를 예로 들 수 있다. 24승진 OIX

226 '유지관리'는 시설물이나 공공장소의 기능을 처음 설계되거나 개선한 의도대로 지속적으로 이용될 수 있도록 관리함으로써, 범죄예방을 위한 환경설계의 장기적이고 지속적 효과를 유지하는 것이다. 청결유지, 파손의 즉시 보수, 체육시설의 접근성 및 이용의 증대를 예로 들 수 있다. 24승진 OIX

227 '자연적 접근통제'는 건축물이나 시설물의 설계 시 가시권을 최대한 확보하고 외부 침입에 대한 감시기능을 확대함으로써, 범죄 발각 위험을 증가시키고 범행 기회를 감소시키는 것이다. 가시권 확대를 위한 건물의 배치, 조명 및 조경 설치를 예로 들 수 있다. 24승진 OIX

228 지역중심 경찰활동(community-oriented policing)은 경찰이 지역사회 구성원과 함께 지역이 당면한 문제를 확인하고 우선순위를 정하여 해결하고자 노력하는 것을 의미한다. 22승진 OIX

229 지역중심 경찰활동과 문제지향적 경찰활동(problem-oriented policing)은 병행되어 실시될 때 효과성이 제고된다. 22승진 OIX

230 무관용 경찰활동(zero tolerance policing)은 지역사회 문제해결을 위해 SARA모형이 강조되는데, 이 모형은 조사(Scanning) - 분석(Analysis) - 대응(Response) - 평가(Assessment)로 진행된다. 22승진 OIX

231 문제지향적 경찰활동은 지역문제들에 대한 효과적인 대응 전략들을 고려하면서, 필요시에는 경찰과 지역사회의 협력 전략에 보다 높은 가치를 부여한다. 22승진 OIX

232 「지역경찰의 조직 및 운영에 관한 규칙」상 지역경찰 동원은 근무자 동원을 원칙으로 하되, 불가피한 경우에 한하여 비번자, 휴무자 순으로 동원할 수 있다. 22승진 OIX

233 「지역경찰의 조직 및 운영에 관한 규칙」상 지역경찰관리자는 신고출동태세 유지 등을 위해 필요한 경우에는 휴게 및 식사시간도 기타 근무로 지정할 수 있다. 22승진 OIX

정답

224 (O) **225** (X) 지문은 '**자연적 접근통제**'에 대한 설명이며, 나아가 사례 중 출입구의 최소화, 통행로의 설계는 '자연적 접근통제'에 해당하나, 울타리 및 표지판의 설치는 '영역성의 강화' 사례이다. **226** (X) '체육시설의 접근성 및 이용의 증대'는 **활동의 활성화**의 예에 해당한다. **227** (X) '**자연적 감시**'에 대한 설명이다. **228** (O) **229** (O) **230** (X) 문제지향적 경찰활동은(Problem-Oriented-Policing) 지역사회 문제해결을 위해 SARA모형이 강조되는데, 이 모형은 조사(Scanning) - 분석(Analysis) - 대응(Response) - 평가(Assessment)로 진행된다. **231** (O) **232** (O) **233** (X) 지역경찰관리자는 신고출동태세 유지 등을 위해 필요한 경우에는 휴게 및 식사시간도 **대기** 근무로 지정할 수 있다.

234 「지역경찰의 조직 및 운영에 관한 규칙」상 순찰팀장은 관리팀원에게 행정근무를 지정하고, 순찰팀원에게 상황 또는 순찰근무 지정하는 것을 원칙으로 하되, 필요한 경우에는 다른 근무를 지정하거나 병행하여 수행하도록 지정할 수 있다. 22승진 O | X

235 「지역경찰의 조직 및 운영에 관한 규칙」상 상황근무를 지정받은 지역경찰은 지역경찰관서 및 치안센터 내에서 요보호자 또는 피의자에 대한 보호·감시, 방문민원 및 각종 신고사건의 접수 및 처리 등의 업무를 수행한다. 22승진 O | X

236 「지역경찰의 조직 및 운영에 관한 규칙」상 "지역경찰관서"란 「국가경찰과 자치경찰의 조직 및 운영에 관한 법률」 제30조 제3항 및 「경찰청과 그 소속기관 직제」 제43조에 규정된 지구대, 파출소 및 치안센터를 말한다. 23승진 O | X

237 「지역경찰의 조직 및 운영에 관한 규칙」상 상황근무를 지정받은 지역경찰은 문서의 접수 및 처리와 중요 사건·사고 발생 시 보고·전파 업무를 수행한다. 23승진 O | X

238 「지역경찰의 조직 및 운영에 관한 규칙」상 지역경찰은 근무 중 주요사항을 근무일지(을지)에 기재하여야 하고 근무일지는 5년간 보관한다. 23승진 O | X

239 「지역경찰의 조직 및 운영에 관한 규칙」상 대기근무를 지정받은 지역경찰은 지정된 장소에서 휴식을 취하되, 무전기를 청취하며 10분 이내 출동이 가능한 상태를 유지하여야 한다. 23승진 O | X

240 「112치안종합상황실 운영 및 신고처리 규칙」상 112신고접수 및 무선지령내용 녹음자료는 2개월간 보존한다. 24승진 O | X

241 「112치안종합상황실 운영 및 신고처리 규칙」상 접수자는 신고내용을 토대로 강력범죄 현행범인 등 실시간 전파가 필요한 경우에는 112신고의 대응코드 중 code 1 신고로 분류한다. O | X

242 「112치안종합상황실 운영 및 신고처리 규칙」상 112근무요원은 112신고가 완전하게 수신되지 않는 경우와 같이 정확한 신고내용을 파악하기 힘든 경우라도 신속한 처리를 위해 우선 임의의 112신고 대응 코드를 부여할 수 있다. 24승진 O | X

243 「112치안종합상황실 운영 및 신고처리 규칙」상 112근무요원은 접수한 신고의 내용이 코드 3 신고의 유형에 해당하는 경우에는 출동 경찰관에게 지령하지 않고 자체 종결하거나, 담당 부서 또는 112신고 관계 기관에 신고내용을 통보하여 처리하도록 조치해야 한다. 24승진 O | X

244 「112치안종합상황실 운영 및 신고처리 규칙」상 즉각적인 현장조치는 불필요하나 수사, 전문상담 등이 필요한 경우는 112신고의 분류 중 코드 3 신고로 분류한다. 23승진 O | X

정답

234 (O) **235** (O) **236** (X) "지역경찰관서"란 「국가경찰과 자치경찰의 조직 및 운영에 관한 법률」 제30조 제3항 및 「경찰청과 그 소속기관 직제」 제43조에 규정된 **지구대 및 파출소**를 말한다. **237** (X) "문서의 접수 및 처리"는 행정근무에 해당한다. **238** (X) 지역경찰은 근무 중 주요사항을 근무일지(을지)에 기재하여야 하고, 근무일지는 **3년간** 보관한다. **239** (O) **240** (X) 3개월간 보존한다. **241** (X) 접수자는 신고내용을 토대로 강력범죄 현행범인 등 실시간 전파가 필요한 경우에는 112신고의 대응코드 중 코드 0 신고로 분류한다. **242** (O) **243** (X) 112근무요원은 접수한 신고의 내용이 **코드 4 신고**의 유형에 해당하는 경우에는 출동 경찰관에게 지령하지 않고 자체 종결하거나, 담당 부서 또는 112신고 관계 기관에 신고내용을 통보하여 처리하도록 조치해야 한다. **244** (O)

245 「112치안종합상황실 운영 및 신고처리 규칙」상 112근무요원 및 출동 경찰관은 112신고 대응 코드를 변경할 만한 사실을 추가로 확인한 경우 이미 분류된 112신고 대응 코드를 다른 112신고 대응 코드로 변경할 수 있다. 23승진 O|X

246 「112치안종합상황실 운영 및 신고처리 규칙」상 주무부서의 계속적 조치가 필요한 경우 및 추가적 수사의 필요 등으로 사건 해결에 장시간이 소요되어 해당 부서로 인계하여 처리하는 것이 효과적인 경우 112신고처리를 종결할 수 있다. 23승진 O|X

247 「112치안종합상황실 운영 및 신고처리 규칙」상 출동 경찰관은 112치안종합상황실에 보고를 해야하지만 현장 상황이 급박하여 신속한 현장 조치가 필요한 경우 우선 조치 후 보고할 수 있다. 23승진 O|X

248 「경범죄 처벌법」상 범칙행위를 한 사람이라도 18세 미만인 경우에는 범칙자에 해당하지 않는다. 22승진 O|X

249 「경범죄 처벌법」상 주거지에서 음악 소리를 크게 내거나 큰 소리로 떠들어 이웃을 시끄럽게 하는 행위는 「경범죄 처벌법」상 '인근소란 등'에 해당한다. 22승진 O|X

250 「경범죄 처벌법」상 '관공서에서의 주취소란'과 '거짓신고'의 법정형으로 볼 때, 두 경범죄의 경우에는 「형사소송법」 제214조(경미사건과 현행범인의 체포)에 해당되지 않아 범인의 주거가 분명하더라도 현행범인 체포가 가능하다. 22승진 O|X

251 「경범죄 처벌법」상 '폭행 등 예비'와 '거짓 광고'는 10만원 이하의 벌금, 구류 또는 과료의 형으로 처벌한다. 22승진 O|X

252 「경범죄 처벌법」상 경범죄를 짓도록 시키거나 도와준 사람은 죄를 지은 사람에 준하여 처벌한다. 23승진 O|X

253 「경범죄 처벌법」상 범칙행위를 상습적으로 하는 사람은 범칙자에 해당하지 아니한다. 23승진 O|X

254 「경범죄 처벌법」상 음주소란, 지속적 괴롭힘, 거짓 인적사항을 사용한 사람은 10만 원 이하의 벌금, 구류 또는 과료의 형으로 처벌한다. 23승진 O|X

255 「경범죄 처벌법」상 술에 취한 채로 관공서에서 몹시 거친 말과 행동으로 주정하거나 시끄럽게 한 사람은 100만 원 이하의 벌금, 구류 또는 과료의 형으로 처벌한다. 23승진 O|X

256 「경비업법」상 주주총회와 관련하여 이해대립이 있어 다툼이 있는 장소, 100명 이상의 사람이 모이는 국세·문화·예술·체육 행사장, 「행정대집행법」에 따라 대집행을 하는 장소는 집단민원현장에 해당한다. 24승진 O|X

257 「경비업법」상 경비업을 영위하고자 하는 법인은 도급받아 행하고자 하는 경비업무를 특정하여 그 법인의 주사무소의 소재지를 관할하는 시·도경찰청장의 허가를 받아야 한다. 24승진 O|X

258 「경비업법」상 금고 이상의 형의 선고유예를 받고 그 유예기간 중에 있는 자는 경비지도사의 결격사유에 해당한다. 24승진 O|X

정답

245 (O) **246** (O) **247** (O) **248** (O) **249** (O) **250** (O) **251** (X) 거짓 광고는 20만원 이하의 벌금, 구류 또는 과료의 형으로 처벌한다. **252** (O) **253** (O) **254** (O) **255** (X) 술에 취한 채로 관공서에서 몹시 거친 말과 행동으로 주정하거나 시끄럽게 한 사람은 60만원 이하의 벌금, 구류 또는 과료의 형으로 처벌한다. **256** (O) **257** (O) **258** (X) 금고 이상의 형의 **집행유예**를 받고 그 유예기간 중에 있는 자가 경비지도사의 결격사유에 해당한다.

259 「경비업법」상 경비업의 허가를 받으려는 법인이 갖추어야 할 요건 중 시설경비업무의 경비인력 요건은 경비원 10명 이상 및 경비지도사 1명 이상이다. 24승진 OIX

260 「실종아동등 및 가출인 업무처리 규칙」상 '장기실종아동등'이란 보호자로부터 신고를 접수한 지 48시간이 경과한 후에도 발견되지 않은 찾는실종아동등을 말한다. 22승진 OIX

261 「실종아동등 및 가출인 업무처리 규칙」상 '발견지'는 실종아동등 또는 가출인을 발견하여 보호 중인 장소를 말하며, 발견한 장소와 보호 중인 장소가 서로 다른 경우에는 발견한 장소를 말한다. 22승진 OIX

262 「실종아동등 및 가출인 업무처리 규칙」상 경찰관서의 장은 실종아동등 또는 가출인에 대한 신고를 접수한 후, 신고 대상자가 수사기관으로부터 지명수배 또는 지명통보된 사람에 해당하는 경우에는 신고 내용을 실종아동등 프로파일링시스템에 입력하지 않을 수 있다. 22승진 OIX

263 「실종아동등의 보호 및 지원에 관한 법률」상 경찰관서의 장은 실종아동등(범죄로 인한 경우 제외)의 조속한 발견을 위하여 「위치정보의 보호 및 이용 등에 관한 법률」에 따른 개인위치정보사업자에게 실종아동등의 위치 확인에 필요한 개인위치정보등의 제공을 요청할 수 있다. 22승진 OIX

264 「아동학대범죄의 처벌 등에 관한 특례법」상 아동학대범죄 신고를 접수한 사법경찰관리나 아동학대전담공무원이 동행하여 현장출동하지 아니한 경우, 수사기관의 장이나 시·도지사 또는 시장·군수·구청장은 현장출동에 따른 조사 등의 결과를 서로에게 통지할 수 있다. 22승진 OIX

265 「아동학대범죄의 처벌 등에 관한 특례법」상 사법경찰관은 피해아동 등에 대한 응급조치에도 불구하고, 아동학대범죄가 재발될 우려가 있고 긴급을 요하여 법원의 임시조치 결정을 받을 수 없을 때에는 직권으로 아동학대행위자에 대한 긴급임시조치를 할 수 있다. 22승진 OIX

266 「아동학대범죄의 처벌 등에 관한 특례법」상 검사는 아동학대범죄사건의 증인이 피고인 또는 그 밖의 사람으로부터 생명·신체에 해를 입거나 입을 염려가 있다고 인정될 때에는 관할 경찰서장에게 증인의 신변안전을 위하여 필요한 조치를 할 것을 요청하여야 한다. 22승진 OIX

267 「아동학대범죄의 처벌 등에 관한 특례법」상 판사가 아동학대범죄의 원활한 조사·심리 또는 피해아동등의 보호를 위하여 필요하다고 인정하는 경우에는 결정으로 아동학대행위자에게 경찰관서의 유치장 또는 구치소에 유치하는 조치를 할 수 있다. 22승진 OIX

CHAPTER ⑪ 범죄 수사

268 「검사와 사법경찰관의 상호협력과 일반적 수사준칙에 관한 규정」상 검사는 「형사소송법」 제245조의8에 따라 사법경찰관에게 재수사를 요청하려는 경우에는 같은 법 제245조의5 제2호에 따라 관계서류와 증거물을 송부받은 날부터 90일 이내에 해야 한다. 다만, 증거 등의 허위, 위조 또는 변조를 인정할 만한 상당한 정황이 있는 경우에는 관계 서류와 증거물을 송부받은 날부터 90일이 지난 후에도 재수사를 요청할 수 있다. 24승진 OIX

정답

259 (O) **260** (O) **261** (X) 발견한 장소와 보호 중인 장소가 **서로 다른 경우에는 보호 중인 장소**를 말한다. **262** (O) **263** (O)
264 (X) 현장출동이 동행하여 ~ 서로에게 통지**하여야 한다**. **265** (O) **266** (O) **267** (O) **268** (O)

269 「검사와 사법경찰관의 상호협력과 일반적 수사준칙에 관한 규정」상 보완수사를 요구받은 사법경찰관은 「검사와 사법경찰관의 상호협력과 일반적 수사준칙에 관한 규정」 제60조 제1항 단서에 따라 검사로부터 송부받지 못한 관계 서류와 증거물이 보완수사를 위해 필요하다고 판단하면 검사에게 해당 서류와 증거물을 송부해 줄 것을 요청해야 한다. 24승진 O│X

270 「검사와 사법경찰관의 상호협력과 일반적 수사준칙에 관한 규정」상 검사 또는 사법경찰관은 고소 또는 고발에 따라 범죄를 수사하는 경우에는 고소 또는 고발을 수리한 날부터 3개월 이내에 수사를 마쳐야 한다고 규정되어 있다. 24승진 O│X

271 「검사와 사법경찰관의 상호협력과 일반적 수사준칙에 관한 규정」상 검사는 「형사소송법」 제197조의2 제1항에 따라 보완수사를 요구할 때에는 그 이유와 내용 등을 구체적으로 적은 서면과 관계 서류 및 증거물을 사법경찰관에게 함께 송부해야 한다. 다만, 보완수사 대상의 성질, 사안의 긴급성 등을 고려하여 관계서류와 증거물을 송부할 필요가 없거나 송부하는 것이 적절하지 않다고 판단하는 경우에는 해당 관계 서류와 증거물을 송부하지 않을 수 있다. 24승진 O│X

272 「디지털 증거의 처리 등에 관한 규칙」상 경찰관은 압수·수색·검증영장을 신청하는 때에는 전자정보와 정보저장매체등을 구분하여 판단하여야 한다. 24승진 O│X

273 「디지털 증거의 처리 등에 관한 규칙」상 경찰관은 압수·수색·검증 현장에서 전자정보를 압수하는 경우에는 범죄 혐의사실과 관련된 전자정보에 한하여 문서로 출력하거나 휴대한 정보저장매체에 해당 전자정보만을 복제하는 방식으로 하여야 한다. 이 경우 해시값 확인 등 디지털 증거의 동일성, 무결성을 담보할 수 있는 적절한 방법과 조치를 취하여야 한다. 24승진 O│X

274 「디지털 증거의 처리 등에 관한 규칙」상 경찰관은 피압수자 등이 협조하지 않거나, 협조를 기대할 수 없어 압수·수색·검증 현장에서 선별압수 하는 방법이 불가능하거나 압수의 목적을 달성하기에 현저히 곤란한 경우에는 정보저장매체등 원본을 외부로 반출한 후 전자정보의 압수·수색·검증을 진행해야 한다. 24승진 O│X

275 「디지털 증거의 처리 등에 관한 규칙」상 디지털 증거 처리의 각 단계에서 업무처리자 변동 등의 이력이 관리되어야 한다. 24승진 O│X

276 전당포, 금은방 등에 비치된 거래대장에 압날된 지문과 같이 준현장지문은 범죄현장 이외의 장소에서 채취한 지문을 말한다. 22승진 O│X

277 「경찰수사규칙」상 사법경찰관이 검시를 할 때에는 검시 조사관을 참여시켜야 하며, 검시에 참여한 검시 조사관은 변사자조사결과보고서를 작성해야 한다. 22승진 O│X

정답

269 (X) 보완수사를 요구받은 사법경찰관은 제1항 단서에 따라 송부받지 못한 관계 서류와 증거물이 보완수사를 위해 필요하다고 판단하면 **해당 서류와 증거물을 대출하거나 그 전부 또는 일부를 등사할 수 있다**. **270** (O) **271** (O) **272** (O) **273** (O) **274** (X) 경찰관은 피압수자 등이 협조하지 않거나, 협조를 기대할 수 없어 압수·수색·검증 현장에서 선별압수 하는 방법이 불가능하거나 압수의 목적을 달성하기에 현저히 곤란한 경우에는 정보저장매체등 **복제본을 획득하여** 외부로 반출한 후 전자정보의 압수·수색·검증을 **진행할 수 있다**. **275** (O) **276** (O) **277** (X) 사법경찰관이 검시를 할 때에는 검시 조사관을 **참여시킬 수 있다**.

278 「경찰수사규칙」상 사법경찰관리는 검시에 특별한 지장이 없다고 인정하면 변사자의 가족·친족, 이웃사람·친구, 시·군·구·읍·면·동의 공무원이나 그 밖에 필요하다고 인정하는 사람을 검시에 참여시켜야 한다. 22승진 O|X

279 송치서류는 "사건송치서 → 압수물 총목록 → 기록목록 → 송치 결정서 → 그 밖의 서류" 순서로 편철한다. 23승진 O|X

280 「범죄수사규칙」상 경찰관이 검거한 지명수배자에 대하여 지명수배가 여러 건인 경우, 검거관서와 거리 또는 교통상 가장 인접한 수배관서가 법정형이 중한 죄명으로 지명수배한 수배관서보다 지명수배자를 먼저 인계받아 조사해야 한다. 22승진 O|X

281 「범죄수사규칙」상 국가수사본부장은 공개수배위원회를 개최하여 중요지명피의자 종합 공개수배 대상자를 선정한다. 22승진 O|X

282 「경찰수사규칙」상 사법경찰관리가 지명수배자를 발견하였으나 체포영장 또는 구속영장을 소지하지 않은 경우, 긴급하게 필요하면 지명수배자에게 영장이 발부되었음을 고지한 후 체포 또는 구속할 수 있으며 사후에 지체 없이 그 영장을 제시해야 한다. 22승진 O|X

283 「범죄수사규칙」상 도서지역에서 지명수배자가 발견된 경우에 지명수배자 등이 발견된 관할 경찰관서의 경찰관은 지명수배자의 소재를 계속 확인하고, 수배관서와 협조하여 검거시기를 정함으로써 검거 후 구속영장청구시한(체포한 때부터 48시간)이 경과되지 않도록 하여야 한다. 22승진 O|X

284 「피의자 유치 및 호송 규칙」상 간이검사란 일반적으로 유치인에 대하여는 탈의막 안에서 속옷은 벗지 않고 신체검사의를 착용(유치인의 의사에 따른다)하도록 한 상태에서 위험물 등의 은닉여부를 검사하는 것을 말한다. 22승진 O|X

285 「피의자 유치 및 호송 규칙」상 피의자를 유치장에 입감시키거나 출감시킬 때에는 유치인보호 주무자가 발부하는 피의자입(출)감지휘서에 의하여야 하며 동시에 3명 이상의 피의자를 입감시킬 때에는 경위 이상 경찰관이 입회하여 순차적으로 입감시켜야 한다. 22승진 O|X

286 「피의자 유치 및 호송 규칙」상 호송관은 호송중 피호송자가 도망하였을 때 도주한 자에 관한 호송관계서류 및 금품을 인수관서에 보관해야 한다. 22승진 O|X

287 「피의자 유치 및 호송 규칙」상 피호송자의 금전, 유가증권은 호송관서에서 인수관서에 직접 송부하나, 소액의 금전, 유가증권 또는 당일로 호송을 마칠 수 있을 때에는 호송관에게 탁송할 수 있다. 22승진 O|X

288 「전기통신사업법」상 전기통신사업자는 법원, 검사 또는 수사관서의 장, 정보수사기관의 장이 재판, 수사, 형의 집행 또는 국가안전보장에 대한 위해를 방지하기 위한 정보수집을 위하여 통신자료제공을 요청하면 그 요청에 따를 수 있다. 22승진 O|X

정답

278 (O)　279 (O)　280 (X) 「범죄수사규칙」상 경찰관이 검거한 지명수배자에 대하여 지명수배가 여러 건인 경우, **법정형이 중한 죄명으로 지명수배한 수배관서가 지명수배자검거관서와 거리 또는 교통상 가장 인접한 수배관서보다** 먼저 인계받아 조사해야 한다.　281 (O)　282 (O)　283 (O)　284 (O)　285 (O)　286 (X) 도주한 자에 관한 호송관계서류 및 금품은 **호송관서에 보관하**여야 한다.　287 (O)　288 (O)

289 「통신비밀보호법」상 검사 또는 사법경찰관은 수사 또는 형의 집행을 위하여 필요한 경우 「전기통신사업법」에 의한 전기통신사업자에게 '통신사실확인자료'의 열람이나 제출을 요청할 수 있다. 22승진 O│X

290 「통신비밀보호법」 제3조(통신 및 대화비밀의 보호)의 규정에 위반하여, 불법검열에 의하여 취득한 우편물이나 그 내용 및 불법감청에 의하여 지득 또는 채록된 전기통신의 내용은 재판 또는 징계절차에서 증거로 사용할 수 없다. 22승진 O│X

291 「통신비밀보호법」상 발·착신 통신번호 등 상대방의 가입자번호는 '통신사실확인자료'에 해당되지 않는다. 22승진 O│X

292 「가정폭력범죄의 처벌 등에 관한 특례법」상 "가정구성원"이란 배우자(사실상 혼인관계에 있는 사람은 제외한다) 또는 배우자였던 사람을 의미한다. 23승진 O│X

293 「가정폭력범죄의 처벌 등에 관한 특례법」상 가정폭력범죄의 형사처벌 절차에 관한 특례를 정하고 가정폭력범죄를 범한 사람에 대하여 환경의 조정과 성행(性行)의 교정을 위한 보호처분을 함으로써 가정폭력범죄로 파괴된 가정의 평화와 안정을 회복하고 건강한 가정을 가꾸며 피해자와 가족구성원의 인권을 보호함을 목적으로 한다. 23승진 O│X

294 「가정폭력범죄의 처벌 등에 관한 특례법」상 "가정폭력행위자"는 가정폭력범죄를 범한 사람만을 의미하고 가정구성원인 공범은 포함되지 않는다. 23승진 O│X

295 「가정폭력범죄의 처벌 등에 관한 특례법」상 "가정폭력"이란 가정구성원 사이의 신체적, 정신적 피해를 수반하는 행위를 말하며, 재산상 피해를 수반하는 행위는 "가정폭력"에 해당하지 않는다. 23승진 O│X

296 「가정폭력범죄의 처벌 등에 관한 특례법」상 甲의 배우자였던 乙이 甲에게 폭행을 당한 것을 이유로 112종합상황실에 가정폭력으로 신고하여 순찰 중이던 경찰관이 출동한 경우, 그 경찰관은 해당 사건에 대해 가정폭력범죄 사건으로 처리할 수 없다. 22승진 O│X

297 「가정폭력범죄의 처벌 등에 관한 특례법」상 피해자 또는 그 법정대리인은 가정폭력행위자를 고소할 수 있고, 피해자의 법정대리인이 가정폭력행위자인 경우 또는 가정폭력행위자와 공동으로 가정폭력범죄를 범한 경우에는 피해자의 친족이 고소할 수 있다. 22승진 O│X

298 「가정폭력범죄의 처벌 등에 관한 특례법」상 사법경찰관은 가정폭력범죄에 대한 응급조치에도 불구하고 가정폭력범죄가 재발될 우려가 있고, 긴급을 요하여 법원의 임시조치 결정을 받을 수 없을 때에는 직권 또는 피해자나 그 법정대리인의 신청에 의하여 긴급임시조치를 할 수 있다. 22승진 O│X

정답

289 (O) **290** (O) **291** (X) 「통신비밀보호법」상 발·착신 통신번호 등 상대방의 가입자번호는 '통신사실확인자료'에 **해당된다**.
292 (X) "가정구성원"이란 배우자(사실상 혼인관계에 있는 사람을 **포함한다**) 또는 배우자였던 사람을 의미한다. **293** (O)
294 (X) "가정폭력행위자"란 가정폭력범죄를 범한 사람 및 가정구성원인 **공범을 말한다**. **295** (X) "가정폭력"이란 가정구성원 사이의 신체적, 정신적 또는 **재산상 피해를 수반하는** 행위를 말한다. **296** (X) 가정폭력범죄의 처벌 등에 관한 특례법상 가족구성원 범위에는 배우자(사실혼 포함) 또는 **배우자였던 사람이 포함**되기 때문에 가정폭력범죄사건으로 **처리할 수 있다**. **297** (O) **298** (O)

299 「가정폭력범죄의 처벌 등에 관한 특례법」상 진행 중인 가정폭력범죄에 대하여 신고를 받은 사법경찰관리는 즉시 현장에 나가서 폭력행위의 제지, 가정폭력행위자·피해자의 분리, 현행범인의 체포 등 범죄수사, 피해자를 가정폭력 관련 상담소 또는 보호시설로 인도(피해자가 동의한 경우만 해당), 긴급치료가 필요한 피해자를 의료기관으로 인도, 폭력행위 재발 시 제8조에 따라 임시조치를 신청할 수 있음을 통보, 제55조의2에 따른 피해자보호명령 또는 신변안전조치를 청구할 수 있음을 고지해야 한다. 22승진 O|X

300 「마약류 관리에 관한 법률」상 대마에는 대마초의 종자(種子)·뿌리 및 성숙한 대마초의 줄기와 그 제품은 포함한다. 23승진 O|X

301 프로포폴은 페놀계화합물로 흔히 수면마취제라고 불리는 정맥마취제로서 수면내시경 등에 사용되나, 환각제 대용으로 오남용되는 사례가 있으며, 정신적 의존성을 유발하기도 하여 향정신성의약품으로 지정되어 관리되고 있다. 24승진 O|X

302 GHB는 사용 후 통상적으로 15분 후에 효과가 발현되고 그 효과는 3시간 정도 지속되며 무색, 무취, 무미의 액체로 유럽 등지에서 데이트 강간약물로도 불린다. 24승진 O|X

303 「스토킹범죄의 처벌 등에 관한 법률」상 검사는 스토킹범죄가 재발될 우려가 있다고 인정하면 직권 또는 사법경찰관의 신청에 따라 법원에 스토킹행위자에 대한 잠정조치를 청구할 수 있다. 24승진 O|X

304 「스토킹범죄의 처벌 등에 관한 법률」상 법원은 스토킹범죄의 원활한 조사·심리 또는 피해자 보호를 위하여 필요하다고 인정하는 경우에는 결정으로 스토킹행위자에게 피해자 또는 그의 동거인, 가족에 대한 「전기통신기본법」 제2조 제1호의 전기통신을 이용한 접근 금지조치를 할 수 있다. 24승진 O|X

305 「스토킹범죄의 처벌 등에 관한 법률」상 피해자 또는 그의 동거인, 가족이나 그 주거 등으로부터 100미터 이내의 접근을 금지하는 잠정조치를 이행하지 아니한 사람은 2년 이하의 징역 또는 2천만원 이하의 벌금에 처한다고 규정되어 있다. 24승진 O|X

306 「스토킹범죄의 처벌 등에 관한 법률」상 법원이 스토킹행위자에게 국가경찰관서의 유치장 또는 구치소에의 유치의 잠정조치를 하는 경우 그 기간은 1개월을 초과할 수 없다. 다만, 법원은 피해자의 보호를 위하여 그 기간을 연장할 필요가 있다고 인정하는 경우에는 결정으로 두 차례에 한정하여 각 1개월의 범위에서 연장할 수 있다. 24승진 O|X

정답

299 (O) **300** (X) 「마약류 관리에 관한 법률」상 '대마'는 다음에 해당하는 것을 말한다. 다만, **대마초의 종자·뿌리 및 성숙한 대마초의 줄기와 그 제품은 제외한다.** **301** (O) **302** (X) GHB는 사용 후 통상적으로 15분 후에 효과가 발현되고 그 효과는 3시간 정도 지속되며 무색무취의 **짠맛이** 나는 액체로 유럽 등지에서 데이트 강간약물로도 불린다. **303** (O) **304** (O) **305** (O) **306** (X) 국가경찰관서의 유치장 또는 구치소에의 유치 기간은 1개월을 초과할 수 없으며, **그 기간의 연장에 관하여는** 제1항 제2호·제3호 및 제3호의2에 따른 잠정조치와는 달리 **규정하지 있지 않다.**

CHAPTER 12 경비경찰활동

307 치안협력성 원칙: 경비경찰이 업무수행과정에서 국민의 협력을 구해야 하고, 국민이 스스로 협조를 할 때 효과적인 업무수행이 가능하다. 23승진 OIX

308 지휘관단일성 원칙: 지시는 한 사람에 의해서 행해져야 하고, 보고도 한 사람을 통해서 이루어져야 한다. 23승진 OIX

309 부대단위활동 원칙: 부대에는 지휘관, 직원 및 대원, 지휘권과 장비가 편성되며 임무수행을 위한 보급지원체제를 갖추고 있어야 한다. 23승진 OIX

310 체계통일성 원칙: 경비업무를 효과적으로 수행하기 위해 복수의 지휘관을 두어야 한다. 23승진 OIX

311 경고와 제지는 간접적 실력행사로서 「경찰관 직무직행법」에 근거를 두고 있다. 23승진 OIX

312 위치의 원칙이란 사태 진압시의 실력행사에 있어서 가장 유리한 지형·지물·위치 등을 확보하여 작전수행이나 진압을 용이하게 한다는 원칙이다. 23승진 OIX

313 균형의 원칙이란 주력부대와 예비대를 적절하게 활용하여 한정된 경력으로 최대의 효과를 얻도록 해야 한다는 원칙이다. 23승진 OIX

314 안전의 원칙이란 작전 때의 변수 발생은 사회적으로 큰 파장을 미칠 수 있으므로 사고 없는 안전한 진압을 실시해야 한다는 원칙이다. 23승진 OIX

315 경비사태에 대해 기한을 정하여 진압할 수 없고 즉시 출동하여 신속하게 조기대응해야 한다는 점에서 즉시적(즉응적) 활동이다. 24승진 OIX

316 현재의 질서상태를 유지하는 것에 가치를 두는 현상유지적 활동으로 정태적이고 소극적인 특성을 가지나 질서유지를 통해 새로운 변화와 발전을 보장하기 위한 동태적이고 적극적인 특성은 갖지 않는다. 24승진 OIX

317 경비사태가 발생한 후의 진압뿐만 아니라 특정한 사태가 발생하기 전의 경계·예방의 역할을 수행한다는 점에서 복합기능적 활동이다. 24승진 OIX

318 경비사태가 발생할 때 조직적이고 집단적인 대응이 요구되므로 조직적 부대 활동에 중점을 둔 체계적인 부대편성과 관리 및 운영이 필요하다. 24승진 OIX

정답

307 (O) **308** (O) **309** (O) **310** (X) 체계통일성의 원칙은 조직의 정점으로부터 말단에 이르는 계선을 통하여 **상하계급 간 일정한 관계가 형성되고 책임과 임무의 분담이 명확히 이루어지고 명령과 복종의 체계가 통일되어야 한다**는 것으로 경찰조직 간에 체계가 확립되어야만 각 부대 간 효율적인 협조와 타 기관과도 상호응원이 가능하게 된다. **311** (X) 제지는 **직접적 실력행사**로 「경찰관 직무집행법」 제6조(범죄의 예방과 제지)에 근거를 두고 있다. **312** (O) **313** (O) **314** (O) **315** (O) **316** (X) 경비활동은 기본적으로 현재의 질서상태를 유지하는 것에 가치를 두는 현상유지적 질서유지활동이다. 이때 현상유지적 질서유지활동이라고 하는 것은 정태적·소극적인 유지에 그치는 것이 아니라 질서유지를 통해 새로운 변화와 발전을 보장하기 위한 동태적·적극적인 유지의 성격을 가진다. **317** (O) **318** (O)

319 전이법은 불만집단과 이에 반대하는 대중의견을 크게 부각시켜 불만집단이 자진해산 및 분산하게 하는 정책적 치료법이다. 22승진 OIX

320 봉쇄·방어는 군중이 중요시설이나 기관 등 보호대상물의 점거를 기도할 경우, 사전에 부대가 선점하여 바리케이트 등으로 봉쇄하는 방어조치로 충돌없이 효과적으로 무산시키는 진압의 기본원칙이다. 22승진 OIX

321 세력분산은 일단 시위대가 집단을 형성한 이후에 부대가 대형으로 진입하거나 장비를 사용하여 시위집단의 지휘·통제력을 차단하며, 수개의 소집단으로 분할시켜 시위의사를 약화시키는 진압의 기본원칙이다. 22승진 OIX

322 지연정화법은 시간을 지연시킴으로써 불만집단의 고조된 주장을 이성적으로 사고할 기회를 부여하고 정서적으로 감정을 둔화시켜서 흥분을 가라앉게 하는 정책적 치료법이다. 22승진 OIX

323 개표소 경비에 대한 3선 개념 중 제3선은 울타리 외곽으로, 검문조·순찰조를 운영하여 위해 기도자의 접근을 차단한다. 22승진 OIX

324 「공직선거법」상 구·시·군선거관리위원회위원장이나 위원이 개표소의 질서유지를 위하여 정복을 한 경찰공무원 또는 경찰관서장에게 원조를 요구할 수 있으며, 이와 같은 요구에 의해 개표소안에 들어간 경찰공무원 또는 경찰관서장은 질서가 회복되거나 위원장의 요구시 개표소에서 퇴거할 수 있다. 22승진 OIX

325 「공직선거법」상 투표소 안에서 또는 투표소로부터 100미터 안에서 소란한 언동을 하거나 특정 정당이나 후보자를 지지 또는 반대하는 언동을 하는 자가 있는 때에는 투표관리관 또는 투표사무원은 이를 제지하고, 그 명령에 불응하는 때에는 투표소 또는 그 제한거리 밖으로 퇴거하게 할 수 있다. 22승진 OIX

326 「공직선거법」상 투표관리관 또는 투표사무원은 투표소의 질서가 심히 문란하여 공정한 투표가 실시될 수 없다고 인정하는 때에는 투표소의 질서를 유지하기 위하여 정복을 한 경찰공무원 또는 경찰관서장에게 원조를 요구할 수 있다. 22승진 OIX

327 「재난 및 안전관리 기본법」상 특별재난지역의 선포는 재난관리 체계상 대응단계에 해당한다. 24승진 OIX

328 「재난 및 안전관리 기본법」상 행정안전부장관은 국가 및 지방자치단체가 행하는 재난 및 안전관리 업무를 총괄·조정한다. 24승진 OIX

329 「재난 및 안전관리 기본법」상 '재난관리'란 재난의 예방·대비·대응 및 복구를 위하여 하는 모든 활동을 말한다. 24승진 OIX

330 「재난 및 안전관리 기본법」상 '재난'이란 국민의 생명·신체·재산과 국가에 피해를 주거나 줄 수있는 것이며, 화재·붕괴·폭발·교통사고는 '사회재난'으로 구분한다. 24승진 OIX

정답

319 (X) 경쟁행위법에 대한 설명이다. 320 (O) 321 (O) 322 (O) 323 (O) 324 (X) 개표소안에 들어간 경찰공무원 또는 경찰관서장은 질서가 회복되거나 위원장의 요구시 개표소에서 퇴거하여야 한다. 325 (O) 326 (O) 327 (X) 특별재난지역 선포는 복구단계에서의 활동이다. 328 (O) 329 (O) 330 (O)

331 「경찰 비상업무 규칙」상 작전비상 갑호는 대규모 적정이 발생하였거나 발생 징후가 현저한 경우이다. 22승진 O|X

332 「경찰 비상업무 규칙」상 교통비상 을호는 농무, 풍수설해 및 화재로 극도의 교통혼란 및 사고발생한 경우이다. 22승진 O|X

333 「경찰 비상업무 규칙」상 경비비상 병호는 국제행사·기념일 등을 전후하여 치안수요가 증가하여 가용경력의 50%를 동원할 필요가 있는 경우이다. 22승진 O|X

334 「경찰 비상업무 규칙」상 수사비상 갑호는 사회이목을 집중시킬만한 중대범죄 발생 경우이다. 22승진 O|X

335 「재난 및 안전관리 기본법」상 '재난'은 '자연재난'과 '사회재난'으로 구분된다. 22승진 O|X

336 「테러취약시설 안전활동에 관한 규칙」상 C급 다중이용건축물등은 테러에 의하여 파괴되거나 기능 마비시 제한된 지역에서 단기간 대테러진압작전이 요구되고, 국민생활에 상당한 영향을 미칠 수 있는 건축물 또는 시설을 말한다. 22승진 O|X

337 「국민보호와 공공안전을 위한 테러방지법」상 '테러위험인물'이란 테러단체의 조직원이거나 테러단체 선전, 테러자금 모금·기부, 그 밖에 테러 예비·음모·선전·선동을 하였거나 하였다고 의심할 상당한 이유가 있는 사람을 말한다. 22승진 O|X

338 「경찰 재난관리 규칙」상 시·도경찰청등의 장은 관할 지역 내에서 재난이 발생하였거나 발생할 우려가 있는 경우 재난상황실을 설치·운영할 수 있으나, 시·도경찰청등에 재난대책본부가 설치되었거나, 「재난 및 안전관리 기본법」상 '경계' 단계의 위기경보가 발령된 경우에는 재난상황실을 설치·운영하여야 한다. 22승진 O|X

339 「통합방위법」상 "갑종사태"란 일정한 조직체계를 갖춘 적의 대규모 병력 침투 또는 대량살상무기 공격 등의 도발로 발생한 비상사태로서 통합방위본부장 또는 지역군사령관의 지휘·통제 하에 통합방위작전을 수행하여야 할 사태를 말한다. 23승진 O|X

340 「통합방위법」상 "을종사태"란 적의 침투·도발 위협이 예상되거나 소규모의 적이 침투하였을 때에 시·도경찰청장, 지역군사령관 또는 함대사령관의 지휘·통제 하에 통합방위작전을 수행하여 단기간 내에 치안이 회복될 수 있는 사태를 말한다. 23승진 O|X

341 「통합방위법」상 국무총리 소속으로 중앙 통합방위협의회를 둔다. 23승진 O|X

342 「통합방위법」상 국가중요시설은 국방부장관이 관계 행정기관의 장 및 국가정보원장과 협의하여 지정한다. 23승진 O|X

343 「국민보호와 공공안전을 위한 테러방지법」상 "테러위험인물"이란 테러를 실행·계획·준비하거나 테러에 참가할 목적으로 국적국이 아닌 국가의 테러단체에 가입하거나 가입하기 위하여 이동 또는 이동을 시도하는 내국인·외국인을 말한다. 23승진 O|X

정답

331 (O) **332** (X) 교통비상 **갑호**에 해당하는 내용이다. **333** (X) 경비비상 병호-가용경력의 30%를 동원할 필요가 있는 경우 **334** (O) **335** (O) **336** (O) **337** (O) **338** (X) 「재난 및 안전관리 기본법」제38조에 따라 **심각** 단계의 위기경보가 발령된 경우에는 재난상황실을 설치·운영하여야 한다. **339** (O) **340** (X) "병종사태"에 대한 설명이다. **341** (O) **342** (O) **343** (X) "**외국인테러전투원**"에 대한 설명이다.

344 「국민보호와 공공안전을 위한 테러방지법」상 대테러활동에 관한 정책의 중요사항을 심의·의결하기 위하여 국가테러대책위원회를 두고 위원장은 국가정보원장으로 한다. 23승진 OIX

345 「국민보호와 공공안전을 위한 테러방지법」상 관계기관의 장은 테러의 계획 또는 실행에 관한 사실을 관계기관에 신고하여 테러를 사전에 예방할 수 있게 하였거나, 테러에 가담 또는 지원한 사람을 신고하거나 체포한 사람에 대하여 대통령령으로 정하는 바에 따라 포상금을 지급하여야 한다. 23승진 OIX

346 「국민보호와 공공안전을 위한 테러방지법」상 국가정보원장은 대테러활동에 필요한 정보나 자료를 수집하기 위하여 대테러조사 및 테러위험인물에 대한 추적을 할 수 있다. 이 경우 사전 또는 사후에 대책위원회 위원장에게 보고하여야 한다. 23승진 OIX

347 「집회등 채증활동규칙」상 채증요원은 사진 촬영담당, 동영상 촬영담당, 신변보호원 등 3명을 1개조로 편성하는 것을 원칙으로 하되, 현장 상황 등을 고려하여 증감 편성할 수 있다. 24승진 OIX

348 「집회등 채증활동규칙」상 범죄혐의자의 인적사항이 확인되어 범죄수사의 필요성이 있는 채증자료는 지체없이 경비부서에 송부하여야 한다. 24승진 OIX

349 「집회등 채증활동규칙」상 20분 이상 채증을 계속하는 경우에는 20분이 경과할 때마다 채증 중임을 고지하거나 알려야 한다. 24승진 OIX

350 「집회등 채증활동규칙」상 채증은 폭력 등 범죄행위가 행하여지고 있거나 행하여진 직후에 하여야 한다. 단, 범죄행위로 인하여 타인의 생명·신체 또는 재산에 대한 위해가 임박한 때에 범죄에 이르게 된 경우나 그 전후 사정에 관하여 긴급히 증거를 확보하여야 할 필요가 있는 경우에는 범죄행위가 행하여지기 이전이라도 채증을 할 수 있다. 24승진 OIX

CHAPTER 13 교통경찰활동

351 「도로교통법 시행규칙」상 녹색의 등화: 비보호좌회전표지 또는 비보호좌회전표시가 있는 곳에서는 좌회전할 수 있다. 23승진 OIX

352 황색등화의 점멸: 차마는 다른 교통 또는 안전표지의 표시에 주의하면서 진행할 수 있다. 23승진 OIX

353 황색의 등화: 차마는 정지선이 있거나 횡단보도가 있을 때에는 그 직전이나 교차로의 직전에 정지하여야 하며, 이미 교차로에 차마의 일부라도 진입한 경우에는 신속히 교차로 밖으로 진행하여야 한다. 23승진 OIX

354 적색등화의 점멸: 차마는 정지선이나 횡단보도가 있을 때에는 그 직전이나 교차로의 직전에 서행하여 다른 교통에 주의하면서 진행할 수 있다. 23승진 OIX

정답

344 (X) ~~ 위원장은 **국무총리**로 한다. 345 (X) ~~ 포상금을 **지급할 수 있다**. 346 (O) 347 (O) 348 (X) 범죄혐의자의 인적사항이 확인되어 범죄수사의 필요성이 있는 채증자료는 지체 없이 **수사부서**에 송부하여야 한다. 349 (O) 350 (O) 351 (O) 352 (O) 353 (O) 354 (X) 적색등화의 점멸 : 차마는 정지선이나 횡단보도가 있을 때에는 그 직전이나 교차로의 직전에 **일시정지한 후** 다른 교통에 주의하면서 진행할 수 있다.

355 「도로교통법」상 모든 차의 운전자는 어린이나 영유아를 태우고 있다는 표시를 한 상태로 도로를 통행하는 어린이 통학버스를 앞지르지 못한다. 22승진 OIX

356 「어린이·노인 및 장애인 보호구역의 지정 및 관리에 관한 규칙」상 시·도경찰청장이나 경찰서장은 「도로교통법」 제12조 제1항 또는 제12조의2 제1항에 따라 보호구역에서 구간별·시간대별로 도시지역의 간선도로를 일방통행로로 지정·운영할 수 있다. 22승진 OIX

357 「도로교통법 시행령」상 어린이 통학버스는 교통사고로 인한 피해를 전액 배상할 수 있도록 「보험업법」에 따른 보험 또는 「여객자동차 운수사업법」에 따른 공제조합에 가입되어 있어야 한다. 22승진 OIX

358 「어린이·노인 및 장애인 보호구역의 지정 및 관리에 관한 규칙」상 시장등은 조사 결과 보호구역으로 지정·관리할 필요가 인정되는 경우에 관할 시·도경찰청장 또는 경찰서장과 협의하여 해당 보호구역 지정대상시설의 주(主) 출입문을 중심으로 반경 300미터 이내의 도로 중 일정구간을 보호구역으로 지정하나, 해당 지역의 교통여건 및 효과성 등을 면밀히 검토하여 필요한 경우에 보호구역 지정대상시설의 주 출입문을 중심으로 반경 500미터 이내의 도로에 대해서도 보호구역으로 지정할 수 있다. 22승진 OIX

359 「도로교통법 시행령」상 경찰서장, 도지사 또는 시장등은 차를 견인하였을 때부터 24시간이 경과되어도 이를 인수하지 아니하는 때에는 해당 차의 보관장소 등 행정안전부령이 정하는 사항을 해당 차의 사용자 또는 운전자에게 등기우편으로 통지할 수 있다. 22승진 OIX

360 「도로교통법」상 도로공사를 하고 있는 경우에 그 공사 구역의 양쪽 가장자리로부터 5미터 이내인 곳은 주차금지 장소에 해당한다. 22승진 OIX

361 「도로교통법」상 도로 또는 노상주차장에 정차하거나 주차하려고 하는 차의 운전자는 차를 차도의 우측 가장자리에 정차하는 등 대통령령으로 정하는 정차 또는 주차의 방법·시간과 금지사항 등을 지켜야 한다. 22승진 OIX

362 「도로교통법」상 자전거 운전자는 안전표지로 통행이 허용된 경우를 제외하고는 2대 이상이 나란히 차도를 통행하여서는 아니 된다. 24승진 OIX

363 「도로교통법」상 술에 취한 상태에서 자전거를 운전했을 경우의 범칙금은 3만원이며, 술에 취한 상태에 있다고 인정할 만한 상당한 이유가 있는 자전거 운전자가 경찰공무원의 호흡조사 측정에 불응한 경우의 범칙금은 10만원에 해당된다. 24승진 OIX

364 「도로교통법」상 자전거 운전자는 길가장자리구역(안전표지로 자전거등의 통행을 금지한 구간은 제외한다)을 통행할 수 있다. 이 경우 자전거 운전자는 보행자의 통행에 방해가 될 때에는 서행하거나 일시정지하여야 한다. 24승진 OIX

정답

355 (O)　**356** (X) 보호구역에서 구간별·시간대별로 도시지역의 **이면도로**를 일방통행로로 지정·운영할 수 있다.　**357** (O)
358 (O)　**359** (X) 경찰서장, 도지사 또는 시장등은 ~ **통지하여야 한다**.　**360** (O)　**361** (O)　**362** (O)　**363** (O)　**364** (O)

365 「도로교통법」상 자전거 운전자는 서행하거나 정지한 다른 차를 앞지르려면 앞차의 좌측으로만 통행하여야 한다. 이 경우 자전거 운전자는 정지한 차에서 승차하거나 하차하는 사람의 안전에 유의하여 서행하거나 필요한 경우 일시정지하여야 한다. 24승진 OIX

366 「교통사고조사규칙」상 교통조사관이 교통사고 현장도면 작성시 교통사고의 발생지점과 사고차량의 정차지점을 표시하는 때에는 사고발생 지점을 도면의 중앙에 배치하고 가해차량의 진행방향이 위로 향하도록 하여 이동지점과 정차지점을 실선으로 표시한다. 22승진 OIX

367 「교통사고조사규칙」상 교통조사관이 교통사고 현장도면 작성시 거리를 측정하거나 지점을 확정하는 경우에는 각각의 지점에 대한 명칭을 붙여 특정지어야 한다. 22승진 OIX

368 「도로교통법」제39조 제4항을 위반하여 자동차의 화물이 떨어지지 아니하도록 필요한 조치를 하지 아니하고 운전한 경우 「교통사고처리 특례법」상 제3조 제2항(처벌의 특례) 단서에 해당한다. 22승진 OIX

369 「도로교통법」제17조 제1항 또는 제2항에 따른 제한속도를 시속 20킬로미터 초과하여 운전한 경우 「교통사고처리 특례법」상 제3조 제2항(처벌의 특례) 단서에 해당한다. 22승진 OIX

370 「도로교통법」제13조 제3항을 위반하여 중앙선을 침범하거나 같은 법 제62조를 위반하여 횡단, 유턴 또는 후진한 경우 「교통사고처리 특례법」상 제3조 제2항(처벌의 특례) 단서에 해당한다. 22승진 OIX

371 「도로교통법」제24조에 따른 철길건널목 통과방법을 위반하여 운전한 경우 「교통사고처리 특례법」상 제3조 제2항(처벌의 특례) 단서에 해당한다. 22승진 OIX

372 「교통사고처리 특례법」제2조 제2호는 '교통사고'란 차의 교통으로 인하여 사람을 사상하거나 물건을 손괴하는 것을 말한다고 규정하고 있는데, 여기서 '차의 교통'은 차량을 운전하는 행위 및 그와 동일하게 평가할 수 있을 정도로 밀접하게 관련된 행위를 모두 포함한다. 24승진 OIX

373 음주운전 신고를 받고 출동한 경찰관이 만취한 상태로 시동이 걸린 차량 운전석에 앉아 있는 甲을 발견하고 음주측정을 위해 하차를 요구하는 것만으로는 「도로교통법」제44조 제2항이 정한 음주측정에 관한 직무에 착수하였다고 할 수 없다. 24승진 OIX

374 술에 취한 乙이 자동차 안에서 잠을 자다가 추위를 느껴 히터를 가동시키기 위하여 시동을 걸었고, 실수로 기어 등 자동차의 발진에 필요한 장치를 건드려 원동기의 추진력에 의하여 자동차가 움직이거나 또는 불안전한 주차상태나 도로여건 등으로 인하여 자동차가 움직이게 된 경우는 자동차의 운전에 해당하지 아니한다. 24승진 OIX

정답

365 (X) 자전거등의 운전자는 서행하거나 정지한 다른 차를 앞지르려면 제1항에도 불구하고 **앞차의 우측으로 통행할 수 있다.**
366 (X) 교통사고의 발생지점과 사고차량의 정차지점을 표시하는 때에는 사고발생 지점을 도면의 중앙에 배치하고 가해차량의 진행방향이 위로 향하도록 하여 **이동지점을 점선으로 표시하고 정차지점은 실선으로 표시한다.** **367** (O) **368** (O) **369** (O) **370** (O) **371** (O) **372** (O) **373** (X) 음주운전 신고를 받고 출동한 경찰관이 만취한 상태로 시동이 걸린 차량 운전석에 앉아있는 피고인을 발견하고 음주측정을 위해 하차를 요구함으로써 도로교통법 제44조 제2항이 정한 **음주측정에 관한 직무에 착수**하였다고 할 것이다. **374** (O)

375 모든 차의 운전자는 보행자보다 먼저 횡단보행자용 신호기가 설치되지 않은 횡단보도에 진입한 경우에도, 보행자의 횡단을 방해하지 않거나 통행에 위험을 초래하지 않을 상황이 아니고서는, 차를 일시정지하는 등으로 보행자의 통행이 방해되지 않도록 할 의무가 있다. 24승진 O|X

CHAPTER ⓯ 정보경찰활동

376 「경찰관의 정보수집 및 처리 등에 관한 규정」상 경찰관의 정보수집·작성·배포에 있어 정보의 구체적인 범위에는 범죄의 예방과 대응에 필요한 정보가 포함된다. 23승진 O|X

377 「경찰관의 정보수집 및 처리 등에 관한 규정」상 경찰관은 정보를 수집하거나 정보의 수집·작성·배포에 수반되는 사실을 확인하려는 경우에는 상대방에게 자신의 신분을 밝히고 정보수집 또는 사실 확인의 목적을 설명해야 한다. 23승진 O|X

378 위 377번의 경우 강제적인 방법을 사용할 수 있다. 23승진 O|X

379 「경찰관의 정보수집 및 처리 등에 관한 규정」상 범죄의 대응을 위한 정보활동에 현저한 지장을 초래할 우려가 있는 경우에는 377번 절차를 생략할 수 있다. 23승진 O|X

380 「경찰관의 정보수집 및 처리 등에 관한 규정」상 경찰관이 「경찰관 직무집행법」 제8조의2 제1항에 따라 수집·작성·배포할 수 있는 정보의 범위에는 국가중요시설의 안전 및 주요 인사(人士)의 보호에 필요한 정보가 포함된다. 24승진 O|X

381 「경찰관의 정보수집 및 처리 등에 관한 규정」상 경찰관은 정보활동과 관련하여 직무와 무관한 비공식적 직함을 사용하는 행위를 해서는 안 된다. 24승진 O|X

382 「경찰관의 정보수집 및 처리 등에 관한 규정」상 경찰관은 언론·교육·종교·시민사회 단체 등 민간단체, 지방자치단체, 정당의 사무소에 상시적으로 출입해서는 안 되며 정보활동을 위해 필요한 경우에 한정하여 일시적으로만 출입해야 한다고 규정되어 있다. 24승진 O|X

383 「경찰관의 정보수집 및 처리 등에 관한 규정」상 경찰관은 명백히 위법한 지시라고 판단되는 경우에는 그 집행을 거부할 수 있다. 24승진 O|X

384 「집회 및 시위에 관한 법률」상 관할경찰관서장은 옥외집회 및 시위의 신고서를 접수하면 신고자에게 접수 일시를 적은 접수증을 즉시 내주어야 한다. 24승진 O|X

385 「집회 및 시위에 관한 법률」상 주최자는 신고한 옥외집회 또는 시위를 하지 아니하게 된 경우에는 신고서에 적힌 집회 일시 24시간 전에 그 철회사유 등을 적은 철회신고서를 관할경찰관서장에게 제출하여야 한다. 24승진 O|X

386 「집회 및 시위에 관한 법률」상 관할경찰관서장은 신고서의 기재 사항에 미비한 점을 발견하면 접수증을 교부한 때부터 12시간 이내에 주최자에게 24시간을 기한으로 그 기재 사항을 보완할 것을 통고할 수 있다. 24승진 O|X

정답

375 (O)　376 (O)　377 (O)　378 (X) 강제적인 방법을 사용해서는 안 된다.　379 (O)　380 (O)　381 (O)　382 (X) 지방자치단체는 포함되지 않는다.　383 (O)　384 (O)　385 (O)　386 (O)

387 「집회 및 시위에 관한 법률」상 관할경찰관서장이 신고서의 보완 통고를 할 때에는 보완할 사항을 분명히 밝혀 서면 또는 구두로 주최자 또는 연락책임자에게 통보해야 한다. 24승진 OIX

388 「집회 및 시위에 관한 법률」상 질서유지선을 경찰관의 경고에도 불구하고 정당한 사유 없이 상당 시간 침범하거나 손괴·은닉·이동 또는 제거하거나 그 밖의 방법으로 그 효용을 해친 자는 6개월 이하의 징역 또는 50만 원 이하의 벌금·구류 또는 과료에 처한다. 23승진 OIX

389 「집회 및 시위에 관한 법률」상 옥외집회 및 시위의 신고를 받은 경찰관서장이 질서유지선을 설정할 때에는 주최자 또는 연락책임자에게 이를 알려야 한다. 23승진 OIX

390 「집회 및 시위에 관한 법률 시행령」상 질서유지선의 설정 고지는 구두 또는 서면으로 할 수 있다. 다만 집회 또는 시위 장소의 상황에 따라 질서유지선을 새로 설정하거나 변경하는 경우에는 집회 또는 시위의 장소에 있는 경찰공무원이 서면으로 알려야 한다. 23승진 OIX

391 「집회 및 시위에 관한 법률」상 옥외집회나 시위의 신고를 받은 관할경찰관서장은 집회 및 시위의 보호와 공공의 질서 유지를 위하여 필요하다고 인정하면 최소한의 범위를 정하여 질서유지선을 설정할 수 있다. 23승진 OIX

392 중앙행정기관이 개최하는 국경일 행사의 경우 행사 개최시간에 한정하여 행사 진행에 영향을 미치는 소음에 대해서는 「집회 및 시위에 관한 법률 시행령」 별표2 따른 확성기등의 소음기준을 '그 밖의 지역'의 소음기준으로 적용한다. 22승진 OIX

393 「집회 및 시위에 관한 법률 시행령」 별표 2에 따른 소음측정 장소에서 확성기등의 대상소음이 있을 때 측정한 소음도를 측정소음도로 하고, 같은 장소에서 확성기등의 대상소음이 없을 때 5분간 측정한 소음도를 배경소음도로 한다. 22승진 OIX

394 「집회 및 시위에 관한 법률」상 관할경찰관서장은 집회 또는 시위의 주최자가 확성기등의 소음기준을 초과하는 소음을 발생시켜 타인에게 피해를 주는 경우에 그 기준 이하의 소음 유지 또는 확성기등의 사용 중지를 명하거나 확성기 등의 일시보관 등 필요한 조치를 할 수 있다. 22승진 OIX

395 「집회 및 시위에 관한 법률 시행령」 별표 2에 따른 확성기등의 소음기준에서 주거지역의 주간(07:00~해지기 전)시간대 등가소음도(Leq)는 60dB 이하이다. 22승진 OIX

396 옥외집회 또는 시위 당시의 구체적인 상황에 비추어 볼 때 옥외집회 또는 시위의 신고사항 미비점이나 신고범위 일탈로 인하여 타인의 법익 기타 공공의 안녕질서에 대하여 직접적인 위험이 초래된 경우에 비로소 그 위험의 방지·제거에 적합한 제한조치를 취할 수 있되, 그 조치는 법령에 의하여 허용되는 범위 내에서 필요한 최소한도에 그쳐야 한다. 22승진 OIX

정답

387 (X) 관할경찰관서장이 신고서의 보완 통고를 할 때에는 보완할 사항을 분명히 밝혀 **서면으로** 주최자 또는 연락책임자에게 통보해야 한다. **388** (O) **389** (O) **390** (X) 질서유지선의 설정 고지는 **서면으로 하여야 한다**. 다만, 집회 또는 시위 장소의 상황에 따라 질서유지선을 새로 설정하거나 변경하는 경우에는 집회 또는 시위의 장소에 있는 경찰공무원이 **구두로 알릴 수 있다**. **391** (O) **392** (X) 「집회 및 시위에 관한 법률 시행령」 별표2에 따른 확성기등의 소음기준을 **'주거지역'**의 소음기준으로 적용한다. **393** (O) **394** (O) **395** (O) **396** (O)

397 「집회 및 시위에 관한 법률 시행령」상 집회시위의 해산절차는 "자진 해산의 요청 → 종결선언의 요청 → 해산명령 → 직접해산" 순이다. 23승진 O|X

398 집회참가자들이 망인에 대한 추모의 목적과 그 범위 내에서 이루어지는 노제 등을 위한 이동·행진의 수준을 넘어서서 그 기회를 이용하여 다른 공동의 목적을 가지고 일반인이 자유로이 통행할 수 있는 장소를 행진하거나 위력 또는 기세를 보여, 불특정한 여러 사람의 의견에 영향을 주거나 제압하는 행위에까지 나아가는 경우에는, 이미 「집회 및 시위에 관한 법률」이 정한 시위에 해당하므로 「집회 및 시위에 관한 법률」 제6조에 따라 사전에 신고서를 관할 경찰서장에게 제출할 것이 요구된다. 22승진 O|X

399 옥외집회 또는 시위 참가자들이 교통혼잡이 야기되었다고 볼 만한 사정은 없으나 이미 신고한 행진 경로를 따라 행진로인 하위 1개 차로에서 약 3시간 30분 동안 이루어진 집회시간 동안 2회에 걸쳐 약 15분 동안 연좌하였다는 사실만으로도 주최행위가 신고한 목적, 일시, 방법 등의 범위를 뚜렷이 벗어나는 경우에 해당한다고 볼 수 있다. 22승진 O|X

400 집회란 '특정 또는 불특정 다수인이 공동의 의견을 형성하여 이를 대외적으로 표명할 목적 아래 일시적으로 일정한 장소에 모이는 것'을 말한다. 22승진 O|X

401 헌법에 따르면 집회에 대한 허가제는 인정되지 아니한다. 24승진 O|X

402 집회금지통고는 관할경찰서장이 집회신고를 접수한 후 「집회 및 시위에 관한 법률」상 집회 사전금지조항에 근거하여 집회 주최자 등에게 해당 집회를 금지한다는 사실을 알리는 행정처분이므로 그 자체를 헌법에 위배되는 제도라고 볼 수 없다. 24승진 O|X

403 집회의 금지와 해산은 원칙적으로 공공의 안녕질서에 대한 직접적인 위협이 명백하게 존재하는 경우에 한하여 허용될 수 있고, 집회의 자유를 보다 적게 제한하는 다른 수단, 예컨대 시위 참가자수의 제한, 시위 대상과의 거리 제한, 시위 방법, 시기, 소요시간의 제한 등 조건을 붙여 집회를 허용하는 가능성을 모두 소진한 후에 비로소 고려될 수 있는 최종적인 수단이다. 24승진 O|X

404 사전금지 또는 제한된 집회라 하더라도 실제 이루어진 집회가 낭초 신고 내용과 달리 평화롭게 개최되거나 집회 규모를 축소하여 이루어지는 등 타인의 법익 침해나 기타 공공의 안녕질서에 대하여 직접적이고 명백한 위험을 초래하지 않은 경우에는 이에 대하여 사전금지 또는 제한을 위반하여 집회를 한 점을 들어 처벌하는 것 이외에 더 나아가 이에 대한 해산을 명하고 이에 불응하였다 하여 처벌할 수는 없다. 24승진 O|X

정답

397 (X) 집회·시위의 해산은 '**종결 선언의 요청 → 자진 해산의 요청 → 해산명령 → 직접 해산**'의 순서에 따른다.
398 (O) **399** (X) 옥외집회 또는 시위 참가자들이 교통혼잡이 야기되었다고 볼 만한 사정은 없으나 이미 신고한 행진 경로를 따라 행진로인 하위 1개 차로에서 약 3시간 30분 동안 이루어진 집회시간 동안 2회에 걸쳐 약 15분 동안 연좌하였다는 사실만으로도 주최행위가 신고한 목적, 일시, 방법 등의 범위를 뚜렷이 벗어나는 경우에 **해당하지 아니한다**. **400** (O) **401** (O)
402 (O) **403** (O) **404** (O)

CHAPTER ⑮ 안보경찰활동

405 「보안관찰법」상 법무부장관은 보안관찰처분대상자 또는 피보안관찰자중 국내에 가족이 없거나 가족이 있어도 인수를 거절하는 자에 대하여는 대통령령이 정하는 바에 의하여 거소를 제공할 수 있다. 22승진 O|X

406 「형법」상 일반이적죄는 「보안관찰법」상 보안관찰해당범죄에 해당된다. 22승진 O|X

407 「보안관찰법 시행규칙」에서 규정하는 '사안'에는 보안관찰처분기간갱신청구에 관한 사안도 해당된다. 22승진 O|X

408 「보안관찰법」상 피보안관찰자가 주거지를 이전하거나 국외여행 또는 10일 이상 주거를 이탈하여 여행하고자 할 때에는 미리 거주예정지, 여행예정지 기타 대통령령이 정하는 사항을 지구대·파출소장을 거쳐 관할경찰서장에게 신고하여야 한다. 22승진 O|X

409 「보안관찰법」상 '보안관찰처분대상자'라 함은 보안관찰해당범죄 또는 이와 경합된 범죄로 금고 이상의 형의 선고를 받고 그 형기합계가 3년 이상인 자로서 형의 전부 또는 일부의 집행을 면제받은 사실이 있는 자를 말한다. 24승진 O|X

410 「보안관찰법」상 보안관찰처분의 기간은 2년으로 하되, 법무부장관은 검사의 청구가 있는 때에는 보안관찰처분심의위원회의 의결을 거쳐 그 기간을 갱신할 수 있다. 24승진 O|X

411 「보안관찰법」상 보안관찰처분대상자는 대통령령이 정하는 바에 따라 그 형의 집행을 받고 있는 교도소, 소년교도소, 구치소, 유치장 또는 군교도소에서 출소 전에 거주예정지 기타 대통령령으로 정하는 사항을 교도소등의 장을 경유하여 거주예정지 관할 경찰서장에게 신고하고, 출소 후 7일 이내에 그 거주예정지 관할 경찰서장에게 출소사실을 신고하여야 한다. 24승진 O|X

412 「보안관찰법」상 보안관찰처분청구는 검사가 보안관찰처분청구서를 법무부장관에게 제출함으로써 행한다. 24승진 O|X

413 「북한이탈주민의 보호 및 정착지원에 관한 법률」상 통일부장관은 보호대상자가 거주지로 전입한 후 그의 신변안전을 위하여 국방부장관이나 경찰청장에게 협조를 요청할 수 있으며, 협조요청을 받은 국방부장관이나 경찰청장은 이에 협조한다. 24승진 O|X

414 「북한이탈주민의 보호 및 정착지원에 관한 법률」상 '보호대상자'란 이 법에 따라 보호 및 지원을 받는 북한이탈주민을 말한다. 24승진 O|X

정답

405 (O)　**406** (X) 「형법」상 일반이적죄는 「보안관찰법」상 보안관찰해당범죄에 해당하지 않는다.　**407** (O)　**408** (O)　**409** (X) '보안관찰처분대상자'라 함은 보안관찰해당범죄 또는 이와 경합된 범죄로 금고 이상의 형의 선고를 받고 그 형기합계가 3년 이상인 자로서 형의 전부 또는 일부의 집행을 **받은** 사실이 있는 자를 말한다.　**410** (O)　**411** (O)　**412** (O)　**413** (O)　**414** (O)

415 「북한이탈주민의 보호 및 정착지원에 관한 법률」상 통일부장관은 보호대상자가 정착지원시설로부터 그의 거주지로 전입한 후 정착하여 스스로 생활하는 데 장애가 되는 사항을 해결하거나 그 밖에 자립·정착에 필요한 보호를 할 수 있다. 24승진 O|X

416 「북한이탈주민의 보호 및 정착지원에 관한 법률」상 '북한이탈주민'이란 군사분계선 이북지역에 주소, 직계가족, 배우자, 직장 등을 두고 있는 사람으로서 북한을 벗어난 후 외국 국적을 취득한 사람을 말한다. 24승진 O|X

CHAPTER ⓰ 외사경찰활동

417 「범죄인 인도법」상 법원은 범죄인이 인도구속영장에 의하여 구속 중인 경우에 구속된 날부터 2개월 이내에 인도심사에 관한 결정을 하여야 한다. 22승진 O|X

418 주한미군지위협정(SOFA)상 주한미군의 공무집행 중 작위 또는 부작위에 의한 범죄는 합중국 군 당국의 전속적 재판권 범위에 포함된다. 22승진 O|X

419 「국제형사사법 공조법」상 행정안전부장관은 국제형사경찰기구로부터 외국의 형사사건 수사에 대하여 협력을 요청받거나 국제형사경찰기구에 협력을 요청하는 경우에는 국제범죄의 정보 및 자료교환 등의 조치를 취할 수 있다. 22승진 O|X

420 「대한민국과 러시아연방간의 영사협약」상 파견국 국민이 영사관할 구역안에서 구속된 경우, 접수국의 권한있는 당국은 지체없이 파견국의 영사기관에 통보한다. 22승진 O|X

421 「출입국관리법」상 강제퇴거 명령서는 출입국관리 공무원이 집행한다. 지방출입국·외국인관서의 장은 사법경찰관리에게 강제퇴거명령서의 집행을 의뢰할 수 있다. 23승진 O|X

422 「출입국관리법」상 대통령령으로 정하는 금액 이상의 국세·관세 또는 지방세를 정당한 사유 없이 그 납부기한까지 내지 아니한 사람은 강제퇴거 대상자에 해당한다. 23승진 O|X

423 「출입국관리법」상 금고 이상의 형을 선고받고 석방된 사람은 강제퇴거의 대상이 된다. 2승진 O|X

424 「출입국관리법」상 지방출입국·외국인관서의 장은 강제퇴거명령을 받은 사람을 보호할 때 그 기간이 3개월이 넘는 경우에는 3개월마다 미리 법무부장관의 승인을 얻어야 한다. 23승진 O|X

정답
415 (O) 416 (X) "북한이탈주민"이란 군사분계선 이북지역(이하 "북한"이라 한다)에 주소, 직계가족, 배우자, 직장 등을 두고 있는 사람으로서 북한을 벗어난 후 외국 국적을 **취득하지 아니한** 사람을 말한다. 417 (O) 418 (X) 주한미군지위협정(SOFA)상 주한미군의 공무집행 중 작위 또는 부작위에 의한 범죄는 합중국 군 당국의 **1차적 재판권** 범위에 포함된다. 419 (O) 420 (O) 421 (O) 422 (X) 외국인 **출국정지** 사유이다. 423 (O) 424 (O)

425 「범죄수사규칙」상 경찰관은 외국인인 피의자 및 그 밖의 관계자가 한국어에 능통하지 않는 경우에는 통역인으로 하여금 통역하게 하여 한국어로 피의자신문조서나 진술조서를 작성하여야 하며, 특히 필요한 때에는 한국어의 진술서를 작성하게 하거나 한국어의 진술서를 제출하게 하여야 한다. 23승진 O|X

426 「범죄수사규칙」상 외국인에 대하여 구속영장 그 밖의 영장을 집행하는 경우에는 번역문을 첨부하여야 한다. 23승진 O|X

427 「범죄수사규칙」상 외국인으로부터 압수한 물건에 관하여 압수목록교부서를 교부하는 경우에는 번역문을 첨부하여야 한다. 23승진 O|X

428 「범죄수사규칙」상 경찰관은 피의자가 외교 특권을 가진 사람인지 여부가 의심스러운 경우에는 신속히 국가수사본부장에게 보고하여 그 지시를 받아야 한다. 23승진 O|X

429 사법경찰관 甲은 「경찰수사규칙」에 따라 중국인 피의자 A의 체포시 피의자에게 영사관원 접견 등 권리를 요청할 수 있다는 사실을 알려주었다. 23승진 O|X

430 사법경찰관 乙은 「대한민국과 중화인민공화국 간의 영사협정」에 따라 구속된 중국인 피의자 B의 요청이 없는 경우에도 4일이 넘지 아니하는 기간 내에 그 구속사실을 영사기관에 통보하였다. 23승진 O|X

431 사법경찰관 丙은 「범죄수사규칙」에 따라 영사 C의 사무소 안에 있는 기록문서를 압수하지 않고 열람하였다. 23승진 O|X

432 사법경찰관 丁은 「경찰수사규칙」에 따라 한미행정 협정사건에 관하여 주한 미합중국 군 당국으로부터 공무증명서를 제출받아 지체없이 공무증명서의 사본을 검사에게 송부하였다. 23승진 O|X

433 「경찰수사규칙」에 따르면 사법경찰관리는 외국인을 체포·구속하는 경우 국내 법령을 위반하지 않는 범위에서 영사관원과 자유롭게 접견·교통할 수 있고, 체포·구속된 사실을 영사기관에 통보해 줄 것을 요청할 수 있다는 사실을 알려야 한다. 24승진 O|X

434 「경찰수사규칙」에 따르면 사법경찰관리는 외국인 변사사건이 발생한 경우에는 영사기관 사망 통보서를 작성하여 지체 없이 검사에게 통보해야 한다. 24승진 O|X

435 「범죄수사규칙」에 따르면 경찰관은 외국군함에 관하여는 해당군함의 함장의 청구가 있는 경우 외에는 이에 출입해서는 아니 된다. 24승진 O|X

436 「범죄수사규칙」에 따르면 경찰관은 총영사, 영사 또는 부영사의 사무소는 해당 영사의 청구나 동의가 있는 경우 외에는 이에 출입해서는 아니 된다. 24승진 O|X

정답

425 (X) 경찰관은 외국인인 피의자 및 그 밖의 관계자가 한국어에 능통하지 않는 경우에는 통역인으로 하여금 통역하게 하여 한국어로 피의자신문조서나 진술조서를 작성하여야 하며 특히 필요한 때에는 **외국어의 진술서**를 작성하게 하거나 **외국어의 진술서**를 제출하게 하여야 한다. 426 (O) 427 (O) 428 (O) 429 (O) 430 (O) 431 (X) 경찰관은 총영사, 영사 또는 부영사나 명예영사의 사무소 안에 있는 기록문서에 관하여는 이를 **열람하거나 압수하여서는 아니 된다.** 432 (O) 433 (O) 434 (X) 사법경찰관리는 외국인 변사사건이 발생한 경우에는 영사기관 사망 통보서를 작성하여 지체 없이 **해당 영사기관에** 통보해야 한다. 435 (O) 436 (O)

부록 실무종합

출제예상 법률 OX

❶ 112신고의 운영 및 처리에 관한 법률(시행령)

1 "112신고"란 범죄나 각종 사건·사고 등 위급한 상황이 발생하였거나 발생할 것이 예상될 때 피해자 또는 이를 인지한 사람이 112를 이용하여 신고하는 것을 말한다. OIX

2 누구든지 범죄나 각종 사건·사고 등 위급한 상황에 대응하기 위한 목적 외의 다른 목적으로 112신고를 하여서는 안된다. OIX

3 112신고의 처리를 위하여 112신고자 정보를 활용하는 경우, 112신고자가 동의하는 경우, 이 법 또는 다른 법률에 특별한 규정이 있는 경우에는 예외적으로 112신고에 사용된 112신고자 정보를 수집·이용 또는 제공할 수 있다. OIX

4 경찰청장, 시·도경찰청장 및 경찰서장(이하 "경찰청장등"이라 한다)은 112신고를 받으면 「경찰관 직무집행법」 제2조에 따른 경찰사무의 구분이나 현장 출동이 필요한 지역의 관할의 관계를 고려하여 해당 112신고를 신속하게 접수하여 처리하여야 한다. 24 채용 OIX

5 경찰청장등은 112신고를 처리하는 과정에서 재난·재해, 범죄 또는 그 밖의 위급한 상황이 발생하여 사람의 생명·신체를 위험하게 할 것으로 인정할 때에는 일정한 구역을 정하여 그 구역에 있는 사람에게 그 구역 밖으로 피난할 것을 명할 수 있다. 24 채용 OIX

6 경찰청장등은 112신고를 처리할 때 112치안종합상황실에서 출동 현장의 상황 등을 실시간으로 확인하고 지휘하기 위한 목적으로 순찰차 등에 영상촬영장치를 설치하여 출동 현장을 촬영할 수 있다. OIX

7 112치안종합상황실은 경찰청, 시·도경찰청 및 경찰서에 설치한다. 24 채용 OIX

8 112신고 접수 및 처리와 관련된 112시스템 입력자료는 3년간 보존한다. 다만, 단순 민원·상담 등 경찰청장이 정하는 경미한 내용의 112신고의 경우에는 1년으로 한다. 24 채용 OIX

9 112신고자 정보를 목적 외의 용도로 이용한 자는 5년 이하의 징역 또는 5천만원 이하의 벌금에 처한다. OIX

10 범죄나 각종 사건·사고 등 위급한 상황을 거짓으로 꾸며 112신고를 한 사람은 300만원 이하의 과태료를 부과한다. OIX

11 112신고에 따라 경찰관이 범죄의 진압에 필요한 조치로써 건물에 출입하고자 할 때 이를 거부한 자는 300만원 이하의 과태료를 부과한다. OIX

12 112신고를 처리하는 과정에서 재난 등 위급한 상황이 발생하여 사람의 생명을 위험하게 할 것으로 인정되어 그 구역밖으로 피난할 것을 명령하였음에도 이를 위반한 자는 100만원 이하의 과태료를 부과한다. OIX

🔍 정답

1 (O) **2** (O) **3** (O) **4** (X) ① 경찰청장등은 112신고를 받으면 「국가경찰과 자치경찰의 조직 및 운영에 관한 법률」 제4조 제1항에 따른 **경찰사무의 구분이나 현장 출동이 필요한 지역의 관할에 관계없이** 해당 112신고를 신속하게 접수하여 처리하여야 한다.
5 (O) **6** (O) **7** (O) 시행령 제2조 제1항 **8** (O) **9** (O) **10** (X) 500만원 **이하**의 과태료를 부과한다. **11** (O) **12** (O)

⑪ 112치안종합상황실 운영 및 신고처리 규칙

13 112신고는 현장출동이 필요한 지역의 관할과 관계없이 신고를 받은 경찰관서에서 신속하게 접수한다. OX

14 경찰관서 방문 등 112신고 외의 방법으로 범죄나 각종 사건·사고 등 위급한 상황이 발생하였거나 발생할 것이 예상된다는 신고를 접수한 경찰관은 소속 경찰관서의 112시스템에 신고내용을 입력해야 한다. OX

15 경찰청장은 112신고 내용의 긴급성과 출동 필요성 등을 고려하여 112신고 대응 코드(code)를 분류한다. OX

16 생명·신체에 대한 위험 발생이 임박하거나 진행 중 또는 그 직후인 경우 및 현행범인인 경우는 코드0 신고에 해당한다. OX

17 즉각적인 현장조치는 불필요하나 수사, 전문상담 등이 필요한 경우는 코드3 신고에 해당한다. OX

18 112근무요원은 112신고가 완전하게 수신되지 않는 경우와 같이 정확한 신고내용을 파악하기 힘든 경우라도 신속한 처리를 위해 우선 임의 112신고 대응 코드를 부여할 수 있다. OX

19 112근무요원 및 출동 경찰관은 이미 분류된 112신고 대응 코드를 다른 112신고 대응 코드로 변경할 수 없다. OX

20 112신고를 접수한 112근무요원은 접수한 신고의 내용이 코드 0 신고부터 코드 3 신고의 유형에 해당하는 경우에는 출동 경찰관에게 출동할 장소, 신고내용, 신고유형 등을 고지하고 신고의 현장출동, 조치, 종결하도록 지령해야 한다. OX

21 112근무요원은 접수한 신고의 내용이 코드 4 신고의 유형에 해당하는 경우에는 출동 경찰관에게 지령하지 않고 자체 종결하거나, 담당 부서 또는 112신고 관계기관에 신고내용을 통보하여 처리하도록 조치해야 한다. OX

22 112근무요원은 주무부서의 계속적 조치가 필요한 경우 및 추가적 수사의 필요 등으로 사건 해결에 장시간이 소요되어 해당 부서로 인계하여 처리하는 것이 효과적인 경우 112신고처리를 종결할 수 있다. OX

23 112신고 대응 코드 0, 코드 1, 코드 2의 112시스템 입력자료는 3년간 보존하고, 3년의 범위에서 연장할 수 있다. OX

24 112신고 대응 코드 3, 코드 4의 112시스템 입력자료는 2년간 보존하고, 1년의 범위에서 연장할 수 있다. OX

25 녹음·녹화자료는 3개월간 보존하고 3개월의 범위에서 연장할 수 있다. OX

26 112근무요원의 근무기간은 2년 이상으로 한다. OX

정답

13 (O) **14** (O) **15** (O) **16** (X) 코드1 신고에 해당한다. 코드 0 신고는 코드1 신고 중 이동성 범죄, 강력범죄 현행범인 등 신고 대응을 위해 실시간 전파가 필요한 경우이다. **17** (O) **18** (O) **19** (X) 112근무요원 및 출동 경찰관은 112신고 대응 코드를 변경할 만한 사실을 추가로 확인한 경우 이미 분류된 112신고 대응 코드를 다른 112신고 대응 코드로 변경할 수 있다. **20** (O) **21** (O) **22** (O) **23** (X) 3년간 보존하고, 2년의 범위에서 연장할 수 있다. **24** (X) 1년간 보존하고, 1년의 범위에서 연장할 수 있다. **25** (O) **26** (O)

실무종합 숫자정리

1. 위원회 숫자정리

(1) 시·도자치경찰위원회

구성	• 7인 - 상임 : 위원장 + 1명 위원 - 비상임 : 5명 위원 • 위원 중 1명은 인권문제에 관하여 전문적인 지식과 경험이 있는 사람이 임명될 수 있도록 노력하여야 한다.
위원 임명	다음 각 호의 사람을 시·도지사가 임명 1. 시·도의회가 추천하는 2명 2. 국가경찰위원회가 추천하는 1명 3. 해당 시·도 교육감이 추천하는 1명 4. 시·도자치경찰위원회 위원추천위원회가 추천하는 2명 5. 시·도지사가 지명하는 1명
자격 요건	• 판사·검사·변호사 또는 경찰의 직에 5년 이상 있었던 사람 • 대학이나 공인된 연구기관에서 법률학·행정학 또는 경찰학 분야의 조교수 이상의 직이나 이에 상당하는 직에 5년 이상 있었던 사람
결격 및 당연 퇴직 사유	1. 정당의 당원이거나 당적을 이탈한 날부터 3년이 지나지 아니한 사람 2. 선거에 의하여 취임하는 공직에 있거나 그 공직에서 퇴직한 날부터 3년이 지나지 아니한 사람 3. 경찰, 검찰, 국가정보원 직원 또는 군인의 직에 있거나 그 직에서 퇴직한 날부터 3년이 지나지 아니한 사람 4. 국가 및 지방자치단체의 공무원(국립 또는 공립대학의 조교수 이상의 직에 있는 사람은 제외)이거나 공무원이었던 사람으로서 퇴직한 날부터 3년이 지나지 아니한 사람. 다만, 위원장과 상임위원이 지방자치단체의 공무원이 된 경우에는 당연퇴직하지 아니한다.
임기	• 위원장, 위원 임기 : 3년, 연임불가 • 보궐위원의 임기 : 전임자 임기의 남은 기간 → 전임자의 남은 임기가 1년 미만 : 보궐위원은 한 차례만 연임가능
재의결	• 재의결 : 재의요구를 받은 날부터 7일 이내 • 재의결 정족수 : 재적위원 과반수의 출석과 출석위원 3분의 2이상의 찬성

(2) 정규임용심사위원회

구성	위원장 1명을 포함한 위원 5명 이상 7명 이하
의결 정족수	재적위원 3분의 2이상 출석과 출석위원 과반수 찬성

(3) 국가경찰위원회

구성	7인 – 상임 : 1인 (정무직 차관급) – 비상임 : 위원장 1인, 위원 5인
위원자격	위원 중 2명은 법관의 자격이 있는 사람이어야 한다.
결격 및 당연 퇴직사유	• 정당의 당원이거나 당적을 이탈한 날부터 3년이 지나지 아니한 사람 • 선거에 의하여 취임하는 공직에 있거나 그 직에서 퇴직한 날부터 3년이 지나지 아니한 사람 • 경찰·검찰·국가정보원 직원 또는 군인의 직에 있거나 그 직에서 퇴직한 날부터 3년이 지나지 아니한 사람
임기	• 임기 : 3년, 연임 X
회의	• 정기회의 : 매월 2회 위원장이 소집 • 임시회의 : 위원 3명 이상, 행정안전부장관 또는 경찰청장이 위원장에게 임시회의 소집 요구
재의	• 행안부장관의 재의요구서 제출 : 의결한 날로부터 10일 이내 • 재의결 : 요구를 받은 날부터 7일 이내

(4) 징계위원회

구성	• 「공무원 징계령」상 중앙징계위원회는 위원장 1명을 포함하여 17명 이상 33명 이하의 공무원위원과 민간위원으로 구성. • 「경찰공무원징계령」상 각 징계위원회(경찰공무원 중앙징계위원회와 보통징계위원회)는 위원장 1명을 포함하여 11명 이상 51명 이하의 공무원위원과 민간위원으로 구성한다(위원 수의 2분의 1 이상 소정의 자격 요건을 갖춘 사람 중에서 민간위원으로 위촉한다).
회의구성	• 징계위원회의 회의는 위원장과 징계위원회가 설치된 경찰기관의 장이 회의마다 지정하는 4명 이상 6명 이하의 위원으로 성별을 고려하여 구성하되, 민간위원의 수는 위원장을 포함한 위원 수의 2분의 1 이상이어야 한다. • 「성폭력범죄의 처벌 등에 관한 특례법」에 따른 성폭력범죄에 해당하는 징계 사건이 속한 징계위원회의 회의를 구성하는 경우에는 피해자와 같은 성별의 위원이 위원장을 제외한 위원 수의 3분의 1 이상 포함되어야 한다.
임기	위촉되는 민간위원의 임기는 2년으로 하며, 한 차례만 연임할 수 있다.
중앙징계위원회 민간위원 자격요건	• 법관·검사 또는 변호사로 10년 이상 근무한 사람 • 총경 또는 4급 이상의 공무원으로 근무하고 퇴직한 사람[퇴직 전 5년부터 퇴직할 때까지 근무했던 적이 있는 경찰기관의 경우에는 퇴직일부터 3년이 경과한 사람을 말한다]

(5) 소청심사위원회

구성	인사혁신처에 설치된 소청심사위원회는 위원장 1명을 포함한 5명 이상 7명 이내의 상임위원과 상임위원 수의 2분의 1 이상인 비상임위원으로 구성
임기	상임위원의 임기는 3년으로 하며, 한 번만 연임할 수 있다(겸직금지)
위원자격	• 법관·검사 또는 변호사의 직에 5년 이상 근무한 자 • 대학에서 행정학·정치학 또는 법률학을 담당한 부교수 이상의 직에 5년 이상 근무한자 • 3급 이상 공무원 또는 고위공무원단에 속하는 공무원으로 3년 이상 근무한 자
의결 정족수	• 재적위원 3분의 2 이상의 출석과 출석위원 과반수 합의 • 파면·해임·강등 또는 정직에 해당하는 징계 처분을 취소 또는 변경하려는 경우, 효력 유무 또는 존재 여부에 대한 확인을 하려는 경우 : 재적위원 3분의 2이상 출석 출석위원 3분의 2이상 합의

(6) 정보공개위원회

구성	정보공개위원회는 성별을 고려하여 위원장과 부위원장 각 1명을 포함한 11명의 위원으로 구성하고, 위원장을 포함한 7명은 공무원이 아닌 사람으로 위촉하여야 한다.
임기	위원장·부위원장 및 위원(공무원위원은 제외)의 임기는 2년으로 하며, 연임할 수 있다.

(7) 보안관찰처분 심의위원회

구성	위원장 1인과 6인의 위원
임기	2년

(8) 언론중재위원회

구성	• 40명 이상 90명 이내
위원자격	1. 법관의 자격이 있는 사람 중에서 법원행정처장이 추천한 사람 2. 변호사의 자격이 있는 사람 중에서 「변호사법」 제78조에 따른 대한변호사협회의 장이 추천한 사람 3. 언론사의 취재보도 업무에 10년 이상 종사한 사람 4. 그 밖에 언론에 관하여 학식과 경험이 풍부한 사람 (제1호부터 제3호까지의 위원은 각각 중재위원 정수의 5분의 1 이상 되어야 함)
위원장 등	중재위원회에 위원장 1명과 2명 이내의 부위원장 및 2명 이내의 감사를 두며, 각각 중재위원 중에서 호선한다
임기	위원장·부위원장·감사 및 중재위원의 임기는 각각 3년으로 하며, 한 차례만 연임할 수 있다.

(9) 위원회 의결정족수 정리

위원회	의결정족수
국가경찰위원회	재적위원 과반수 출석과 출석위원 과반수 찬성
시·도자치경찰위원회	
징계위원회(경찰 중앙·보통)	
손실보상심의위원회	
경찰청 적극행정지원위원회	
적극행정 면책심사위원회	
보안관찰처분심의위원회	
보상금심사위원회	재적위원 과반수 찬성
공무국외출장심사위원회	
정규임용심사위원회	재적위원 3분의 2 이상의 출석과 출석위원 과반수 찬성
소청심사위원회	
공정수사위원회	재적위원 전원 출석, 출석위원 과반수의 찬성
국가수사본부 공개수배위원회	위원 5명 이상의 출석과 출석위원 과반수 찬성으로 의결

(10) 위원회 위원구성 정리

위원회	위원 구성
국가경찰위원회	7명 - 1인 상임(정무직 차관급), 6명의 위원은 비상임(위원장 1인 + 위원 5인)
시·도자치경찰위원회	7인 - 2인 상임(위원장, 위원 1인), 5명의 위원은 비상임
인사위원회	위원장을 포함한 5인 이상 7인 이하의 위원
경찰청 및 시·도경찰청 인권위원회	위원회는 위원장 1명을 포함하여 7명 이상 13명 이하의 위원으로 구성하며, 특정 성별이 전체 위원 수의 10분의 6을 초과하지 아니해야 한다.
정보공개위원회	위원장과 부위원장 각 1명을 포함한 11명의 위원
보안관찰처분심의위원회	위원장 1인과 6인의 위원(총7인)
언론중재위원회	40명 이상 90명 이내의 중재위원
보상금심사위원회	위원장 1명 포함 5명 이내
소청심사위원회	위원장 1명 포함 5명 이상 7명 이하 상임위원 + 상임위원 수의 2분의 1 비상임
경찰공무원 고충심사위원회	위원장 1명을 포함하여 7명 이상 15명 이내의 공무원위원과 민간위원으로 구성
경찰공무원 고충심사위원회 회의	회의는 위원장과 위원장이 회의마다 지정하는 5명 이상 7명 이내의 위원으로 성별을 고려하여 구성한다. 이 경우 민간위원이 3분의 1 이상 포함되어야 한다.

손실보상심의위원회	위원장 포함 위원 5명 이상 7명 이하
정규임용심사위원회	
정보공개 심의회	
징계위원회	경찰공무원 중앙징계위원회와 보통징계위원회는 위원장 1명을 포함하여 11명 이상 51명 이하의 공무원위원과 민간위원으로 구성한다(위원 수의 2분의 1 이상 소정의 자격요건을 갖춘 사람 중에서 민간위원으로 위촉한다).
징계위원회 회의	위원장과 징계위원회가 설치된 경찰기관의 장이 회의마다 지정하는 4명 이상 6명 이하 위원(성별을 고려, 민간위원의 수는 위원장을 포함 위원 수의 2분의1 이상)
경찰청 적극행정지원위원회	총 14명(정부 5명+민간 9명)
적극행정 면책심사위원회	위원장 1명을 포함하여 5명 이상 7명 이내로 성별을 고려하여 구성
신상정보공개심의위원회	위원장을 포함하여 10인 이내의 위원으로 구성

(11) 위원 임기 정리

	임기	연임
국가경찰위원회	3년 (보궐위원은 전임 잔여기간)	연임불가
시·도자치경찰위원회	3년 (전임자 임기의 남은 기간)	연임 불가 (전임자의 남은 임기가 1년 미만 : 한번 연임 가능)
징계위원회 위촉된 민간위원	2년	한번 연임 가능
소청심사위원회	상임위원 3년	한번 연임가능
고충심사위원회 민간위원	2년	한번 연임 가능
언론중재위원회	3년	한번 연임가능
정보공개위원회	2년	연임 가능
보안관찰처분 심의위원회	2년	
손실보상심의위원회 위촉위원	2년	

2. 총론 숫자정리

미군정하 경찰		• 1945년에 정치범처벌법·치안유지법·예비검속법이 폐지, 1948년에 마지막으로 보안법을 폐지 • 여자경찰제도: 부녀자와 14세 미만 아동을 대상으로 하는 사건을 포함하여 주로 풍속, 소년, 여성보호 업무를 담당 • 중앙경찰위원회(1947): 6인 위원으로 구성
경찰청장		경찰청장의 임기는 2년으로 하고, 중임할 수 없다
국가수사본부장	임기	임기는 2년으로 하며, 중임할 수 없다
	자격요건	1. 10년 이상 수사업무에 종사한 사람 중에서 「국가공무원법」 제2조의2에 따른 고위공무원단에 속하는 공무원, 3급 이상 공무원 또는 총경 이상 경찰공무원으로 재직한 경력이 있는 사람 2. 판사·검사 또는 변호사의 직에 10년 이상 있었던 사람 3. 변호사 자격이 있는 사람으로서 국가기관, 지방자치단체, 「공공기관의 운영에 관한 법률」 제4조에 따른 공공 기관(이하 "국가기관등"이라 한다)에서 법률에 관한 사무에 10년 이상 종사한 경력이 있는 사람 4. 대학이나 공인된 연구기관에서 법률학·경찰학 분야에서 조교수 이상의 직이나 이에 상당하는 직에 10년 이상 있었던 사람 5. 제1호부터 제4호까지의 경력 기간의 합산이 15년 이상인 사람
	결격사유	1. 「경찰공무원법」 제8조 제2항 각 호의 결격사유에 해당하는 사람 2. 정당의 당원이거나 당적을 이탈한 날부터 3년이 지나지 아니한 사람 3. 선거에 의하여 취임하는 공직에 있거나 그 공직에서 퇴직한 날부터 3년이 지나지 아니한 사람 4. 제6항 제1호에 해당하는 공무원 또는 제6항 제2호의 판사·검사의 직에서 퇴직한 날로부터 1년이 지나지 아니한 사람 5. 제6항 제3호에 해당하는 사람으로서 국가기관등에서 퇴직한 날로부터 1년이 지나지 아니한 사람
전과 제한		• 현재 경과를 부여받고 1년이 지나지 아니한 사람은 전과를 할 수 없다 • 특정한 직무분야에 근무할 것을 조건으로 채용된 경찰공무원으로서 채용 후 5년이 지나지 아니한 사람은 전과를 할 수 없다
경력경쟁 채용		「국가공무원법」상 직권면직 사유로 퇴직하거나, 신체·정신상 장애로 장기요양 사유로 휴직하여 휴직 기간 만료로 퇴직한 경찰공무원을 퇴직한 날부터 3년(「공무원 재해보상법」에 따른 공무상 질병 또는 부상으로 인한 휴직의 경우에는 5년) 이내에 퇴직 시에 재직한 계급의 경찰공무원으로 재임용하는 경우
채용후보자명부		채용후보자 명부의 유효기간: 2년의 범위(경찰청장은 1년의 범위 안에서 연장가능)
부정행위자 제재		그 처분이 있은 날부터 5년간 시험응시자격을 정지한다.
수사경과		• 수사경과를 부여일 또는 갱신일로부터 5년으로 한다. • 5년간 연속으로 수사경찰 근무부서 외의 부서에서 근무하는 경우 수사경과를 해제 하여야 한다.

임용결격사유	• 공무원으로 재직기간 중 직무와 관련하여 「형법」상 (업무상)횡령·배임죄를 범한 사람으로서 300만원 이상의 벌금형을 선고받고 그 형이 확정된 후 2년이 지나지 아니한 사람 • 「성폭력범죄의 처벌 등에 관한 특례법」 제2조에 규정된 죄를 범한 사람으로서 100만원 이상의 벌금형을 선고받고 그 형이 확정된 후 3년이 지나지 아니한 사람
시보임용	• 경정 이하의 경찰공무원을 신규 채용할 때에는 1년간 시보로 임용하고, 그 기간이 만료된 다음날에 정규 경찰공무원으로 임용한다. • 교육훈련을 받는 기간 동안 봉급의 80퍼센트에 상당하는 금액 등을 지급한다. • 면직사유: 교육훈련성적이 만점의 60퍼센트 미만이거나 생활기록이 극히 불량할 때, 제2평정요소에 대한 근무성적평정점이 만점의 50퍼센트 미만인 경우
전보	• 임용권자 또는 임용제청권자는 소속 경찰공무원이 해당 직위에 임용된 날부터 1년 이내(감사업무를 담당하는 경찰공무원의 경우에는 3년 이내)에 다른 직위에 전보할 수 없음이 원칙이다. • 교육훈련기관의 교수요원으로 임용된 사람은 그 임용일부터 1년 이상 3년 이하의 범위에서 경찰청장이 정하는 기간 안에는 다른 직위에 전보할 수 없다. 다만, 기구의 개편, 직제·정원의 변경이나 교육과정의 개편 또는 폐지가 있거나 교수요원으로서 부적당하다고 인정될 때에는 그렇지 않다.
휴직	• 휴직 기간 중 그 사유가 없어지면 30일 이내에 신고하여야 하며, 임용권자는 지체 없이 복직을 명하여야 한다. • 휴직 기간이 끝난 공무원이 30일 이내에 복귀 신고하면 당연히 복직된다. • 신체·정신상의 장애로 장기 요양사유로 휴직한 공무원에게는 다음 각 호의 구분에 따라 봉급의 일부를 지급한다(공무상 질병 또는 부상으로 휴직한 경우 봉급 전액 지급) 1. 휴직 기간이 1년 이하인 경우 : 봉급의 70퍼센트 2. 휴직 기간이 1년 초과 2년 이하인 경우 : 봉급의 50퍼센트 • 외국유학 또는 1년 이상의 국외연수를 위하여 휴직한 공무원에게는 그 기간 중 봉급의 50퍼센트를 지급할 수 있다. 이 경우 교육공무원을 제외한 공무원에 대한 지급기간은 2년을 초과할 수 없다
직권휴직 사유	• 신체·정신상의 장애로 장기 요양이 필요할 때 : 1년 이내(1년의 범위에서 연장가능 다만, 「공무원 재해보상법」 또는 「산업재해보상보험법」상 공무상 질병 또는 부상으로 인한 휴직기간은 3년 이내로 함(2년 연장가능) • 천재지변이나 전시·사변, 그 밖의 사유로 생사 또는 소재가 불명확 : 3개월 이내
의원휴직사유	• 국제기구 임시로 채용될 때: 채용 기간 (민간기업이나 그 밖의 기관 채용시 3년 이내) • 국외 유학을 하게 될 때: 3년 이내, 2년의 범위에서 연장가능 • 중앙인사관장기관의 장이 지정하는 연구기관이나 교육기관 등에서 연수하게 된 때: 2년 이내 • 만 8세 이하 또는 초등학교 2학년 이하의 자녀를 양육하기 위하여 필요하거나 여성공무원이 임신 또는 출산하게 된 때: 자녀 1명에 대하여 3년 이내 • 조부모, 부모(배우자의 부모를 포함), 배우자, 자녀 또는 손자녀를 부양하거나 돌보기 위하여 필요한 경우(다만, 조부모나 손자녀의 돌봄을 위하여 휴직할 수 있는 경우는 본인 외에 돌볼 사람이 없는 등 대통령령등으로 정하는 요건을 갖춘 경우로 한정) : 1년 이내 (재직기간 중 총 3년을 넘을 수 없음)

의원휴직사유	• 외국에서 근무·유학 또는 연수하게 되는 배우자를 동반하게 된 때: 3년 이내, 2년의 범위에서 연장가능 • 대통령령 등으로 정하는 기간 동안 재직한 공무원이 직무 관련 연구과제 수행 또는 자기개발을 위하여 학습·연구 등을 하게 된 때: 1년 이내
자기개발휴직	• 대통령령 등으로 정하는 기간 동안 재직한 공무원이 직무 관련 연구과제 수행 또는 자기개발을 위하여 학습·연구 등을 하게 된 때: 1년 이내 • "대통령령 등으로 정한 기간"이란 3년 이상을 말하며, 자기개발휴직 후 복직한 공무원은 복직 후 6년 이상 근무하여야 다시 자기개발휴직을 할 수 있다. • 자기개발휴직을 신청하려는 자는 자기개발휴직 신청서 및 휴직 사유를 증빙할 수 있는 자료를 임용권자 또는 임용제청권자에게 제출하여야 하며, 복직한 공무원은 복직일로부터 30일 이내에 연구·학습결과에 대한 휴직결과 보고서를 작성하여 제출하여야 한다.
경조사별 휴가일수	• 배우자 출산 – 10일(한 번에 둘 이상의 자녀를 출산한 경우에는 15일) • 자녀 결혼 – 1일 • 배우자, 본인 및 배우자의 부모의 사망 – 5일 • 본인 및 배우자의 형제자매의 사망 – 3일
직위해제	• 임용권자는 직무수행능력이 부족하거나 근무성적이 극히 나쁜 사유로 직위해제된 자에게 3월의 범위에서 대기를 명하며, 대기 명령을 받은 자에게 능력 회복이나 근무성적의 향상을 위한 교육훈련 또는 특별한 연구과제의 부여 등 필요한 조치를 하여야 한다. • 직무수행 능력이 부족하거나 근무성적이 극히 나쁜 자에 해당하여 직위해제된 사람에게는 봉급의 80퍼센트를 지급한다. • ㉠ 파면·해임·강등 또는 정직에 해당하는 징계 의결이 요구 중인 자, ㉡ 형사 사건으로 기소된 자(약식명령이 청구된 자는 제외), ㉢ 금품비위, 성범죄 등 대통령령으로 정하는 비위행위로 인하여 감사원 및 검찰·경찰 등 수사기관에서 조사나 수사 중인 자로서 비위의 정도가 중대하고 이로 인하여 정상적인 업무수행을 기대하기 현저히 어려운 자: 봉급의 50퍼센트(3개월 후에도 직위부여받지 못한 경우 30퍼센트 지급) • 고위공무원단에 속하는 일반직공무원으로서 적격심사를 요구받은 자: 봉급의 70퍼센트(3개월 후에도 직위부여받지 못한 경우 40퍼센트 지급)
정년퇴직	• 연령정년: 60세 • 계급정년: 치안감 4년, 경무관 6년, 총경 11년, 경정 14년 • 수사, 정보, 외사, 보안, 자치경찰사무 등 특수 부문에 근무하는 경찰공무원으로서 대통령령으로 정하는 바에 따라 지정을 받은 사람은 총경 및 경정의 경우에는 4년의 범위에서 대통령령으로 정하는 바에 따라 계급정년을 연장할 수 있다. • 경찰청장은 전시·사변이나 그 밖에 이에 준하는 비상사태에서는 2년의 범위에서 계급정년을 연장할 수 있다. • 퇴직산정: 정년이 된 날이 1월에서 6월 사이 : 6월 30일 / 7월에서 12월 사이 : 12월 31일에 당연퇴직
보수금청구권	• 보수를 거짓이나 그 밖의 부정한 방법으로 수령한 경우에는 수령한 금액의 5배의 범위에서 가산하여 징수할 수 있다. • 성과상여금을 거짓이나 그 밖의 부정한 방법으로 지급받은 때에는 그 지급받은 성과상여금에 해당하는 금액을 징수하고, 1년의 범위에서 성과상여금을 지급하지 아니한다

공무원연금법	• 이의신청: 청구는 급여에 관한 결정 등이 있었던 날부터 180일, 그 사실을 안 날부터 90일 이내 • 소멸시효: 급여를 받을 권리는 급여의 사유가 발생한 날부터 5년간 행사하지 아니하면 시효로 인하여 소멸한다. • 잘못 납부한 기여금을 반환받을 권리는 퇴직급여 또는 퇴직유족급여의 지급결정일부터 5년간 행사하지 아니하면 시효로 인하여 소멸한다.
공무원 재해보상법	• 소멸시효: 요양급여ㆍ재활급여ㆍ간병급여ㆍ부조급여는 3년, 그 밖의 급여는 5년
정치운동금지 의무	• 정치운동 금지의무 위반(국공법): 3년이하 징역과 3년이하의 자격정지(공소시효 10년) • 정치관여 금지의무 위반(경공법): 5년이하의 징역과 5년이하의 자격정지(공소시효 10년)
경찰공무원 복무규정	• 휴무일 또는 근무시간외에 2시간 이내에 직무에 복귀하기 어려운 지역으로 여행을 하고자 할 때 소속 경찰기관의 장에게 신고(치안상 특별한 사정이 있는 경우에는 소속경찰기관의 장의 허가)하여야 한다. • 경찰기관의 장은 근무성적이 탁월하거나 다른 경찰공무원의 모범이 될 공적이 있는 경찰공무원에 대하여 1회 10일 이내의 포상휴가를 허가할 수 있다. 이 경우의 포상휴가기간은 연가일수에 산입하지 아니한다. • 경찰기관의 장은 연일근무자 및 공휴일근무자에 대하여는 그 다음날 1일의 휴무를 허가하여야 한다. • 경찰기관의 장은 당직 또는 철야근무자에 대하여는 다음 날 오후 2시를 기준으로 하여 오전 또는 오후의 휴무를 허가하여야 한다.
공직자윤리법	• 공직자는 등록의무자가 된 날부터 2개월이 되는 날이 속하는 달의 말일까지 등록의무자가 된 날 현재의 재산을 등록기관에 등록하여야 한다. 다만, 등록의무자가 된 날부터 2개월이 되는 날이 속하는 달의 말일까지 등록의무를 면제받은 경우에는 그러하지 아니하며, 전보ㆍ강임ㆍ강등 또는 퇴직 등으로 인하여 등록의무를 면제받은 사람이 3년(퇴직한 경우에는 1년) 이내에 다시 등록의무자가 된 경우에는 전보ㆍ강임ㆍ강등 또는 퇴직 등을 한 날 이후 또는 재산변동사항 신고 이후의 변동사항을 신고함으로써 등록을 갈음할 수 있다. • 등록의무자는 매년 1월 1일부터 12월 31일까지의 재산 변동사항을 다음 해 2월 말일까지 등록기관에 신고하여야 한다. • 공직자윤리위원회는 관할 등록의무자 중 치안감 이상의 시ㆍ도경찰청장에 해당하는 공직자 본인과 배우자 및 본인의 직계존속ㆍ직계비속의 재산에 관한 등록사항과 변동사항 신고내용을 등록기간 또는 신고기간 만료 후 1개월 이내에 관보 또는 공보에 게재하여 공개하여야 한다. • 공무원과 공직유관단체의 직원은 퇴직일부터 3년간 취업심사대상기관에 취업할 수 없다. 다만, 관할 공직자윤리위원회로부터 취업심사대상자가 퇴직 전 5년 동안 소속하였던 부서 또는 기관의 업무와 취업심사대상기관 간에 밀접한 관련성이 없다는 확인을 받거나 취업승인을 받은 때에는 취업할 수 있다. • 외국정부 등으로 받은 선물선물 수령 당시 증정한 국가 또는 외국인이 속한 국가의 시가로 미국화폐 100달러 이상이거나 국내 시가로 10만원 이상인 선물로 한다

구분	내용
징계사유 시효	• 성매매, 성폭력, 아동·청소년 대상 성범죄, 성희롱 : **10년** • 금품 및 향응수수, 공금의 횡령·유용의 경우 : **5년** • 그 밖의 징계등의 요구는 징계사유가 발생한 날부터 : **3년**
징계종류	• 강등: 1계급 아래로 직급을 내리고 **3개월간** 직무정지, **3개월간** 보수 전액 감액 • 정직: **1개월 이상 3개월 이하** 직무 정지, 정직기간 중 보수 전액 감액 • 감봉: **1~3개월간** 보수의 **1/3 감액**
퇴직급여/수당	재직기간 / 파면 / 해임(금품, 향응 수수, 공금횡령·유용) **퇴직급여** — 5년 이상: 1/2 감액 / 1/4 감액 **퇴직급여** — 5년 미만: 1/4 감액 / 1/8 감액 **퇴직수당** — 상관없이: 1/2 감액 / 1/4 감액
승진임용제한	• 강등 : 직무정지 3개월 + **18개월** • 정직 : 정직기간 + **18개월** • 감봉 : 감봉기간 + **12개월** • 견책 : **6개월** • 금품 또는 향응수수, 소극행정 음주운전(측정거부 포함), 성폭력, 성희롱 및 성매매에 따른 징계처분의 경우에는 징계처분이 끝난 날부터 승진제한 기간에 각각 **6개월**을 더한다.
징계절차	• 징계위원회는 그 요구서를 받은 날부터 **30일 이내**에 징계등 에 관한 의결을 하여야 한다. 다만, 부득이한 사유가 있을 때에는 해당 징계등 의결을 요구한 경찰기관의 장의 승인을 받아 **30일 이내**의 범위에서 그 기한을 연기할 수 있다. • 징계위원회가 징계등 심의 대상자의 출석을 요구할 때에는 출석 통지서로 하되, 징계위원회 **개최일 5일 전**까지 그 징계등 심의 대상자에게 도달되도록 해야 한다. • 징계등 심의 대상자의 소재가 분명하지 아니할 때에는 출석 통지를 관보에 게재하고, 그 **게재일부터 10일**이 지나면 출석 통지가 송달된 것으로 보며, 징계등 의결을 할 때에는 관보 게재의 사유와 그 사실을 기록에 분명히 적어야 한다 • 경징계 집행: 징계등 의결을 요구한 자는 경징계의 징계등 의결을 통지받았을 때에는 통지받은 날부터 **15일 이내**에 징계등을 집행하여야 한다. • 중징계 집행: 중징계 처분의 제청을 받은 임용권자는 **15일 이내**에 의결서 사본에 징계등 처분 사유 설명서를 첨부하여 징계등 처분 대상자에게 보내야 한다. • 감사원과 검찰·경찰, 그 밖의 수사기관은 조사나 수사를 시작한 때와 이를 마친 때에는 **10일 내**에 소속 기관의 장에게 그 사실을 통보하여야 한다. • 재징계의결등을 요구하는 경우에는 소청심사위원회의 결정 또는 법원의 판결이 확정된 날부터 **3개월 이내**에 관할 징계위원회에 징계의결등을 요구하여야 하며, 관할 징계위원회에서는 다른 징계사건에 우선하여 징계의결등을 하여야 한다
정상참작 사유	감독자의 참작사유 : 부임기간이 **1개월 미만**으로 부하직원에 대한 실질적인 감독이 곤란하다고 인정된 때
소청심사 청구	**30일 이내** 청구

후임자보충발령	• 본인의 의사에 반하여 파면 또는 해임이나 면직처분을 하면 그 처분을 한 날부터 40일 이내에는 후임자의 보충발령을 하지 못한다. • 소청심사위원회는 후임자 보충발령 유예 임시결정을 한 경우 외에는 소청심사청구를 접수한 날부터 60일 이내에 이에 대한 결정을 하여야 한다. 다만, 불가피하다고 인정되면 소청심사위원회의 의결로 30일을 연장할 수 있다.
고충심사	• 30일 이내 결정, 고충심사위원회의 의결로 30일의 범위에서 그 연기가능 • 고충심사위원회는 심사일 5일 전까지 청구인 및 처분청에 심사일시 및 장소를 알려야 한다
성문법원	• 조례: 지방자치단체는 조례를 위반한 행위에 대하여 조례로써 1천 만원 이하의 과태료를 정할 수 있으며, 이에 따른 과태료는 해당 지방자치단체의 장이나 그 관할 구역의 지방자치단체의 장이 부과·징수한다 • 규칙: 조례와 규칙은 특별한 규정이 없으면 공포한 날부터 20일이 지나면 효력을 발생한다
효력발생시기	• 국회에서 의결된 법률안은 정부에 이송되어 15일 이내에 대통령이 공포한다 • 법률은 특별한 규정이 없는 한 공포한 날로부터 20일을 경과함으로써 효력 발생 • 대통령령, 총리령 및 부령은 특별한 규정이 없으면 공포한 날부터 20일이 경과함으로써 효력 발생 • 국민의 권리 제한 또는 의무 부과와 직접 관련되는 법률, 대통령령, 총리령 및 부령은 긴급히 시행하여야 할 특별한 사유가 있는 경우를 제외하고는 공포일부터 적어도 30일이 경과한 날부터 시행되도록 하여야 한다
행정기본법	• 행정청은 법령등의 위반행위가 종료된 날부터 5년이 지나면 해당 위반행위에 대하여 제재처분(인허가의 정지·취소·철회, 등록 말소, 영업소 폐쇄와 정지를 갈음하는 과징금 부과를 말한다)을 할 수 없다. • 행정청은 행정심판의 재결이나 법원의 판결에 따라 제재처분이 취소·철회된 경우에는 재결이나 판결이 확정된 날부터 1년(합의제행정기관은 2년)이 지나기 전까지는 그 취지에 따른 새로운 제재처분을 할 수 있다. • 행정청의 처분(행정심판의 대상이 되는 처분을 말한다)에 이의가 있는 당사자는 처분을 받은 날부터 30일 이내에 해당 행정청에 이의신청을 할 수 있다. • 행정청은 이의신청을 받으면 그 신청을 받은 날부터 14일 이내에 그 이의신청에 대한 결과를 신청인에게 통지하여야 한다. 다만, 부득이한 사유로 14일 이내에 통지할 수 없는 경우에는 그 기간을 만료일 다음 날부터 기산하여 10일의 범위에서 한 차례 연장할 수 있으며, 연장 사유를 신청인에게 통지하여야 한다. • 이의신청을 한 경우에도 그 이의신청과 관계없이 행정심판 또는 행정소송을 제기할 수 있으며, 이의신청에 대한 결과를 통지받은 후 행정심판 또는 행정소송을 제기하려는 자는 그 결과를 통지받은 날(통지기간 내에 결과를 통지받지 못한 경우에는 같은 항에 따른 통지기간이 만료되는 날의 다음 날을 말한다)부터 90일 이내에 행정심판 또는 행정소송을 제기할 수 있다. • 당사자는 처분(제재처분 및 행정상 강제는 제외한다)이 행정심판, 행정소송 및 그 밖의 쟁송을 통하여 다툴 수 없게 된 경우(법원의 확정판결이 있는 경우는 제외한다)라도 처분의 근거가 된 사실관계 또는 법률관계가 추후에 당사자에게 유리하게 바뀐 사유에 해당하는 경우에는 해당 처분을 한 행정청에 처분을 취소·철회하거나 변경하여 줄 것을 신청할 수 있고, 신청은 당사자가 그 사유를 안 날부터 60일 이내에 하여야 한다. 다만, 처분이 있은 날부터 5년이 지나면 신청할 수 없다.

행정조사 기본법	• 행정조사를 실시하고자 하는 행정기관의 장은 원칙적으로 조사개시 **7일** 전까지 조사대상자에게 서면으로 통지하여야 한다. • 출석요구서등을 통지받은 자가 행정조사를 연기하여 줄 것을 행정기관의 장에게 요청할 수 있으며, 행정기관의 장은 행정조사의 연기요청을 받은 때에는 연기요청을 받은 날부터 **7일** 이내에 조사의 연기 여부를 결정하여 조사대상자에게 통지하여야 한다. • 행정기관의 장은 법령등에 특별한 규정이 있는 경우를 제외하고는 행정조사의 결과를 확정한 날부터 **7일** 이내에 그 결과를 조사대상자에게 통지하여야 한다.
질서위반행위 규제법	• **14세**가 되지 아니한 자의 질서위반행위는 과태료를 부과하지 아니한다. 다만, 다른 법률에 특별한 규정이 있는 경우에는 그러하지 아니하다. • 과태료는 행정청의 과태료 부과처분이나 법원의 과태료 재판이 확정된 후 **5년간** 징수하지 아니하거나 집행하지 아니하면 시효로 인하여 소멸한다. • 행정청이 질서위반행위에 대하여 과태료를 부과하고자 하는 때에는 미리 당사자에게 대통령령으로 정하는 사항을 통지하고, **10일** 이상의 기간을 정하여 의견을 제출할 기회를 주어야 한다. • 행정청은 질서위반행위가 종료된 날(다수인이 질서위반행위에 가담한 경우에는 최종행위가 종료된 날)부터 **5년**이 경과한 경우에는 해당 질서위반행위에 대하여 과태료를 부과할 수 없다. • 과태료 부과 통지를 받은 날부터 **60일** 이내에 해당 행정청에 서면으로 이의제기를 할 수 있다. • 이의제기를 받은 행정청은 이의제기를 받은 날부터 **14일** 이내에 이에 대한 의견 및 증빙서류를 첨부하여 관할 법원에 통보하여야 하며(단, 통보하지 아니하는 예외사유 있음), 법원은 행정청의 통보를 즉시 검사에게 통지하여야 한다. • 행정청은 당사자가 납부기한까지 과태료를 납부하지 아니한 때에는 납부기한을 경과한 날부터 체납된 과태료에 대하여 **100분의 3**에 상당하는 가산금을 징수한다. • 체납된 과태료를 납부하지 아니한 때에는 납부기한이 경과한 날부터 매 **1개월**이 경과할 때마다 체납된 과태료의 **1천분의 12**에 상당하는 가산금(이하 "중가산금"이라 한다)을 가산금에 가산하여 징수한다. 이 경우 중가산금을 가산하여 징수하는 기간은 **60개월**을 초과하지 못한다. • 행정청은 당사자가 과태료(체납된 과태료와 가산금, 중가산금 및 체납처분비를 포함)를 납부하기가 곤란하다고 인정되면 **1년**의 범위에서 대통령령으로 정하는 바에 따라 과태료의 분할납부나 납부기일의 연기를 결정할 수 있다. • 행정청은 과태료의 분할납부나 납부기일의 연기를 결정하는 경우 그 기간을 그 징수유예등을 결정한 날의 다음 날부터 **9개월** 이내로 하여야 한다. (사유가 해소되지 아니하는 경우에는 1회에 한정하여 **3개월**의 범위에서 연장 가능) • '납부의무자 또는 그 동거 가족이 질병이나 중상해로 **1개월** 이상의 장기치료를 받아야 하는 경우'를 과태료 징수유예사유로 규정하고 있다.
임의동행	동행한 사람을 **6시간**을 초과하여 경찰관서에 머물게 할 수 없다.
보호조치	• 경찰관서에서 보호하는 기간은 **24시간**을 초과할 수 없다. • 물건을 경찰관서에 임시로 영치하는 기간은 **10일**을 초과할 수 없다.

실무종합숫자정리

경직법상 벌칙규정	이 법에 규정된 경찰관의 의무를 위반하거나 직권을 남용하여 다른 사람에게 해를 끼친 사람은 1년 이하의 징역이나 금고 또는 300만원 이하의 벌금에 처한다
경찰장구 사용요건	• 현행범과 사형, 무기, 장기 3년 이상에 해당하는 죄를 범한 범인의 체포 도주방지 • 자신이나 다른 사람의 생명·신체의 방어 및 보호 • 공무집행에 대한 항거의 제지
전자충격기의 사용제한	경찰관은 14세 미만의 자 또는 임산부에 대하여 전자충격기 또는 전자방패를 사용하여서는 아니된다.
가스발사총등 사용제한	• 경찰관은 범인의 체포 또는 도주방지, 타인 또는 경찰관의 생명·신체에 대한 방호, 공무집행에 대한 항거의 억제를 위하여 필요한 때에는 최소한의 범위안에서 가스발사총을 사용할 수 있다. 이 경우 경찰관은 1미터 이내의 거리에서 상대방의 얼굴을 향하여 이를 발사하여서는 아니된다. • 경찰관은 최루탄발사기로 최루탄을 발사하는 경우 30도 이상의 발사각을 유지하여야 하고, 가스차·살수차 또는 특수진압차의 최루탄발사대로 최루탄을 발사하는 경우에는 15도 이상의 발사각을 유지하여야 한다.
무기 사용 (위해수반 O)	• 사형·무기 또는 장기 3년 이상의 징역이나 금고에 해당하는 범인을 체포하는 경우 경찰관의 직무집행에 항거하거나 도주하려고 할 때 • 무기·흉기 등 위험한 물건을 지닌 범인·소요행위자가 경찰관으로부터 3회 이상의 물건을 버리라는 명령이나 항복하라는 명령을 받고도 따르지 아니하면서 계속 항거할 때
권총 또는 소총의 사용제한	경찰관은 총기 또는 폭발물을 가지고 대항하는 경우를 제외하고는 14세미만의 자 또는 임산부에 대하여 권총 또는 소총을 발사하여서는 아니된다.
위해성 경찰 장비의 사용기준 등에 관한 규정	• 위해성 경찰장비를 새로 도입하려는 경우에 안전성 검사에 참여한 외부 전문가는 안전성 검사가 끝난 후 30일 이내에 신규 도입 장비의 안전성 여부에 대한 의견을 경찰청장에게 제출하여야 한다. • 경찰청장은 신규 도입 장비에 대한 안전성 검사를 실시한 후 3개월 이내에 안전성 검사 결과보고서를 국회 소관 상임위원회에 제출하여야 한다. • 무기, 분사기, 기타장비의 위해성 경찰장비(기타장비의 경우에는 살수차만 해당한다)를 사용하는 경우 그 현장책임자 또는 사용자는 별지 서식의 사용보고서를 작성하여 직근상급 감독자에게 보고하고, 직근상급 감독자는 이를 3년간 보관하여야 한다.
손실보상	보상을 청구할 수 있는 권리는 손실이 있음을 안 날부터 3년, 손실이 발생한 날부터 5년간 행사하지 아니하면 시효의 완성으로 소멸한다.
보상금 지급	보상금의 최고액은 5억원으로 하며, 구체적인 보상금 지급 기준은 경찰청장이 정하여 고시한다.
범인검거 등 공로자 보상에 관한 규정	• 사형, 무기징역 또는 무기금고, 장기 10년 이상의 징역 또는 금고에 해당하는 범죄: 100만원 • 장기 10년 미만의 징역 또는 금고에 해당하는 범죄: 50만원 • 장기 5년 미만의 징역 또는 금고, 장기 10년 이상의 자격정지 또는 벌금형: 30만원 • 동일한 사람에게 지급결정일을 기준으로 연간 5회를 초과하여 보상금을 지급할 수 없다

근무성적평정	• 근무성적 평정, 경력 평정은 연 1회 실시한다. • 근무성적 평정은 10월 31일을 기준으로 하고, 경력 평정은 12월 31일을 기준 다만, 총경과 경정의 경력 평정은 10월 31일을 기준으로 한다. • 근무성적의 총평정점은 50점을 만점으로 한다. • 제1평정요소(객관적 평정요소 : 30점) • 제2평정요소(주관적 평정요소 : 20점)
예산의 편성	• 중기 사업계획서 제출: 각 중앙관서의 장은 매년 1월 31일까지 해당 회계연도부터 5회계연도 이상의 기간 동안의 신규사업 및 기획재정부장관이 정하는 주요 계속사업에 대한 중기사업계획서를 기획재정부장관에게 제출 • 예산안편성지침 통보: 기획재정부장관은 국무회의의 심의를 거쳐 대통령의 승인을 얻은 다음 연도의 예산안편성지침을 매년 3월 31일까지 각 중앙관서의 장에게 통보 • 예산요구서 제출: 각 중앙관서의 장은 예산안편성지침에 따라 그 소관에 속하는 다음 연도의 세입세출예산·계속비·명시이월비 및 국고채무부담행위 요구서를 작성하여 매년 5월 31일까지 기획재정부장관에게 제출 • 예산안 국회제출: 정부는 대통령의 승인을 얻은 예산안을 회계연도 개시 120일 전까지 국회에 제출
국회의 심의·의결	예결위 종합심사가 끝난 후 본회의 의결을 거쳐 확정되는데, 국회는 회계 연도 개시 30일 전까지 의결하여야 한다
예산의 결산	• 중앙관서 결산보고서의 작성 및 제출: 각 중앙관서의 장은 회계연도마다 작성한 결산보고서(중앙관서결산보고서)를 다음 연도 2월 말일까지 기획재정부장관에게 제출하여야 한다. • 국가결산 보고서의 작성 및 제출: 기획재정부장관은 회계연도마다 작성하여 대통령의 승인을 받은 국가결산보고서를 다음 연도 4월 10일까지 감사원에 제출하여야 한다. • 결산검사: 감사원은 제출된 국가결산보고서를 검사하고 그 보고서를 다음 연도 5월 20일까지 기획재정부장관에게 송부하여야 한다. • 국가결산 보고서의 국회제출: 정부는 감사원의 검사를 거친 국가결산보고서를 다음 연도 5월 31일까지 국회에 제출하여야 한다.
관서운영경비	• 운영비(복리후생비·학교운영비·일반용역비 및 관리용역비는 제외)·특수활동비·안보비·정보보안비 및 업무추진비 중 기획재정부령으로 정하는 금액(500만원) 이하의 경비는 관서운영경비에 해당한다. • 관서운영경비출납공무원은 매 회계연도의 관서운영경비 사용 잔액을 다음 회계연도 1월 20일까지 해당 지출관에게 반납하여야 한다.
경찰장비 관리규칙	• 부속기관 및 시·도경찰청의 장은 다음 연도에 소속기관의 차량정수를 증감시킬 필요가 있을 때에는 매년 3월 말까지 다음 연도 차량정수 소요계획을 경찰청장에게 제출하여야 한다. • 부속기관 및 시·도경찰청은 소속기관 차량 중 다음 연도 교체대상 차량을 매년 11월 말까지 경찰청장에게 보고하여야 한다. • 의경 신임운전요원 : 4주 이상 운전교육실시 하여야 한다
보안업무규정	비밀관련 자료의 보관기간 : 모두 5년
문서의 성립 및 효력 발생	공고문서는 그 문서에서 효력발생 시기를 구체적으로 밝히고 있지 않으면 그 고시 또는 공고 등이 있은 날부터 5일이 경과한 때에 효력이 발생한다.

언론중재 및 피해구제 등에 관한 법률	• 피해자는 언론보도등이 있음을 안 날부터 3개월 이내, 언론보도등이 있은 후 6개월 이내에 정정보도를 청구할 수 있다. • 청구를 받은 언론사등의 대표자는 3일 이내에 그 수용 여부에 대한 통지를 청구인에게 발송하여야 한다. • 언론사등이 청구를 수용하는 경우에는 지체 없이 피해자 또는 그대리인과 정정보도의 내용·크기 등에 대하여 협의한 후 그 청구를 받은 날부터 7일 내에 정정보도문을 방송 또는 게재하여야 한다. • 정정보도청구등과 손해배상의 조정신청은 당해 언론보도가 있음을 안 날부터 3개월 이내, 있은 날로부터 6개월 이내에 구술, 서면, 전자문서 등으로 하여야 함 • 피해자가 언론사등에 먼저 정정보도청구등을 한 경우에는 피해자와 언론사등 사이에 협의가 불성립된 날부터 14일 이내에 하여야 한다. • 조정은 신청 접수일부터 14일 이내에 하여야 하며, 중재부의 장은 조정신청을 접수하였을 때에는 지체 없이 조정기일을 정하여 당사자에게 출석을 요구하여야 한다. • 출석요구를 받은 신청인이 2회에 걸쳐 출석하지 아니한 경우에는 조정신청을 취하한 것으로 보며, 피신청 언론사등이 2회에 걸쳐 출석하지 아니한 경우에는 조정신청 취지에 따라 정정보도등을 이행하기로 합의한 것으로 본다.
민주적 통제	18세 이상의 국민은 경찰을 비롯한 공공기관의 사무처리가 법령위반 또는 부패행위로 인하여 공익을 현저히 해하는 경우 300인 이상의 연서로 감사원에감사를 청구할 수 있다.
부패방지 및 국민권익 위원회의 설치와 운영에 관한 법률	• 조사기관은 신고를 이첩 또는 송부받은 날부터 60일 이내에 감사·수사 또는 조사를 종결하여야 한다. 다만, 정당한 사유가 있는 경우에는 그 기간을 연장할 수 있으며, 위원회에 그 연장사유 및 연장기간을 통보하여야 한다. • 신고를 이첩 또는 송부받은 조사기관은 감사·수사 또는 조사결과를 감사·수사 또는 조사 종료 후 10일 이내에 위원회에 통보하여야 한다.
공공기관의 정보 공개에 관한 법률	• 공공기관은 정보공개의 청구를 받으면 그 청구를 받은 날부터 10일 이내에 공개 여부를 결정하여야 한다. • 공공기관은 부득이한 사유로 기간 이내에 공개 여부를 결정할 수 없을 때에는 그 기간이 끝나는 날의 다음 날부터 기산하여 10일의 범위에서 공개 여부 결정기간을 연장할 수 있다. 이 경우 공공기관은 연장된 사실과 연장 사유를 청구인에게 지체 없이 문서로 통지하여야 한다. • 공개 청구된 사실을 통지받은 제3자는 그 통지를 받은 날부터 3일 이내에 해당 공공기관에 대하여 자신과 관련된 정보를 공개하지 아니할 것을 요청할 수 있다 • 비공개 요청에도 불구하고 공공기관이 공개결정을 할 때에는 공개결정 이유와 공개 실시일을 분명히 밝혀 지체없이 문서로 통지하여야 하며, 제3자는 해당 공공기관에 문서로 이의신청을 하거나 행정심판 또는 행정소송을 제기할 수 있다. 이 경우 이의신청은 통지를 받은 날부터 7일 이내에 하여야 한한다. • 공공기관은 공개 결정일과 공개실시일 사이에 최소한 30일의 간격을 두어야 한다. • 공공기관의 비공개 결정 또는 부분 공개 결정에 대하여 불복이 있거나 정보공개 청구 후 20일이 경과 하도록 정보공개 결정이 없는 때에는 공공기관으로부터 정보공개 여부의 결정 통지를 받은 날 또는 정보공개 청구 후 20일이 경과한 날부터 30일 이내에 해당 공공기관에 문서로 이의신청을 할 수 있다.

법령	내용
공공기관의 정보 공개에 관한 법률	• 공공기관은 이의신청을 받은 날부터 7일 이내에 그 이의신청에 대하여 결정하고 그 결과를 청구인에게 지체 없이 문서로 통지하여야 한다. 다만, 부득이한 사유로 정하여진 기간 이내에 결정할 수 없을 때에는 그 기간이 끝나는 날의 다음 날부터 기산하여 7일의 범위에서 연장할 수 있으며, 연장 사유를 청구인에게 통지하여야 한다. • 청구인이 정보공개와 관련한 공공기관의 결정에 대하여 불복이 있거나 정보공개 청구 후 20일이 경과하도록 정보공개 결정이 없는 때에는 「행정심판법」에서 정하는 바에 따라 행정심판을 청구할 수 있다. 이 경우 국가기관 및 지방자치단체 외의 공공기관의 결정에 대한 감독행정기관은 관계 중앙행정기관의 장 또는 지방자치단체의 장으로 한다. • 청구인이 정보공개와 관련한 공공기관의 결정에 대하여 불복이 있거나 정보공개 청구 후 20일이 경과하도록 정보공개 결정이 없는 때에는 「행정소송법」에서 정하는 바에 따라 행정소송을 제기할 수 있다.
행정절차법	• 공시송달의 경우에는 다른 법령등에 특별한 규정이 있는 경우를 제외하고는 공고일 부터 14일이 지난 때에 그 효력이 발생한다. 다만, 긴급히 시행하여야 할 특별한 사유가 있어 효력 발생 시기를 달리 정하여 공고한 경우에는 그에 따른다. • 입법예고기간은 예고할 때 정하되, 특별한 사정이 없으면 40일(자치법규는 20일) 이상으로 한다.
경찰감찰규칙	• 경찰기관의 장은 감찰관이 결격사유에 해당되는 것으로 밝혀졌을 경우와 제7조 제1항의 어느 하나에 해당하는 경우를 제외하고는 2년 이내에 본인의 의사에 반하여 전보하여서는 아니 된다. 다만, 승진 등 인사관리상 필요한 경우에는 그러하지 아니하다. • 경찰기관의 장은 1년 이상 성실히 근무한 감찰관에 대해서는 희망부서를 고려하여 전보한다. • 소속공무원의 의무위반사실에 대한 민원을 접수한 경우 접수일로부터 2개월 내에 신속히 처리하여야 한다. (다만, 소속 경찰기관의 감찰부서장에게 보고하여 그 처리 기간을 연장할 수 있다.) • 다른 행정기관으로부터 통보받은 소속공무원의 의무위반행위에 대해서는 통보받은 날로부터 1개월 이내에 신속히 처리하여야 한다. • 감찰관은 감찰조사를 위해서 의무위반행위와 관련된 경찰공무원등의 출석을 요구할 때에는 조사기일 3일 전까지 출석요구서 또는 구두로 조사일시, 의무위반행위사실 요지 등을 통지하여야 하나, 사안이 급박한 경우 또는 조사대상자의 요청이 있는 경우에는 즉시 조사에 착수할 수 있다. • 감찰관은 심야(자정부터 오전 6시까지를 말한다)에 조사를 하여서는 아니 된다.
경찰청 감사규칙	종합감사의 주기는 1년에서 3년까지 하되 치안수요 등을 고려하여 조정 실시한다.
경찰 인권보호 규칙	• 경찰청장은 경찰관등(경찰공무원으로 신규 임용될 사람을 포함한다)이 근무하는 동안 지속적·체계적으로 교육을 받을 수 있도록 3년 단위로 경찰 인권교육의 기본방향과 추진목표 등을 포함한 인권교육종합계획을 수립하여 시행해야 한다. • 경찰서의 장은 위의 내용을 반영하여 매년 인권교육 계획을 수립하여 시행하여야 한다. • 경찰청장은 제·개정하려는 법령 및 행정규칙에 대하여 해당 안건을 경찰위원회에 상정하기 60일 이전까지 인권영향평가를 실시하여야 한다. • 인권보호담당관은 반기 1회 이상 인권영향평가의 이행 여부를 점검하고, 이를 경찰청 인권위원회에 제출하여야 한다.

청탁금지법	• 조사기관은 조사·감사 또는 수사를 마친 날부터 10일 이내에 그 결과를 신고자와 국민권익위원회에 통보(국민권익위원회로부터 이첩받은 경우만 해당함)하고, 조사·감사 또는 수사 결과에 따라 공소 제기, 과태료 부과 대상 위반행위의 통보, 징계 처분 등 필요한 조치를 하여야 한다 • 국민권익위원회는 조사기관의 조사·감사 또는 수사 결과가 충분하지 아니하다고 인정되는 경우에는 조사·감사 또는 수사 결과를 통보받은 날부터 30일 이내에 새로운 증거자료의 제출 등 합리적인 이유를 들어 조사기관에 재조사를 요구할 수 있다. • 재조사를 요구받은 조사기관은 재조사를 종료한 날부터 7일 이내에 그 결과를 국민권익위원회에 통보하여야 함. 이 경우 국민권익위원회는 통보를 받은 즉시 신고자에게 재조사 결과의 요지를 알려야 한다.
금품수수금지 관련 내용	• 공무원은 직무 관련 여부 및 기부·후원·증여 등 그 명목에 관계없이 동일인으로부터 1회에 100만원 또는 매 회계연도에 300만원을 초과하는 금품등을 받거나 요구 또는 약속해서는 아니 된다. • 원활한 직무수행 또는 사교·의례 또는 부조의 목적으로 제공되는 음식물·경조사비·선물 등으로서 대통령령으로 정하는 가액 범위 안의 금품등. 다만, 선물 중 농수산가공품(농수산물을 원료 또는 재료의 50퍼센트를 넘게 사용하여 가공한 제품만 해당한다)은 대통령령으로 정하는 설날·추석을 포함한 기간에 한정하여 그 가액 범위를 두배로 한다.

음식물	5만원
경조사비	• 축의금·조의금은 5만원 다만, 화환·조화는 10만원
선 물	• 5만원 다만, 농수산물 및 농수산가공품(원료 또는 재료의 50퍼센트를 넘게 사용하여 가공한 제품만 해당)은 15만원

외부강의 관련규정	• 공직자등은 자신의 직무와 관련되거나 그 지위·직책 등에서 유래되는 사실상의 영향력을 통하여 요청받은 교육·홍보·토론회·세미나·공청회 또는 그 밖의 회의 등에서 한 강의·강연·기고 등의 대가로서 대통령령으로 정하는 금액(직급 구분없이 40만원)을 초과하는 사례금을 받아서는 아니된다. • 상한액을 초과하여 사례금을 받은 경우, 초과사례금을 받은 사실을 안 날부터 2일 이내에 서면으로 신고하여야 한다 • 사례금 총액은 강의시간에 관계없이 1시간 상한액의 1.5배를 초과하지 못한다 • 공직자등은 사례금을 받는 외부강의등을 할 때에는 대통령령으로 정하는 바에 따라 외부강의 등의 요청 명세 등을 소속기관장에게 그 외부강의등을 마친 날부터 10일 이내에 서면으로 신고 하여야 한다 다만, 외부강의등을 요청한 자가 국가나 지방자치단체인 경우에는 그러하지 아니하다. • 외부강의를 신고할 때 사례금 등 일부 사항을 알 수 없는 경우에는 해당 사항을 제외한 사항을 먼저 신고한 후, 해당사항을 안 날부터 5일 이내에 신고를 보완하여야 한다 • 공무원은 외부강의등의 대가로서 별표 2에서 정하는 금액직급 구분없이 40만원을 초과하는 사례금을 받아서는 아니 된다. (예외적으로 각급 학교의 교직원 및 언론인은 1시간 100만원)

외부강의 관련규정	• 공무원은 금액을 초과하는 사례금을 받은 경우에는 그 사실을 안 날로부터 2일 이내에 소속기관의 장에게 신고하여야 하며, 제공자에게 그 초과금액을 지체 없이 반환하여야 한다. • 신고를 받은 소속 기관의 장은 초과사례금을 반환하지 아니한 공무원에 대하여 신고사항을 확인한 후 7일 이내에 반환하여야 할 초과사례금의 액수를 산정하여 해당 공무원에게 통지하여야 한다

이해충돌방지법	• 사적이해관계자
	  • 공직자로 채용·임용되기 전 2년 이내에 공직자 자신이 재직하였던 법인 또는 단체
	  • 공직자로 채용·임용되기 전 2년 이내에 공직자 자신이 대리하거나 고문·자문 등을 제공하였던 개인이나 법인 또는 단체
	  • 최근 2년 이내에 퇴직한 공직자로서 퇴직일부터 2년 이내에 제5조 제1항 각 호의 직무를 수행하는 공직자와 국회규칙, 대법원 규칙, 헌법재판소규칙, 중앙선거관리위원회규칙 또는 대통령령으로 정하는 범위의 부서에서 같이 근무하였던 사람
	• 공직자는 자신의 직무관련자가 사적이해관계자임을 안 날부터 14일 이내에 소속기관장에게 그 사실을 서면(전자문서 포함)으로 신고하고 회피 신청하여야 한다
	• 부동산을 보유한 사실을 알게 된 날로부터 14일 이내, 매수 후 등기를 완료한 날부터 14일 이내에 신고를 하여야 한다.
	• 직무관련자와 사적 거래행위가 있을 예정이거나 이미 있었음을 안 날로부터 14일 이내에 소속 기관장에게 그 사실을 서면으로 신고하여야 한다.
	• 고위공직자는 그 직위에 임용되거나 임기를 개시하기 전 3년 이내에 민간 부문에서 업무활동을 한 경우, 그 활동 내역을 그 직위에 임용되거나 임기를 개시한 날부터 30일 이내에 소속기관장에게 제출하여야 한다.
	• 공직자(공직자가 아니게 된 날부터 3년이 경과하지 아니한 사람을 포함)는 직무수행 중 알게 된 비밀 또는 소속 공공기관의 미공개정보를 이용하여 재물 또는 재산상의 이익을 취득하거나 제3자로 하여금 재물 또는 재산상의 이익을 취득하게 하여서는 아니 된다.

적극행정	• 감사관은 사전컨설팅 감사 접수일로부터 30일 이내에 사전컨설팅 감사 의견서를 작성하여 신청서를 제출한 기관의 장 등에게 통보한다. • 적극행정 면책심사위원회의 위원장은 감사관으로 하고 위원은 심사안건 관련 부서장(감사담당관 또는 감찰담당관)을 포함하여 회의 개최 시마다 위원장이 경찰청 소속 과장급 공무원 중에서 지명하는 사람으로 한다. 다만, 위원 중 1인은 경감 이하 경찰 공무원 또는 6급 이하 일반직공무원으로 한다. • 적극행정 면책심사위원회의 사무를 처리하기 위하여 간사 1명을 두되, 감사관실 업무소관 부서공무원으로 한다.

2. 각론 숫자정리

지역경찰의 조직 및 운영에 관한 규칙	• 근무일지는 3년간 보관한다 • 시·도경찰청장은 소속 지방경찰청의 지역경찰 정원 충원 현황을 연 2회 이상 점검하고 현원이 정원에 미달할 경우, 지역경찰 정원 충원 대책을 수립·시행하여야 한다.
경비업법	• 허가를 받으려는 법인이 시설경비업무를 하려는 때에는 경비원 10명 이상 및 경비지도사 1명 이상의 경비인력을 갖추어야 한다. • 18세 미만인 사람 또는 피성년후견인은 경비지도사 또는 일반경비원이 될 수 없다. • 강간죄(형법 제297조)를 범하여 징역형을 선고받은 자는 그 집행이 종료된(종료된 것으로 보는 경우를 포함한다) 날 또는 집행이 유예·면제된 날부터 10년이 지나지 아니하면 경비지도사 또는 일반경비원이 될 수 없다. • 18세 미만이거나 60세 이상인 사람 또는 피성년후견인은 특수경비원이 될 수 없다. • 정당한 사유없이 허가를 받은 날부터 2년 이내에 경비 도급실적이 없거나 계속하여 1년 이상 휴업한 때에 허가관청은 경비업자의 허가를 취소하여야 한다.
음악산업진흥에 관한 법률	• 이 법에서 "청소년"이라 함은 만 19세 미만인 사람을 말한다. 다만, 만 19세가 되는 해의 1월 1일을 맞이한 사람은 제외한다.
경범죄처벌법	• 18세 미만인 사람은 범칙자에 해당하지 않는다. • 통고처분서를 받은 날로부터 10일 이내에 납부하여야 한다. • 천재지변이나 그 밖의 부득이한 일로 말미암아 1차 납부기간 내에 범칙금을 납부할 수 없을 때에는 부득이한 일이 없어지게 된 날로부터 5일 이내에 납부해야 한다. • 2차 납부기간(1차 납부기간이 만료되는 다음날부터 20일 이내) 내에는 범칙금액의 100분의 20을 더한 금액을 납부하여야 한다. • 즉결심판이 청구된 피고인이 통고받은 범칙금에 그 금액의 100분의 50을 더한 금액을 납부하고 그 증명서류를 즉결심판 선고 전까지 제출하였을 때에는 경찰서장, 해양경찰서장 및 제주특별자치도지사는 그 피고인에 대한 즉결심판 청구를 취소하여야 한다
즉결심판에 관한 절차법	• 정식재판을 청구하고자 하는 피고인은 즉결심판의 선고·고지를 받은 날부터 7일 이내에 정식재판청구서를 경찰서장에게 제출하여야 한다. • 판사는 정식재판청구서를 받은 날부터 7일 이내에 경찰서장에게 정식재판청구서를 첨부한 사건기록과 증거물을 송부한다. • 경찰서장은 판사가 무죄·면소 또는 공소기각을 선고하였을 때에는 7일 이내에 정식재판을 청구할 수 있다
유실물법	• 물건을 반환받는 자는 물건가액의 100분의 5 이상 100분의 20 이하의 범위에서 보상금을 습득자에게 지급하여야 한다. • 유실물 습득신고 (습득자가 7일 이내 절차를 밟지 않으면 비용·보상금과 습득물의 소유권을 취득할 권리를 상실) → 공고 → 경찰관서 보관 : 공고 후 6개월간 → 습득자 습득물 수령 3개월 내 → 국고귀속

실종아동	• "가출인"이란 신고 당시 보호자로부터 이탈된 18세 이상의 사람을 말한다. • "장기실종아동등"이란 보호자로부터 신고를 접수한 지 48시간이 경과한 후에도 발견되지 않은 찾는 실종아동등을 말한다. • 발견된 18세 미만 아동 및 가출인은 실종아동등 프로파일링시스템에 수배 해제 후로부터 5년간 보관한다. • 발견된 지적·자폐성·정신장애인 등 및 치매환자는 실종아동등 프로파일링시스템에 수배 해제 후로부터 10년간 보관한다. • 경찰관서의 장은 실종아동등에 대하여 현장 탐문 및 수색 후 그 결과를 즉시 보호자에게 통보하여야 한다. 이후에는 실종아동등 프로파일링시스템에 등록한 날로부터 1개월까지는 15일에 1회, 1개월이 경과한 후부터는 분기별 1회 보호자에게 추적 진행사항을 통보한다.
아동학대	• 아동이란 18세 미만의 사람을 말한다. • 아동학대행위자를 피해아동등으로부터 격리, 피해아동등을 아동학대 관련 보호시설로 인도, 긴급치료가 필요한 피해아동을 의료기관으로 인도의 응급조치는 72시간을 넘을 수 없다. 다만, 본문의 기간에 공휴일이나 토요일이 포함되는 경우로서 피해아동등의 보호를 위하여 필요하다고 인정되는 경우에는 48시간의 범위에서 그 기간을 연장할 수 있다. 다만, 검사가 임시조치를 법원에 청구한 경우에는 법원의 임시조치 결정시까지 기간이 연장된다
가정폭력	• 아동, 60세 이상의 노인의 치료 등을 담당하는 의료인 및 의료기관의 장은 직무를 수행하면서 가정폭력범죄를 알게 된 경우, 가정폭력피해자의 명시적인 반대의견이 없으면 즉시 신고하여야 하는 자에 해당한다. • 피해자에게 고소할 법정대리인이나 친족이 없는 경우에 이해관계인이 신청하면 검사는 10일 이내에 고소할 수 있는 사람을 지정하여야 한다 • 사법경찰관이 긴급임시조치를 한 때에는 지체 없이 검사에게 임시조치를 신청하고, 신청받은검사는 법원에 임시조치를 청구하여야 한다. 이 경우 임시조치의 청구는 긴급임시조치를 한 때부터 48시간 이내에 청구하여야 하며, 긴급임시조치결정서를 첨부하여야 한다.
입건전 조사 처리	진정·탄원·투서 등 서면으로 접수된 신고가 같은 내용으로 3회 이상 반복하여 접수 되고 2회 이상 그 처리 결과를 통지한 신고와 같은 내용인 경우에는 공람 후 종결로 처리해야 한다.
고소·고발	• 사법경찰관은 고소 또는 고발을 받은 경우에는 이를 수리해야 하며, 고소 또는 고발에 따라 범죄를 수사하는 경우에는 고소 또는 고발을 수리한 날부터 3개월 이내에 수사를 마쳐야 한다. • 「경찰수사규칙」상 고소·고발로 수리한 사건에서 고소인 또는 고발인이 고소·고발장을 제출한 후 혐의 확인을 위한 수사기관의 출석요구, 자료제출 요청 등에 불응하거나 고소인·고발인의 소재가 확인되지 않는 등 고소·고발사실에 대한 수사를 개시·진행할 구체적인 근거가 없는 경우에는 각하 결정을 한다. • 경찰관은 각하사유에 해당 한다고 판단하는 경우 사건 수리일로부터 2개월 이내(필요한 경우 소속수사부서장의 결재 후 연장 가능)에 고소·고발인을 상대로 증거, 정황자료 등 근거자료 제출 요구 등을 통하여 계속 수사를 진행할 필요가 있는지 조사한다
특정중대범죄 피의자 신상공개	사법경찰관은 정보통신망을 이용하여 그 신상정보를 30일간 공개한다.

기피, 회피	• 기피 신청을 하려는 사람은 별지 제1호서식의 기피신청서를 작성하여 기피 신청 대상 경찰관이 소속된 경찰관서 내 감사부서의 장에게 제출하여야 한다. 이 경우 해당 감사부서의 장은 소속 수사부서장에게 지체없이 기피 신청 사실을 구두로 전달하고, 3일 이내에 공문으로도 통보하여야 한다 • 기피 신청은 경찰관서에 접수된 고소·고발·진정·탄원·신고 사건에 한하여 신청할 수 있으며, 기피 신청을 하려는 사람은 기피 신청을 한 날부터 3일 이내에 기피사유를 서면으로 소명하여야 한다. • 소속 수사부서장이 기피 신청을 이유 있다고 인정하지 않는 때에는 감사부서의 장은 기피 신청 접수일부터 7일(공휴일과 토요일은 산입하지 않는다) 이내에 공정수사위원회를 개최하여 기피 신청 수용 여부를 결정하여야 한다. 다만, 부득이한 경우 7일의 범위에서 한 차례만 위원회 개최를 연기할 수 있다. • 소속 경찰관서장이 회피 신청을 허가한 때에는 회피신청서를 제출받은 날로부터 3일 이내에 사건 담당 경찰관을 재지정하여야 한다.
수배차량등 검색시스템 운영규칙	검색시스템을 운영하는 과정에서 수집한 자료의 보유기간은 30일로 한다
수법원지 삭제	피작성자가 사망하였을 때, 피작성자가 80세 이상이 되었을 때, 작성자의 수법분류번호가 동일한 원지가 2건 이상 중복될 때 1건을 제외한 자료
피해통보표 삭제	피의자가 검거되었을 때, 피의자가 사망하였을 때, 피해통보표 전산입력후 10년이 경과하였을 때
중요지명 피의자 종합수배	• 시·도경찰청장은 지명수배를 한 후, 6월이 경과하여도 검거하지 못한 사람들 중 ㉠ 강력범(살인, 강도, 성폭력, 마약, 방화, 폭력, 절도범을 말한다), ㉡ 다액·다수피해 경제사범, 부정부패 사범, ㉢ 그밖에 신속한 검거를 위해 전국적 공개수배가 필요하다고 판단되는 중요지명피의자를 매년 5월과 11월 연 2회 선정하여 국가수사본부장에게 중요지명피의자 종합 공개수배보고서에 따라 보고하여야 한다. • 국가수사본부장은 공개수배 위원회를 개최하여 중요지명피의자 종합 공개수배 대상자를 선정하고, 매년 6월과 12월 중요지명피의자 종합 공개수배 전단을 중요지명피의자 종합 공개수배에 따라 작성하여 게시하는 방법으로 공개수배 한다.
유치장 관리	• 피의자를 유치장에 입감시키거나 출감시킬 때에는 유치인보호주무자가 발부하는 피의자입(출)감지휘서에 의하여야 하며, 동시에 3명 이상의 피의자를 입감시킬 때에는 경위 이상 경찰관이 입회하여 순차적으로 입감시켜야 한다 • 형사범과 구류 처분을 받은 자, 19세 이상의 자와 19세 미만의 자, 신체장애인 및 사건관련의 공범자 등은 유치실이 허용하는 범위 내 에서 분리 유치해야 하며, 신체장애인에 대하여는 신체장애를 고려한 처우를 하여야 한다
호송	• 호송관은 수갑 또는 수갑·포승을 사용하는 피호송자가 2인 이상일 때에는 피호송자마다 포박한 후 호송수단에 따라 2인내지 5인을 1조로 하여 상호 연결시켜 포승으로 포박한다. • 호송관서의 장은 호송관이 5인 이상이 되는 호송일 때에는 경위 이상 계급의 1인을 지휘감독관으로 지정하여야 한다. • 경찰서장은 유치인보호관에 대하여 피의자의 유치에 관한 관계법령 및 규정 등을 매월 1회 이상 정기적으로 교육하고 유치인보호관은 이를 숙지하여야 한다

주요 강력범죄 출소자등에 대한 정보 수집에 관한 규칙	정보수집 기간	• 마약류 범죄 출소자등 : 3년 • 그 밖의 주요 강력범죄 출소자등 : 2년
	정보수집	• 형사(수사)과 담당자는 대상자에 대해서 정보수집 기간의 개시 후 1년 동안 매 분기별 1회 이상 재범방지등을 위한 정보를 수집하여야 한다. • 지구대(파출소) 담당자는 정보수집 기간 동안 대상자에 대해서 매 분기별 1회 이상 재범방지등을 위한 정보를 수집하여야 한다.

주요 강력범죄	출소자등
① 살인, 방화, 약취·유인:	①의 범죄로 금고 이상의 실형을 받은 사람
② 강도, 절도, 마약류 범죄:	②의 범죄로 3회 이상 금고형 이상의 실형을 받은 사람
③ 범죄단체의 조직원 또는 불시에 조직화가 우려되는 조직성 폭력배가 범한 범죄:	③의 범죄로 벌금형 이상의 형을 선고받은 사람

시체의 초기·후기 현상	• 각막은 사후 12시간 전후에 흐려지기 시작하여 48시간 이상이 되면 불투명하게 된다. • 부패의 3대 조건: 공기의 유통이 좋을수록, 온도가 20~30℃ 사이일 때, 습도가 60~66% 사이일 때 부패가 잘 됨 • 부패가 진행되어 시체가 뼈만 남은 상태를 말함. 일반적으로 소아는 사후 4~5년, 성인은 사후 7~10년이 지나면 완전히 백골화가 됨

성폭력범죄의 처벌 등에 관한 특례법	• 13세 미만의 사람 및 신체적인 또는 정신적인 장애가 있는 사람에 대하여 강간의 죄를 범한 경우에는 공소시효를 적용하지 아니한다. • 특정한 성폭력 범죄의 경우 디엔에이(DNA)증거 등 그 죄를 증명할 수 있는 과학적인 증거가 있는 때에는 공소시효가 10년 연장된다. • 수사기관이 성폭력범죄를 수사하는 경우에 피해자가 13세 미만이거나 신체적인 또는 정신적인 장애로 사물을 변별하거나 의사를 결정할 능력이 미약한 경우에는 관련 전문가에게 피해자의 정신·심리 상태에 대한 진단 소견 및 진술 내용에 관한 의견을 조회하여야 한다. • 사법경찰관은 성폭력범죄의 피해자가 19세 미만 피해자등인 경우 형사사법절차에서의 조력과 원활한 조사를 위하여 직권이나 피해자, 그 법정대리인 또는 변호사의 신청에 따라 진술조력인으로 하여금 조사과정에 참여하여 의사소통을 중개하거나 보조하게 할 수 있다. 다만, 피해자 또는 그 법정대리인이 이를 원하지 아니하는 의사를 표시한 경우에는 그러하지 아니하다. • 성폭력범죄를 전담하여 조사하는 사법경찰관은 19세 미만인 피해자나 신체적인 또는 정신적인 장애로 사물을 변별하거나 의사를 결정할 능력이 미약한 피해자("19세 미만피해자등"이라 함)를 조사할 때에는 피해자의 나이, 인지적 발달 단계, 심리 상태, 장애 정도 등을 종합적으로 고려하여야 한다. • 사법경찰관은 19세미만피해자등의 진술 내용과 조사 과정을 영상녹화하고, 그 영상녹화물을 보존하여야 하나, 19세미만피해자등 또는 그 법정대리인(법정대리인이 가해자이거나 가해자의 배우자인 경우는 제외한다)이 이를 원하지 아니하는 의사를 표시하는 경우에는 영상녹화를 하여서는 아니 된다.

성폭력범죄의 처벌 등에 관한 특례법	• 법원은 중계시설을 통하여 19세미만피해자등을 증인으로 신문하는 경우 그 중계시설은 특별한 사정이 없으면 영상녹화가 이루어진 장소로 한다 • 19세미만피해자등의 진술이 영상녹화된 영상녹화물은 절차와 방식에 따라 영상녹화된 것으로서 공판기일에 그 내용에 대하여 피의자, 피고인 또는 변호인이 피해자를 신문할 수 있었던 경우에 증거로 할 수 있다.
아동·청소년 성보호에 관한 법률	"아동·청소년"이란 19세 미만의 자를 말한다.
스토킹범죄	• 사법경찰관은 긴급응급조치를 하였을 때에는 지체 없이 검사에게 해당 긴급응급조치에 대한 사후승인을 지방법원 판사에게 청구하여 줄 것을 신청하여야 하며, 신청을 받은 검사는 긴급응급조치가 있었던 때부터 48시간 이내에 지방법원 판사에게 해당 긴급응급조치에 대한 사후승인을 청구한다. • 긴급응급조치기간은 1개월을 초과할 수 없다. • 제2호(피해자 또는 그의 동거인, 가족이나 그 주거등으로부터 100미터 이내의 접근 금지)·제3호(피해자 또는 그의 동거인, 가족에 대한「전기통신기본법」제2조제1호의 전기통신을 이용한 접근 금지) 및 제3호의2(전자장치의 부착)에 따른 잠정조치기간은 3개월, 같은 항 제4호(국가경찰관서의 유치장 또는 구치소에의 유치)에 따른 잠정조치기간은 1개월을 초과할 수 없다. 다만, 법원은 피해자의 보호를 위하여 그 기간을 연장할 필요가 있다고 인정하는 경우에는 결정으로 제1항 제2호·제3호 및 제3호의2에 따른 잠정조치에 대하여 두 차례에 한정하여 각 3개월의 범위에서 연장할 수 있다.
산업재산권 보호 기간	• 실용신안권: 설정등록한 날부터 실용신안등록출원일 후 10년 • 특허권: 설정등록한 날부터 특허 출원일 후 20년 • 디자인권: 설정등록한 날부터 발생하여 디자인등록출원일 후 20년 • 상표권: 설정등록이 있는 날부터 10년, 갱신등록신청에 따라 10년씩 갱신
공연법	• 1천명 이상의 관람이 예상되는 공연을 하려는 자는 해당 시설이나 장소 운영자와 공동으로 공연 개시 14일 전까지 재해대처계획을 관할 특별자치시장·특별자치도지사·시장·군수 또는 구청장에게 신고하여야 한다. • 신고한 사항을 변경하려는 경우에는 해당 공연 7일 전까지 변경신고를 하여야 한다.
경비업법 시행령	시·도경찰청장 또는 경찰서장은 제1항(경비가 필요한 시설 등에 대한 경비의 요청)에 따른 요청을 할 때 행사의 주최자나 시설 또는 장소의 관리자에게 행사장등에 경비원을 배치할 수 없다고 판단되는 경우에는 행사개최일 또는 많은 사람이 모이는 날 1일 전까지 그 사실을 통지해 줄 것을 함께 요청할 수 있다.
선거기간	• 대통령: 23일(후보자 등록 마감일의 다음 날부터 선거일) • 국회의원 및 지방자치단체 의원 및 장: 14일(후보자 등록 마감일 후 6일부터 선거일)
채증활동	• 집회등 현장에서 채증을 할 때에는 사전에 채증 대상자에게 범죄사실의 요지, 채증요원의 소속, 채증 개시사실을 직접 고지하거나 방송 등으로 알려야 한다. • 20분 이상 채증을 계속하는 경우에는 20분이 경과할 때마다 채증 중임을 고지하거나 알려야 한다.

경찰 비상업무규칙	• 지휘선상 위치 근무: 비상연락체계를 유지하며 유사시 **1시간** 이내에 현장지휘 및 현장근무가 가능한 장소에 위치하는 것 • 필수요원: 경찰관 등 중 경찰기관의 장이 지정한 자로 비상소집 시 **1시간** 이내에 응소하여야 할 자 • 일반요원: 필수요원을 제외한 경찰관 등으로 비상소집 시 **2시간** 이내에 응소하여야 할 자
비상근무	• 갑호: 가용경력을 **100%** 동원할 필요가 있는 경우 • 을호: 가용경력의 **50%**를 동원할 필요가 있는 경우 • 병호: 가용경력의 **30%**를 동원할 필요가 있는 경우
비상근무 해제	• 비상근무 해제 시 시·도경찰청 또는 2개 이상 경찰서 관할지역, 단일 경찰서 관할지역의 발령권자는 **6시간** 이내에 해제일시, 사유 및 비상근무결과 등을 바로 위의 상급 기관의 장에게 보고한다.
근무요령	• 갑호 비상: **100%**(연가 중지), 지휘관과 참모는 정착 근무원칙 • 을호 비상: **50%**(연가 중지), 지휘관과 참모는 정위치 근무원칙 • 병호 비상: **30%**(연가 억제), 지휘관과 참모는 정위치 또는 지휘선상 위치 근무 원칙
테러방지법	• 국가테러대책위원회 소속으로 대테러 인권보호관 **1명**을 둠 • 관계기관의 장은 외국인테러전투원으로 출국하려 한다고 의심할 만한 상당한 이유가 있는 내국인·외국인에 대하여 일시 출국금지를 법무부장관에게 요청할 수 있고 이에 따른 일시 출국금지 기간은 **90일**로 한다. 다만, 출국금지를 계속할 필요가 있다고 판단할 상당한 이유가 있는 경우에 관계기관의 장은 그 사유를 명시하여 연장을 요청할 수 있다
청원경찰법	임용자격 : 청원경찰의 임용자격은 **18세 이상**인 사람
도로교통 관련 내용	• 경찰공무원은 운전자에게 자동차등록증 또는 운전면허증 제시요구 및 그 차의 장치점검, 정비불량 발견된 경우 응급조치 후 운전 명령, 조건(통행구간, 통행로 등)을 정하여 운전을 명할 수 있음 → 단, 시·도경찰청장은 정비상태가 매우 불량하여 위험발생의 우려가 있는 경우 자동차등록증을 보관하고 운전의 일시정지를 명할 수 있으며 필요할 때는 **10일** 범위 내 정비 기간을 정하여 그 사용을 정지시킬 수 있음 • 경찰서장이 제거하여 보관 중인 공작물 등을 공고하였으나 공고한 날부터 **6개월**을 경과하여도 그 공작물 등의 받을 점유자 등을 알 수 없거나 반환을 요구하지 않는 때에는 그 공작물을 매각하여 대금을 보관할 수 있고, 매각대금은 공고한 날부터 **5년**이 경과하여도 반환 받을 자를 알 수 없거나 반환을 요구하지 아니하는 경우에는 국고에 귀속한다. • 도로공사로 인하여 교통안전시설을 훼손한 공사시행자는 부득이 한 사유가 없는 한 해당 공사가 끝난 날부터 **3일** 이내에 원상회복하고 그 결과를 관할 경찰서장에게 신고하여야 함
개인형 이동장치	개인형 이동장치(PM)이란 「도로교통법」상 원동기장치자전거 중 차체중량이 **30kg 미만**이고 시속 **25km 이상**으로 운행할 경우 원동기가 작동하지 아니하는 것 중 행정안전부령으로 정한 것을 말한다

어린이 보호 구역	시장 등	• 원칙 : 출입문을 중심 반경 300미터 이내 보호구역으로 지정 • 예외 : 필요한 경우 반경 500미터 이내 대해서도 가능
	시·도경찰청장이나 경찰서장	• 차마의 통행을 금지하거나 제한 • 차마의 정차나 주차를 금지 • 운행속도를 시속 30킬로미터 이내로 제한 • 이면도로를 일방통행로로 지정·운영
정차 및 주차의 금지 장소		1. 교차로·횡단보도·건널목이나 보도와 차도가 구분된 도로의 보도(「주차장법」에 따라 차도와 보도에 걸쳐서 설치된 노상주차장은 제외) 2. 교차로의 가장자리나 도로의 모퉁이로부터 5미터 이내 3. 안전지대가 설치된 도로에서는 그 안전지대의 사방으로부터 각각 10미터 이내 4. 버스여객자동차의 정류지임을 표시하는 기둥이나 표지판 또는 선이 설치된 곳으로부터 10미터 이내인 곳 5. 건널목의 가장자리 또는 횡단보도로부터 10미터 이내인 곳 6. 「소방기본법」제10조에 따른 소방용수시설 또는 비상소화장치가 설치된 곳, 「화재예방, 소방시설 설치·유지 및 안전관리에 관한 법률」상 소방시설로서 대통령령으로 정하는 시설이 설치된 곳으로부터 5미터 이내인 곳 → 위반한 경우 승용자동차 기준 8만원의 과태료를 부과 7. 시·도경찰청장이 도로에서의 위험을 방지하고 교통의 안전과 원활한 소통을 확보하기 위하여 필요하다고 인정하여 지정한 곳 8. 어린이 보호구역

주차의 금지 장소		1. 터널 안 및 다리 위
		2. 다음 각 목의 곳으로부터 5미터 이내인 곳
		  가. 도로공사를 하고 있는 경우에는 그 공사 구역의 양쪽 가장자리
		  나. 「다중이용업소의 안전관리에 관한 특별법」에 따른 다중이용업소의 영업장이 속한 건축물로 소방본부장의 요청에 의하여 시·도경찰청장이 지정한 곳
		3. 시·도경찰청장이 도로에서의 위험을 방지하고 교통의 안전과 원활한 소통을 확보 하기 위하여 필요하다고 인정하여 지정한 곳

운전면허	제1종	특수면허 / 소형견인차 : • 총중량 3.5톤 이하의 견인형 특수자동차 • 제2종 보통면허로 운전할 수 있는 차량
	제2종	보통면허 : • 승용자동차 • 승차정원 10명 이하의 승합자동차 • 적재중량 4톤 이하의 화물자동차 • 총중량 3.5톤 이하의 특수자동차(구난차등은 제외한다) • 원동기장치자전거
		소형면허 : • 이륜자동차(측차부를 포함) → 배기량 125cc 초과의 이륜자동차 • 원동기장치자전거

운전면허증	• 운전면허증 소지자가 면허증의 반납사유가 발생하면 **7일** 이내 반납하여야 한다. • 외국에서 발행한 국제운전면허증은 입국한 날로부터 **1년**간 유효 • 임시운전증명서의 유효기간은 **20일** 이내로 하되, 운전면허의 취소 또는 정지처분 대상자의 경우에는 **40일** 이내로 할 수 있다. 다만, 경찰서장이 필요하다고 인정하는 경우에는 그 유효기간을 1회에 한하여 **20일**의 범위에서 연장할 수 있다 • 연습운전면허는 그 면허를 받은 날부터 **1년** 동안 효력을 가짐 • 운전면허를 받은 날부터 **2년**이 경과한 사람(운전면허 정지 기간 중인 사람을 제외한다. 연습하고자 하는 자동차를 운전할 수 있는 운전면허에 한함)과 함께 타서 그의 지도를 받아야한다.
운전면허증의 갱신과 정기적성 검사	• 운전면허증은 운전면허시험에 합격한 날부터 기산하여 **10년**이 되는 날이 속하는 해의 1월1일부터 12월 31일까지 면허증을 갱신하여야 한다. • 단, **65세 이상 75세 미만**인 사람은 **5년**마다, **75세 이상**인 사람은 **3년**마다 면허증을 갱신하여야 한다. • 제1종 운전면허를 받은 사람과 제2종 운전면허 소지자라 하더라도 **70세 이상**인 경우 면허증 갱신시 정기적성검사를 받아야 한다
교통안전교육	• 운전면허를 받고자 하는 사람이 학과시험 응시 전 받아야 하는 **1시간**의 교통안전교육을 말한다. • 특별교통안전교육은 교통질서, 교통사고와 그 예방, 안전운전의 기초, 교통법규와 안전, 운전면허 및 자동차관리 등의 과목에 대하여 강의 및 시청각 교육 등의 방법으로 **3시간 이상 48시간 이하**로 도로교통공단에서 실시한다. • 신규 교통안전교육 : 긴급자동차를 운전하려는 사람을 대상으로 운전을 하기 전에 실시하는 교육, **3시간 이상** • 정기 교통안전교육 : 긴급자동차를 운전하는 사람을 대상으로 3년 마다 정기적으로 실시하는 교육, **2시간 이상**

음주운전으로 운전면허 취소 처분 또는 정지 처분을 받은 경우 감경	감경사유	• 모범운전자로서 처분당시 **3년** 이상 교통봉사활동에 종사하고 있는 경우
	감경 제외 사유	• 혈중알코올농도가 **0.1퍼센트**를 초과하여 운전한 경우 • 과거 **5년** 이내에 **3회 이상**의 인적피해 교통사고의 전력이 있는 경우 • 과거 **5년** 이내에 음주운전의 전력이 있는 경우

자동차등 이용 범죄행위시 행정처분	• 미수에 그친 경우취소처분에 해당하는 처분:벌점 **110점** 부과 • 미수에 그친 경우정지처분에 해당하는 처분:집행일수의 **1/2**로 감경함	
운전면허 행정처분결과 따른 결격 기간	• 무면허 운전(운전면허 발급제한 기간중 국제운전면허증으로 자동차 등 운전), 음주운전, 과로·질병·약물운전, 공동위험행위로 사람을 사상한 후 구호조치 없이 도주한 경우 • 음주운전 하다가 사망사고	**5년**
	5년의 제한사유 이외의 사유로 교통사고로 사람을 사상한 후에 구호조치 없이 도주한 경우	**4년**

운전면허 행정처분결과 따른 결격 기간	• 음주운전(측정거부, 무면허로 음주운전 포함)하다가 2회 이상 교통사고 • 자동차 이용범죄, 자동차등을 훔치거나 빼앗은 사람이 무면허로 운전한 경우	3년
	• 무면허운전, 면허정지기간 중 운전 또는 면허발급제한기간 중 국제운전면 허증으로 운전금지규정을 3회 이상 위반하여 운전 • 2회 이상의 음주운전(측정거부 포함) • 2회 이상의 공동위험행위 • 다른 사람의 자동차를 훔치거나 빼앗은 자 • 운전면허 대리응시 • 음주운전 또는 음주측정거부의 규정을 위반하여 운전하다가 교통사고	2년
	• 무면허운전 • 공동위험행위로 운전면허가 취소된 경우 원동기장치자전거면허 취득 결격기간 • 2~5년의 제한사유 이외의 사유로 운전면허가 취소된 자(단, 적성검사를 받지 아니하거나 그 적성검사에 불합격하여 운전면허가 취소된 경우 제외)	1년
	1년의 운전면허 발급제한기간에 해당하는 사유로 면허가 취소된 자가 원동기장치자전거 면허를 취득 (단, 공동위험행위로 면허취소된 자는 제외)	6월
음주측정	• 술 취한 상태의 기준 혈중알코올농도 0.03% 이상 • 만취한 상태의 기준 혈중알코올농도 0.08% 이상 • 주취운전 의심자를 호흡측정하는 때에는 피측정자의 입안의 잔류 알콜을 헹궈낼 수 있도록 음용수 200ml을 제공한다. • 음주측정기용 불대는 1회 1개 사용함을 원칙으로 한다. • 음주측정기(음주감지기 포함)는 측정결과의 정확도를 유지하기 위하여 연 3회(음주감지기 2회) 이상 검·교정을 받아야 한다. • 명시적인 의사표시를 하지 않으면서 경찰관이 음주측정 불응에 따른 불이익을 5분 간격으로 3회 이상 고지(최초 측정요구시로부터 15분 경과)했음에도 계속 음주측정에 응하시 않은 때에는 음주측정거부자로 처리한다.	

음주운전 처벌기준	[1] 초범의 경우

위반행위	징역	벌금
0.2% 이상	2년 이상 5년 이하	1천만원 이상 2천만원 이하
1회 측정불응	1년 이상 5년 이하	500만원 이상 2천만원 이하
0.08% 이상 0.2% 미만	1년 이상 2년 이하	500만원 이상 1천만원 이하
0.03% 이상 0.08% 미만	1년 이하	500만원 이하

음주운전 처벌기준	[2] 재범의 경우(음주운전 또는 측정거부로 벌금 이상 형을 선고받고 형이 확정된 날부터 10년 이내) | 위반행위	징역	벌금
---	---	---
0.2% 이상	2년 이상 6년 이하	1천만원 이상 3천만원 이하
측정불응	1년 이상 6년 이하	500만원 이상 3천만원 이하
0.03% 이상 0.2% 미만	1년 이상 5년 이하	500만원 이상 2천만원 이하	
사고현장측점	• 1점의 측점: 사상자의 위치는 허리를 중심으로 측점, 도로상 고정물체와의 사소한 충돌흔적, 가로수 및 수목 등에 생긴 자국 • 2점의 측점: 직선으로 나타난 긴 타이어 자국 : 시작점과 끝점을 측점으로 함, 길게 비벼지거나 파손된 가드레일 • 3점 이상의 측점: 직선으로 길게 나타나다가 마지막 부분에 휘어지거나 변형이 있는 타이어 자국
처벌특례 12개 항목	과속사고(20km/h 초과)
집시법	• 질서유지인 : 18세 이상의 사람을 질서유지인으로 임명할 수 있다 • 신고서 제출 : 720시간 전부터 48시간 전에 관할 경찰서장에게 제출하여야 한다. • 보완통고 : 접수증을 교부한 때부터 12시간 이내에 주최자에게 24시간을 기한 • 금지통고 : 신고서를 접수한 때부터 48시간 이내 • 집회 또는 시위의 주최자는 금지 통고를 받은 날부터 10일 이내에 해당 경찰관서의 바로 위의 상급경찰관서의 장에게 이의를 신청할 수 있다. • 이의 신청을 받은 경찰관서의 장은 접수 일시를 적은 접수증을 이의 신청인에게 즉시 내주고 접수한 때부터 24시간 이내에 재결을 하여야 한다. • 주최자는 신고한 옥외집회 또는 시위를 하지 아니하게 된 경우에는 신고서에 적힌 집회 일시 24시간 전에 그 철회사유 등을 적은 철회신고서를 관할경찰관서장에게 제출하여야 한다. • 통지를 받은 주최자는 그 금지 통고된 집회 또는 시위를 최초에 신고한 대로 개최할 수 있다. 다만, 금지 통고 등으로 시기를 놓친 경우에는 일시를 새로 정하여 집회 또는 시위를 시작하기 24시간 전에 관할경찰관서장에게 신고서를 제출하고 집회 또는 시위를 개최할 수 있다. • 해산명령은 참가자들이 충분히 인식할 수 있도록 적절한 방법으로 적절한 간격을 두고 반드시 3회 이상 고지하여야 한다.

	소음도 구분	소음도 구분 대상 지역	대상 지역		
			주간 (07:00~해지기 전)	야간 (해진 후~24:00)	심야 (00:00~07:00)
확성기 등의 소음기준	대상 소음도	등가 소음도 (Leq)	주거지역, 학교, 종합병원	60 이하	50 이하	45 이하
			공공도서관	60 이하	55 이하	
			그 밖의 지역	70 이하	60 이하	
		최고 소음도 (Lmax)	주거지역, 학교, 종합병원	80 이하	70 이하	65 이하
			공공도서관	80 이하	75 이하	
			그 밖의 지역	90 이하		

집시법상 처벌규정		
	먼저 신고된 옥외집회 또는 시위의 주최자가 정당한 사유 없이 철회신고서 미제출한 경우(중복된 2개 이상의 집회·시위 신고의 경우만 적용)	100만원 이하의 과태료
	집회·시위를 방해한 자(가중처벌- 군인·검사·경찰관이 위반한 경우에는 5년 이하 징역)	3년 이하의 징역 또는 300만원 이하의 벌금
	• 설정한 질서유지선의 효용을 해친 자 • 확성기등 사용제한 위반 • 주최자 또는 질서유지인이 참가 배제하였지만 그 집회·시위에 참가한 자 • 해산명령에 불응한 자	6개월 이하의 징역 또는 50만원 이하의 벌금·구류 또는 과료

국가보안법	
	• 참고인으로 출석요구를 받은 자가 정당한 이유없이 2회 이상 출석요구에 불응할 때에는 관할법원판사의 구속영장을 받아 구인 할 수 있음
• 수사기관의 구속기관은 최대 50일(사법경찰관의 구속기간은 1차 연장 : 최장 20일, 검사의 구속기간은 2차 연장 : 최장 30일)
• 제3조(반국가단체구성), 제4조(목적수행), 제5조 제1항(자진지원)·제3항(자진지원 미수범), 제4항(자진지원 예비·음모)의 죄를 범한 자라는 정을 알면서 수사기관 또는 정보기관에 고지하지 아니한 자(모든 국민에게 범죄고지의무 부과)는 5년 이하의 징역 또는 200만원 이하의 벌금에 처한다. 다만, 본범과 친족관계가 있는 때에는 그 형을 감경 또는 면제한다.

보안관찰	
	• 기간 : 2년
• 출소 2개월 전까지 교도소장을 통해 거주예정지 경찰서장에게 신고
• 출소 후 7일 내 거주예정지 관할 경찰서장에게 출소사실 신고
• 보안관찰처분결정고지를 받은 날부터 7일 이내에 신고하여야 한다
• 보안관찰처분결정고지를 받은 날이 속한 달부터 매 3월이 되는 달의 말일까지 3월간의 주요 활동사항 등 소정사항을 신고하여야 한다

보안관찰	• 주거지를 이전하거나 국외여행 또는 **10일** 이상 주거를 이탈하여 여행하고자 할 때에는 신고하여야 한다. • 법무부장관의 결정을 받은 자가 그 결정에 이의가 있을 때에는 행정소송법이 정하는 바에 따라 결정이 집행된 날로부터 **60일 이내**에 서울고등법원에 소를 제기할 수 있다. • 피보안관찰자가 **1개월** 이상 소재불명인 경우는 집행중지사유에 해당한다.
남북교류협력	• 접촉하기 **7일 전**까지 '북한주민접촉 신고서'를 제출해야 한다. • 유효기간 : **3년**(3년의 범위에서 연장이 가능하다) • 남북교류협력시스템에 반출·반입 **7일 전**까지 '반출·반입 승인 신청서'를 제출해야 함 • 남한 주민이 북한을 방문하고자 하는 경우 방문 **7일 전**까지 남북교류협력시스템을 통해 '북한 방문승인 신청서'를 제출해야 한다.
북한이탈 주민의 보호	보호 여부를 결정할 때 국내 입국 후 **3년**이 지나서 보호신청한 사람은 보호대상자로 결정하지 아니할 수 있다.
공무국외출장 업무처리규칙	• 공무국외출장 시 그 직무와 관련하여 외국정부 또는 외국인사 및 단체로부터 미화 **100달러** 또는 **10만원** 가액 상당 이상의 선물을 받은 때에는 귀국 후 지체 없이 소속기관 감사부서에 신고하여야 한다. • ㉠ 금품·향응수수·공금횡령·유용으로 징계처분을 받은 사람 중 처분일로부터 **3년**이 경과하지 아니한 사람, ㉡ ㉠의 사유 외의 비위사실 등으로 징계처분을 받은 사람 중 처분일로부터 **1년**이 경과하지 아니한 사람은 공무국외출장을 제한할 수 있다.
공무국외출장 심사위원회	허가권을 보유한 경찰청장 또는 소속기관의 장은 경찰기관이 주관하는 **10명 이상**의 단체 공무국외출장의 경우 그 타당성을 심사하기 위해서 '공무국외출장 심사위원회'를 설치·운영하여야 한다.
일반귀화 요건	**5년** 이상 계속하여 대한민국에 주소가 있을 것
여권법	• 일반여권, 관용여권, 외교관 여권의 유효기간은 각각 **10년, 5년, 5년** 이내이다. • 여권이 발급된 날부터 **6개월**이 지날 때까지 신청인이 그 여권을 받아가지 아니한 때에는 그 여권의 효력은 상실된다.
여권등 휴대 및 제시	• 대한민국에 체류하는 외국인은 항상 여권·선원신분증명서·외국인입국허가서·외국인등록증 또는 상륙허가서를 지니고 있어야 한다. 다만, **17세 미만**인 외국인의 경우에는 그러하지 아니하다.
사증	• 단수사증의 유효기간은 발급일부터 **3개월**로 한다 • 관광통과(B-2)의 체류자격을 가진 자는 **30일**의 범위 내에서 체류기간을 부여받아 사증 없이 입국할 수 있다
외국인의 입국	• 강제퇴거명령을 받고 출국한 후 **5년**이 지나지 아니한 외국인에 대하여 법무부장관은 입국을 금지할 수 있다 • 입국하려는 외국인은 입국심사를 받을 때 법무부령으로 정하는 방법으로 생체정보를 제공하고 본인임을 확인하는 절차에 응하여야 한다. 다만 **17세 미만**인 사람 제외
긴급출국금지	수사기관은 범죄 피의자로서 사형·무기 또는 **장기 3년** 이상의 징역이나 금고에 해당하는 죄(외국인 긴급출국정지가 가능한 법정형)를 범하였다고 의심할만한 상당한 이유가 있고, 다음 각 호의 어느 하나에 해당하는 사유가 있으며, 긴급한 필요가 있는 때에는 출국심사를 하는 출입국관리공무원에게 출국금지를 요청할 수 있다.

내국인의 출국 금지기간	• 형사재판에 계속 중인 사람 : 6개월 • 징역형이나 금고형의 집행이 끝나지 아니한 사람 : 6개월 • 대통령령으로 정하는 금액 이상의 벌금이나 추징금을 내지 아니한 사람 : 6개월 • 대통령령으로 정하는 금액 이상의 국세·관세 또는 지방세를 정당한 사유 없이 그 납부기한까지 내지 아니한 사람 : 6개월 • 「양육비 이행확보 및 지원에 관한 법률」상 양육비 채무자 중 양육비이행심의위원회의 심의·의결을 거친 사람 : 6개월 • 그 밖에 위 1~5까지의 규정에 준하는 사람으로서 대한민국의 이익이나 공공의 안전 또는 경제질서를 해칠 우려가 있어 그 출국이 적당하지 아니하다고 법무부령으로 정하는 사람 : 6개월 • 범죄 수사를 위하여 출국이 적당하지 아니하다고 인정되는 사람 : 1개월 • 소재를 알 수 없어 기소중지 또는 수사중지(피의자중지로 한정한다)된 사람 또는 도주 등 특별한 사유가 있어 수사진행이 어려운 사람 : 3개월 이내 • 기소중지 또는 수사중지(피의자중지로 한정한다)된 경우로서 체포영장 또는 구속영장이 발부된 사람 : 영장 유효기간 이내
외국인의 체류	• 대한민국에서 출생하여 체류자격을 가지지 못하고 체류한 경우: 외국인은 출생한 날부터 90일 이내 • 대한민국에서 체류 중 대한민국의 국적을 상실하거나 이탈하는 등 그 밖의 사유로 체류자격을 가지지 못하고 체류하게 되는 외국인 : 그 사유가 발생한 날부터 60일 이내 • 대한민국에 체류하는 외국인(17세 미만인 외국인 제외)은 항상 여권·선원신분증명서·외국인입국허가서·외국인등록증 또는 상륙허가서를 지니고 있어야 하며, 출입국관리공무원이나 권한있는 공무원이 그 직무수행과 관련하여 여권등의 제시를 요구하면 여권등을 제시하여야 한다
외국인의 등록	외국인이 입국한 날부터 90일을 초과하여 대한민국에 체류하려면, 대통령령으로 정하는 바에 따라 입국한 날부터 90일 이내에 지방출입국·외국인관서의 장에게 외국인등록을 하여야 한다.
강제퇴거대상	영주자격을 가진 사람으로 5년 이상의 징역 또는 금고의 형을 선고받고 석방된 사람 중 법무부령으로 정하는 사람
강제퇴거 절차	• 강제퇴거 대상자 여부를 심사·결정하기 위한 보호기간은 10일 이내로 한다. 다만, 부득이한 사유가 있으면 지방출입국·외국인관서의 장의 허가를 받아 10일을 초과하지 아니하는 범위에서 한 차례만 연장할 수 있다. • 지방출입국·외국인관서의 장은 강제퇴거명령을 받은 사람을 보호할 때 그 기간이 3개월이 넘는 경우에는 3개월마다 미리 법무부장관의 승인을 얻어야 한다.
외국인 상륙 허가기간	• 승무원상륙: 15일 범위 • 관광상륙: 3일 범위 • 난민임시상륙: 90일 범위 • 긴급상륙: 30일 범위 • 재난상륙: 30일 범위
미군 수사	• 현행범체포의 경우 SOFA 규정에 따라, 미정부대표는 출석요구를 받은 때로부터 1시간 내로 출석, 미정부대표가 출석할 때까지 형사소송법상 48시간 이내 유치장 입감이 가능

구분	내용
한미행정협정사건 통보	• 사법경찰관은 주한 미합중국 군대의 구성원·외국인군무원 및 그 가족이나 초청계약자의 범죄 관련 사건을 인지하거나 고소·고발 등을 수리한 때에는 7일 이내에 한미행정협정사건 통보서를 검사에게 통보해야 한다. • 사법경찰관은 검사로부터 주한 미합중국 군당국의 재판권포기 요청 사실을 통보받은 날부터 14일 이내에 검사에게 사건을 송치 또는 송부해야 한다. 다만, 검사의 동의를 받아 그 기간을 연장할 수 있다.
손해배상절차	• 공무 중 사건으로 인한 피해가 전적으로 미군측 책임으로 밝혀진 경우 미군이 75%, 한국정부가 25%를 부담하여 배상한다. • 공무 중 사건으로 인한 책임한계가 불분명한 경우는 미군이 50%, 한국 정부가 50%를 부담하여 배상한다. • 공무 중 사건으로 인한 피해가 미군과 한국정부의 공동책임으로 밝혀진 경우 미군이 50%, 한국정부가 50%를 부담하여 배상한다. • 배상신청 기한은 피해행위가 있던 날로부터 5년 이내이다.
외국인 관련 사건 처리	(아래 표 참조)

구분	영사관계에 관한 비엔나 협약	대한민국과 러시아 연방 간의 영사협약	대한민국과 중화인민공화국간의 영사협정
대상국	일반국가 (중국·러시아 제외)	러시아	중국 (대만 제외)
체포 구속 통보	피의자 요청시 지체없이 영사기관 통보	피의자 의사 불문, 지체없이 의무적 통보	피의자 의사 불문, 4일 內 의무적 통보
영사관원 접견	영사관원의 유치·구속 등 파견국 국민 방문 권리	영사관원의 파견국 국민 방문 권리(가능한 한 빨리 허용)	영사관원 요청 시 4일 內 의무적 접견
사망 통보	지체 없이	가능한 빨리	지체없이

구분	내용
적색수배서 요건	• 장기 2년 이상 징역이나 금고에 해당하는 죄를 범하여 체포영장·구속영장 또는 형집행장이 발부된 자 중 • 다액 (5억 원 이상) 경제사범
범죄인 인도법	최소중요성의 원칙: 대한민국과 청구국의 법률에 따라 인도범죄가 사형, 무기징역, 무기금고, 장기 1년 이상의 징역 또는 금고에 해당하는 경우에만 범죄인을 인도할 수 있다.
인도절차	법원은 범죄인이 인도구속영장에 의하여 구속 중인 경우에는 구속된 날부터 2개월 이내에 인도심사에 관한 결정을 하여야 한다.

실무종합
완벽 마무리
모의고사⁺

편 저 자	경찰실무종합 연구팀
발 행 인	금병희
발 행 처	멘토링
초판 인쇄	2024년 9월 30일
초판 발행	2024년 10월 04일
주 소	서울시 동작구 만양로 84 삼익 주상복합 아파트 상가 1층 162호
출판등록	319-26-60호
주문및배본처	02-825-0606
F A X	02-6499-3195
I S B N	979-11-6049-333-7
정 가	22,000원

저자와의 협의하에 인지생략

저자와의 협의하에 인지를 생략합니다.
이 책의 무단 전재 또는 복제 행위는 저작권법 제136조 제1항에 의해 5년 이하의 징역 또는 5,000만원 이하의 벌금에 처하거나 이를 병과할 수 있습니다(파본은 교환해 드립니다.).